本书由 2013 年闽南师范大学高水平著作资助计划资助

　　2014 年福建省教育厅社会科学 A 类重点项目"北宋馆阁研究"的阶段性成果(编号 JA14185S)

　　2015 年国家社科基金年度一般项目"北宋馆阁藏书与文士研究"阶段性成果(编号 15BZW096)

程俱及其《麟台故事》考论

王照年 著

中华书局

图书在版编目(CIP)数据

程俱及其《麟台故事》考论/王照年著. —北京:中华书局,
2018.1
ISBN 978-7-101-12894-9

Ⅰ.程… Ⅱ.王… Ⅲ.①程俱-生平事迹②典章制度-研究-
中国-宋代 Ⅳ.①K825.6②D691.5

中国版本图书馆 CIP 数据核字(2017)第 265391 号

书　　名	程俱及其《麟台故事》考论
著　　者	王照年
责任编辑	罗华彤
出版发行	中华书局
	(北京市丰台区太平桥西里 38 号　100073)
	http://www.zhbc.com.cn
	E-mail:zhbc@zhbc.com.cn
印　　刷	北京市白帆印务有限公司
版　　次	2018 年 1 月北京第 1 版
	2018 年 1 月北京第 1 次印刷
规　　格	开本/920×1250 毫米　1/32
	印张 14⅜　插页 2　字数 390 千字
国际书号	ISBN 978-7-101-12894-9
定　　价	70.00 元

目　录

序 ……………………………………………………… 郝润华 1

前　言 ………………………………………………………… 1

第一章　程俱生平考 ………………………………………… 1
　第一节　程俱先辈及其仕途考述 ………………………… 2
　　一、程氏先辈考述 ……………………………………… 2
　　二、程俱仕途考述 ……………………………………… 6
　第二节　"新安"与"信安"考述 ……………………… 37
　　一、"新安"程氏考述 ………………………………… 37
　　二、"信安"程俱考述 ………………………………… 41
　第三节　程俱本传与行状的考辨 ……………………… 43
　　一、本传与行状的比较 ………………………………… 44
　　二、行状信实性的考辨 ………………………………… 46
　第四节　程俱"举进士"考辨 ………………………… 49
　　一、《四库提要》误载考辨 …………………………… 49
　　二、程敏政《新安文献志》误载考辨 ………………… 52
　　三、其他记载考辨 ……………………………………… 59
　第五节　程俱重要行实述评 …………………………… 64
　　一、为官做人述评 ……………………………………… 64

二、所作诗文述评 ……………………………………… 69

第二章　《麟台故事》的成书 …………………………… 75
　第一节　成书背景 ……………………………………… 76
　　一、"靖康之难"与"书籍之厄" …………………… 76
　　二、南宋初秘书省的废而复置 ……………………… 78
　第二节　《麟台故事》成书的经过及其主旨 ………… 83
　　一、成书的经过 ……………………………………… 84
　　二、著述的主旨 ……………………………………… 85

第三章　《麟台故事》的刊刻与流传 …………………… 88
　第一节　《文苑英华》的载录 ………………………… 88
　　一、刊刻时间的下限 ………………………………… 89
　　二、刊刻时间的上限 ………………………………… 91
　　三、刊刻地点 ………………………………………… 96
　第二节　南宋至清代《麟台故事》著录流传考 ……… 97
　　一、现存南宋文献中较早的记载 …………………… 97
　　二、现存其他南宋文献的记载 ……………………… 100
　　三、南宋以后相关文献的记载 ……………………… 105

第四章　《麟台故事》版本及佚文校证 ………………… 110
　第一节　《麟台故事》的主要版本 …………………… 111
　　一、辑本的形成及流布 ……………………………… 111
　　二、残本的出现及流布 ……………………………… 115
　　三、辑本与残本的合编本 …………………………… 117
　第二节　由藏书印考察影宋残本的流传与收藏 …… 122
　　一、影宋残本藏书印概况 …………………………… 122
　　二、影宋残本主要藏书印考释 ……………………… 125

第三节　新见《麟台故事》六条佚文 ……………… 138

一、《辑稿》所载六条佚文校证 ……………… 138

二、六条佚文的发现及文献价值 ……………… 150

第五章　《麟台故事》体例篇名及内容 …………… 152

第一节　《麟台故事》的体例 ……………………… 153

一、《麟台故事》体例的特殊性 ………………… 154

二、体例性质的界定 …………………………… 158

第二节　《麟台故事》篇名及内容 ………………… 161

一、残本与辑本篇名异同比较 …………………… 161

二、残本与辑本内容异同比较 …………………… 165

三、《麟台故事》的主要内容 …………………… 183

第三节　《麟台故事》辑本材料来源考略 ………… 185

一、《永乐大典》现存《麟台故事》材料疏证 … 186

二、《说郛》所存《麟台故事》六条内容比勘 … 194

第六章　《麟台故事》的学术价值 ………………… 213

第一节　《麟台故事》保存旧史旧闻的价值 ……… 214

一、引证旧史的史料价值 ……………………… 215

二、采撷馆阁旧闻的价值 ……………………… 215

第二节　《麟台故事》的馆阁专门史史料价值 …… 219

一、馆阁馆职设置 ……………………………… 221

二、馆阁馆职选任 ……………………………… 240

三、馆阁藏书形成 ……………………………… 253

四、馆阁藏书校勘 ……………………………… 261

五、馆阁藏书修纂 ……………………………… 274

六、馆阁吏的配置 ……………………………… 279

第三节　《麟台故事》校勘宋代文献的价值 ……… 288

一、校勘《宋会要辑稿》的价值 ………………… 289

二、校勘宋代其他文献的价值 ………………… 291

第四节 《麟台故事》的史料笔记价值与文学史价值 ……… 293

一、作为史料笔记的特点与价值 ………………… 295

二、文学史史料价值 …………………………… 306

结 语 ……………………………………………… 336

附录一 程俱行状 ………………………………… 343

附录二 《宋史》程俱传 ………………………… 350

附录三 《麟台故事》人物材料考索 …………… 352

参考文献 ………………………………………… 425

后 记 …………………………………………… 431

序

郝润华

　　照年不仅是我的学生,也与我是同乡,他为人忠厚,天性乐观,大事认真,小事糊涂,具有西北人典型的性格特征;照年的求学经历也与我有相似之处:本科学习历史,硕士阶段学习中国古代史(我学历史文献学),博士阶段学习古代文学与文献。文史相结合,具有较为合理的知识结构。照年在读博士期间,他的妻子(他称"罗老师")也辞掉了小学教师的工作去读硕士,我担心他一家三口的吃饭问题,他轻描淡写地说没关系,家里还有些积蓄。等他博士毕业之后,我方从其他同学那儿得知,他买书竟是要靠借款,但他学习却一直很勤奋,也从未找过任何勤工俭学的工作,应该是怕耽误学习时间。他们一家在生活上十分简朴,但对于买书他是从来都不吝啬的,我认为他具备了一个读书人应该持有的基本品格。毕业后,照年与其贤妻"罗老师"都到了漳州师范学院(即现在的闽南师范大学)工作,随后凭着他的努力评上了副教授、硕士导师,他们的女儿去年也顺利考上了大学,生活、工作都十分称心顺意。"一分耕耘一分收获"这句名言用在他身上是再贴切不过了。年前,照年发来他的最终成形书稿《程俱及其〈麟台故事〉考论》,嘱我写序,我欣然表示同意。"诲人不倦",何乐而不为!下面就谈谈我阅读该书稿时的一点感想。

　　《麟台故事》五卷,十二篇,主要是追述北宋秘书省的掌故制度,进而反映出作者程俱对宋代国家藏书事业的认识。该书篇名有:官联、选任、书籍、校雠、修纂、国史、沿革、省舍、储藏、职掌、恩荣、禄廪。主要内容有:秘书省三馆与秘阁的历史沿革、职能、官员的设置、任用、升迁、日常活动等情况;书籍的征集、整理、收藏、校雠、编纂、刊刻、利用等基本工作。此书是研究北宋馆阁制度乃至藏书文化的绝好文献,照年当年之所以选择《麟台故事》为其研究选题,即是看中了此书的价值。这部《程俱及其〈麟台故事〉考论》,即是在照年的博士学位论文基础上所补充改定的。全稿从四个方面对北宋学者程俱及其笔记体著作(按:照年在书中界定为"史料笔记",而非"笔记小说",属正确结论)《麟台故事》作了综合考论。首先是对该书作者程俱生平事迹的考辨。作者充分利用各种蛛丝马迹的资料考辨出有关文献记载中对程俱生平的一些错误认识,如《新安文献志》、《四库全书总目》等,对程俱科举入仕即曾"举进士"的误载;《直斋书录解题》、《新安文献志》、《北山小集》等,对程俱籍贯"新安"与"信安"之混淆记载的不当。其次是对《麟台故事》文本文献本身的考证。这部分研究内容包括成书、刊刻、流传、体例、版本、辑佚、内容、价值等诸多方面。如,流传与版本方面,作者通过比对研究,认为《麟台故事》确实在南宋时期有过刊刻流传,纠正了学界认为该书实无南宋刻本的错误观点。作者依据现存《文苑英华》所载《麟台故事》刊刻信息,并结合程俱所作《进〈麟台故事〉申省原状》和《〈麟台故事〉后序》、该书影宋残本所存避讳字、《宋会要辑稿》引证该书内容等相关情况,确定了该书在南宋即已刊刻的事实,并进一步推断其刊刻时间和地点。又通过对南宋以来公私书目对《麟台故事》著录的考察,考证理清了该书的流传情况。作者还通过对现存于《永乐大典》、《说郛》中的部分史料来源的考索,展现了四库馆臣辑出《麟台故事》辑本时整改原材料的大致情形,也揭示出了《麟台故事》辑本材料全部来源于《永乐大典》的事实。《麟台故事》坊间有过整理本,但作者却从《宋会要辑稿》

等书中勾稽出了五条《麟台故事》佚文,对此进行了梳理考索,并指出其真实性与可靠性。这些佚文的辑录,对于《麟台故事》的进一步整理和研究具有重要的文献价值。再次是书中对《麟台故事》史料价值的深入揭示与挖掘。《麟台故事》中,对北宋时期的馆阁藏书、文献校勘活动以及馆阁文士的文学活动等几个方面都有不同程度的记载。由于是当时人撰写的笔记的缘故,《麟台故事》中的这些史料,比起现今留存的其他宋代史书都要详细、生动得多。最后,通过《麟台故事》一书,作者深入发掘出北宋馆阁藏书事业对当时整体宋代国家文化水平的推进所起的重大作用和意义,对《麟台故事》所具有的文化价值进一步作出揭示与阐发。另外,作者还对《麟台故事》一书的性质、体例以及辑本与《永乐大典》的关系等问题一一进行了讨论,并提出了许多有益的新见。书后另附录了作者苦心编定的"《麟台故事》人物材料考索"等珍贵资料,极有参考价值,也可见其下功夫之大、之深。它将《麟台故事》中出现的历史人物及史实与宋代史书中的记载作了详细比对,最后得出结论,认为《麟台故事》记载往往详于其他史书,更彰显了该文献的史料价值。这部书稿运用了考证与理论相结合、史学与文学相结合的方法对程俱及其《麟台故事》进行了深入、全面的探讨,作者同时还运用点面结合、对比分析等方法,重点探究了《麟台故事》在记叙北宋馆阁藏书以及藏书文化方面的史料价值与作用。经过作者的研究,不仅使程俱的生平误载得到辨正,而且使得《麟台故事》这部史料笔记及其学术与文化价值也得到了进一步突显。

此书的优点,诚如武秀成教授所评:"如该著作在张富祥先生《麟台故事校证》和前人辑佚之外,从《宋会要辑稿》中又辑录了五条弥足珍贵的佚文;如据周必大《修纂文苑英华事始》考察《麟台故事》一书在南宋宁宗以前曾经刊刻的观点,都是确定不移,值得大加赞赏的。又如对著者籍贯的祛疑,如对该书体例、性质的探讨,如对其文献学与文学史料价值的发掘,也都是该著作的亮点。""总之,这是一部富有学术含量的高水平研究成果,必将对《麟台故事》一书以及北宋馆阁制度的研究产生重大的推动作用。"照年的治学特点是细致,善于在小问题上下深功夫,所以,此书稿的亮点多是他用力考证的地方,以小见大,虽然看上去星星点点,但连起来却是一片火树银花。

照年于二○○八年西北师大古典文献学专业博士毕业,九年之后的今天才决定出版这部博士论文,这部书稿经过了他无数遍的修改,因为他每次修改后都会通过电子邮件发给我,所以他修改的艰辛过程我亲眼目睹,此书可谓是真正的几易其稿。他供职的闽南师范大学一向重视学术,还为此组织过高质量学术著作审稿会,学校特意聘请几位专家专门为其书稿"把脉",之后他又针对专家们提出的意见进行了修订,可见出他付出的辛勤努力。照年博士正值血气方刚的壮年,今后的学术之路还长,苏东坡词中写道:"休对故人思故国,且将新火试新茶。诗酒趁年华。"读书治学更是恰在当时。在此书出版之际,作为他的导师,我一方面为照年终于取得真经、修成正果而欣喜,另一方面也希望他今后通过不懈努力,不断提高学术水平,创作出更好、更多的研究成果,成为一名优秀的学者!

二○一六年九月六日于西北大学

前　言

　　宋代程俱撰《麟台故事》五卷，是一部全面记载北宋馆阁典藏文物及典章制度的史料笔记类专著。该书主要内容有两个方面：一是追述北宋秘书省与馆阁（昭文馆、史馆、集贤院三馆和秘阁）制度的历史沿革、机构建废、舍址变迁，及其官员的设置、职掌、选任、升迁、恩荣、禄廪等的日常情况；二是追述有关北宋政府对馆阁所藏典籍的征集、储藏、整理（如政府组织校雠、辑刊经籍等）、修纂（如重修前代史书、撰集前贤文籍和新修当朝国史等）、利用之类的基本工作。鉴于该书具备专史的特性，且所载内容绝大多数都源于北宋旧本《实录》、《会要》、《国史》等后世已失传的文献，而且还有极个别部分是作者任职馆阁期间的见闻，故史料价值弥足珍贵，向为研究北宋馆阁藏书、文士、制度以及古代图书馆史、校雠学史、目录学史，制度史方面的学人所重。也正是因为该书对研究北宋馆阁藏书与制度以及我国古代藏书文化事业有着不同寻常的文献价值，所以才决定了其在宋代诸多文献当中具有不可替代的地位。

　　然而，《麟台故事》及其所记载的北宋馆阁藏书制度虽对于宋代文化史研究有着十分重大的价值，但到目前为止，针对该书所深入展开的系统而全面的研究成果却并不多，且已有的研究成果主要集中体现在文献本身的整理方面。从时间而言，学界先后形成的研究成果主要出现在以下两个相对较为突出的时期：

　　第一个时期是清代至民国，这一时期所针对的主要问题是《麟台故事》的辑佚、整理以及版本、内容、体例、价值等方面的探讨。

　　《麟台故事》自南宋绍兴元年（1131）成书之后，便开始引起学者的关注，起初是在一些公私书目中均有著录、介绍以及对其内容的评价。后来由于该书刊刻、流传中的诸多历史因素，又出现了对该书本身的研究成果，包括辑佚、整理以及版本、内容、体例、价值等方面的探讨，且集中出现于清乾隆至民国初年。

　　首先是四库馆臣从《永乐大典》中辑出《麟台故事》的许多散见内容，又参照了同见于《说郛》的六条内容，再依据同为《永乐大典》中辑出的陈骙《南宋馆阁录》的篇名，顺次排出《麟台故事》五卷本，即《永乐大典》本，或四库辑本（本书以下简称之为"辑本"）。辑本初收入《四库全书》时为写本，后收入《武英殿聚珍版丛书》时为活字本，亦称殿本。于是此后流传于世的清四库辑本，一般有写本和活字本两种版本，其中殿本的流布范围较广，且据此又产生了一些如浙江本、江西本等的地方书局刊本，共同构成了《麟台故事》五卷的辑本系统。从学术研究的价值而言，在此特别强调的是在辑本形成的过程中，四库馆臣广征博引如《宋史》、《宋会要辑稿》、《续资治通鉴长编》、《文献通考》、《容斋随笔》、《玉海》、《东都事略》、《南宋馆阁录》、《北山小集》、《玉壶清话》等诸多文献记载，几乎对每一条材料都反复进行了较为详细的考订，并在卷首加四库馆臣所作《提要》，卷后附源于程俱《北山小集》中的《麟台故事后序》一篇。因此，我们不得不承认清四库辑本是《麟台故事》散佚之后的又一次成书，也不得不肯定清四库辑本五卷九篇所编排的八十余条材料和夹在材料中的八十余条颇具考证价值的馆臣按语，均成为令后世学人倍加赞赏的研究成果。尽管我们认为：清代四库馆臣对所辑出的散见于《永乐大典》中的《麟台故事》的材料，先作分类归属，然后定篇目而编缀成卷的做法不尽合理，也确实存在着主观臆断、凭空编排的成分，甚至所加按语也有考证不够严谨而出现一些失误的地方。但是，从整体而言，四库馆臣的这一编纂成就却不容忽视。及至今日，学界已形成的所有对《麟台故事》进行辑佚、校证等整理方面的学术研究成果，都深受其影响。尤其学界凡论述北宋馆阁藏书及其制度的相关问题时，所征引材料也往往以此本为据。

　　然后是在清嘉庆年间，书商手头又出现了残存不足三卷的、明代苏州府前杜氏书铺收藏过的、据《麟台故事》宋刻本影写的残本（学界有称之为"影宋本"、"影宋抄本"、"明影宋抄本"、"影宋刊本"、"影写宋刊本"、"明影宋刊本"之类者，均属此本，本书以下简称之为"残本"或"影宋残本"），黄丕烈经眼，遂定其为善本，后又为之作《跋》。于是，自黄跋起的一段时期内，学界对《麟台故事》一书关注者较多，继黄氏之后，既有李光廷、孙星华、钱大昕、胡玉缙等人，分别再为其作跋语，又有张元济将残本与辑本相参校，作跋语，出校记，并考其篇目、卷帙、条次、记载之异同。同时，基于多方面的缘故，清人陈鳣、惠栋、王士禛、于昌进、戴植、陆心源等著名书画收藏家也纷纷传录并收藏该书，经由此途流传至今的该书清抄本更不在少数。及至近人傅增湘又作题记，逐一记述其前后得见"此书归蒋孟蘋（己未）"、"李木斋遗书（辛巳）"、"古书流通处送阅（壬戌）"①三个本子的基本概况。

　　以今观之，这些围绕着残本和辑本异同所形成的诸多跋语和题记，则又构成了现今对《麟台故事》进行深入研究的另一种珍贵材料。诸如此类因残本出现所引起的一系列《麟台故事》的问题，则足以说明：残本在一定程度上保留着原本的旧貌，且与四库辑本的篇目和内容均存在很大的差异。于是，之后的学术成就，又主要体现在残本与辑本相结合的整理与研究方面。尤其是

①　傅增湘撰《藏园群书经眼录》卷六《史部四》，中华书局，2009年版，第393—394页。

学术界围绕着辑本与残本的异同,所展开的研究与整理工作的
成果较为显著,主要有以下两种不同的编纂方式所产生的两种
不同的新本子:

一是为存《麟台故事》宋本旧貌,清陆心源便以辑本补残本的
方式重新纂辑,因此形成了既有别于辑本,又不同于残本的《麟台
故事》四卷后又附《补遗》一卷的新本子,亦可称之为《麟台故事》明
影宋刊残本的补遗本。后来收入陆心源《十万卷楼丛书三集》,现
所见台湾新文丰公司影印的《丛书集成新编》本即据此本。很显
然,陆氏重辑本的出现,体现了整理文献一贯坚持的求真至善的
原则。

二是欲求《麟台故事》辑本全貌,在清光绪二十一年(1895)增
刊《武英殿聚珍版丛书》时,又由孙星华以残本补缀辑本的方式再
次纂辑,形成了另一种有别于陆氏补遗本乃至以往辑本、残本的新
本子,为以四库辑本为主重新编纂的拾遗本,即《麟台故事》五卷加
上《拾遗》二卷和《考异》一卷,亦可称之为《麟台故事》殿本(即等同
于清四库辑本)。后至清光绪二十五年(1899)广雅书局刊刻时,所
据之本即孙氏拾遗本。此本一经刊刻,即在社会上流布较广。
今国家图书馆、西北师大图书馆等均藏有此本。很显然,孙氏拾遗
本的出现,体现了整理文本旨在求全至善的目的。

总之,清代陆氏补遗本和孙氏拾遗本作为重辑本出现,已表
明:二者保存材料的全面性,均非清四库辑本(或殿本)和明影宋残
本所能比及。只是因陆氏坚持了整理文献的求真至善原则,故其
补遗本对后世的影响较大,在学界的评价也很高。

然后是民国初期至今。这一时期,又可细分为前后两个阶段,
后一阶段的出版成果集中体现了四部文献整理方面的创获。

首先,第一阶段从民国初期至二十世纪八十年代初,这一阶段
的研究较为冷寂,除著名藏书家傅增湘在民国初年任职故宫博物

院图书馆馆长时,曾对所见的三个"《麟台故事》五卷"①的残本分别做过较为详实的著录之外,学术界对该书处于一种无人问津的状态,几乎没有什么研究情况可言。

然后是一个较为活跃而成绩显著的阶段。即二十世纪八十年代初至今的三十余年,学术界对该书的重视程度逐渐增加,所形成的研究成果也越来越丰富,既有当今学者以《麟台故事》为研究对象所公开刊发的一些颇具学术研究价值的论著,也有该书先后被不同的学者整理出版的四项较为重要的学术成就。具体情况即如下述两个方面:

其一,先后有四篇较为重要的单篇论著,集中论述《麟台故事》的作者、篇目、著述特点、史料价值等的概况,对我们现阶段全面而系统地展开《麟台故事》及其著者的研究工作,具有指导意义。

从论著方面来看,最初是上个世纪八十年代中期,宋立民在《古籍整理研究学刊》上发表《〈麟台故事〉版本考》一文,对《麟台故事》内容及条次、刊刻及流传、版本及种类、辑佚及补遗等诸问题予以探讨,其中虽多有真知灼见,但在一些关键性的问题上还是缺乏必要的深细度,例如认为该书"分为沿革、省舍、官联、选任、书籍、储藏、校雠、修纂、国史、恩荣、职掌、禄廪十二篇"的看法,即是如此,因为该问题截至目前,仍处在由于缺乏必要的材料而无法界定的状态,所以完全不能如此简单而轻率做出这样的结论:四库辑本的九个篇目加上明影宋残本的六个篇目后减去重见的三个篇目,剩下即为其所谓的十二个篇目。深究之下,就会发现这一做法及其结论,既不符合文献整理的常规,又缺乏科学而严谨的态度。实

---

①　此云五卷,实计残存不足三卷。即三种著录处均有"《麟台故事》五卷。宋程俱撰,存卷一至三,计三卷。影写宋刊本,十行二十字"等字样。亦或有"录有黄丕烈跋"云云。据此可知,傅增湘先生经眼者,均为明人钱叔宝书铺所写而流传至今,为残存不足三卷的影宋刊本的再影写本(或复制本)。详见《藏园群书经眼录》卷六《史部四》,中华书局,2009年版,第393—394页。

属失之毫厘而谬以千里。

紧接着宋先生又在《古籍整理研究学刊》上发表《试评〈麟台故事〉》一文,从《麟台故事》产生的客观原因、如何选取史料进行著述的特点、所发挥出的实际作用和所具有的文献价值四方面进行较为全面的论述,即称:"《麟台故事》为宋程俱所撰,共五卷,分十二篇,是今天仅存的记载北宋昭文馆、史馆、集贤院(简称三馆)、秘阁以及秘书省的文物典章制度的一部专著。《麟台故事》一书对于研究北宋时期的馆阁制度以及我国图书馆史、校雠学史、目录学史等,都是一部重要的参考资料。"对《麟台故事》著述的特点,具体概括为五点:一是"较全面地记述了北宋时期的馆阁制度";二是"从其史料来源看,所记史实的可靠性较高",认为"由于史料来源于文书档案或官修史书,以及程俱本人的亲身见闻,所以史料的可靠性较高,具有一定的价值";三是"从著述的方式上看,主要有两种方法",认为"凡为亲身经历及道听途说之事,程俱皆亲自下笔撰述。凡为国史、会要等官书及文书档案所记,则往往照录原文,时而于引文之后加以简短的评语";四是"在史料的取舍上,程俱所遵循的一个主要原则就是看其是否有利于巩固南宋朝廷的封建统治";五是"程俱也将自己的政治主张融合到《麟台故事》一书中去"。应该说,这是一篇较为全面评述《麟台故事》一书的文章,尤其是所提出的诸多观点,确实有助于深化此后学术界围绕该书展开的深入研究。不过,其所明显存在的问题又在于:仅以一些评论性的言辞或论断,确实很难形成有一定深度的、更为全面而系统的研究成果。在此尤其值得赞赏的,乃是宋先生在评述之余,也热切期盼该书"在我们今天文化事业蓬勃发展之际,应该对此书作进一步的整理,以使其更好地发挥作用"①。

────────────────

　①　此上引文,均出自宋立民著《试评〈麟台故事〉》,刊于《古籍整理研究学刊》1986年第2期,第39—42页、第52页。

　　第二年,姚伯岳在《图书馆学研究》上刊发《〈麟台故事〉整理前言》一文,主要对《麟台故事》一书所产生的时代背景及其史料价值、体例及其内容、流传及其版本等方面,进行了较为深入的探讨,认为"唐、宋是秘书省制度的巅峰时期,相应地也产生了记录其活动的情况的专书。南宋初年程俱所编撰的《麟台故事》就是现在唯一的一部记述北宋王朝秘书省、三馆、秘阁建制、活动及其沿革发展的专著。它载录史料的丰富严谨和体例的完善赅备,以及所蕴含思想的深远独到,使它的价值日益为今日的图书馆学界所重视,从而成为研究中国古代图书馆史的一部弥足珍贵的文献。这就是我校点整理这部书的缘由"①。再至一九九三年,张富祥在《山东师范大学学报》上发表《程俱〈麟台故事〉考略》一文,一方面以我国古代的文馆制度伴随着政府图书事业的发展而逐步建立和发展起来为视角,另一方面以有关北宋文馆制度的诸书对《麟台故事》地位和影响的载录为线索,将程俱所撰专门记述馆阁制度的《麟台故事》一书,准确归位于北宋馆阁制度沿革的大背景下,展开探讨的主要内容分为"作者和编撰"、"版本和流传"、"内容、体例和史料来源"、"现存史料的分析"②四个方面。以今观之,在姚、张二位先生的论著中,相关的认识和论断,不乏真知灼见,确实对后来的研究者具有很强的指导意义。当然,这也应当与姚先生着手点校《麟台故事》、张先生倾力校证《麟台故事》辑本和残本有关,事实上也是完成一项古籍整理任务时必须做好的首要工作。这两篇文章经进一步完善,修订为姚先生后来点校出版《宋麟台故事》之卷首的导读和张先生校证出版《麟台故事》之卷首的前言。可见,这两种研究成果的形成,均有着比较接近,甚至是完全相同的目的——都是

---

　　①　姚伯岳著《〈麟台故事〉整理前言》,刊于《图书馆学研究》1987 年第 3 期,第 73—77 页、第 5 页。

　　②　张富祥著《程俱〈麟台故事〉考略》,刊于《山东师范大学学报》(社科版)1993 年第 5 期,第 46—49 页。

为了各自整理《麟台故事》一书而所做的前期准备,并不是针对该书内容及其著者所做的专门研究。不过,二作学术价值固然重要,但只是有关深入研究工作的良好开端,实则很有必要在前人的基础上继续深入和拓展。

其二,是从一九九〇年至今,先后有四部文献整理方面的成果出版,已在学术界产生了较大的影响,为我们系统而全面地展开《麟台故事》及其著者的研究工作,奠定了基础。

第一部是陆心源《十万卷楼丛书三集》本的姚伯岳校点本。

一九九〇年七月,四川大学出版社出版徐雁、王燕均主编《中国历史藏书论著读本》一书,收入了姚伯岳的校点本——《宋麟台故事》,本次标点的底本便是陆心源残本补缀辑本的本子。而且姚伯岳在《宋麟台故事·导读》中称:"陆氏此本即其《十万卷楼丛书》本。此本编排得法,校勘也比较精审,是《麟台故事》现存版本中最好的一个本子。"不过,各篇之下所加附录,并非此次校勘和校订方面的内容,而是较多地承继了四库辑本中所存四库馆臣所加的按语,正如其所云:"当初四库馆臣辑录《永乐大典》本时,亦曾做过一番考据工作,附于原文各条之下,不为无益。现皆附录各篇之末,以资参证。"①本著作为读本,重在于做好点校文字方面的工作,出于体例所限,对文献所载材料进行必要的、更为深细的考证,往往被忽略,以至于该著会因袭清代馆臣旧误,并未予以更正。再以残本补辑本的广雅书局覆刻本与陆氏辑本相比而言,则因各方面的缘故,至今还未出现过校点,或者校证方面的整理成果。

第二部是陆心源《十万卷楼丛书三集》本的中华书局标点本。

---

① 以上二处引文,均出自宋程俱撰、姚伯岳校点《宋麟台故事》卷首《导读》,载于徐雁、王燕均主编《中国历史藏书论著读本》,四川大学出版社,1990年版,第101页。

　　即一九九一年中华书局出版发行的《麟台故事（及其他一种）》，其所依据的底本是《丛书集成初编》本，且据其卷首有"《丛书集成初编》所选《聚珍版丛书》、《十万卷楼丛书》皆收有此书，《十万卷楼》本虽后出，然经陆心源校订，故据以排印"①一语，可知《丛书集成初编》所据底本则为陆氏《十万卷楼丛书》本。此次整理，仅有句读，并无校勘，故不见有关校订或校证方面的文字内容。

　　第三部是张富祥对《麟台故事》四库辑本和影宋残本二者分别校证，最后汇为一书，形成二者既相对独立而又紧密联系为一体的整理成果。

　　二〇〇〇年十二月，由中华书局出版的张富祥《麟台故事校证》，以先辑本后残本排序方式，对辑本和残本的材料逐条进行分别校证，虽然二者前后之间有各本相同材料的彼此照应和相异材料的比照，但二本属于独立的单元，相互之间并不统属，最终，校正后的辑本与残本又被合为一书刊出。依据张先生所作的卷首前言可知：校正后的辑本以《文渊阁四库全书》影印本为底本，残本以《四部丛刊续编》所收录的影宋抄本为底本，"并为简便和明确起见，分别定名为《麟台故事》辑本和《麟台故事》残本"②。即在《麟台故事校证》一书中的《麟台故事》辑本和残本的校证成果表现为各自独立而并存的两个版本。

　　第四部是黄宝华对《麟台故事》四库辑本和影宋残本分别整理，形成二者独立而并存的整理成果。

　　二〇〇六年一月，由郑州大象出版社出版朱易安、傅璇琮、周常林、戴建国主编《全宋笔记》第二编第九册（上海师范大学古籍整理研究所编），收入黄宝华整理本，校点时黄先生在《校点说明》中称："辑本以《武英殿聚珍版丛书》本为底本，残本以

---

　　①　〔宋〕程俱撰《麟台故事》卷首，中华书局，1991 年版，第 1 页。
　　②　〔宋〕程俱撰，张富祥校证《麟台故事校证》卷首《前言》，中华书局，2000 年版，第 12 页。

《四部丛刊续编》本为底本,以《续资治通鉴长编》、《宋会要辑稿》、《玉海》、《皇宋事实类苑》、《南宋馆阁录》及《续录》诸书参校,二本并收,以存其旧。"①即收入《全宋笔记》第二编中的《麟台故事》辑本和残本的整理成果,也同样表现为各自独立而并存的两个版本。

此外,还有一些将程俱及其撰述相结合,加以研究的成果,较早期的如叶渭清的《程北山先生年谱》四卷(附录二卷)②,近年来学术期刊上发表的单篇论著,如李欣、王兆鹏所著《程俱年谱》等。总之,至今有关《麟台故事》的成果,主要还是集中在对文献本身校点、校证等方面,对其著者、成书、流传、版本、体例、内容、价值等基本情况的全面的清理,便显得十分薄弱。尤其长久以来,对著者的考察,也只是作为整理文献前的一部分必备工作,仅在前言中予以简单的概述而已,尚没有将程俱与其著述相结合的、相对完整而系统的研究成果。

面对以上情况,我们该如何做,做出什么结果才能切实解决存在的问题?

据宋人程俱为其好友贺铸所作《贺方回诗集序》云:"方回落落

---

① 〔宋〕程俱撰,黄宝华整理《麟台故事》,收入朱易安、傅璇琮、周常林、戴建国主编《全宋笔记》第二编,大象出版社,2006年版,第9册,第218页。

② 叶渭清(1886—1966),字左文,号俟庵,浙江兰溪人,定居开化。清光绪二十三年(1897),十二岁的叶渭清进秀才,后至十八岁中举,有"神童"之称。清末废科举,师事著名史学家陈黼宸,与马叙伦同门,肄业于北京政法大学。《程北山先生年谱》四卷(附录二卷),稿本,共二册,完成于民国三十四年(1945),墨笔写于原书纸上,楷书。半页十六行,满行十九字,有圈句。有乙酉(1945)仲秋题词一篇,甲申(1944)岁冬跋一篇,民国三十四年(1945)补记一篇。线装,现藏浙江省开化县博物馆。详见《中国文物报》2009年2月25日第7版。

有才具,观其书可以知其人。"①此说之精要在于:以文知人识人。
其所坚持的评价原则,是一种文如其人的一致性;其所依据的准
则,是著述者个人的人格、修养、学识、思想、情趣等与其文学创作
及其学术研究的高度统一;其所追求的目标,是最终要达到文以载
道、道以弘仁的至高境界。可见,这是既关注由文到人、再提升到
道与仁的准则,又反观其文与人之间相互关系的学术批评方式。
其所重者等同于现今所谓的风格,主要有"创作个性是风格形成的
内在根据"、"主体与对象、内容与形式的统一是风格存在的基本条
件"和"语言组织和文体特色是风格呈现的外部特征"②三个方面的
特点。于是,程俱此说,往往被今人认为与西方文学批评中的"风
格即人"之说暗合③。应当肯定,这种由文而关涉到人的整体性研
究思维,不只是具有一定的科学依据,也更加合乎揭示客观事物的
本质特征。

　　反之亦然,我们在此下所进行的研究,似乎颇有点反其道而行
之的意味。即采用的是知其人而论其文,进而论其世的做法。正
如《孟子·万章下》曰:"一乡之善士斯友一乡之善士,一国之善士
斯友一国之善士,天下之善士斯友天下之善士。以友天下之善士
为未足,又尚论古之人。颂其诗,读其书,不知其人,可乎? 是以知

---

　　①　〔宋〕程俱撰《北山集》卷十五《贺方回诗集序》,《文渊阁四库全书》影
印本,台湾商务印书馆,1986 年版,第 1130 册,第 150 页。贺铸(1052—1125),
字方回,又名贺三愁,人称贺梅子,自号庆湖遗老。卫州(今河南省新乡一带,
州治在汲县)人,以诗词闻名于世。另外,《北山集》原名《北山小集》,由于《文
渊阁四库全书》收录全书时称《北山集》,故沿袭之。然而,《北山集》为《文渊阁
四库全书》收录时之称名,该书于宋代以来诸多文献以至清人纪昀、陆锡熊、孙
士毅等总纂《钦定四库全书总目》中,又被称为《北山小集》。这都是程俱所撰
之异称,后文不再逐一分辨详注。

　　②　童庆炳主编《文学理论教程》,高等教育出版社,2008 年版,第 281 页。

　　③　蒋述卓等编著《宋代文艺理论集成》,中国社会科学出版社,2000 年
版,第 598 页。

其世也,是尚友也。"《孟子》之语,对后世最直接的影响,主要体现在两个层面:第一层面是认识的基础阶段,即欲知其诗书,必先知其人,若其人诚可"志于道,据于德,依于仁,游于艺"①,则其书所关乎者,终究不离于正道;第二层面是认识升华阶段,即欲知其世,必先观其文,而这也正是我们长久以来秉持的传统治学途径,亦即:"由秦而降,每以斯文之盛衰,占斯世之治忽焉。"②于是,"知人论世"既成为传统文学批评的重要方法,也成为中国学人治学的优良传统③。其所具理论依据在于:人的生存虽然离不开自然界,但是社会环境造就了真正意义上的人,亦即某一社会的人,必定是其所生活的那个特定时代的产物。因此,一个人的所作所为的结果,包括其诗文在内,与其所处的时代息息相关,都是由人的存在及其时代所具有的社会性决定的。这是因为:不是人的存在决定人的活动,而是人的活动决定了人的存在,人的存在不再是纯粹的自然规定,而是人的活动过程本身及其成果即社会。

据此知人论世而以意逆志的思路,我们在系统地研究程俱及其所撰《麟台故事》时,首先要从著者入手,必须结合其所处的社会时代背景,对其生平经历、思想认识等基本问题,进行一番较为全面而又细致深入的考察,形成一种较为准确而又清晰的客观认识;然后才能够做到更为精确地把握和理解其著述的基本内容,进而才能够更为客观而公正地评论其著述的宏旨大义,断定其历史意义和社会价值,最终在探究天人之际所存在的必然联系中,顺理成章地形成一项内外结合的整体性研究结果,以企其所具有的研究

---

① 此上两处引文,据黄侃校点《黄侃手批白文十三经》之十三《孟子·万章下》、之十《论语·述而》,上海世纪出版股份有限公司上海古籍出版社,2008年版,第63页、第11页。

② 〔元〕脱脱等纂《宋史》卷二百〇二《艺文一·经类》,中华书局,1985年版,第5031页。

③ 郝润华著《六朝史籍与史学》,中华书局,2005年版,第247页。

价值对我们所处时代的发展有所裨益。

正是这一传统的治学途径和方法，既形成了我们对作者与著述相结合进行整体研究的认识和思路，也最终决定了本书撰写及其结构以总分总式安排。具体呈现为以下两部分：

第一部分是有关程俱的考论。本部分先对程俱生平事迹进行较全面而细致的考述，形成概貌性基本认识，然后考辨不同文献中有关程俱的一些记载，主要有不同文献对程俱称谓异同之缘故的分析、程俱本传与行状的关系及其信实性的探讨，以及对《新安文献志》《麟台故事》四库提要等所载程俱"举进士"属于误载的考证。基于以上考述，最后又对程俱行实进行了有针对性的重点评述。这一部分的关键在于，考证出有关文献中一些误载的情况，如《新安文献志》《四库全书》等，对程俱科举入仕之事的误载；又如《直斋书录解题》《新安文献志》《北山小集》等，载录程俱籍贯的"新安"或"信安"，存在记述不够精确之处。

第二部分是有关《麟台故事》的考论，包括成书、刊刻、流传、体例、版本、辑佚、内容、价值等诸多方面。首先，是对《麟台故事》成书及其经过的探讨。即从《麟台故事》成书的历史背景出发，陈述了其具体的成书经过，进而揭示了程俱编著该书，一方面既有利于刚刚重建的南宋馆阁制度步入正常轨道和趋于完善，又有利于指导南宋馆阁征集、整理、储藏、修纂、利用图籍等日常工作进行得愈加规范；另一方面是政治目的，即凝聚北宋灭亡之后的士人之心，树立宋高宗继续崇儒尚文的形象，竖起宋王朝中兴的大旗。其次，是对《麟台故事》于南宋刊刻及后世流传加以考证。即依据现存《文苑英华》所载《麟台故事》刊刻信息，并结合程俱所作《进麟台故事申省原状》和《麟台故事后序》、该书影宋残本所存避讳字、《宋会要辑稿》引证该书内容等相关情况，确定了该书在南宋即已刊刻，并进一步推断其刊刻时间和地点；此外，又以南宋以来公私书目对《麟台故事》的著录为主，结合其他文献所载，考证了该书的流传情况。第三,是针对《麟台故事》版本的分析及其佚文的校证。既分析该书辑本与残本出现的缘由及其流布概况,又总结辑本与残本相互补充所形成的一些新成果,及其所存在的缺憾;此外,既以藏书印为主对宋残本的收藏与流传予以考察,又对《宋会要辑稿》新辑出的《麟台故事》六条佚文予以校证,并考其缘由而述其文献价值。第四,是对《麟台故事》体例、篇名及其内容的考论。即从该书按照时间先后顺序、事以系年、分门别类、有始有终的特殊编撰形式,分析其学术性质,界定其体例属性;以比较该书现存辑本与残本篇名及内容的异同,来说明该书内容不仅残缺不全,而且还存在一定程度的舛误,目前据此并不能较为全面地反应北宋馆阁制度的全貌,尤其是不能准确呈现北宋馆阁藏书制度的建立和完善情况;同时,再以《永乐大典》现存《麟台故事》材料的疏证、《说郛》所见《麟台故事》六条内容的比勘,来进一步补充说明《麟台故事》辑本引据材料的来源与实际参照情况。最后,是对《麟台故事》学术价值的探讨。即《麟台故事》引证旧史与采摭旧闻的价值、所载馆阁专门史的史料价值,校勘宋代文献的价值、所具史料笔记与文学史的价值。在这一部分中,主要解决的问题有五个方面:一是考定《麟台故事》确有南宋刊行本,发现《麟台故事》应当在南宋绍兴年间(1131—1162)至嘉泰元年(1201)周必大、胡柯和彭叔夏校订始刻《文苑英华》之前,已经刊刻,且找到其他信实文献可为佐证。二是以《麟台故事》所载内容为依据,论述其学术价值,即结合北宋馆阁藏书问题,讨论《麟台故事》在研究北宋馆阁藏书方面的史料价值、校勘同类史籍的文献价值和记载馆阁文士文学活动的文学史料价值。三是通过深入研究《麟台故事》的相关内容,考察北宋馆阁藏书对当时整体文化水平的推进所起的重大作用和意义。四是通过对《麟台故事》辑本与残本内容异同的对比分析,特别是通过考索现存于《永乐大典》和《说郛》本的部分重要材料的来源,还原了四库馆臣辑出辑本时整改原材料的大致情形,得出了《麟台故事》辑本材料全部来源于《永乐大典》的结论。五是从《宋会要辑稿》中新辑六条《麟台故事》内容，并逐一校证，考证其中的五条确属现存该书辑本和残本均不载的内容，当可补其所缺，为自清人陆心源以来中断了百余年的《麟台故事》辑佚工作，略尽绵薄之力。

第一章　程俱生平考

在展开对程俱及其所撰《麟台故事》的整体研究时，先从著者及其所生活的时代开始，对其生平经历、学养著述、思想认识等基本问题进行一番较为全面而又细致的深入考察，然后才能对程俱其人形成一种较为准确而又清晰的客观认识。也唯有以此为基准，才能够做到更为精确地把握和理解其著述的基本内容，进而才能够更为客观而公正地论定其著述的宏旨大义、历史意义和社会价值。

因此，本章主要是通过宋代以来的历代文献，梳理、考辨程俱生平、籍贯、科考、仕宦、著述、交游等相关方面的问题，进而厘清其中疑问。《宋史》本传和《程俱行状》载程俱早年进入仕途，是凭其外祖父邓润甫之恩荫。至中年得赐上舍出身，皆因当时暂停科考而用三舍法，故所谓上舍出身，实际上与正常科考年份的进士及第等同，在当时及后世的习惯上，也完全可以以进士及第称之。从这一角度而言，程俱有科考功名之实，原本也是没有什么问题可言，但后世的一些文献记载，却屡屡将其父程天民"举进士，试南宫第一，廷试中甲科"的事迹，误载于程俱名下。于是，由此而产生错乱，导致后学人莫衷一是，或陈陈相因而一错再错，或明知有误而不知何故。因此，我们不得不对与之相关的文献记载详加考索，进行全面疏证，旨在澄清文献所载之误及其成因。

第一节　程俱先辈及其仕途考述

《麟台故事》的作者程俱,字致道,衢州开化(今浙江衢州市开化县)北山人,故世人又以居址尊称其为程北山。他生于北宋神宗元丰元年(1078),卒于南宋高宗绍兴十四年(1144)九月,按照古代以虚龄计算的传统,即享年仅六十七岁,如《两宋名贤小集》即载其"卒年六十七"①。一生博览群书,著述颇丰,曾一度为天子制诰,堪称"在两宋之际是一位颇有文学名实的官员"②。其在《宋史》中有传,又有《宋故左中奉大夫徽猷阁待制新安县开国伯食邑九百户致仕赠左通奉大夫程公(俱)行状》③流传至今。据所载内容来看,主要记述仕宦。

一、程氏先辈考述

程氏家族一脉相传为高阳氏之后裔,早期居住在今河南省新安县一带,以新安黄墩人自称,后因避魏晋之乱而举族南迁,至今在安徽省歙县一带居住,仍以新安黄墩人自称。及至程俱十世祖时,始迁入今浙江省开化县北山区一带居住。据清光绪年间所修《开化县志》记载,自唐代以来,陆续迁往开化县定居的程姓有两

---

① 〔宋〕陈思编,〔元〕陈世隆补《两宋名贤小集》卷二百〇一《北山集》,《文渊阁四库全书》影印本,台湾商务印书馆,1986年版,第1363册,第602页。"俱"原作小字,以括号标示。以下引文及标题中的小字同。

② 《麟台故事校证》卷首《前言》,中华书局,2000年版,第2页。

③ 该行状此下简称《程俱行状》,或"行状",详见本书附录一。下文凡本书引《程俱行状》记载者,亦同此例。

支，且原籍都是今安徽省歙县。其中一支于唐大中年间（847—860）迁入，定居龙山霞关（今开化县杨林乡下江），后散居蕉川、东坑口等地。另一支于唐中和三年（883）举族迁入，即从歙县迁至常山县北竹（今开化县长虹乡北源村）定居。两支本为新安程氏同宗，而程俱与后一支血缘上更为接近。据说程俱所属这一支程氏先祖为程青，是因为唐僖宗广明元年（880）黄巢起义军攻入长安，天下大乱，纷争迭起，为避战乱而率其程氏部族南迁至此，秉承先辈遗风，世代以儒业为本，讲求耕读传家，以避乱世。历晚唐五代而入宋，先有程俱之曾祖程宿（971—1000），声望很高，为宋太宗端拱元年（988）状元①，深得太宗赏识，历任翰林院编修官、殿中丞、直

---

①　程宿，《宋史》无传。据《皇朝编年纲目备要》载："戊子，端拱元年（988）……夏四月……闰月，亲试下第举人。"该条下注曰："先是，礼部侍郎宋白知贡举，放进士程宿以下二十八人，诸科百人。榜既出，谤议蜂起，或击登闻鼓求别试。上意其遗材，诏下第人覆试，得进士马国祥以下及诸科凡七百人，令枢密院用白纸为牒赐之，以试中为目，令权知诸县簿、尉。上既亲擢国祥等，犹恐遗材，又命王世则等召下第进士、诸科人试，得合格数百人。上覆试诗赋，又擢进士叶齐以下及诸科百余人，并赐及第。"详见〔宋〕陈均编，许沛藻、金圆、顾吉辰、孙菊园点校《皇朝编年纲目备要》卷四，中华书局，2006 年版，第 80 页。又据〔宋〕彭百川撰《太平治迹统类》卷二十八载："端拱元年，夏四月，丙申，先是翰林学士、礼部侍郎宋白知贡举，放进士程宿以下二十八人，诸科一百人。榜既出，谤议蜂起，或击登闻鼓求别试，上意其遗材。壬寅，诏下第人覆试于崇政殿，得进士马国祥以下及诸科凡七百人，令枢密院用白纸为牒以赐之，试中为目，令权知诸县簿、尉。谓枢密使张宏曰：'朕自即位以来，亲选贡士，大者为栋梁，小者为榱桷。今封疆万里，人无弃材，日思孜孜，庶臻理本。卿与蒙正曩者颇为大臣所沮，非朕独断，则不及此。'宏顿首谢曰：'凡三掌贡士，所取如苏易简、王禹偁辈皆知名，而罢黜者众，因致谤议。'时知制诰李沆亦同知贡举，谤议独不及（程宿、省元、王扶、陈尧佐、石成之诸科卢范以下八十余人）。上既擢马国祥等，犹恐遗材，复命左右正言王世则等召下第进士及诸科于武成王庙，重试得合格进士数百人。丁丑，上覆试诗赋，又拔进士叶齐以下三十一人，诸科八十九人并赐及第（叶齐、江拯、赵准等）。"可见，这一年科考情况比较复杂，但最终以开化人程宿为状元无疑。详见《太平治迹统类》卷二十八《祖宗科举取人·太宗》，台湾成文出版社，1966 年版，第 2 册，第 1884—1885 页。（转下页注）

集贤院、职方员外郎、江西安抚使等职，惜英年早逝，赠光禄卿，谥曰文熙。然后有程宿之子程迪（生卒不详）继之，为宋仁宗庆历二年（1042）榜眼①，历任宣州判、国子监主簿、判正七史、知江宁上元县等职。继有程迪之子程天民，为宋神宗熙宁六年（1073）进士及第。又据《开化县志》记载，宋度宗咸淳十年（1274），在开化县杨林镇下庄村一带，曾有由时人程建德所建的一封书院，其中祀状元安抚使程宿、都官郎中程迪、少师卫国公程俱等先祖，并延请名师以训

（接上页注）再据〔清〕嵇曾筠、李卫等修，〔清〕沈翼机等纂《雍正浙江通志》卷一百二十三《选举一》载："端拱元年戊子程宿榜。程宿（开化人，状元）。"详见《中国地方志集成·省志辑·浙江》，凤凰出版传媒集团凤凰出版社，2010年版，第563页。据此可知：程宿，衢州开化县人。宋太宗端拱元年（988）戊子科状元，时年仅十八岁，按照史书记载的籍贯，程宿应是浙江省历史上的第一位科举状元，本年度浙江省中举者仅此一人。另外，据《程俱行状》载："（程俱）曾祖伯照，故赠光禄卿，祖母扶风郡太君鲁氏、彭城郡太君钱氏。"又载："公之曾祖光禄君，乐恺平易，重然诺，喜施与，乡里称为长者。"详见本书后附录一。可见程俱曾祖有程宿和程伯照之异，疑其或为同一人而不同记载中存在名与字的异称（即名宿，字伯照），本书从前者。

① 程迪，《宋史》无传，应为庆历二年壬午杨寘榜榜眼。据《皇朝编年纲目备要》载："壬午，庆历二年（1042）……亲试进士。"该条下注曰："赐杨寘以下四百余人及第、出身有差。寘初试国子监、礼部皆第一。及是上临轩，启封见姓名，喜动于色，曰：'杨寘也！'公卿相贺得人，后竟未霑禄而卒。"详见《皇朝编年纲目备要》卷十一，中华书局，2006年版，第248页。又据《太平治迹统类》卷二十七《仁宗》载："三月，赐进士杨寘等三百三十七人及第。寘登第，初试国子监、礼部皆第一，及是，帝临轩启封见姓名，喜动于色，谓大臣曰：'杨寘也！'公卿相贺为得人。"详见《太平治迹统类》卷二十八《祖宗科举取人·仁宗》，台湾成文出版社，1966年版，第2册，第1913—1914页。再据《雍正浙江通志》卷一百二十三《选举一》载："庆历二年壬午杨寘榜。……程迪（开化人，都官郎中）。"查本年度浙江省中举者，计三十三人。详见《中国地方志集成·省志辑·浙江》，凤凰出版传媒集团凤凰出版社，2010年版，第566页。另外，据《程俱行状》载："（程俱）祖迪，故任尚书都官郎中致仕。祖母仁和县君江氏、仙居县君慎氏、天水县君余氏。"又载："祖父都官君始以儒奋，擢进士第。治剧邑有德于民，唐质肃公介为江东转运副使，日特加赏遇，以为不任威刑而人不犯，虽古循吏无以加也。"详见本书后附录一。

导本族入门子弟，该书院后废于元末兵火。

特别是程俱的父亲程天民（1055—1086），字行可，熙宁六年（1073）进士及第①，是一位天资聪颖、擅长诗文的饱学之士。如据《程俱行状》载："父宣奉君为儿时，日诵数千言，成童作文，握笔立就；未冠举进士，试南宫为第一，廷试中甲科，益博观典籍，研绎奥义，常进所撰诗、书、论。"②不过，程天民的仕宦履历相对较为单一而简短，最突出的特点就是清廉。即先得任相州、饶州州学教授③，继迁瀛州防御推官，又任信州贵溪县丞，并摄该县政令事，于是全县百姓欣赖，皆因其吏治之清明。后朝廷召试为太学博士，但不幸英年早逝，享年三十二岁，朝廷闻奏，赠封程天民为"通议大夫"。程俱在父亲去世之时，年方九岁，遂因早年丧父而跟从生母邓氏寓居于外公家。邓氏即为邓润甫之女，后因程俱官品居于五品以上而封为太宜人。宣和五年（1123）邓氏去世，程俱遂解职归家守丧。第二年正月，程俱将邓氏安葬"于镇江府丹徒县五州山之原"，并由其好友"今资政殿学士吴兴郡公叶公梦得铭其墓"。然而北宋灭亡后，金兵几度南下，战火一再殃及镇江一带，导致当地正常的社会

---

① 李欣、王兆鹏著《程俱年谱（上）》，刊于《中国韵文学刊》2006 年第 6 期。据《雍正浙江通志》卷一百二十三《选举一》载："熙宁六年癸丑余中榜。……程天民（开化人，贵溪丞）。"据统计，本年度浙江省中举者共列有七十三人，并录其姓名籍贯，程天民即在其列。详见《中国地方志集成·省志辑·浙江》，凤凰出版传媒集团凤凰出版社，2010 年版，第 572 页。另外，据《程俱行状》载："（程俱）父天民，故瀛州防御推官、信州贵溪县丞、赠左宣奉大夫。母太硕人邓氏。"又载："父宣奉君，……未冠举进士，试南宫为第一，廷试中甲科。"此载可详见本书后附录一。

② 《程俱行状》，详见本书后附录一。

③ 教授，宋代的学官名。据周发增、陈隆涛、齐吉祥主编《中国古代政治制度史辞典》说："宋太宗为皇侄等设师傅，名教授，宋代各路的州、县学都设有教授。教授担任训导、授业、考核和执行校规。此外，各宗学、律学、医学、武学等，也设置有教授，教授的位居提督学事司之下。"首都师范大学出版社，1998 年版，第 92—93 页。

秩序被破坏,"士卒恣睢,樵牧不禁,存殁罹灾,及我先茔"。于是,绍兴五年(1135)五月,程俱又迁其母灵柩至程氏故里开化,再至七年(1137)正月,"乙酉,始克葬于云台乡云门山之原"①。鉴于此时程俱任徽猷阁待制,故朝廷赠封邓氏为太硕人。

二、程俱仕途考述

程俱一生虽有四十多年置身于仕途,但总是不畅达。起先是在北宋时哲宗绍圣年间以外祖父恩荫入仕,而后经历了"三仕三已"的起落。南渡后程俱再入仕途,历官朝请郎、著作佐郎、礼部员外郎、太常少卿、直秘阁知秀州、秘书省少监、中书舍人兼侍讲、提举江州太平观、提举台州崇道观、集英殿修撰、徽猷阁待制等职,然终究以失秀州之事而忍辱负重,故从中书舍人兼侍讲落职后,晚年时虽身在仕途,但已远离权力核心。

(一)北宋时恩荫入仕——一仕一已

起初,程俱虽非通过科举功名入仕,但在入仕之前,人们已经公推其颇具父风。尤其在母亲的严格教育下,勤于攻读,加之个人聪慧伶俐,很受其外祖父邓润甫的器重。故在宋哲宗绍圣四年(1097),即程俱约二十岁时,凭借其外祖父邓润甫恩荫入仕,补为

---

① 此以上四处引文,均出自《北山集》卷三十一《墓铭二·先妣迁奉墓志》,《文渊阁四库全书》影印本,台湾商务印书馆,1986年版,第1130册,第303页。另,程瑀撰《程俱行状》云:"赠左宣奉大夫。"详见本书后附录一。然而《先妣迁奉墓志》云:"先考贵溪府君赠官至通议大夫。"鉴于《北山集》所收录为作者本人所记,应该比较准确。再者《北山集》在程俱生前就已经完成了编纂,所收文都经过作者晚年反复订正,而《程俱行状》撰成于程俱去世之后,故本书从《北山集》所载。

假承务郎,随后又补为苏州吴江县(今江苏省苏州市吴江区)主簿①,官品应属于品阶最低的从九品。这表明程俱由吏转为官,从此正式迈入仕途,第一次有了实际性的职位和官品。

元符三年(1100)正月,宋徽宗即位,大赦天下,以蠲放秋苗而惠泽民众。然而,吴江县的地方官吏上下串通一气,营私舞弊,中饱私囊,最终老百姓不但没有得到朝廷恩惠,反而被加重盘剥。于是,时任吴江县主簿的程俱对此极为愤慨,针对此事呈状朝廷,不仅大胆揭露此类官场之弊端,而且提出了相应的治理措施。如据其所撰《吴江县申乞准赦放秋苗议状》曰:

> 今月某日,户案手分将到文引,通签准使符,准转运衔牒,催索去年苗米事。右某伏见圣主初临宝位,思布惠泽于天下,故赦文内将应干积欠并行蠲放,以至去年秋苗亦行放免。宣赦之日,百姓闻之,皆稽首感忭,欢颂之声,如出一口。寻已翻黄张挂,及行下乡村,晓示人户。今来旬日,乃复催索,不惟使皇泽不下于民,亦何忍使圣主即位之初,失大信于天下?非小故也。况去秋苗米,富家上户必已于上中限内送纳入官,今来已入末限。欠苗米未纳之人,多是残零,或贫氓下户、力未能及者。此尤仁政所当先及者,乃不被覃霈之恩。又况所得无几,徒格上恩,且伤国体。某窃以谓准赦蠲放,乃为得宜。所有文引,难以书押行出,谨具议状申县,伏乞备申使府,伏候裁旨。②

---

① 据《程俱行状》载,程俱此时任“吴江县主簿”。又《宋史》程俱本传所载,亦同此,故本书从之。详见《宋史》卷四百四十五《文苑七·程俱》,中华书局,1985年版,第13136页。另据《北山集》称:“信安程致道为吴江尉。”详见《北山集》卷首《北山集原序》,《文渊阁四库全书》影印本,台湾商务印书馆,1986年版,第1130册,第5页。

② 《北山集》卷三十五《状劄一·吴江县申乞准赦放秋苗议状》,详见《文渊阁四库全书》影印本,台湾商务印书馆,1986年版,第1130册,第342—343页。

此后，朝廷大兴花石纲运输，沿途所过州县官吏相互勾结，乘机搜刮民脂而大发横财。尤其是花石纲之扰，波及两淮和长江以南的广大地区，而以两浙为最甚。程俱当时所在苏州吴江县即在其内，沿线各地官吏公然以"讲求遗利"为名，实则巧立名目，敲诈勒索，暗行营私之利。于是本性刚直而胸怀家国之志的程俱，更加看不惯官场上欺上瞒下、祸害国家和老百姓利益的歪风邪气，竟浑然不顾人微言轻而再次大胆呈状朝廷，慷慨陈述其危害所在，并强烈要求取缔"无艺之费"。如据其后所作《吴江回申讲求遗利状》曰：

> 准县牒……右某窃谓：财用之在天下，譬之众川之水，豬之万顷之陂，决漏既多，干涸可待，乃欲崎岖回远、引线脉之流以益之，不如塞其陂之决漏而已。今诸路钱入，则众川是也；万顷之陂，则总计是也；决漏如江，则无艺之费是也；崎岖回远、引线脉之流以益之，则讲求遗利是也。所谓无艺之费，某疏远小吏，不能尽知，徒见顷年以来，纲运自杭而西以过县境者，有曰"明金生活"、有曰"佛道帐殿"、有曰"花石"者，挽舟之卒所支口券米，岁无虑若千石，计工无虑若千万夫，家粮借请之数不与焉。然比造作之费，曾何足道？窃以谓天下无艺之费如此类者，倘一切罢之，则神宗皇帝息民、裕国之政具在，守而勿失，可以有余。某愚无知，妄陈管见。谨具申县衙，伏乞备申使州，伏候裁旨。[1]

鉴于程俱两次呈状所言，条条切准当朝时弊。故其先后所论一出，"见者惊叹，亦或指以为狂"。当然，凡正道之人闻之，则深为之叹服。可那些一贯相互勾结、营私舞弊、祸国殃民的贪官污吏闻之，自是心惊胆战，及其党羽更是不得不严厉指责其言论过于狂

---

① 《北山集》卷三十五《状劄一·吴江县申讲求遗利状》，《文渊阁四库全书》影印本，台湾商务印书馆，1986年版，第1130册，第343页。

放,并伺机予以打压。尤其作为区区一县之主簿,竟敢将宋徽宗为之靡费无度的花石纲论列为"无艺之费",则其为国为民的赤胆之纯,忠心之诚,昭然若见。如今读来,依旧不得不令人钦佩其勇。然而这在当时,则正好被当政者认为是邪说,即"时执政者方力持绍述之说以售其私,凡持正论者斥以为邪,虽被摈废,人更以为荣焉"①。处在这一时期,如果说还有能够理解并欣赏程俱之说的人,那就是当时还未曾谋面而后来与程俱彼此成为好友的叶梦得:"绍圣末,余官丹徒,信安程致道为吴江尉。有持其文示余者,心固爱之。愿请交,未能也。"②

于是,程俱在吴江县主簿任满后,只是被差遣为监舒州太湖茶场(今安徽省潜山县附近)之任。实际上,已由官降为地方当局差遣吏任,仕途前景如履薄冰。其此时正如所作律诗《罢吏客郡城已数月滞留忽已岁暮浩然兴叹作一首》云:"一行作吏向吴城,五见陬隅上薄冰。"③再至任满后,不仅没有得以升迁,反而连最低的官品都没有了。仕途初次受挫,且处于困顿艰涩之中,正当年轻的程俱自会有一种不可名状的悲愤和失落感,心绪亦为之颇不平静,恰如其这一时期所作古诗《数诗述怀》中所体现的那样:

　　一生共悠悠,今者曷不乐?二十起东山,误为微官缚。三年瞬眸耳,邮传那久托?四壁自萧然,青编束为阁。五更霜钟动,起视星错落。六律聿其周,忽忽更岁籥。七哀哦幽韵,感念惊独鹤。八极岂不广?衰怀了无托。九原叹多贤,死者那可作？十里望烟村，天随去寥廓。①

　　也正是第二次呈状论列利害而触及朝政之故，监舒州太湖茶场差事结束后，程俱便彻底失去其所有职务和差事。当时，程俱曾经仰仗的外祖父邓润甫早已经过世数年，朝中更无其他援引，无奈之际唯有借酒浇愁，正所谓："强醉重云欲散盐，三更飞霰忽惊帘。"又曰："出户仰看天漫漫，持杯愁作夜厌厌。"②在外滞留数月后，终究无果而归家，此时的程俱实际上已经被彻底排挤出了仕途，即所谓"一仕一已"。

　　此时，应在建中靖国元年（1101）三月前后，即据程俱当时所作《寓斋记》落款"建中靖国元年三月甲子信安程俱记"③已不见有任何头衔。此后的近六年内，更是诸事危艰而湮阨连年，几至于举家生活陷入一种家徒四壁的贫困处境之中。然而受此打击而身处逆境中的程俱，在这一时期并没有就此沉沦下去，而是闭门谢客，日夕以诗书相伴，勤于撰著，学问由此而精进。尤其是罢免之后，一时生计虽处于穷困潦倒之中，但心系天下的凌云之志不失，为国为民的壮心不移，且时常以三国蜀汉丞相诸葛亮、南朝宋文学家谢惠连之辈自励，伟然有公辅宰执之心。即如崇宁三年（1104）正月初七日，程俱在所作律诗《人日书怀兼呈吴中二三友》中云：

　　　　东西南北走红尘，又见江淮草木薰。小谢篇章成画饼，卧

---

　　①　据该诗题名下有作者原注"庚辰"二字，应知该诗作于元符三年（1100），当时程俱二十三岁。详见《北山集》卷三《古诗三·数诗述怀》，《文渊阁四库全书》影印本，台湾商务印书馆，1986年版，第1130册，第28页。又见〔明〕程敏政撰《新安文献志》卷五十八，《文渊阁四库全书》影印本，台湾商务印书馆，1986年版，第1376册，第9页。

　　②　《北山集》卷九《律诗·寒夜遣怀一首》，《文渊阁四库全书》影印本，台湾商务印书馆，1986年版，第1130册，第84页。

　　③　《北山集》卷十九《碑记·寓斋记》，《文渊阁四库全书》影印本，台湾商务印书馆，1986年版，第1130册，第198页。

龙功略付浮云。栖迟枳棘今如许,笑傲风霜赖此君。偁俯折腰成底事,故交千里漫离群。①

(二)北宋时再入仕途——二仕二已

直到徽宗大观初年(1107),程俱被朝廷再次起用,先差为监常州(在今江苏省常州市)市易务,此差一般属于地方当局的差遣市吏,应无官品。大观二年(1108)八月十五日,程俱在此差任时,作有《常州新修市易务壁记》一文,以详述其在任不辞艰辛、尽职尽责于市易务之事。正如其所云:"盖使来者知余之勤且艰如此,而其所建立止如此,余不负市吏而市吏负余,亦足叹也。"②后又因八宝恩之故,得迁补通仕郎,进入当时新制规定的文官选人阶官之第五阶,此任一般授予奏补未出官人③,应无官品可言。事实上,这比之前所担任过的从九品的吴江县主簿还要低,更无具体职事可言,所幸藉此可勉强解除衣食之忧,故只好借机心平气和地继续苦读、遨游学海。其当时所作诗云:"事贱反多暇,居卑适无虞。人间不争地,聊此谢畏途。岂无营营子?熟视付一吁。"又云:"展卷阅千古,置书忘万殊。不妨权子母,亦复商有无。平生仅识字,乃与忧患俱。持此游学海,层台渐积苏。年来但遮眼,颇觉心恬愉。囊粟足

---

① 据该诗题名中有"人日"二字,题名之下又有作者原注"甲申"二字,应知该诗作于崇宁三年,即一一〇四年正月初七日,当时程俱二十七岁。再据其诗"浮云"句下存作者原注曰:"孔明为孙权画赤壁之策及谢惠连为司徒府法曹时,与余今年齿正同。"又其诗"此君"句下存作者原注曰:"太湖多竹,所居有修篁千个。"足可证其志向、情趣、气节之高洁,远非寻常可比。详见《北山集》卷九,《文渊阁四库全书》影印本,台湾商务印书馆,1986年版,第1130册,第84页。

② 《北山集》卷十九《碑记·常州新修市易务壁记》,《文渊阁四库全书》影印本,台湾商务印书馆,1986年版,第1130册,第195页。

③ 龚延明编著《宋代官制辞典》,中华书局,1997年版,第687页。

自饱,讵肯羡俦儒。"再云:"谁能三万卷?悬头苦劬劬。"①再至政和
元年(1111),程俱升迁为宣德郎,应属京官之从八品。而后差其知
泗州临淮县(在今江苏省盱眙市北)事,这是程俱第二次步入仕途
后,所担起的一项能够独立主管一方事务的实质性职务。然而,这
样的好景并不长,遂在政和三年(1113),朝廷召程俱赴京"审察"②,
且再次因以前呈状建言涉及取消花石纲之故,暂被革职,继而罢免
所任知泗州临淮县之职。

由于当时朝廷对程俱并未立即作出最终的处罚决定,故其仕
途实际上陷入一种进退两难的尴尬境地。他置身于停职状态之
中,心知自己往日所言利国利民,可在朝中似乎得不到认同,眼看
昔日友朋因之而远离自己,前途吉凶更无从得知,去留又一时难于
断绝,无奈之下只好以闭门读书的方式度日,忐忑不安地等待着命
运的安排。正所谓:"除书无虚日,念子何踌躇?满堂罗经史,问字
无停车。"又曰:"危弦寡知音,寂寞空居诸。"再曰:"闭蕃著空舍,谁
辨公车书?"③也正是在这一等待期间,程俱因滞留汴京之故,方才
能够近距离地看清楚当时朝纲败坏与官场腐败的现实状况,心中
不免对国家未来产生深深的隐忧。于是,从此时起的一些作品,不
时地流露出一种个人对朝政不满的、颇具文人气质的厌倦情绪。

好在这次审察,并没有彻底否定程俱,不久之后,朝廷又差遣
程俱以通直郎为兖州(在今山东省兖州市)岱岳观管勾,品阶由宣
德郎升为通直郎。虽为正八品,但所领差事实属闲散差事,确实没

---

① 《北山集》卷二《古诗二·和柳子厚读书》,据该诗题名之下又有作者
原注"己丑"二字,可知该诗作于大观三年(1109),当时程俱三十二岁。《文渊
阁四库全书》影印本,台湾商务印书馆,1986年版,第1130册,第19页。

② 据《程俱行状》,详见本书附录一。

③ 据该诗题名下有作者原注"癸巳"二字,应知该诗作于政和三年
(1113),当时程俱三十五岁。《北山集》卷五《古诗五·建除一首酬林德祖虑》,
《文渊阁四库全书》影印本,台湾商务印书馆,1986年版,第1130册,第50页。

有什么具体职事和作为可言。因此，与其说这是程俱在汴京经受
"审察"后仍旧能够置身于仕途，还不如说是实实在在落职后出京
归家。如在任此职期间，所作《衢州开化县新学记》落款曰："政和
五年八月甲子，十月丁酉，通直郎管勾岱岳观程俱记。"①显然，程俱
此时应在衢州开化（今浙江衢州市开化县）家乡居住，身份为通直
郎管勾岱岳观。这在政和五年时，程俱与好友叶梦得唱和的诗作
中，亦有所述及："病目自甘桃李后，野麋难着凤麟中。未成下泽还
乡里，且寄穷阎蔽风雨。"②不久，在岱岳观任满后，其应为落职赋闲
在家，如政和六年（1116）所作《京西北路提举常平司新移公宇记》
的落款仅云："政和六年夏四月甲子，具位程俱记。"③也就是说，在
此时的落款中已不见前一年所谓"通直郎管勾岱岳观"的头衔，应
当属于自然而然中无声地淡出仕途，最后失去了所有官职，即所谓
最终"二仕二已"。

　　总之，在短短数年的早期仕途坎坷中，经历了二仕二已的挫
折，程俱的内心是一种极其复杂而又矛盾的状况：一方面是壮心不
已，常怀忧国忧民之胸臆，大有建功立业之雄心，如其律诗《江兵
曹》云："诗成不直一杯水，年大常怀千岁忧。何须中令能强记？正
要将军为破愁。故人久负丘壑志，公子欲寻梁宋游，相逢倘有蒲萄
渌，肯向西凉博一州。"④然而，另一方面又是步入仕途后屡屡受挫，

----

　　①　《北山集》卷十九《碑记·衢州开化县新学记》，《文渊阁四库全书》影
印本，台湾商务印书馆，1986 年版，第 1130 册，第 197 页。
　　②　该诗题名之下有原注"乙未"二字，应是作于政和五年（1115），此时程
俱四十八岁。又该诗有两首，此处节选诗句，即属其二。详见《北山集》卷九
《律诗·次韵叶翰林见寄》，《文渊阁四库全书》影印本，台湾商务印书馆，1986
年版，第 1130 册，第 86 页。
　　③　《北山集》卷十九《碑记·京西北路提举常平司新移公宇记》，《文渊
阁四库全书》影印本，台湾商务印书馆，1986 年版，第 1130 册，第 198 页。
　　④　《北山集》卷九《律诗·江兵曹》，《文渊阁四库全书》影印本，台湾商务
印书馆，1986 年版，第 1130 册，第 85—86 页。

当时自身所处境遇和面临的社会现实更是不尽如人意,于是空有
报国的良策,却总是没有机会付诸实践,这不能不令其心生焦虑与
悲观的情绪,故早在年轻时期的程俱,就已经开始对仕进心生厌倦
而意冷。不过,这一时期内,也有一件让程俱备感身心愉悦的事,
那就是在家乡得遇正处于被贬谪境地的叶梦得,遂因志趣相投而
惺惺相惜,交往日密。

(三)北宋时三入仕途——三仕三已

政和七年(1117),朝廷第三次起用程俱,差遣其通判延安府
(北宋鄜延路治所所在地,在今陕西延安一带)。但程俱因对仕途
已心生倦意,故以侍奉亲人不便为由,借机向朝廷一再提出辞呈,
朝廷虽然没有准许,但还是改任其为通判镇江府(在今江苏镇江一
带)。也就是说,此时此任,表明程俱第三次正式步入仕途,且再次
担起了一项较高的能够主管一方的实质性职务。

也正是得任镇江府前后的这一时期,程俱诗文名望在士林之
中日益隆盛,且与当世名士叶梦得交往更加密切而彼此倾慕,视为
知己。后来再由叶氏向朝廷荐举,任程俱为"编修国朝会要所检阅
文字",即开始进入秘书省工作,这是北宋文士一度引以为荣的理
想途径。政和八年,兼任"道史检讨"①。宣和二年(1120),先转任
承议郎(正八品),后赐上舍出身②(因此年暂罢科考取士,此上舍出
身即同进士及第),又赐其五品服(即官品升入五品以上的京朝官
序列,这也是北宋早期能够得任馆阁馆职的基本条件之一)。第二
年先升为将作监丞(官品应从其赐五品服),再迁秘书省著作佐郎

---

① 程俱所任以上二职,均据《程俱行状》,详见本书附录一。
② 据《程俱行状》载,程俱得赐上舍出身,是在宣和三年(1121)除将作监
丞,又迁秘书省著作佐郎之际。此误(详见本书后附录一)。当依据《宋史》所
载:"宣和二年,进颂,赐上舍出身,除礼部郎。"详见《宋史》卷四百四十五《文苑
七·程俱》,中华书局,1985年版,第13136页。

（官品应从其前赐五品服）。程俱仕途之所以会一时出现如此顺境，一则因其祖父辈世代以儒术治家而声名显赫，且个人才华出众又有同进士及第的上舍出身，二则有好友叶梦得的荐举。

宣和三年，宋徽宗驾幸秘书省，特诏馆臣于秘阁观书，时任秘书省著作佐郎的程俱身居其列，向朝廷献律诗《车驾幸秘书省口号二首》，以及唱和律诗《和同舍上元迎驾起居》①，又作《贺驾幸秘书省太学表》，以示敬诚庆贺之意。因徽宗特赐程俱御笔书画，且升迁程俱为朝奉郎（按例为正七品，但其官品应从之前赐五品服）以示礼遇，故程俱再作《谢赐御书御画并宣召观书画表》呈上谢恩。旋即又因在朝献诗唱和之举，颇得徽宗赏识，故而第二年被升任为礼部员外郎。按照北宋元丰改制后的新官品阶来看，此官职品阶本应与此前所任朝奉郎相当，按规定本为正七品，或从六品，但程俱此前已有御赐五品服，故为五品，掌领本司事，并专职描绘祥瑞图②。

总之，在这一时期内，程俱得赐上舍出身，且官品连连升迁，纵然无甚显达之处值得称道，可身处馆阁的清贵之气，还是多少能够让程俱感到仕途上的一些称心如意。究其因何会出现仕途较为顺畅的重大转变，则除其本人具有较高诗文声望和学术造诣外，应当有以下两个方面的主要因素：

一方面是在当时社会的文士阶层中，大家对程俱家世的评议很高。如其曾祖父程宿为状元出身，其祖父程迪为榜眼（因该榜状

---

① 据前诗《车驾幸秘书省口号二首》题名之下有作者原注"壬寅"二字，知该诗作于宣和四年（1122），当时程俱四十五岁，得赐上舍出身，则与上文所举《宋史》程俱本传所载一致。又据后诗《和同舍上元迎驾起居》题名之下有作者原注"辛丑"二字，知该诗作于宣和三年（1121），当时程俱四十四岁。详见《北山集》卷十《律诗》，《文渊阁四库全书》影印本，台湾商务印书馆，1986年版，第1130册，第91—92页。

② 《宋代官制辞典》，中华书局，1997年版，第216页。

元杨寘不久即去世,实则其为第一名)出身,其父亲程天民进士及
第试南宫第一,前三代人均曾在朝为官而清望颇高。加之其外祖
父邓润甫进士及第,历任集贤校理、直舍人院、知谏院、知制诰、御
史中丞、龙图阁直学士知成都府、翰林学士承旨、吏部尚书、龙图阁
直学士知亳州、端明殿学士、礼部尚书、兵部尚书、尚书左丞等职,
因与章惇重谪吕大防、刘挚一事有异议而据理力争,后无辜暴卒,
朝廷谥曰"安惠"①,属当世称道的刚正不阿而道义高古之士,在朝
已具有较高的政声和德望。因此,从如此家世中成长起来的程俱,
被时议评价为"时论谓公以儒术世其家,今艺学绩文士鲜出其右,
近臣亦推公长于撰著"②。

　　另一方面是宋徽宗身边的近臣叶梦得,深知程俱擅长撰著、工
于诗词而极力荐举之。叶梦得(1077—1148),字少蕴,苏州吴县
(今江苏苏州)人。于绍圣四年(1097)进士及第,即任丹徒尉期间,
得见程俱之文。后至大观三年(1109)"以龙图阁直学士知汝州,寻
落职,提举洞霄宫"③。实即落职归家乡居住,再至政和三年(1113)
程俱也落职任兖州岱岳观管勾,二人实处于相同境遇之下,且因地
域接近、彼此早有相见之愿而最终得以结识。自此时常有诗歌酬
唱和书信往来,遂在相互切磋中交往日密。政和五年(1115),叶梦
得官复原职后,向朝廷荐举了程俱。因此程俱在北宋后期才得以
被朝廷第三次起用,进而得任具有实际执事的馆阁馆职,这不仅是
程俱梦寐以求的出路,也是北宋时期天下文士最为理想的出路。
因此,程俱在前途充满希望的欣喜之余,曾先后两次作诗酬谢叶
氏。即如一一一七年作《酬颖昌叶内翰见招》云:

---

　　① 《宋史》卷三百四十三《列传一百○二·邓润甫》,中华书局,1985年
版,第10911—10912页。
　　② 《程俱行状》,见本书后附录一。
　　③ 《宋史》卷四百四十五《文苑七·叶梦得》,中华书局,1985年版,第
13133页。

触石西游派浊波，京华旅食谢经过。年侵镜里今如此，歌
缺壶边可奈何。宾阁遥知悬玉尘，直庐应许到金坡。须公一
节趋环召，犹及昆明百步荷。

再如，一一二〇年又作《酬叶翰林喜某除官东观》云：

冰谷难通杜曲天，浅闻那识绛人年。挥斥始免从轮扁，操
牍宁堪佐史迁。正恐商樊讥浪子，可令齐鲁叹无传。笭箵挂
壁空回首，林有孙枝竹长鞭。列宿罗胸妙补天，巨鳌峰顶号耆
年。致君旧拟唐虞上，去国徒惊岁月迁。梦笔丝纶建瓴下，愬
棠膏泽置邮传。平生倾倒燕台意，可使英豪慕执鞭。①

徽宗宣和五年（1123），程俱因母邓氏去世，回家守丧。宣和七
年，程俱四十八岁时，为其母亲守丧之期已结束，朝廷复其职为礼
部员外郎。不过，其前途并不看好。一方面此时的北宋王朝已是
权臣当道，政治黑暗。另一方面金灭辽之后，乘势纵兵南下攻宋，
兵锋已直指汴梁，时局遂凶险异常。适逢其时的程俱，无论于国于
家还是于己，不能不为之深忧。然而，身为礼部员外郎的程俱，身
非要职而人微言轻、报国无门而进谏无效。在万般无奈之下，唯有
赋诗哀叹，借酒浇愁，以诵读屈原《离骚》的文士姿态和独特方式，
表白自己当时为国为民而心急如焚的真实情状。正如其所作律诗
《白发催年老》云：

转眼过三纪，搔头见二毛。先秋同柳弱，早白误山高。种

———————

①　据前诗题下有作者原注"丁酉"二字，应知该诗作于政和七年（1117），
当时程俱四十岁。又该诗"金坡"句下又注曰："唐孟浩然故事。"再据后诗题下
有作者原注"庚子"二字，应知该诗作于宣和二年（1120），当时程俱四十三岁。
详见《北山集》卷十《律诗·酬颍昌叶内翰见招》、《酬叶翰林喜某除官东观》，
《文渊阁四库全书》影印本，台湾商务印书馆，1986 年版，第 1130 册，第 91 页。

种从渠落,青青竟莫逃。形骸姑置此,痛饮读《离骚》。①

　　程俱面对日渐逼近的亡国之危难,大声疾呼却无人理会,最终以病为由向朝廷进呈辞官,决定提前告老还乡,如此以退为进,既可以明确地向当局表明自己不满于现实的态度,又可以求得自保性命于乱世之机会。情势也是如此,就在这一年的年底,金兵已将汴梁城团团围困,极度慌乱之中的徽宗匆匆禅位给钦宗,朝廷上下已失其序,几乎无人顾及程俱的辞呈。于是,程俱在还未等到朝廷批复辞呈的情况下,决定动身南下。然而朝廷还没来得及做出最终该如何处理程俱辞呈的决定,金兵已在第二年初攻陷汴梁,徽、钦二帝被掳掠北上,北宋宣告亡国。此即程俱仕途的"三仕三已"。

　　在国破家亡,又遭遇罢官的情况下,程俱当时的心情极其悲愤又复杂,一方面是心系家国而无计可施,唯有大发书生意气而空悲切;另一方面一向憎恨那些混迹官场而窃取禄位的祸国者,又经历三仕三已的挫折,不希望自己也如那些祸国者一样,栖身仕途,碌碌无为。因此,当时程俱辞官归家在一定程度上也是一种出自本心的必然选择,并不仅仅是因为面临朝廷时局危急而做出的苟且偷生之举。也就是说,程俱早已抱定君子固穷的心态,日渐仰慕安贫乐道的逍遥生活。正如其在这一时期所作古诗《戏呈虞君明察院谟》云:"三仕三已心如空,一丘一壑吾固穷。门施雀罗正可乐,车如鸡栖良不恶。胸中九华初欲成,彩衣玉斧双鬟青。世间何乐复过此,不失清都左右卿。……请观五石大瓠种,正以瀽落浮江湖。环中何者为荣辱?千钟何如三釜粟。坦途缓步东方明,大胜跨虎临深谷。"②又如其律诗《九日写怀》云:

————————

　　① 《北山集》卷九《律诗·白发催年老》,《文渊阁四库全书》影印本,台湾商务印书馆,1986年版,第1130册,第88页。
　　② 据诗题下有作者原注"癸巳"二字,应知该诗作于政和三年(1113),当时程俱三十六岁。详见《北山集》卷二《古诗二·戏呈虞君明察院谟》,《文渊阁四库全书》影印本,台湾商务印书馆,1986年版,第1130册,第23页。

　　节物惊心两鬓华，东篱空绕未开花。百年将半仕三已，五亩就荒天一涯。岂有白衣来剥啄，亦从乌帽自欹斜。真成独坐空搔首，门柳萧萧噪暮鸦。①

　　正处在国已亡而兵荒马乱的时期，程俱由于已经去职，故不能随从其余朝廷官吏一道南渡。再者汴梁已破，更不可居留，只好携其家眷自行涌入南逃的难民潮流中。当时其所处境遇的凶险，自可想见：溃退的北宋官兵多有横行霸道、为非作歹之徒，南侵的金兵更是烧杀劫掠、穷凶极恶；亲朋音讯断绝，昼夜惊魂不定，饥寒交加而至，身家性命不保。在将近两年之后，程俱历尽千辛万苦，终于很侥幸地逃回了家乡。然而，也正是寄身于这种难民生活之中，尝尽国破家亡的各种艰难困苦之后，程俱才能够更真实地认识到北宋官兵是何等的昏庸无能，借杜甫《久客》一篇由衷地发出无奈的痛斥："鼠辈何知礼，奴曹只世情。鸥鹬吓鸾凤，蝼蚁困鲲鲸。舍者时争席，将军莫夜行。岂堪供一笑，正自不须惊。"②他也才能得以亲眼目睹一幕幕北宋亡国后普通老百姓逃难的悲惨景象，也很真切地亲身体验到战争给民众所造成的深重苦难。此可举程俱《北山小集》中以"避寇"为名，用不同诗体反复叙写的多首诗作为证。即如作于一一二八年的五言律诗《避寇村舍》云：

　　再脱兵戈里，全家走路尘。百年同是客，万事不如人。幻境终归尽，生涯正要贫。故人知在否？魂断楚江滨。

────────────

　　①　该诗作之后有作者原注曰："高适《九日诗》：'纵使登高只断肠，不如独坐空搔首。'"详见《北山集》卷九《律诗·九日写怀》，《文渊阁四库全书》影印本，台湾商务印书馆，1986年版，第1130册，第86页。
　　②　该诗作之下有原注曰："子美诗又云：'何当官曹清，尔辈堪一笑。'东坡诗云：'尔辈何曾堪一笑？'"详见《北山集》卷十《律诗·观老杜〈久客〉一篇其言有感于吾心者因为八咏·小吏每相轻》，《文渊阁四库全书》影印本，台湾商务印书馆，1986年版，第1130册，第93页。

又如,同年再作五言律诗《避寇还舍一首》云:

> 乱定还三径,阴阴夏木初。惊弦无固志,巢幕且安居。宴坐心如地,幽寻步当车。经丘仍窈窕,绕屋正扶疏。抟黍空怀友,提壶或起予。老来无住着,聊复爱吾庐。

再如,又作七言绝句《避寇仪真六绝句》(选其六首之一)云:

> 二纪重来一苇杭,脱身兵火走风霜。安知老境今如此,满眼旌旗两鬓苍。①

再如,同时又作六言绝句《泊舟仪真江上连日风雨作六言遣闷四首》(选其四首之四)云:

> 上流下流兵渡,江南江北人归。寒尽春至梁苑,天旋日转皇畿。②

再如,第二年二月初,程俱在饥寒交迫的逃难途中,得知高宗车驾渡江,遂口占一绝《己酉二月二日车驾渡扬子江四日匆遽离镇江余与妻挈徒步跰足饥走至吕城道中口占》云:

> 白日无光卷地风,扶携跰足去匆匆。安知白首干戈里,身寄淮南老小中。③

---

① 据此处所引三诗中,前二诗的题名下均有作者原注"戊申"二字,应知该诗作于建炎二年(1128),当时程俱五十一岁;再据前一诗末又注曰:"寇至之日,江子支、赵叔问适泊舟江口,未知今在否?"则诗中故人应指赵叔问等。详见于《北山集》卷九《律诗·避寇村舍》、卷十《律诗·避寇村舍一首》、卷十一《绝句·避寇仪真六绝句》,《文渊阁四库全书》影印本,台湾商务印书馆,1986年版,第1130册,第88页、第97页、第106页。

② 《北山集》卷十一《绝句·泊舟仪真江上连日风雨作六言遣闷四首》,《文渊阁四库全书》影印本,台湾商务印书馆,1986年版,第1130册,第106页。

③ 据此诗题名中有"己酉"二字,应知该诗作于建炎三年(1129),当时程俱五十二岁。详见《北山集》卷十一《绝句·己酉二月二日车驾渡扬子江四日匆遽离镇江余与妻挈徒步跰足饥走至吕城道中口占》,《文渊阁四库全书》影印本,台湾商务印书馆,1986年版,第1130册,第109页。

　　正是由于早年曾在"二仕二已"挫折中,经受过一段"湮阨连年,饥寒转迫"①的穷困生活,现在又增添了一段"三仕三已"后,昼夜隐没蓬蒿而前路生死难料、听风东躲西藏、闻弦魂飞魄散的难民经历,程俱才有了更多接触和体验下层社会民众生活苦难的机会。于是其诗作中,就留下了许多能够真实地描述下层民众疾苦的佳作,并体现出作者难能可贵的同情之心。例如,其早期所作古诗《杂兴十首》之七云:"穆穆新槀秸,补此茅屋漏。问云力田人,岁事苦耘耔。终年手足胝,得此以自覆。香秔一过眼,糠籺余满窦。"其之九又云:"轧轧田边车,卷卷不得休。出之一寸痕,益以几尺流。扶提暴中野,强作田家讴。车声真哭声,天远将谁尤!"又如其古诗《避寇村舍戏踏杷颠仆》云:"田翁一笑粲,何日千斯仓?"再如程俱早期所作律诗《穷居苦雨》云:"门前罗雀非吾病,灶底生蛙不世穷,旧雨未干新雨涨,可怜愁绝力田农。"等等。其中最具写实意义且揭露至深者,当属一一三〇年所作古诗《天久不雨高田皆坼乡人祈祷阅月乃雨远近告足有足喜者(首春逢畔者)》,即云:

　　　　长夏久不雨,良田失欣荣。尘生畎浍间,小大空营营。麻粟半干死,所忧负春耕。嗷嗷走香火,灵湫汲寒清。梵呗喧里社,油云被嘉生。俄然下甘泽,欢声接柴荆。年年镐京宴,及此万宝成。偷生得一饱,感慨难为情。顾念龙在野,悲歌泪纵横。②

---

①　《程俱行状》,详见本书后附录一。
②　此上四处引文,依次据《北山集》卷一《古诗一·杂兴十首》、卷八《古诗八·避寇村舍戏踏杷颠仆》、卷九《律诗·穷居苦雨》、卷六《古诗六·和柳子厚诗十七首(庚戌)》之第十二。诗题中有"庚戌"二字,应知作于建炎四年(1130),当时程俱五十三岁。详见《文渊阁四库全书》影印本,台湾商务印书馆,1986年版,第1130册,第6页、第76页、第86页、第58—59页。

（四）南宋初宦海沉浮——忍辱负重

南宋初建后，程俱又被起用。初为朝请郎，应属正七品。建炎三年（1129），程俱复为著作佐郎（官品应从其前），后再次迁升为礼部员外郎，应为七品，亦即恢复到北宋结束前的馆职与官品。继而又升为太常少卿，应属从五品，序位应在其余九寺少卿之首①。在此期间，程俱因卧病在家，曾先后三次以病为由，上奏朝廷提出辞呈，力辞其不能胜任。然而朝廷不允，终究还是强行起用，授予直秘阁知秀州之职，官品应在五品以上②。程俱深知这是临危授任，当时金兵南下之势正当强劲，步步逼近秀州一带已成定势。程俱在明知此任极为凶险的情况下，毅然决然地抱病出任，于当年三月十五日赶到任所。即如其当时所作《秀州谢上》曰："臣某言，臣昨任礼部郎官，自三月初，即以病告卧家乞外任，或官庙差遣。间蒙除太常少卿，臣三具状申都省辞不就职，寻准敕除臣直秘阁、权发遣秀州，军州事臣已于今月十五日到任上讫。初布条纲，具宣德意……"并借机对自己从吴县主簿任上呈状言事至当时的仕宦经历总结道："伏念臣幼而奇孤，长益顽钝。上书论事，空怀忧国之心；窃禄代耕，每尽守官之义。挂名邪籍，为世僇人。晚陪英俊之躔，浸冒典章之选。再游东观，愧刘郎之复来；三至南宫，知冯公之已老。遭时之变，振古未闻。穷独余生，忧愤不死。卧家请急，投劾丐归。敢于颠隮不安之时，而当绵蕞草创之事。既遂专愚之守，复瞻天日之中。喜不自胜，死无所恨。"而当时程俱面对秀州的艰难情形，决意励精图治："顾惟敝邑，实介大邦，征赋之入有经，而不时之需沓至，盗贼之忧方炽，而即戎之备未修，念债骄凋敝之余，则

---

① 《宋代官制辞典》，中华书局，1997年版，第273页。

② 直秘阁，为文臣六等帖职之一，南宋知州一般在五品以下。此前程俱已是从五品官阶，故此时官品应有升迁，故为五品以上。秀州，今浙江省嘉兴市一带。

莫若利其衔勒。而匮竭疮痍之后，又当事于抚摩，静言以思，宁免于咎。收此桑榆之景，终繄覆载之仁。此盖伏遇皇帝陛下，尝胆济时，厉精图治，辟至公之路，方因任于群材，念无竞维人，故兼收于片善，致兹疵贱，亦不弃遗，臣敢不行其所知，施于有政，使公绰为赵魏之老，于用或优，而阳城躬抚字之劳，自知甚拙，唯当竭力，少谢素餐……"①

就在程俱知秀州任上时，宋高宗曾车驾临幸，诏程俱奏事，既毕，又欣然接纳了程俱从赏罚角度所提出的"仰当天意，俯合人心"的中兴之说。亦即：

> 陛下德日新，政日举，赏罚施置，仰当天意，俯合人心，则赵氏安而社稷固；不然，则宗社危而天下乱，其间盖不容发。②

事实上，程俱出知秀州，可谓受命于危难之际。当时适值天下多事之秋，金兵大举南下，四处攻伐劫掠，朝廷却以主和为宗旨，多方遣使驰书，求和退保，战事节节败退。建炎三年十二月，"乙酉，金宗弼攻临安府，钱塘令朱跸率民兵迎战，伤甚，犹叱左右负己击敌。守臣浙西同安抚使康允之，未知为金人，遣将迎敌于湖州市，得二级，允之视之曰：'金人也！'遂弃城遁，保赭山。时直显谟阁刘海自楚州赴召，在城中，军民推之以守"③。处于如此情势之下，宋高宗早已退避定海（今浙江省镇海市）一带，接着御驾楼船为避金兵进攻，遂逃遁于海上。正当程俱赴秀州任之时，其好友叶梦得赶来劝阻说："别去，未有复见日。"然而，看到程俱态度十分坚决，只

---

① 《北山集》卷二十《表·秀州谢上表》，《文渊阁四库全书》影印本，台湾商务印书馆，1986 年版，第 1130 册，第 203—204 页。

② 《宋史》卷四百四十五《文苑七·程俱》，中华书局，1985 年版，第 13136 页。

③ 〔清〕毕沅撰《续资治通鉴》卷一百〇六"建炎三年十二月乙酉"条，中华书局，1957 年版，第 2808—2809 页。

好将身后之事约定为："吾二人后死者，其志先死者之墓。"①正是在这样的特殊情势之下，程俱临危受命，表现出与之前出任太常少卿、再任礼部侍郎、之后出知漳州、就任徽猷阁待制等完全不同的态度，再无推诿之言辞而奋不顾身，足证其心志所向，确实不是个人的安危和名利，而是为了抵御外寇入侵和振兴大宋王朝。赴任不久，金兵已占据临安府（今浙江省杭州市），并趁势破崇德（在临安府与秀州中间偏北）、海盐（在临安府与秀州中间偏南）等地，日益逼近秀州，派人"驰檄谕降"②。程俱一再拒绝向金兵妥协投降，遂加紧备战，积极做好战事防御工作。可是，正当程俱率众厉兵秣马、筹划得力之时，朝廷"已降省劄，令公迁避"③。故程俱在无法抗拒命令的无奈之下，"俱率官属弃城保华亭，留兵马都监守城"④。朝廷复命程俱亲自负责押运金帛钱粮，经海道奔赴行在。当时的行在，《宋史》所载不详，然据《程俱行状》载，应是临时安置于永嘉一带⑤。建炎四年（1130）二月，"辛卯，金人陷秀州"⑥。此时的程

---

　　①　《北山集》卷末《后序》，《文渊阁四库全书》影印本，台湾商务印书馆，1986年版，第1130册，第402页。

　　②　《宋史》卷四百四十五《文苑七·程俱》，中华书局，1985年版，第13136页。

　　③　《程俱行状》，详见本书附录一。

　　④　"华亭"，即今上海市松江一带。据《宋史》、《程俱行状》、《建炎以来系年要录》等文献记载，秀州城失守之细节，多有差异。本书行文所据者，详见《宋史》卷四百四十五《文苑七·程俱》，中华书局，1985年版，第13136页。

　　⑤　永嘉，今浙江温州永嘉。另据小岛毅所列《高宗逃亡经过》表，可知建炎三年（1129）至绍兴二年（1132）期间，宋高宗行在的变化情况：建炎三年三月，是从扬州的瓜洲镇到镇江，再到杭州；五月，移居江宁（改称建康）；七月，杭州改称为临安府；闰八月，返回杭州；十二月，临安陷落、逃往明州。四年一月，是从明州昌国县到台州章国县，再到温州；三月，从处州到越州。绍兴元年，下旨建设临安。二年一月，移居临安。详见〔日本〕小岛毅著，游韵馨译《中国思想与宗教的奔流·宋朝》，台湾商务印书馆，2017年版，第135页。

　　⑥　《宋史》卷二十六《本纪第二十六·高宗三》，中华书局，1985年版，第476页。

俱,也已经完成了承担朝廷钱粮物资押运的任务。

　　按理说,程俱既居于知秀州任上、兵临城下之时,应当不能脱离岗位,或者说临阵脱逃。可事实又是朝廷已下退保华亭之令,且命程俱押运物资赴行在,秀州失守,主要责任在谁,不言而喻。程俱对此心知肚明,可又能够向谁申诉,抑或去争辩这一违心违愿的无奈之举? 只好借其好友赵叔问此时被召赴行在之事,赋古诗《赵叔问被召赴行在》以抒发自己心中的悲愤之情。诗中既表明了同病相怜的慨叹,也真实地道出了自己面对个人时运不济、宋室国祚不昌、祸国殃民者正如豺狼一样猖獗、朝廷弊政犹如蔓草一样滋长的担忧。不过,在面对未来的中兴大计时,程俱还是满怀信心地期盼宋高宗效法越王勾践卧薪尝胆之故事,竭尽全力抗金,以图中兴大业。即云:

　　　　登车大梁下,扫迹金川湄。佳人倚修竹,铅华为谁施? 滔滔大块间,一一穷途悲。今晨尺一书,趣驾当及时。磐石久不固,殷勤济时危。豺狼尚纵横,蔓草恐复滋。当宁正尝胆,诸公力猷为。老子意不浅,长哦江汉诗。[1]

　　于是,在当年三月朝见高宗时,程俱一方面因早已年过半百,确实又有足部旧疾复发,故一时难以行走奔波;另一方面由于金兵确实已在此间攻陷了秀州城池,身任秀州知州的程俱虽属奉命赴行在,但仍旧认为自己有着难以推卸的责任,故向朝廷乞求致仕。

---

　　① 此诗题名下有作者原注"零陵赠李卿元侍御简吴武陵"十二字,本为唐人柳宗元被贬永州司马时所作古诗之题名。另据此诗题名前另有总题名"和柳子厚诗十七首(庚戌)",则该诗为十七首中之第四首;"柳子厚"即柳宗元,字子厚;"庚戌"二字,表明这一组唱和柳宗元之诗,作于建炎四年(1130),当时程俱五十三岁,正是程俱承担押运任务而秀州失陷之时,亦即赵叔问被召赴行在之时。详见《北山集》卷六《古诗六·和柳子厚诗十七首》之四《赵叔问被召赴行在》,《文渊阁四库全书》影印本,台湾商务印书馆,1986年版,第1130册,第57页。

结果朝廷并没有允许,只是准其暂时归乡,在养病中候命。就在当年冬天,程俱又被召赴行在。

绍兴元年(1131)二月,南宋复置秘书省,选程俱任首位秘书省少监,应属从五品。再次进入馆阁后的程俱,以少监身份成为当时中央政府最高的文化部门的实际领导人(当时不置监)。尽管此时的程俱对于官场中的勾心斗角、争权夺利、应奉跪拜十分厌恶,心中也早已萌生了"早晚共寻鸡黍约,林泉犹得半生闲"①的归隐情绪,而入主馆阁施展才能的良机一旦来临,还是流露出"却观尘境端如梦,更喜幽栖得此生"②的欣喜之情,不但对得任此职没有丝毫推却之辞,而且在行动上还表现出极高的工作热情。为了复兴馆阁所处秘书省的昔日辉煌,迅速决定着手编纂《麟台故事》,以期用祖宗以来旧制为参照,健全刚刚复置后的秘书省机构,规整其日常事务,进而借此推行崇儒右文之长策,最终实现中兴之大业。即所谓:"投戈息马,方企想于中兴;辟馆崇儒,稍追还于故事。育才之乐,从古则然。"③当年七月《麟台故事》初成,程俱将该书正本投递通进司呈献朝廷,并留副本在秘书省以备查阅。九月十一日,程俱

---

①　据此律诗题名之下,有作者原注曰:"余时初忝秘书少监。"应知该诗作于绍兴元年,即1131年初,程俱任秘书少监之后,应是与好友江子我的酬唱之作,当时程俱五十四岁。详见《北山集》卷十《律诗·次韵江子我见寄长句》,《文渊阁四库全书》影印本,台湾商务印书馆,1986年版,第1130册,第97—98页。

②　据此律诗题名之下,有作者原注"辛亥"二字,应知该诗作于绍兴元年(1131),当时程俱五十四岁,此篇当为和答好友江彦文送行的酬唱之作,详见《北山集》卷十《律诗·和答江彦文送行长句二首》之一,《文渊阁四库全书》影印本,台湾商务印书馆,1986年版,第1130册,第97页。

③　《北山集》卷二十一《启书·秘省回馆职启》,《文渊阁四库全书》影印本,台湾商务印书馆,1986年版,第1130册,第213页。

已任中书舍人①，应属正四品，隶中书省。十九日，程俱所上进书状被朝廷准奏，二十日再被尚书省批复，故在现存《进麟台故事申省原状》中开首自称为"朝奉大夫守秘书少监程俱"，而在结尾的尚书省批复中则称其为"中书程舍人"②。再至十月八日，又以中书舍人兼任侍讲。即任经筵官，执掌为皇帝起草诏令及讲解经史之务。宋代这一职责的清贵和重要之处，正如程俱在《中书舍人谢表》中所言："臣某言，臣伏奉告命，授臣试中书舍人，仍赐紫章服者，册府细书误玷英髦之首，词垣簪笔猥当润色之求……臣窃以喉舌之司，繫万机之自出；丝纶之任，实庶政之与闻。不惟有取于《尔雅》深厚之词，盖亦兼收于献纳论思之益。岂非人才进退系国体之重轻，政事弛张关天下之利害？号令一出，播敷万邦。挈维固在于股肱，补拾可无于讽议。至于华国之具，亦贵代言之工。伏以祖宗以来，制敕必由于三省侍从之选，给舍每高于一时，自非识足以见微，才足以经远，文知体要无惭苏、李之能，学贯古今可称崔、高之问，则何以仰当睿简，俯厌师言，孚德意于四方，亦中兴之一助？如臣者……麟台复建，既先诸子之鸣；凤阁方虚，更滥群英之吹。且于廷谢，赐以身章，敢辞濡翼之讥，只重临渊之惧……谨言。"③

　　离开秘书省之后，程俱担任中书舍人兼侍讲。职责所在，兼以心系家国而不畏权贵势要、论事切要而敢于忘死直言进谏的秉性，

---

　　①　据《北山集》卷三十九《状劄五·辞免除中书舍人状》有"右臣今月十一日准尚书省劄子，奉圣旨诏试中书舍人"云云，详见《文渊阁四库全书》影印本，台湾商务印书馆，1986 年版，第 1130 册，第 382 页。又据〔宋〕陈骙撰，张富祥点校《南宋馆阁录》卷七《官联上》"少监"条有"绍兴以后四十人"之一"程俱"，其后有注云："字致道，三衢人。元年三月除，九月为中书舍人。"中华书局，1998 年版，第 82 页。

　　②　《麟台故事校证》辑本卷首《进麟台故事申省原状》，中华书局，2000 年版，第 223 页。

　　③　《北山集》卷二十《表·中书舍人谢表》，《文渊阁四库全书》影印本，台湾商务印书馆，1986 年版，第 1130 册，第 205 页。

程俱针对时政阐发忧国忧民之论断，极具真知灼见，为后世赞许，而载入史册。正所谓"俱在掖垣，命令下有不安于心者，必反覆言之，不少畏避"①。

如程俱引史实以论时政的上书，尤其是为李纲、孙觌、宗泽、杜充等人因国事而获罪的辩解之辞，令人叹服。即：

> 臣窃观自古国家有急，或政事有疑，必询于庭臣，使各尽其说。甲之言可用，乙之言不可用，虽用甲言而不罪乙。如真宗皇帝时，契丹大入，陈尧佐蜀人请幸蜀，王钦若江南人请幸建康，惟寇准请亲征以幸澶渊，而寇以败衄。向使用钦若、尧佐之言，则大事去矣。及凯旋，社稷再安，然终不罪钦若、尧佐者，以谓宁失二人之罪而不可杜天下议臣之口故也。国家有急，臣下献计，苟可以纾祸难、安国家者，盖将无不为也。使用之而中，足以解纷；用之不中，或因致不虞，谋之不臧，固可罪也，然其心岂有他哉？亦思所以排难救急而然耳。如太祖皇帝时，方伐江南，有得江南张洎以蜡书结太原以缓书者，会洎以使至，太祖面诘，将杀之。洎视书曰："此实臣所为也。臣国方危急，苟可以纾祸者无不为。臣所作蜡书甚多，此其一耳。"太祖虽赦之，时亦必举此以为问罪之端也。然为李氏者，不闻罪张洎以蜡书致讨也。何则？知其将以排难救急而然耳，不幸事泄。臣观自顷以来，谋议成败，以计画异同为终身不解之罪者有矣，故后来者虽身在朝堂，事方危急而终莫敢披心腹、尽底蕴，必回护含糊，莫以身任成败者，其心以此为戒故也。臣尝窃忧之，以谓此非社稷之福也。
>
> 夫事之大者，莫若敌国之和战、车驾之行留。方李纲主战，则李邦彦等以主和为罪人；及耿南仲主和，则李纲以主战

---

① 《宋史》卷四百四十五《文苑七·程俱》，中华书局，1985年版，第13138页。

为远贬；黄潜善以南渡为非是，则许景衡以请移跸而罢斥；迩日以迁避为良图，则论事者以请驻跸而外迁。然则人安得不务回护含糊以苟目前之利也？且以李纲、邢倞之结，余睹谓之疏率可也。因以致敌人之怒，谓谋之不臧可也。其谋遽洩而适不中耳，使其谋遂行世必以为奇计也。虽然使无是敌人之凭陵迫协，亦极其力而后已也。然固以谓二圣北狩，职此之由，则臣愚不识也。然则虽有智如陈平者，不敢行金以反间；勇如蔺相如者，不敢全璧以抗秦；将如周亚夫，不敢不受命而坚壁以挫吴；相如李德裕，不敢违众论而起兵以伐泽潞。何则？事有成败，战有胜负。一有不至，则将负不可解之罪于无穷矣。陛下欲废李纲，默废之可也，若声其罪于天下而其说不当于人心，则人不信伏而有后言矣。不惟非号令、刑政之美，而又使横身任事、开口献计者，不敢谋此国之大患也。车驾之在扬州，有为翰林学士者，方侍讲读被圣知，为彼计者，保身缄默，不失主眷，则高爵重位亦可致矣。而乃刺口论天下财计，慕刘晏之为，欲以纾民力、资军食、富国而强兵者，会孙觌论常平之法，诏俾讨论其追积欠青苗本钱，此一事不可行也。然比降诏旨："因以为聚敛之臣，朕知其奸而罢黜。"……其所以为聚敛之臣且为奸者，臣愚不识也。然则虽有李悝，不敢尽地力；虽有刘晏，不敢议平准。盖聚敛之名为可耻也，使人人不敢当事，人人不敢尽谋，人人先求自安，人人恐忤上意，则艰危之时，谁与图回而恢复乎？此亦臣之所谓非社稷之福者也。

臣既忘躯昧死以尽忠矣，请遂毕其说。如近者奋不顾身，惟力是视，思赴国家之急者如宗泽，亦少矣。然而沮挫诘责之，曾不得举首。虽以老病尽年而不知者，至以为朝廷沮死，岂不伤忠义赴功者之心哉？至使论者以谓位高望隆、奋不顾死者，朝廷辄疑而惮之，此言尤不可使天下闻也。圣主岂有是哉？日者杜充守东都，威望日著，提兵来朝，远方之人虽不知其所设施,然闻之者,若隐然可恃而增气者。此何理也?然或以谓朝士已有论而攻之者,果有是乎?不幸有之,是宗泽之疑复生于舆论也。夫国之成败,在事之立不立;事之立不立,在士气之锐惰;士气之锐惰,在黙陟好恶之是非。使禄食之人皆解体而叹息,则何事又能立乎?狂愚惟陛下裁赦。①

又如,程俱借绍兴初"武功大夫苏易转横行"一事,深刻论述朝廷重视官职的选任升迁,关系着国家的安危治乱。即曰:

> 祖宗之法,文臣自将作监主簿至尚书左仆射,武臣自三班奉职至节度使,此以次迁转之官也。武臣自閤门副使至内客省使为横行,不系磨勘迁转之列,其除授皆颁特旨。故元丰之制,以承务郎至特进为寄禄官,易监主簿至仆射之名;武臣独不以寄禄官易之者,盖有深意也。政和间,改武臣官称为郎、大夫,遂并横行易之为转官等级,盖当时有司不习典故,以开侥幸之门。自改使为大夫以来,常调之官,下至皂隶,转为横行者,不可胜数。且文臣所谓庶官者,转不得过中大夫,而武臣乃得过皇城使,此何理也!夫官职轻重在朝廷,朝廷爱重官职,不妄与人,则官职重;反是则轻,轻则得者不以为恩,未得者常怀觖望,此安危治乱所关也。②

再如,绍兴二年(1132)初,徐俯骤转为谏议大夫,乃因南宋之前徐曾任过通直郎、司门郎,而后辞官归家,曾与当朝文士多有诗歌唱和,声名日重;又经内侍郑谌、经筵胡直孺、翰林汪藻等屡次向

---

① 《北山集》卷三十八《状劄四·论事劄子(会罢职不果上)》,《文渊阁四库全书》影印本,台湾商务印书馆,1986年版,第1130册,第377—379页。
② 《宋史》卷四百四十五《文苑七·程俱》,中华书局,1985年版,第13137页。

高宗极力荐举,故得以骤转①。很显然,做过省郎级别的徐俯,当属为官资历浅的文散官,忽而骤转为左谏议大夫之要官,确实不符合有宋以来文官正常迁转的规定。而况此前的徐俯,实际上早已离开官场。于是朝野为之哗然,皆以为徐俯升迁过快而抨击朝廷授官之轻,由此所造成的影响,极为不良。于是,程俱力主朝廷收回成命,直言不讳地向宋高宗进谏曰:

> 俯虽才俊气豪,所历尚浅,以前任省郎,遽除谏议,自元丰更制以来,未之有也。昔唐元稹为荆南判司,忽命从中出,召为省郎,便知制诰,遂喧朝听,时谓监军崔潭峻之所引也。近闻外传,俯与中官唱和,有"鱼须"之句,号为警策。臣恐外人以此为疑,仰累圣德。陛下诚知俯,姑以所应得者命之。②

程俱此议,用心良苦,不仅希望消解徐俯骤转之事给朝政带来的不利因素,而且还可以借此严明朝廷官吏的迁转制度。尤其是按照程俱的建议来谨慎处理此事,对于当时根基还未稳、内忧外患接踵而来的南宋王朝树立朝廷权威而言,也应该是十分有益的建议。可是宋高宗不但没有采纳其合理的建议,反而在绍兴二年二月二十二日,"准尚书省劄子,奉圣旨罢中书舍人,提举江州太平观,任便居住,仍免谢辞",且限于当日离开朝廷,直接回"本贯衢州开化县"③。之所以会有如此结局,其原因主要有两个方面:一为直接原因,即有人乘机向朝廷进言,认为此前程俱知秀州之时,有"弃

---

① 徐俯,字师川,徐禧之子,黄庭坚之甥,江西派著名诗人之一,北宋末年因父死于国事而授通直郎。与程俱年龄相仿,应属于同时代人,绍兴二年赐进士及第,骤任谏议大夫。次年,再迁翰林学士兼侍读,俄再擢端明殿学士、签署枢密院事,后官至参知政事。

② 《宋史》卷四百四十五《文苑七·程俱》,中华书局,1985 年版,第 13137 页。

③ 《北山集》卷二十《表·提举江州太平观谢表》,《文渊阁四库全书》影印本,台湾商务印书馆,1986 年版,第 1130 册,第 205 页、第 206 页。

秀州城"①之责,应予以追究;二为间接原因,即入仕以来,一向言事过于切直,尤其是对一些关乎社稷安危的事敢于大胆上书,直陈其利弊,例如早在北宋末年,程俱竟敢上书建言朝廷罢花石之纲,这也足令朝中某些人恐惧和怨恨。然而,这一切在程俱心目中,也是早已十分明了,正如其谢表中所自我批评的那样:"伏念臣戆迂成性,忧患俱生,无乘机应变之才,有至愚极陋之累。束发从仕,浪怀献芹之忠,诣阙上书,妄陈蠡管之见。少不历事,愚无所知。方权臣立党以锢人,而以谓当两忘元祐、熙丰之别;省檄讲求于遗利,而以谓不若罢明金、花石之纲。虽云应诏以献言,要为越职而多事,栖迟选调盖十六年。出入效官,于今三纪。"②

当时,朝廷遂罢免程俱中书舍人兼侍讲的经筵之职,出任其为提举江州太平观(江州,一为南宋江南西路之江州,在今江西九江市一带;一为广南西路左江道之江州,在今广西壮族自治区南宁市西南部。本书应为前者)。此类宫观之职,显非要职,更无实权。尽管自南宋立朝以来,程俱再次入朝为官,历任朝请郎、著作佐郎、礼部员外郎、太常少卿、直秘阁知秀州、秘书省少监、中书舍人兼侍讲等职,但鉴于各种原因,他实愿归隐山林,即如在秀州任上时,曾作七绝云:"抛书午枕无人唤,归梦真疑雀噪门。"且在该诗题名之下有原注曰:"时守秀州,屡乞宫观归山居,未遂。"③罢去中书舍人兼侍讲之职后的程俱已五十五岁,在历经宦海沉浮的苍凉中,面对时局维艰,怀着沉重的忧患和一种难以名状的屈辱出朝外任,自此

---

　　① 《宋史》卷四百四十五《文苑七·程俱》,中华书局,1985 年版,第13137 页。

　　② 《北山集》卷二十《表·提举江州太平观谢表》,《文渊阁四库全书》影印本,台湾商务印书馆,1986 年版,第 1130 册,第 206 页。

　　③ 《北山集》卷十一《绝句·新作纸屏隆师为作山水笔墨略到而远意有余戏题此句末句盖取所谓"柴门鸟雀噪游子千里至"也》,《文渊阁四库全书》影印本,台湾商务印书馆,1986 年版,第 1130 册,第 109 页。

也逐渐远离了这个时代的权力核心。

此时程俱，一路走来，思虑万千。在近三十年的宦海沉浮中，历经三仕三已的起落之后，又出现如此结局，其身心的疲惫、内心的矛盾程度，可想而知，其实，"顾任职未几而罢，罢未几而病，病卒不可复起，此有识之士所以深为天下惜也"①。又正如当时其所作三首七绝所描述的那样：

其一

春风吹衣双鬓华，山中小桃应着花。回思二十九年事，世故困人如弄沙。

其二

故园在眼日渐近，北山之北南山南。从来不饮声闻酒，况学诗翁老更耽。

其三

击水三千尺五天，故人拭目上凌烟。北山还我扶犁手，准拟今年大有年。②

（五）晚年时身在仕途——若即若离

程俱在一生的最后十二年中，虽然身在仕途，也有过一些职位的升迁，但从实际情形而言，已经游离于南宋政治权利中心之外，成为官场上声望犹存而若即若离的闲散之人。此后气节更为清雅高古，心志渐渐趋于平淡，屡屡推脱朝廷的任命，刻意效仿唐人白居易晚年，过着一种亦官亦隐的生活。正如其诗作中所云：

---

① 《程俱行状》，详见本书附录一。

② 《北山集》卷十一《绝句·壬子春暮罢职西省以宫观东归道由富阳默记旧诗俯仰二十八年矣(有足感者用前韵作因简叔问并诸故人三首)》。该诗题名中有"壬子"二字，应知该诗作于绍兴二年(1132)，当时程俱五十五岁。详见《文渊阁四库全书》影印本，台湾商务印书馆，1986 年版，第 1130 册，第103 页。

生非廊庙姿，雅志在林野。拟作奢摩他，疾至萨芸若。身心沩山牛，得失塞翁马。城南寄僧坊，一室谢扫洒。当时醉吟翁，高谢香山下。安知衰病夫，亦有如翁者。①

绍兴四年（1134），朝廷任命程俱知漳州（今福建省漳州市一带），但因程俱一直有病在身，故据实提出辞呈，被改为提举台州崇道观（今浙江省临海市）。第二年，朝廷升任程俱为集英殿修撰，第三年再升任为徽猷阁待制。因此，绍兴七年（1137）正月，程俱为其母亲迁葬后撰墓志时自称："左朝奉大夫充徽猷阁待制提举台州崇道观俱泣血谨志。"②应该说，这些年程俱的官位在不断升迁，但并不在朝供职，亦无具体执事可述。

绍兴九年（1139），秦桧再相时，为了笼络士人之心，曾极力荐举程俱兼领史事，并且特为此奏请朝廷，准许给予程俱以相当优厚的待遇，即所谓："俱领史事，除提举万寿观、实录院修撰，使免朝参。"③这在宋代按规制一般是宰执之臣享有的特权。但程俱以晚年风痹之病加重而力辞不就，乃另差提举亳州明道宫（今河南省亳县），累迁官至朝议大夫，恩封新安县开国伯，享食邑九百户。后世因秦桧之臭名昭著，也有借此事非议程俱与秦桧同流合污者，但其挚交好友叶梦得当时则盛赞此事，并深表理解而为之辩白曰："盖其为人刚介自信，择於理者明，所行宁失之隘，不肯少贬以从物。是以善类皆相与推先惟恐失，虽有不乐之者，亦不敢秋毫加疵病。

① 《北山集》卷六《古诗·观白公〈兰若寓居〉诗如写余怀但不能晨游夜息如彼自由耳辄用韵作》，《文渊阁四库全书》影印本，台湾商务印书馆，1986年版，第1130册，第64页。

② 《北山集》卷三十一《墓志二·先姚迁奉墓志》，《文渊阁四库全书》影印本，台湾商务印书馆，1986年版，第1130册，第304页。

③ 《宋史》卷四百四十五《文苑七·程俱》，中华书局，1985年版，第13138页。

信乎直道之不可终屈也。"①

　　至于程俱晚年更为真实的身心状况,则可从去世前一年,效仿白居易新乐府诗体所作《自宽吟戏效白乐天体》古诗中,清清楚楚看到:其自始至终都认为被罢免中书舍人之后的九年,一直遭受贬谪,且忍受着疾病缠身之苦。即云:"武陵谪九年,下惠仕三已。或窘如拘囚,或了无愠喜。吾生忧患余,年忽及耆指。偏痹未全安,抱病更五禩。"又云:"吾今虽抱病,蹇曳非顿委。时时扶杖行,积步可数里。校之卧床席,欲坐不能起。虽扶不能行,悬绝安可比。"再云:"病来益尊生,对境空相似。永无贪欲过,稍习卫生旨。"

　　其对于仕途,早已是心灰意冷,且多了几分恬淡自适、退隐田园的情致。即云:"进为心已灰,弃置甘如荠。坐狂合投闲,佚老宜知止。向令身安健,不过如是耳。每思古穷人,我幸亦多矣。照邻婴恶疾,羁卧空山里。缠绵竟不堪,抱恨赴颍水。"又云:"平生叹远游,今我在桑梓。田园接家山,区处及耘耔。平生困鞅掌,今我恬无事。寝兴纵所如,出处不违己。"

　　其对于朝廷委任兼领史事的厚遇,也看得很淡,以明确的态度予以推辞,全倚赖所任宫观闲散之职颐养天年。即云:"文昌两目盲,无复见天地。简编既长辞,游览永无冀。"又云:"篮舆时出游,初不废牢体。况无他证候,色脉苦无异。详观动息间,倘有安全理。侍祠讵无庸,窃禄愧索米。借居浮屠宫,非村亦非市。廷堂甚爽垲,高屋敞窗几。"可见其因脱身于宦海之困顿而备感逍遥自在,又云:"不为六贼牵,岂受三彭毁?人言病压身,往往延寿纪。太钧默乘除,万一理如是。安全固自佳,蹇废亦可尔。"又云:"郊林接溪水,眼界颇清美。尝闻天地间,祸福更伏倚。藉令衰蹇身,终老只如此。何须苦嗟咨,未必非受祉。形如支离疏,饱食逸终世。目盲

_____

　　①　《北山集》卷首《北山集原序》,《文渊阁四库全书》影印本,台湾商务印书馆,1986 年版,第 1130 册,第 5 页。

如宋人,全生免徭使。"

其所不废而精进者,著述;其所看透而不惧者,生死。即:"时从亲故谈,亦不废书史。右臂故依然,运笔亦持匕。"又云:"死生犹寤寐,况此一支体。细思安否间,相去亦无几。如何不释然,万事付疑始。"①

尤其是最后的这十余年间,程俱虽名声在官场中有所升扬,但是长期谪居在家,身心因离开朝廷而压抑。加以长期衰病交加的折磨,雄心壮志消失殆尽,而退隐山林之志愈加坚定,最终无心于仕途,无所谓得失,遂决意致仕,寄情于山水。正所谓:"炎凉殊态看浮俗,衰病交侵失壮心。一壑一丘真自足,野麋终是乐长林。"又曰:"四山松桂拥高寒,腊尽阳崖雪未干。发石开林穷鸟道,披榛寻壑见鲲桓。"再曰:"步寻芳草坐班荆,照眼林泉动客情。安得长年专一壑,北窗高卧更合营。"②

于是,在绍兴十四年(1144)六月初,程俱见老病有稍愈之征兆,便主动向朝廷提出提前致仕的请求。朝廷恩准其奏,遂转为左中奉大夫。也正是在当月,程俱去世,朝廷闻知遗表,又增其为左通奉大夫。九月"辛酉,葬于开化县北山之原,属瑀状公行实,将求铭于巨儒硕学以图不朽"③。于是,时人程瑀应其子所请,为之撰行状,且有幸流传至今,成为我们整理和研究程俱生平所依据的第一手资料。

程俱先后娶妻有二,初娶新昌石氏,赠令人;再娶同郡江氏,亦赠令人。有子一人,曰行敏,曾任右承务郎监潭州南岳庙。有女三

---

① 《北山集》卷八《古诗八·自宽吟戏效白乐天体》,《文渊阁四库全书》影印本,台湾商务印书馆,1986年版,第1130册,第77—78页。

② 《北山集》卷十《律诗·用韵述怀》、卷十一《绝句·山中次叶翰林韵五首》,《文渊阁四库全书》影印本,台湾商务印书馆,1986年版,第1130册,第95页、第103页。

③ 《程俱行状》,详见本书附录一。

人,长女因患病,一直居家;次女嫁右承务郎提点坑冶铸钱司检踏官赵伯旸;三女嫁右迪功郎监潭州南岳庙江振卿。　．

第二节　"新安"与"信安"考述

程俱一生行实,本无争议。然而据程敏政《新安文献志》、《四库全书》及其《总目》等文献,程氏郡望"新安"和程俱居址称谓,与其本传和行状存在不一致,于是造成一些不必要的混乱,徒增孰是孰非的质疑而足令人莫衷一是。因此,在整理程俱生平事迹中,不能不对诸文献所载内容进行一番探索本源、考辨真伪的工作。

一、"新安"程氏考述

按照居住地对人冠以称谓,是人们向来惯用的一种称谓方式。尽管古往今来的称法有同有异,其中的内涵又存在着千差万别,但这是所有记人的文献所不可或缺的内容之一。尤其是历代正史列传,必须要明确地记载传主生平事迹。因此,对于生活在距今九百余年前的程俱而言,《宋史》本传和《程俱行状》均著录为衢州开化人。世人又因其具体的住址在开化北原,且因其去世后,据《程俱行状》称"葬于开化县北山之原"之故,便尊称其为程北山。其诗文集名之曰《北山小集》,在清乾隆年间修纂《四库全书》时,该文集又称为《北山集》。应当说,他人按理亦可称其为"北原人",只是在现有的文献中,还未发现当时对程俱确实存有此种称谓,故不敢多加妄言。另外,除上述文献记载程俱为"开化人"之外,自宋代以来的诸多文献中,对籍贯还有其他不同记载,或以为"新安人",或以为"信安人",或以为"黄墩人"、"篁墩人"、"歙人"等等。为了澄清史实而据实而论,也为了避免在下文引用不同文献时可能会产生的不必要的误会,极有必要对"新安"做一番考述。因为这是一个与程氏一脉关联最为久远的问题,也唯有解决了这一关键问题,其他则会不辩自明。

《宋史》本传和《程俱行状》中记载程俱为开化人,是合乎实际情况的准确称谓。这是因为据《程俱行状》载:"迁开化北原者,公十世祖也。"若每一世按照平均二十年计,程氏一族居此地已长达两百年左右,应在五代至入宋时迁往开化。开化在宋代为中等县,设于宋太宗太平兴国六年(781),即"升开化场为县"①。宋初的开化县隶衢州,衢州又隶两浙路。在整个两宋时期,两浙路虽然时而分为东西二路,时而再合为一,但是开化与衢州的隶属关系始终未变。

文献中有把程俱称作"新安人"、"黄墩人"、"篁墩人"及"歙人"者,其实与程氏祖先有关,属于古人以其先祖功勋业绩为荣耀的郡望之称。据《程俱行状》及与之相类的程氏传记载,程氏先祖传为"黄帝重黎之后"②,或传为"实高阳之裔"③,周成王时伯符被封国于程,后代便以国为姓。周宣王时有程休父任"大司马,封程伯",休父之子程婴,在春秋时有"托孤之德,封忠诚君"④。六国时有程邈为秦变大篆、小篆为隶书的文化贡献,汉代时有程不识、曹魏时有程昱,皆为享誉一时的名将。及至三一七年,司马睿被南迁士族

① 《宋史》卷八十八《地理四·两浙路》,中华书局,1985年版,第2177页。
② 《新安文献志》卷六十一《行实(神迹)》载有胡麟撰《梁将军程忠壮公碑》,《文渊阁四库全书》影印本,台湾商务印书馆,1986年版,第1376册,第32页。
③ 《程俱行状》,详见本书附录一。
④ 《梁将军程忠壮公碑》,《文渊阁四库全书》影印本,台湾商务印书馆,1986年版,第1376册,第32页。

和江南士族共同拥立,荣登大统,称晋元帝,任程元谭①为新安(今河南省新安县)太守。因其为官清廉、善政恤民,深得百姓爱戴,故在朝廷调离之时,元谭被当地民众遮道请留。于是元帝只好顺应民心所愿,降诏从其请。后来元谭去世,元帝又赐其家田宅于新安之歙县黄墩(地处今河南省三门峡市以东至洛阳市以西的新安县一带)。自元谭以后的程氏"黄墩子孙遂以为桑梓"。因此,程氏后裔自号曰"新安程氏",或称"新安人",或称"新安黄墩人"、"黄墩"之类者,皆因程氏子孙自南北朝以前就世代居住于此,此实乃程氏家族在南迁之前居于新安歙县的详实居址。"自元谭六世生天祚,仕宋为山阳内史;九世生茂,仕梁为郢州长史,皆以忠勇闻。茂生誉,梁秘书少监;誉生宝惠,为本郡仪曹"。程宝惠之子灵洗,在五五一年侯景废梁简文帝而立萧栋为帝后,被萧栋"进云麾将军,封重安县公,卒赠镇西将军、开府仪,同三司配享武帝庙庭,谥曰'忠壮'"。也正是在"侯景乱梁"前后,程氏家族已经开始陆续南迁,迁居地主要集中在今天的安徽徽州地区。侨居南方后的程氏虽因再迁而多有分支,但直到两宋,甚至元明清时期,"今程氏散处四方者,其源皆出于黄墩"②。"新安人"或"黄墩人"之自称,已经是南迁者对旧居址的怀旧之称,也是不敢忘怀先祖来历、思念故土的郡望之称。特别是最初迁居休宁的程氏族系,尽管在时空上早已发生了根本性的重大变迁,但仍然沿用着南迁之前的旧习俗,一直把乔迁后的程氏聚居县称作歙县,新居住的详细住址依旧惯称为"黄

_____

①　"元谭"又作"元禋"。《北山小集》卷末《程俱行状》载:"晋元帝即位,命元禋为新安太守。"详见《四部丛刊续编》影印本,第62册,上海书店出版社,1985年版。《新安文献志》卷六十一《梁将军程忠壮公碑》曰:"东晋时,讳元谭者,持节为新安太守,有善政,诏赐宅于歙。"详见《文渊阁四库全书》影印本,台湾商务印书馆,1986年版,第1376册,第32页。本书从《四库全书》本。

②　本段此处以上引文,均出自《梁将军程忠壮公碑》,《文渊阁四库全书》影印本,台湾商务印书馆,1986年版,第1376册,第32页。

墩"，并没有因时空变化而变化。至于从"黄墩"改为"篁墩"，据明代程敏政《篁墩集》载："乃称'黄'本'篁'字①，因黄巢而改，遂称曰'篁墩'，为之作记，且以自号，其说杜撰无稽。然名从主人，实为古义，今亦仍其旧称焉。"②正是"因黄巢"的缘故，自唐五代以来，从今河南迁居安徽徽州一带，乃至进一步又从现今安徽迁往别处的程氏"新安黄墩人"，改称为"篁墩人"。然而，此"篁墩"作为一个地理区域，宋代"本属休宁，后割隶歙"③。足见，此时之"歙"，显然并非东晋时新安郡所辖的歙县，应为历史上南迁程氏聚居的乔迁县，即北宋时江南东路徽州之歙县，即今安徽省歙县。至于"黄墩"或"篁墩"者，亦非昔日的旧址，实为乔迁后程氏对新住址沿用的旧称号。这种移地不易名的情形，完全属于当时乔迁者怀旧心理的正常反映，也是古代移民普遍存在的现象。

于今观之，虽然历史上南迁程氏世代以"新安"自称现居地，但"新安"一地，从东晋至现在始终都是今河南省新安县一带的地名。而程俱家族在其十世祖时又迁往开化之北原，所以，按宋代的实况而论，"新安"之类称谓，仅是循古人言郡望的虚指的传统，不仅在宋代以及宋代之前如此，而且宋代以后也是如此。最为典型的例证就是明人程敏政所纂《新安文献志》中的"新安"，根本就不可能确指某一地，甚至所指人物也不只是程氏一脉。因此，按照宋代的行政区划来判断，程俱应属当时衢州开化县北山人。

---

① 按照上下文判断，此句语意有误，应为"乃称篁本'黄'字"。

② 《钦定四库全书总目》卷一百七十一《集部二十四·别集类二十四》"《篁墩集》九十三卷"条，中华书局，1997年版，第2301—2302页。

③ 《新安文献志》卷首《先贤事略(上)》，《文渊阁四库全书》影印本，台湾商务印书馆，1986年版，第1375册，第2页。

二、"信安"程俱考述

通过上文考述,我们认为程敏政将程俱划归于"新安"人的范畴,应当是在情在理之事。可是诸多文献又将程俱称作"信安人",甚至程俱本人也是如此自称。例如程俱好友叶梦得为程俱《北山小集》作《序》时称:"信安程致道为吴江尉。"①又如,时人陈振孙《直斋书录解题》卷六《麟台故事》解题称:"中书舍人信安程俱致道撰。"陈氏之书卷十八《北山小集》解题亦称:"中书舍人信安程俱致道撰。"②再如,明人程敏政《新安文献志》所载录的程俱《陆宣公祠堂赞》,落款处自称:"建炎三年夏四月,信安程俱假秀州。"③清人庄仲方《南宋文苑》所载录的程俱《西汉诏令序》,落款处自称:"大观三年岁次己丑十月壬申朔,信安程俱叙。"④诸如此类者,不胜枚举。

实则称程俱为"信安"人,存在一定问题。查谭其骧《中国历史地图集》⑤可知:自汉以后至南宋时,历史上曾称作信安的地方,并不一定就是现今的衢州市。两汉之前,不见"信安"之地名;东晋及南朝时,"信安"在今浙江省衢州市一带;北宋"信安"在今广东省新会市南,而北宋的"信安军"又在今河北省霸州市东;金朝"信安"在

---

① 《北山集》卷首《北山集原序》,《文渊阁四库全书》影印本,台湾商务印书馆,1986年版,第1130册,第5页。

② 〔宋〕陈振孙撰,许小蛮、顾美华点校《直斋书录解题》卷十八《集部·别集类下》"《北山小集》四十卷"条,上海古籍出版社,1987年版,第527页。

③ 《新安文献志》卷四十七《赞·陆宣公祠堂赞》,《文渊阁四库全书》影印本,台湾商务印书馆,1986年版,第1375册,第599页。

④ 〔清〕庄仲方编《南宋文苑》,今收入任继愈主编《中华传世文选》,吉林人民出版社,1998年版,第6册,第661页。

⑤ 谭其骧主编《中国历史地图集》(共八册),中国地图出版社,1982年版,第4册,第5—6页、第27—28页、第44—45页;第6册,第16—17页、第34—35页、第46—47页、第65—66页;第7册,第50—51页;第8册,第7—8页。

今河北省霸县东,实为北宋时的"信安军",亦即元、明、清时期的信安镇;南宋的"信安县"在今广东省新会市南,实即北宋时的"信安"。实际上南宋之后的"信安"已经与本书所区分的"信安"不相干,也与文献中程俱被称为"信安人"的"信安"无甚关系。

特别是唐代,衢州被称为"信安",实际上与东晋至南朝时期同为一地。据《新唐书》载:

> 衢州信安郡,上。武德四年析婺州之信安县置,六年没辅公祏,因废州,垂拱二年析婺州之信安、龙丘、常山复置。土贡:绵纸、竹扇。户六万八千四百七十二,口四十四万四百一十一。县四。西安,(望。本信安,武德四年析置定阳县,六年省,咸通中更信安曰西安。东五十五里有神塘,开元五年,因风雷摧山,偃涧成塘,溉田二百顷。有银。)龙丘,(紧。本太末,武德四年置,以县置谷州,并置白石县,八年州废,省太末、白石入信安。贞观八年析信安、金华复置,更名龙丘,隶婺州。如意元年析置盈川县。证圣二年置武安县,后省武安。元和七年省盈川入信安。有岑山。)须江,(上。武德四年析信安置,八年省,永昌元年复置。)常山。(上。咸亨五年析信安置,隶婺州,垂拱二年来属,乾元元年隶信州,后复故。)①

再至北宋时,衢州依旧沿袭唐旧制,可称为"信安",如据《宋史》载:

> 衢州,上,信安郡,军事。崇宁户一十万七千九百三,口二十八万八千八百五十八。贡绵、藤纸。县五:西安,(望。)礼贤,(紧。本江山县,南渡后改。)龙游,(上。唐龙丘县。宣和三年,改为盈川县。绍兴初复改。)信安,(中。本常山县,咸淳

---

① 〔宋〕欧阳修、宋祁撰《新唐书》卷四十一《地理五·江南道》,中华书局,1975年版,第1062页。

三年改。)开化。(中。太平兴国六年,升开化场为县。)①

可见,宋以来沿袭旧的称谓习惯,称衢州(今浙江省衢州市)为信安郡,称程俱为"信安人",不能认为是误称,只能算作是文雅一点的古称而已,程俱落款即自称"信安"人。事实上,古代按照古地名称呼时人,一贯以郡望为准,例如明代程敏政《新安文献志》把程俱视为新安人之列。如果再以高于开化县一级的行政区来称呼程俱,那么更为准确的称谓也应当是衢州人,或者衢州开化人。如最具权威者,当属《宋史》中的程俱本传与时人程瑀为其所撰行状,均称其为衢州开化人,又如宋人陈思编纂元人陈世隆增补的《两宋名贤小集》中称:"程俱,字致道,衢之开化人。"②可见,各种文献称程俱为"信安人"者,依常规而论,有不确之嫌,但作为文士习惯保留的旧称谓,原本也无可厚非,在此举出,亦有与"新安人"相区别之意。

总之,程俱可以被称作是"信安"人,但这和"新安"是有区别的,前者是承袭宋前行政区划的旧称,后者是沿袭古代传统的郡望之称。实际上,《宋史》程俱本传和《程俱行状》,均称其为衢州开化人,这应当是最确切的记载。

第三节　程俱本传与行状的考辨

上文探讨诸多问题多次征引《宋史》程俱本传和传世的《程俱行状》材料,尽管二者既具有较高的信实性,又体现出更多的一致

---

　　①　《宋史》卷八十八《地理四·两浙路》,中华书局,1985 年版,第 2177 页。
　　②　《两宋名贤小集》卷二百〇一《北山集》,《文渊阁四库全书》影印本,台湾商务印书馆,1986 年版,第 1363 册,602 页。

性,且所载程俱事迹基本属实,但是为了进一步深入探讨问题,仍然很有必要将二者所载进行一番较为详细的对比,明确二者之间的关系。尤其是对本传之源——行状,必须要考察其信实性。

一、本传与行状的比较

作为一位距今近千年的历史人物,能在正史中立传,实属不易;而且程俱辞世后,由当时人程瑀为其所撰的行状也保存至今,更是不易。我们通过反复核对程俱本传与行状的内容①,得出以下两个方面的主要结论:

其一,程俱本传与行状文本的整体叙事排列模式基本一致,并且本传大多数事体应该完全源于行状。虽然表面上看起来行状叙事详尽细致,而本传略显疏略概要,但深加推究考辨,就不难发现本传主体内容的材料,均摘录于行状,甚至多处从行状录入本传的文字,连语气言辞的顺序都没做改变,本传完全照搬照抄行状原文。具体可见本书附录二《〈宋史〉程俱传》。

其二,程俱本传和行状仍存在一些较大的差别,并不能把本传直接看作是行状节略的结果。因为,四库馆臣所称程俱论述“徐俯与中人唱和,骤转谏议大夫”②的内容,只见于程俱本传,但不见载于行状,这可能是参考了程俱《北山小集》所载的内容。除此之外,本传实际上还兼采了包括《北山小集》在内的其他文献。因为,程俱本传中有几处记载和《北山小集》所载行状存在明显的差别,甚至是相互矛盾的记述。如有关《麟台故事》成书的记载,本传远远详于行状。又如本传与行状中均载程俱论“国家之患”的言辞,但

---

①   程俱本传和行状的原文,可参见本书后附录一和附录二,故下文所引与之相关的内容,均不再详注。

②   《钦定四库全书总目》卷一百五十六《集部九·别集类九》“《北山小集》四十卷”条,中华书局,1997年版,第2097页。

本传在此论结束时,比行状所载多出一句:"使人人不敢当事,不敢尽谋,则艰危之时,谁与图回而恢复乎?"继而本传和行状均载程俱论"武功大夫苏易转横行"的言辞,而在该论结束时,本传比行状所载又多出一句:"此安危治乱所关也。"显然,本传中多出的这两句,并非源于行状。再如《宋史》本传载:"宣和二年,进颂,赐上舍出身,除礼部郎,以病告老,不俟报而归。"但按行状所载:程俱得"赐上舍出身"是在宣和三年(1121),而不是宣和二年。程俱所升任的官职是"礼部员外郎",而非"礼部郎"。至于"程俱以病告老,不俟报而归"之事,更是发生在宣和七年,而不是宣和二年。总体来看,程俱本传与行状的这种记载存在错乱或相互矛盾的情况,虽然属个别现象,但是这一情况至少证明:在修撰《宋史》程俱本传的过程中,修撰者并非尽依行状所载有关程俱的材料。尤其是本传部分记载超出了行状记载本来的范畴,更进一步证实:《宋史》程俱本传的完成过程中,又兼采了其他文献记载。当然,这也可以看作是本传在行状的基础上,考订和核实的结果。

据此上二点,可以肯定:《程俱行状》虽非《宋史》程俱本传唯一材料来源,但实乃最直接、最主要的来源。甚至也完全可以认为:行状即是修纂本传的蓝本。事实上,这也是符合实际情况的。因为唐以来,朝廷正式设馆修史,凡朝廷重要官员过世后,其家人都要请人撰写行状,投递到国史馆,然后再由修史馆员据所投行状,参验史馆所存的相关档案和文书,删增裁定、加工润色,才成为定稿,有可能进入正史列传。宋代灭亡之后,元脱脱监修《宋史》时,正是在宋代史馆馆员所修订且内容较为完备的纪、传、表、志的基础上,进行编纂。所以,《程俱行状》先成,而后再以其行状为主,最终加工成收入旧本《宋史》中的程俱本传,本传应当是在元修《宋史》成书之前已经基本定型。

由此看来,程俱本传的信实性,在很大程度上取决于其行状所载的行实。因此,只要其行状所载内容信实可靠,上文针对文献中真伪问题的考辨,也就有了第一手资料的事实根据。然而,考察行状的信实与否,往往又要看撰者是谁,其是否能够做到据实而言、秉笔直书。

二、行状信实性的考辨

既然程俱本传的信实性取决于行状,那么,行状所载内容的信实性就显得至关重要。特别是《程俱行状》末题"绍兴十四年九月日,龙图阁学士左中奉大夫提举江州太平观鄱阳县开国子食邑五百户赐金紫鱼袋程瑀状"四十四字的落款可以明确两点:

第一,从时间上看,《程俱行状》应当属于首次比较全面地综述和评价程俱的第一份材料。这是因为此行状撰于绍兴十四年(1144)九月某日,而程俱也正是这一年的六月壬辰日辞世,于九月辛酉日,安葬于其家乡——开化县北山之原,也就是说,此行状约撰成于程俱下葬前后。

第二,此行状的撰者为当时人程瑀,乃当时人记当世事。

程瑀(1087—1152),字伯寓,号愚翁,饶州梁(今江西景德镇)人。"少有声太学,试为第一",历任校书郎、兵部员外郎、左正言、司封员外郎、光禄少卿、国子司业、直秘阁、提点江东刑狱、太常少卿、给事中兼侍讲、兵部侍郎兼侍读、兵部尚书等职。终其一生,为人诚实,秉性正直,以孝名闻于天下。为官颇著气节而崇尚正义,"在朝无诡随",行为端庄、作风严正、胆识过人,从不畏避权贵势要。立志以身任天下事,敢于上书直言论事。例如,金国入侵北宋,进而南下逼近汴梁之际,北宋王朝计划派使者至金营商议割地求和的相关事宜,可是满朝文武罕有敢主动请缨者,而程瑀请往,且明确上奏朝廷称:"臣愿奉使,不愿割地。"又如,程瑀与宋钦宗评论北宋末年时政之时,曾曰:"欲慕祖宗而遹追无术,欲斥奄宦而宠任益坚,欲锄奸恶而薄示典刑,欲汰滥缪而苟容侥幸,兼听而不能行其言，委任而不能责其效，苟且之习复成，党与之私浸广，最时病之大者。"北宋末年，针对蔡京、吴敏等权臣当道、贻误国计的时局，程瑀更是屡屡据实上表奏闻，以感慨激昂的言辞大胆斥责权臣祸国的罪行，直接向宋钦宗提出："徐处仁庸俗，吴敏昏懦，唐恪倾险，政事所以不振。请尽黜免，别选英贤，共图大计。"尽管程瑀对蔡京之流的祸国殃民者已是如此地深恶痛绝，但宋钦宗在毫无根据的情况下，欲借"御史李光言星变"一事，除去蔡京、吴敏，认为吴敏庇护蔡京，又怀疑李光可能是蔡京的同党，于是对程瑀说："须卿作文字来。"想要借程瑀之手，为打压蔡京之流提供依据。程瑀只要顺之，就立即可以实现其想望的政治目标。然而这终究不是正大光明的做法，而是政治斗争的一种手段和套路，自古被正人君子所不齿。因此，程瑀不愿为之凭空捏造事实，最终由于没有迎合钦宗的意愿行事而遭到贬谪，最初被贬为"屯田郎官"，随后又贬为"谪添漳州盐税"①，实被发配至南方。南渡之后，宋高宗即位，程瑀被再次起用，作风和气节依旧如故，且不愿与秦桧同流合污，政见也常与秦桧之流多有不谐，故在朝中处处遭受排斥和打击，遂又数次贬谪，以至于去世之后，余害累及子孙。

　　程瑀虽比程俱小不到十岁，但入仕后的大部分时间与程俱同朝为官，而且在行事作风与为人秉性方面也相当接近于程俱，可以说诸多方面几乎都是与程俱相同的一类人。由其为程俱撰写行状，实属一时之佳选。今视其所撰行文平实无华，几乎没有出现替亡者溢美虚饰的华丽辞藻，至少基本事实不会有太大的出入。程瑀本非传统史家，却极具今人施丁所谓"既要尊重客观事实又要不背于封建名教"的史家之"史德"②。程瑀以当时人记当时事，所成

　　①　以上本段内有关程瑀的引文，均出自《宋史》卷三百八十一《列传第一百四十·程瑀》，中华书局，1985年版，第11742—11744页。
　　②　施丁著《再谈章学诚的"史德"论》一文，刊于中国历史文献研究会编《章学诚国际学术研讨会论文集》，北京图书馆出版社，2004年版，第1—9页。

《程俱行状》的史料价值，名副其实地成为今人考究程俱及其《麟台故事》一书所不可多得的、弥足珍贵的第一手材料。

在得出这一结论的同时，自然还有必要理清程瑀和程俱之间的关系。

首先，二人虽同朝为官，又同为新安程氏之后，但在宋代，分属相隔较远的两地，二人交往有限。

其次，程瑀为程俱撰写行状，是在程俱辞世之后，受程俱之子恳请，应与程俱本人的直接性关联不大。

最后，查现存文献中，程瑀与程俱之间相互交往的记载，并不多见，有必要明确，二人虽然交往次数不多，但彼此欣赏，交谊较深。否则程俱之子也不会贸然恳请程瑀为其亡父撰写行状。此仅以见于程俱《北山集》中的一个特殊事例，便可证实，即在程瑀的父亲去世之后，程俱曾经为之作挽歌予以悼亡，深表哀痛之情。如所作律诗《致政程承议挽歌词（伯禹侍郎瑀之父）》曰：

> 手种庭槐擢干长，谁知种德久弥芳。锦标荷橐看荣养，命服恩书被宠章。合浦珠还增气象，延平剑客敛光芒。新阡郁郁车千两，庆善哀荣动故乡。[①]

可见，程俱与程瑀之间的交情应是非同一般，彼此之间不但品习相同而且有过较为深入的交往。因此，在程俱去世之后，程瑀撰写行状，既属于顺理成章的事情，也是再也合适不过的人选。

总之，通过以上考察，应该确定程瑀为程俱所撰的行状足可相信，可据以纠正其他文献之误载，大致勾勒《麟台故事》作者生平事迹，进一步可据以考辨《新安文献志》和《麟台故事》四库提要所载程俱科举功名一事，为本书所论"父冠子戴"之误，找到最早最直接的确凿证据。

---

① 《北山集》卷十，《文渊阁四库全书》影印本，台湾商务印书馆，1986年版，第1130册，第95页。

第四节 程俱"举进士"考辨

宋代在注重科举取士、重用及第进士、优待文臣政策的长期影响下,整个社会形成了一种共识:只有科举入仕,才是朝廷选拔官吏的正当途径,也是读书人获取利禄、赢得个人至高声誉的唯一道路。否则,即便是一个饱学之士,若靠恩荫、军功、纳捐等方式进入仕途,也很难被当世人所看重。基于宋代现实社会的这种认识倾向,反观《麟台故事》的作者程俱——这位在两宋之交很有文学名望者的入仕问题时,我们发现《宋史》本传和《程俱行状》却并不载其有何科举功名。所见者,早年进入仕途,是凭其外祖父邓润甫之恩荫。中年得赐上舍出身,实与正常科考年份的进士及第同,完全可以以进士称之,原本也无甚问题,但在后世的文献记载中,却出现了程俱与其父程天民科考出身的错乱现象,以至于"父冠子戴"。晚年已累官至朝议大夫,曾多次参与朝廷明堂郊祀的活动,恩封为新安县开国伯,享食邑至九百户。程俱去世后上报南宋朝廷闻知,又被追封为左通奉大夫。因此,为了澄清事实,极有必要对文献误载程俱"举进士"之类的情况予以考辨。

一、《四库提要》误载考辨

在清代乾隆年间,四库馆臣从《永乐大典》中辑出《麟台故事》时,又出现了另一种完全不同的说法,即《文渊阁四库全书》本《麟台故事》提要称:

> 俱,字致道,衢州开化人,举进士,试南宫第一,廷试中甲

科。历官徽猷阁待制,封新安县伯,累赠少师。①

　　今查最近四库全书研究所整理的《钦定四库全书总目》,《麟台故事》提要与文渊阁本提要有着文字上的较多出入。此处所载,少"累赠少师"②四字,其他并无二致。应该说这是"广泛搜集研究《总目》诸家成果"③的整理本,也是目前最新的成果,但其中并不见任何形式注明此处所载内容,与《宋史》程俱本传有何异同,与《程俱行状》所载之差异又是因何而致,二者之间孰是孰非。显然,此次整理时,依旧忽略了此处的问题。而李裕民《四库提要订误》所列三条有关《麟台故事》提要的按语,也未见提及这一问题。再查杨武泉《四库全书总目辨误》,其依据《宋史》卷四百四十五《程俱》、康熙《衢州府志》卷三十二《名贤·程俱传》、光绪《开化县志》卷八《人物名臣·程俱传》等所载,认为"可知《总目》之误"④。然而,因何出现这样的失误,程俱是否有"举进士"之实,依旧不得而知。

　　另据《文渊阁四库全书》本《麟台故事》提要之末题:

　　　　……乾隆四十五年二月恭校上。
　　　　总纂官臣纪昀、臣陆锡熊、臣孙士毅。

---

　　①　〔宋〕程俱撰,〔清〕四库馆臣辑《麟台故事》辑本卷首《提要》,《文渊阁四库全书》影印本,台湾商务印书馆,1986年版,第595册,第304页。
　　②　《钦定四库全书总目》卷七十九《史部三十五·职官类》"《麟台故事》五卷"条,中华书局,1997年版,第1059—1060页。
　　③　《钦定四库全书总目》卷首《序》,第2页。另据书前《整理凡例》第六条云:"辨证考析内容,主要参考余嘉锡的《四库提要辨证》、胡玉缙的《四库全书总目提要刊正》、崔富章的《四库提要补正》、李裕民的《四库提要订误》等四部专著及相关的近两百篇论文,亦收整理者自己的研究所得。凡一人所论者,以其姓名领起;多人共识,或整理者新得者,则以'按'字领起。"
　　④　杨武泉著《四库全书总目辨误》,上海古籍出版社,2001年版,第106—107页。

总校官臣陆费墀。①

又据武英殿聚珍本《麟台故事》提要之末题：

　……乾隆四十一年五月恭校上。

　总纂官侍读学士臣陆锡熊、侍讲学士臣纪昀。

　纂修官主事臣任大椿。②

武英殿聚珍本《麟台故事》基本内容与《文渊阁四库全书》本相同，只是在提要之末，署名和时间出现了不同，初成于"乾隆四十一年五月"，即一七七六年五月。又在总纂官署名后，另署名："纂修官主事臣任大椿。"这正好说明：聚珍本提要系四库馆臣从《永乐大典》中辑出《麟台故事》时所拟的原稿，今人张富祥即据此估计：原稿"即出于任大椿手笔"③。司马朝军也同样以"聚珍版提要署其名"④为由，推断其结果理应如此。

可是，《总目》所录《麟台故事》提要，又与文渊阁本和聚珍本提要有所不同，应为任大椿原稿基础上的修订稿。即"修定稿则当为乾隆四十七年前后《总目》定稿之际，由纪昀、陆锡熊等人删润加工而成"⑤。也就是说，有关程俱"举进士，试南宫第一，廷试中甲科"之类的记载，四库全书源于永乐大典本，再从任大椿初稿沿袭至纪、陆二人经手的定稿，实乃一脉相承。而《永乐大典》原本早已惨遭毁劫，现所幸存者"仅及原书全部百分之三强"⑥。查阅一九八六

---

　①　《麟台故事》辑本卷首《提要》，《文渊阁四库全书》影印本，台湾商务印书馆，1986年版，第595册，第305页。

　②　见国家图书馆善本书库藏《武英殿聚珍版丛书》本。

　③　《麟台故事校证》卷首《前言》，中华书局，2000年版，第4页。

　④　司马朝军著《〈四库全书总目〉编纂考》，武汉大学出版社，2005年版，第38页。

　⑤　《麟台故事校证》卷首《前言》，中华书局，2000年版，第4页。

　⑥　郭沫若著，郭沫若著作编辑出版委员会编《郭沫若全集·历史编》第三卷《史学论集·影印〈永乐大典〉序》，人民出版社，1982年版，第491页。

年以来中华书局结集影印出版的《永乐大典》残存本,无果。可见,欲以《永乐大典》收录的内容来进一步考订《总目》所载《麟台故事》提要中,有关程俱科考功名问题的史源,至少目前是做不到的。

二、程敏政《新安文献志》误载考辨

在《永乐大典》成书后至《四库全书》成书前,其实已经有过与四库馆臣如出一辙的记载,即明人程敏政《新安文献志》卷首《先贤事略(上)》"程北山"条云:

> 程北山(俱),字致道,歙人,迁开化北山。举进士,试南宫第一,廷试中甲科。历官徽猷阁待制,封建安县伯①。与汪龙溪对掌内外制,为南渡词臣称首。累赠少师。有《北山小集》四十卷,《麟台故事》五卷,《默说》三卷(见行状)。②

《新安文献志》编纂时,《永乐大典》成书已经有八十年了,程敏政此载是否依据《永乐大典》,仍然是一个很难知晓的问题。

不过,在这段文字的记载中,存在着一个十分蹊跷的地方——引文末括弧中"见行状"三字,本为原文中双行小字夹注文,应为编者程敏政所加。而所谓"行状"者,即为宋人程瑀在程俱辞世后不久所撰《宋故左中奉大夫徽猷阁待制新安县开国伯食邑九百户致仕赠左通奉大夫程公俱行状》,同收在《新安文献志》中。按照程敏政注文的指示查此行状,不难发现程俱本无与参加科举考试相关的功名之实。

因为,《程俱行状》文本追溯程俱列祖列宗时,称其祖父"始以

---

① 引文中"建安县伯",实为"新安县伯"之讹。据程俱本传与行传均可证之。

② 《新安文献志》卷首《先贤事略(上)》,《文渊阁四库全书》影印本,台湾商务印书馆,1986 年版,第 1375 册,第 6 页。

儒奋,擢进士第"。继称其父"未冠举进士,试南宫为第一,廷试中甲科"。特别是述及程俱父亲去世时:"公时方年九岁,哭泣哀毁,见者咨叹。终丧,从母氏寓外家……外祖尚书邓公左丞润甫深奇之。后其家人缘左丞意,奏补公假承务郎,绍圣四年授苏州吴江县主簿。"自始至终,《程俱行状》并没有述及程俱入仕与"举进士"之事相关,只是称程俱是以外祖父恩荫入仕。这本非撰行状者之疏忽,而是程俱在北宋时虽有过三仕三已的仕途经历,但每次进入仕途都与参加科举考试而获取功名无关。更何况能够在《程俱行状》中追述到其祖父、父亲的科举功名之实,怎么会对程俱本人有"举进士"这样骄人功名之实只字不提呢?特别是在宋代,由于一直奉行崇儒尚文的政策,人们一致认为:科举入仕的官员都是"有出身人",恩荫入仕者则没有出身①,二者之间存在着十分悬殊的差距:前者往往光宗耀祖,入仕之初,就已经是朝官,且官品一般都比较高,等任期已满,则可迁转,且因朝廷重视而升迁较快;后者往往被人不屑一顾,入仕前先是吏,而后转为官,才有较低的品阶,且随祖父辈恩荫逐渐衰退而升迁停滞,若无重大机遇,终生很难跻身于中高级官品之列。因此,据《四库提要》、《新安文献志》所载,若程俱果真有此等足令时人钦慕的殊荣,则作为相当熟悉程俱的撰者——程瑀,定不会在行状这样的文体中疏于记载。

再者,程俱当时既然有及第进士第一的出身,那么完全可以直接担任知州、知县、通判之类的亲民官,并且按照旧制,很快就会在一到两任任满之后,通过引荐和试除的途径,得以供职于宋代文士向往的馆阁之中。例如《麟台故事》载:"制科入第三等,进士第一人及第,初除签书两使职官厅公事或知县;代还,升通判;再任满,与试馆职。"②又载:"元丰七年,叶祖洽除知湖州,上批以:'祖洽熙

---

① 苗书梅著《宋代官员选任和管理制度》,河南大学出版社,1996年版,第67页。

② 《麟台故事》残本卷一上《选任》。

宁首榜高第,可与秘书省职事官。’遂除校书郎。”又如与程俱同年
出生的胡交修,“登崇宁二年进士第,授泰州推官,试词学兼茂
科”①。然而,程俱初入仕时,只是假承务郎,后任苏州吴江县(今江
苏省苏州市吴江区)主簿一职,属于官品相当低的从九品②职事。
可见,程俱至少在初次入仕时,肯定与“举进士”之事无关,否则与
北宋一向崇儒右文的实情极为不合。这是因为从吏转为县一级的
主簿一职,确实过于低微,几乎不可能让“举进士,试南宫第一,廷
试中甲科”这样的文士委屈充任。更何况程俱当初出任吴江县主
簿,还不是朝廷主动授予的,而是程俱亲往都城汴京所请。即在绍
圣三年(1096,丙子),程俱十九岁时,“至汴京,识江褒③。……程俱
次年任苏州吴江县主薄,是年至京或为此事”④。这一情形也比较
吻合当时恩荫入仕者取得授职的通行方式,而与科举入仕的情况
不同。再到徽宗大观初年(1107)至政和元年(1111),程俱被朝廷
第二次起用,从无官品可言的市易务升迁到通仕郎,继而升迁到从
八品的宣德郎、知泗州临淮县,程俱也不是靠科举再次入仕。再至
政和七年(1117),程俱被朝廷第三次起用,历官通判镇江府、编修
国朝会要所检阅文字、道史检讨、将作监丞、著作佐郎、朝奉郎、礼
部员外郎,官品升至五品(得赐五品服),确实与程俱好友叶梦得的
荐举及其出身于儒术世家有关,而并非是以科举入仕。如果以传

---

① 《宋史》卷三百七十八《胡交修》,中华书局,1985年版,第11676页。

② 《宋代官制辞典》之《州县长贰官一览表》曰:“元祐令,赤县簿正九品,
诸州上、中、下县簿从九品。”中华书局,1997年版,第680页。

③ 江褒(1069—1117),字仲嘉,绍圣元年(1094)进士及第,衢州开化人
(与程俱为同乡),曾布之婿。善诗文,工楷书,与程俱交厚,彼此常有诗文酬唱
之作,其有遗稿五卷,今已佚。《宋史》无传,相关行实,可据弘治《衢州府志》卷
九《人物》。今存程俱为其所撰《承议郎信安江君墓志铭》,亦可得见其行实,参
见《北山集》卷三十一《墓铭二》,《文渊阁四库全书》影印本,台湾商务印书馆,
1986年版,第1130册,第304—306页。

④ 《程俱年谱(上)》,刊于《中国韵文学刊》2006年第6期,第100页。

统的进士及第来看,则程俱在宣和二年(1120)得赐上舍出身,其实在世人眼中就完全等同于进士及第。这是因为宋徽宗为了革除长期以来科举考试过程中存在的诸多弊病,曾一度全面推行三舍法,致使传统的科考制度时兴时废,而且朝中臣僚对此也有不同的意见。《宋史》详载其原委曰:

> 徽宗设辟雍于国郊,以待士之升贡者。临幸,加恩博士弟子有差。然州郡犹以科举取士,不专学校。崇宁三年,遂诏:"天下取士,悉由学校升贡,其州郡发解及试礼部法并罢。"自此,岁试上舍,悉差知举,如礼部试。五年,诏:"大比岁更参用科举取士一次,其亟以此意使远士即闻之。"时州县悉行三舍法,得免试入学者,多当官子弟,而在学积岁月,累试乃得应格,其贫且老者甚病之,故诏及此,而未遽废科举也。大观四年五月,星变,凡事多所更定。侍御史毛注言:"养士既有额,而科举又罢,则不隶学籍者,遂致失职。天之视听以民,士,其民之秀者,今失职如此,疑天亦谴怒。愿以解额之归升贡者一二分,不绝科举,亦应天之一也。"遂诏更行科举一次。臣僚言:"场屋之文,专尚偶丽,题虽无两意,必欲厘而为二,以就对偶;其超诣理趣者,反指以为澹泊。请择考官而戒饬之,取其有理致而黜其强为对偶者,庶几稍救文弊。"①

据此载可知,至迟从崇宁三年(1104)开始全面推行三舍法而取代科举,直到宣和三年(1121)诏令罢天下三舍法的十余年间内,只举行过两次科考:一次是在崇宁五年,另一次是在大观四年(1110),而其余时段内的年份都是以三舍法取士。因此,程俱得赐上舍出身正好是在宣和二年,故完全等同于进士及第。

再据《太平治迹统类》载:"二年二月,知举王孝通上合格上舍

---

① 《宋史》卷一百五十五《选举一(科目上)》,中华书局,1985 年版,第3622—3623 页。

生程文。三月，壬寅，诏贡院所定不伦乙夜亲览次其高下，遂御崇政殿，赐祖秀实以下三十一人及第，秀实，蒲城人也。"①可见，宣和二年（1120）赐上舍出身的第一名是蒲城（今陕西省蒲城县）人祖秀实，而并非程俱。因此，所谓程俱"举进士，试南宫第一"的记载，显然是不可靠的。

　　综上所述，出现在程敏政《新安文献志》中的这段文字必然是误载，而且程敏政也似乎很明白其中的错误。因为，作为《新安文献志》的编者，程敏政对收入其中的历代先贤自然了如指掌，更何况程俱与之又同是"新安程氏"的后裔，对其重视成分应该相对多一层，才属合情合理。所以，程敏政应当对《宋史》程俱本传所载内容是熟悉的，至少读过，甚至是校对过收入其书《新安文献志》的《程俱行状》，并且发现了程俱并无科考功名之实。按照四库馆臣的说法，《新安文献志》"卷帙繁重"，程敏政为此所做"蒐辑之功"，切不可因具体内容"稍有挂漏"而淹没。四库馆臣又盛赞："其中有应行考订者，敏政复间以己意参核，而附注之，征引繁博，条理渊贯。"②足见程敏政对于编入《新安文献志》的材料十分熟悉。可是问题症结就在于：程敏政因何原封不动地照搬照录这一段存在误载的文字，并似乎是在无奈之余，在结尾处很巧妙地注明"见行状"三个小字。经细查，程敏政《新安文献志》中所列先贤，若正史中有传者，则在文尾用双行小字夹注曰"见本传"三字，若正史无传者，则在文尾或用双行小字夹注曰"见行状"、"见行述"、"见家传"、"见墓志"、"见墓表"、"见碑铭"、"见遗事记"等字样，或不做任何标注。因此，问题的关键就在于：既然程俱在《宋史》中有传，为何程敏政注明"见行状"？况且程敏政此处所载恰好与其在《新安文献志》中

────────────────

　　① 《太平治迹统类》卷二十八《科举取人·徽宗》，台湾成文出版社，1966年版，第2册，第1977页。

　　② 《钦定四库全书总目》卷一百八十九《集部四十二·总集类四》"《新安文献志》一百卷"条，中华书局，1997年版，第2642页。

全文收录的《程俱行状》内容前后不一、自相矛盾,怎么就没有被发现呢?

其实,也惟有通过查阅《程俱行状》,才能很快明了,这段文字出现误载的根源在于"子戴父冠"——把父亲的事迹误载入儿子名下。若将"见行状"三个小字换作编者惯常用的"见本传",则产生的效果就会完全不一样。这是因为《宋史》程俱本传当中,并不附载其父亲的事迹,所以并不能直接看出其父有关"举进士,试南宫第一,廷试中甲科"之类的记载。尽管《宋史》程俱本传载:"以外祖尚书左丞邓润甫恩,补苏州吴江主簿,监舒州太湖茶场,坐上书论事罢归。"[①]若不细加追究,这一点有关程俱实乃恩荫入仕而非科举入仕的差别,往往会被读者忽略过去。

因此,程敏政在《新安文献志》中的这段文字记载与注文之间,很难被理解成一种偶然巧合。上述种种迹象表明:做如此的安排,似乎是程敏政用心良苦的安排。到底是何种因素致使程敏政在编《新安文献志》时,录入了这段文字,并在极有可能发觉其中存在着十分明显的谬误的情况下却不作改动呢?

再将这一问题放在当时社会环境中来看,除了编者本身就未发现失误的那种极为渺小的可能性之外,也就唯有一种最为合理的解释——源于《永乐大典》。究其原因,主要在于两个方面:其一,程敏政是生活在明代英宗至孝宗时的名臣,起先以"神童"被推荐为"读书翰林院",后在成化二年(1466)举进士,曾历官编修、左谕德、直讲东宫、少詹事兼侍讲学士、太常卿兼侍读学士、礼部右侍郎等职,且以"学问该博"而"为一时冠"[②]。有着如此仕宦经历和才学见识的程敏政,在编纂一部地方性文献志书的过程中,自然不会

---

① 《宋史》卷四百四十五《文苑七·程俱》,中华书局,1985 年版,第13136 页。

② 〔清〕张廷玉等撰《明史》卷二百八十六《文苑二·程敏政》,中华书局,1974 年版,第 7343 页。

漠视朝廷早已成书并引以为文化盛事的《永乐大典》。其二,身处明朝厂卫爪牙猖狂到无孔不入的社会,程敏政即便是发现了《永乐大典》记载有误的问题,也可能不敢轻易改订,于是能够做到的也仅剩下照搬原录,即如同上述推测的那种做法——注明"见行状"而不注明"见本传"。然而,只要按其所指,则会立即发现《程俱行状》所载与此不符。否则,据我们对现有资料的核查来看,为何《新安文献志》等文献出现将程俱父亲的事迹误载其名下,也只能解释为两种不大可能的情况:一是程敏政编纂该书时,不慎将《程俱行状》所载其父科考行实误归于程俱名下;二是疏于考证,即从《永乐大典》之外的、前人已出现误载问题的材料中照搬而来,以至于陈陈相因,一错再错。

至于四库馆臣在《麟台故事》提要中之所以会出现程俱科考功名之事的误载,其来源应该有三种可能性:一是若四库馆臣所录材料依据的是《永乐大典》所载,则与程敏政《新安文献志》所载应为同源;二是四库馆臣所录材料沿袭了程敏政《新安文献志》所记,且此误载始于程敏政;三是四库馆臣同程敏政一样,所录材料沿袭了在《新安文献志》之前已有的除《永乐大典》之外的其他文献之误,至于后世沿袭四库馆臣之提要或《新安文献志》所载,以讹传讹,陈陈相因而误者,均有文献失察之过。

不过,《四库提要》出现了如此明显的谬误,却自始至终没有被四库馆臣所发觉,这应当是不可能的,甚至是不可思议的。按理说,应当是:任大椿在初撰《麟台故事》提要时就已发现,并明确指出来,然后加以考证,得出定论,这才符合纂修《四库全书》时的惯例。可更令人费解的又是:任大椿在原稿中并没有这么做的迹象,而且对所载程俱科举之事迹也没有具体指出是"见行状",还是"见本传"。也就是说,任大椿的原稿中就根本看不到有关程俱科考因何会出现了误载的源头。将任大椿原稿与纪昀、陆锡熊等人的《麟台故事》提要定稿进行核对,可见定稿也仅仅是删去"累赠少师"四字之后,增加了一句:"事迹具《宋史·文苑传》。"①然而,我们在上文对程敏政"见行状"三小字夹注的剖析中,已经很明确地得知:只要对《宋史》程俱本传与《麟台故事》四库提要所载程俱科考之事迹,略加比较,就会很快发现提要中这一误载情况;若再与四库全书中所存《程俱行传》进行对比,则会更加明白所谓"举进士,试南宫第一,廷试中甲科"之类的记载,实乃程俱之父的行实。那么,纪、陆等人在定稿中增加了一句"事迹具《宋史·文苑传》"却没有发现问题,也只能归结为出于疏忽。

　　总之,《四库提要》中程俱"举进士"之类的记载,纯属误载,而且最晚出现在明代以来,史籍中误把程俱父亲的行实记于其名下,清代四库馆臣又不慎以讹传讹,陈陈相因而累及于后世。

三、其他记载考辨

　　上述推断中还存在着一个潜在的疑问,就是:目前既然没有直接的材料证明《永乐大典》或许为《麟台故事》四库提要误载程俱科考功名的源头,那么,除《永乐大典》,以及传世的宋人程瑀为程俱撰写的行状和《宋史》程俱本传之外,难道说真的另有别传,以至于四库馆臣都不得不舍去现成的《程俱行状》和本传而相从,且致使后世又盲从之,以讹传讹。

　　如清人庄仲方《南宋文苑》卷末附《作者考》曰:

> 程俱
> 　　字致道,衢州开化人。徽宗时举进士,试南宫第一,廷试中甲科,历官礼部郎。高宗建炎中知秀州,仕至徽猷阁待制,封新安县伯。俱在谏垣,著气节,文章于制诰尤擅场。著有

_____

　　① 《钦定四库全书总目》卷七十九《史部三十五·职官类》"《麟台故事》五卷"条,中华书局,1997年版,第1060页。

《麟台故事》、《北山小集》。①

这一记载与众不同的地方是：庄仲方居然还能够更加明确地记载程俱举进士的时间——宋徽宗年间。这是庄氏的考证结果吗？庄仲方(1780—1857)，字芝阶，浙江秀水(今浙江嘉兴)人。嘉庆十五年(1810)举人，官至中书舍人，被称为："君以毗陵世家，寄居秀州，又迁武林，文物之汇，性喜聚书，复尽读文澜阁所藏，盖阅二十余年而始成。呜呼！勤哉！"②庄氏虽博学、勤勉、严谨，但此处考证应有误。上文已经反复考察过，程俱从哲宗绍圣四年(1097)初入仕至徽宗政和年间第三次入仕，均与科考无关。至于宣和二年(1120)得赐上舍出身，可完全等同于进士及第，然毕竟与严格意义上的科举出身的进士有着产生途径与称谓上的差别。因此，庄仲方的记载，应当说疏于考证而不够严谨，这是因他不慎沿用开化县方志所载的内容而误。例如《(雍正)浙江省志》卷一百二十四《选举二·进士》载："宣和二年庚子祖秀实榜。朱炎(崇德人)、程俱(开化人，徽猷阁待制)、吴安国(丽水人)。"③若不细加考订宣和二年停科举而行三舍法的史实，误认为程俱举进士是难以避免的。

又如清人周中孚《郑堂读书记》载：

> 《麟台故事》五卷(武英殿聚珍版本)
>
> 宋程俱撰(俱字致道，开化人，举进士，试南宫第一，廷试中甲科。历官徽猷阁待制，封建安县伯④)。《四库全书》著录，《读书志》、《书录解题》、《通考》、《宋志》(故事类)俱载之。按：

---

① 《南宋文苑》卷末附《作者考》，今收入任继愈主编《中华传世文选》，吉林人民出版社，1998年版，第6册，第1068页。

② 同上注，《序一》，第1页。

③ 参见《中国地方志集成·省志辑·浙江》，凤凰出版传媒集团凤凰出版社，2010年版，第584页。

④ "建安县伯"者，系原文之误，与前文述及程敏政《新安文献志》所载同类，应为"新安县伯"。

绍兴元年初复馆职，致道首先入馆，乃采摭三馆旧闻，简册所载，比次纂辑，事以类从，法令略存，因革咸载，分百十有二篇①，列为五卷。其书惟《说郛》载有六条②，全帙已佚。今馆臣从《永乐大典》录出，依其所引篇目分为沿革、省舍、储藏、修纂、职掌、选任、官联、恩荣、禄廪九篇，仍分五卷。以较原书篇数，已亡其三矣。然于北宋词林典故，已条举无遗，并可以补安传之缺。续以陈叔进《馆阁录》、无名氏《馆阁续录》、周弘道《玉堂杂记》三书，而宋一代之文献，灿然备矣。其绍兴元年《进状》及《后序》，则皆其《北山集》所载云。③

这段引文中除了本不应该出现的"建安"、"百十"等几处失误外，有关程俱科考功名的误载，很明显是因盲目征引《四库全书》提要所致。但是，周中孚谓："《四库全书》著录，《读书志》、《书录解题》、《通考》、《宋志》俱载之。"这种很笼统的概括，只要仔细核查其所列文献，就会发现问题很多。

首先，除《通考》和《宋史》中不见有类似《四库全书》提要的记载外，几乎与程俱同时期的宋人晁公武，在《郡斋读书志》中著录程

---

①　"百十有二篇"之"百"者，系原文之衍，因原书确为五卷十二篇，故应为"十有二篇"。

②　"六条"者，并非四库馆臣之所云。据《文渊阁四库全书》影印本云："是书，则自明以来，自《说郛》所载数条外，别无传本，惟《永乐大典》所载颇为繁夥。"《文渊阁四库全书》影印本，台湾商务印书馆，1986年版，第595册，第304页。又据《总目》云："是书，则自明以来，惟《说郛》所载数条，别无传本。"中华书局，1997年版，第1060页。另查《说郛》载《麟台故事》内容者，一种为共计"五条"的本子，如国家图书馆普通古籍阅览室藏商务印书馆民国十九年（1930）出版的线装铅印再版本，底本为明人陶宗仪辑本；一种为共计"六条"的本子，如国家图书馆普通古籍阅览室藏清顺治间线装重刻本，底本为清人陶珽续辑校本；周中孚所谓"六条"者，应为陶珽续辑校本。

③　〔清〕周中孚撰《郑堂读书记》卷二十八《史部·职官类》"《麟台故事》五卷（《武英殿聚珍版丛书》本）"条，王云五主编《丛书集成初编》本，商务印书馆，1937年版，第544—545页。按：此段引文括弧中字，为原文中小字注文。

俱《麟台故事》、《北山小集》和《徽庙实录》时，并没有提及程俱有过科考功名之实，应当是本无此事可述。要知道，晁氏之书的解题，对著作者的科考功名一般都会予以如实的记载，更何况程俱实乃宋代南渡文士中文章诗词与汪藻齐名的佼佼者，且与晁氏均为南渡知名文士，相知程度不言而喻，若真有过"举进士，试南宫第一，廷试中甲科"这样显赫的科考功名，晁氏应当没有理由不知。再者晁氏之书初成时，是绍兴二十一年（1151）①，此时程俱过世尚不足七年，距《麟台故事》成书后亦不过二十一年，如若程俱果真有此事实，以晁公武著录其书的严谨态度而论，应当不会疏于记载。退一步讲，如果是晁氏起初疏于记载，那么后来在增补《郡斋读书志》中《麟台故事》条时，为何能够将程俱有如此显赫的科考功名的重大内容再次疏漏？显然是程俱之功名没有或者不值得一提而可以忽略。

其次，比晁氏之书略晚一点撰成的宋人陈振孙《直斋书录解题》，对程俱入仕的情况便记载得更为明了，只是具体内容并不见载于陈氏之书《麟台故事》的解题中，而是保存在陈氏之书《北山小集》的解题中。即：

> 《北山小集》四十卷，中书舍人信安②程俱致道撰。俱父祖世科，而俱乃以外祖邓润甫荫入仕，宣和中，赐上舍出身，为南宫舍人，绍兴初，入西掖。徐俯为谏议大夫，对还词头，罢去。后以此对修史，病不能赴而卒。③

---

① 〔宋〕晁公武撰，孙猛校证《郡斋读书志校证》卷首《衢本昭德先生郡斋读书志序》，落款云："绍兴二十一年元日，昭德晁公武序。"上海古籍出版社，2011年版，第16页。

② 晚于程俱的陈振孙于书中两次均云"信安人"，与程俱同时代的叶梦得等人也是如此称呼，甚至程俱亦自称"信安人"，均系沿袭衢州之古称。

③ 《直斋书录解题》卷十八《集部·别集类下》"《北山小集》四十卷"条，上海古籍出版社，1987年版，第527页。

很显然,陈振孙的这一确凿记载,述及程俱内外姻亲以及祖孙三代之事,不但没有支持清人周中孚《郑堂读书记》中"俱载之"的说法,反而证实了上文所引证过的《程俱行状》中所载内容,应为不争之实。即所谓"俱父祖世科",是指程俱祖父程宿乃太宗端拱元年(988)状元,其父程天民乃熙宁六年(1073)"举进士,试南宫第一,廷试中甲科"。而程俱却是在入仕之后的徽宗宣和二年(1120)得"赐上舍出身"。因此,陈氏此载更进一步证实:明人程敏政和清四库馆臣有关程俱科考功名的记载,确属上文所谓"父冠子戴"之误。

最后,再举一则先由南宋人陈思编纂,继其后又由元朝人陈世隆增补的记载,可作为程俱非科举入仕的佐证。即:

> 程俱,字致道,衢之开化人。以外祖邓润甫恩补官,坐上书论绍述罢归。宣政①间进颂赐上舍出身,历官礼部郎。建炎直秘阁知秀州,南渡航海趋行在②。绍兴初为秘书少监,擢中书舍人兼侍讲,旋除徽猷阁待制。晚病风痹,秦桧荐领史事,不至。卒年六十七。③

这段材料早于程敏政《新安文献志》的记载,更早于四库馆臣《麟台故事》提要的记载,其概述程俱一生主要事迹时,仅记程俱最初是"以外祖邓润甫"恩荫入仕,再至宣和二年(1120)因"进颂赐上舍出身",并不见载有程俱"举进士,试南宫第一,廷试中甲科"之类的内容。可见,四库馆臣所谓程举进士的记载,确属"父冠子戴"的误载。

---

① "宣政",当为"宣和"之误。因宋徽宗年号先有政和(1111—1118),后有宣和(1119—1125),故按常理合称应是"政宣"。又本书前文已经考订程俱得赐上舍出身,是在宣和二年,故"宣政"为误。

② 此说"南渡航海趋行在"之事,颇含糊不清,应当指前文所考订的秀州失陷前,程俱奉旨押运钱粮趋行在之事。

③ 《两宋名贤小集》卷二百〇一《北山集》,《文渊阁四库全书》影印本,台湾商务印书馆,1986年版,第1363册,第602页。

第五节　程俱重要行实述评

我国古代评价历史人物的传统标准是三不朽——立德、立功、立言。只要三者居其一,则足以流芳百世而不朽。若以此标准来衡量本书所研究的、生活在两宋之际的重要人物程俱,确实看不到其有何等卓绝超群之处,堪称为立德、立功和立言。尤其是在前文较为详实而细密的程俱仕途考述、程俱本传与行状考辨以及程俱"举进士"考辨中,可见程俱完全就是一位儒家气息特别浓重而学识渊博通达、为官不畏权势而敢于直言朝政、为人秉性刚正而处事率直真诚、诗文出类拔萃而擅长史学撰著的馆阁文士。总之,终其一生,所有举动主要体现在两个方面:一是做官为人,尽管先后三入馆阁十余年,又曾临危受命出知秀州抗金,但因做人过于刚正诚直而不善于迂回曲迎,终究失去经由馆阁而位极人臣或出将入相的机遇,致使平生宏愿无法施展;二是作诗著文,涉猎较广而独具风格,且与其人格趋于统一,往往以此可证其志向、情趣、气节之高洁,远非寻常可比。

一、为官做人述评

程俱由于为人处世刚直而仕途坎坷,又加时势维艰而权奸当道、强敌入侵而山河破碎,故终其一生壮志难酬。起先是在北宋后期,程俱有过"三仕三已"的坎坷经历;之后在南宋初再度入仕,沉浮于宦海之中而忍辱负重;再至晚年时身在仕途却心生归隐之志,终究不得不远离权力角逐的核心。

（一）程俱一生为官的述评

程俱为官，从起初微不足道的苏州吴江县主簿到天子身边的中书舍人兼侍讲，一贯表现出胸怀天下的志向与高古气节，不畏权贵势要，敢于直言朝政，遂因此屡屡获罪而惨遭贬谪或罢免，以至于生活一度陷入困顿无靠的境地，仍无怨无悔。尤其这一点，从一个较为特殊的视角就可以很真实地看到：崇宁年间（1102—1106），正处在因上书言事而被罢免归家状况下的程俱，却极力推崇和赞美当世三位敢于直言朝政而不惧屡屡获罪的朝臣邹浩（字志完）、曾肇（字子开）和陈瓘（字莹中）。程俱用《诗经·陈风·泽陂》中诗句为题，曾作古诗《有美一人》三首，分别赞誉三位。

其一，是为邹浩作：

> 有美一人在昭君，藕丝为衣兰作裙。君初顾言淑且真，直欲载以黄金轮。人心变化如浮云，明妆觉暗笑作颦。何当还之承华茵，令君宴寝凝清芬。

其二，是为曾肇作：

> 有美一人在烟汀，朱颜朝涤玉壶冰，素手暮理朱丝绳。语言窈窕丹凤鸣，坐持纨扇睨秋萤。何当还之翡翠屏，为君把镜整衿缨。

其三，是为陈瓘作：

> 有美一人在南浦，月明采珠光照渚。瑶衣被体金索缕，独抱幽寒沫烟雨。何当置之白玉宇，为君歌阳春激楚。[1]

---

[1]　《北山集》卷一《古诗·有美一人》。在该组诗之第三首末，存有作者原注曰："'有美一人在南国'以下四首亡。时，邹志完在昭州，曾子开在汀州，陈莹中在合浦。"可见，程俱当时所作不仅是这三首，另外还有四首，但在其晚年整理并编入自己的文集时，已经确定散佚不存。详见《文渊阁四库全书》影印本，台湾商务印书馆，1986年版，第1130册，第15页。

　　自古以来,诗言志而缘于情,发为心声。作为一个秉性耿直的诗人,程俱能够用如此华美的言辞,毫不掩饰对邹、曾、陈三人的高度赞赏,足以表明其由衷的钦慕之心和明确的爱憎态度。在此值得强调的又是,这三位均因看不惯朝中奸邪当道危及国运,相继不惧个人安危而上书直言朝政,后遂遭遇贬谪而气节不移。以常理而论,这些都是当时朝野绝大多数世俗文士讳莫如深的人物,可是程俱身处逆境中却敢于赋诗盛赞之。显然,程俱不仅是为了通过诗作真实表明心中的无比敬重和推崇,而且也是藉此曲折表明对当朝时政深怀忧虑,当然也暗藏着鸣不平的不满情绪在内。事实上,程俱在后来的仕途中,也是以此辈为榜样,极力效法之。正所谓:“正自饥欲死,敢言忠有余。平生畎亩志,本不羡严除。”①尤其结合上文所详考的程俱为官经历以及所作所为的诸多方面,再与其早年所赞赏的邹、曾和陈三位对照,可见其间有着惊人的相似。

　　以今观之,程俱作为一介文士,仕途不畅屡屡遭贬,又处在两宋之交时局动荡不定的乱世,几乎无甚值得标榜的丰功伟绩追述。仅以其职务与执事而言,所任秘书省著作佐郎、秘书省少监、中书舍人、实录院修撰等职,还算比较符合其所学专长和本愿,但与其一向忧国忧民的宏愿相比,总是相距甚远;再以其所创业绩与影响而言,当以秘书省任上所撰《麟台故事》一书为最。

(二)程俱一生为人述评

　　程俱为人秉性刚正,率直真诚,又一向胸怀家国之志而敢于坦言国事,雅好诗文之趣而勤于读书撰著,故平素秉持以文会友、畅谈国事的文士习性。然而,在两宋之际那样一个连身家性命都难

---

　　① 《北山集》卷九《律诗·癸巳岁除夕夜诵孟浩然归终南山旧隐诗有感戏效沈休文八咏体作〈北阙休上书〉》。据该诗题名中有“癸巳”二字,可知该诗作于政和三年(1113),当时程俱三十六岁。详见《文渊阁四库全书》影印本,台湾商务印书馆,1986年版,第1130册,第88页。

以苟全的时代里,能够与之习性相投而诚心交游者为数不多。因此,程俱在当时实属寡徒少侣之辈。纵观其所交至厚者,主要有叶梦得、贺铸、赵叔问、江中嘉、江仲举、江子我、赵子泰、张敏叔、虞君明、季野、简彦文、林德祖、晁说之、晁将之等数位当世名士,且彼此交往的方式以诗文酬唱和答谢为主。

与程俱互有诗歌唱和之作,现存于程俱《北山小集》中最多者,当属赵叔问。他们不但时常有五言、七言唱和答谢诗作互赠,而且多有诗会、游览中的联句。而值得注意者,则是程俱早年曾慕名访诗友江仲嘉,并借省亲之便,亲自前往而不辞劳苦。他在"我行亦良苦,却步计已迁。解衣卧清昼,慰我千里勌"之句下有原注曰:"余自衢来姑苏省女兄,竟欲归,却行二百七十里访江仲嘉于宜兴,故有'却步'之句。"①据此执着之举,可见程俱作为一位文人雅士,所特有的那种古朴而又率真、耿直而又单纯的秉性。

程俱这一为人处世的特点,也渗透于其诗文之中,且被与之交往者所熟知。例如其至交贺铸熟知其这一秉性,所看重的也是这一点,故强烈要求程俱为自己所作诗四百七十二篇作序,并希望程俱予以直言不讳的批评。贺铸此举出乎常人之外,与其身份地位有关。

贺铸在当时绝非普通文士。他乃是宋太祖贺皇后的族孙,所娶又是赵氏宗室之女。而且贺铸自称其远祖原本居于山阴(浙江省绍兴市),认为自己乃是盛唐时期状元出身的著名诗人、书法家贺知章的后裔,故以知章居庆湖(即镜湖)之故,自号曰庆湖遗老,著有《庆湖遗老集》二十卷传于世。《宋史》有传,行实可据。即便仅从形貌的角度而言,贺铸实为颇神奇而又怪异之人。《宋史》载

---

① 《北山集》卷二《古诗·游善权寺》,《文渊阁四库全书》影印本,台湾商务印书馆,1986年版,第1130册,第17页。

其"长七尺,面铁色,眉目耸拔"①,且"状貌奇丑,色青黑而有英气,俗谓之贺鬼头"②。以才能而论,贺铸确实是一位妙笔生花的词人,往往能够做到化腐朽为神奇,并深得当时著名文学家黄庭坚的赞许。《宋史》载其"尤长于度曲,掇拾人所遗弃,少加檃括,皆为新奇"。且"铸所为词章,往往传播在人口。建中靖国时,黄庭坚自黔中还,得其'江南梅子'之句,以为似谢玄晖"。然而,贺铸一生特别信赖而为至交者,则为程俱:"其所与交,始终厚者,惟信安程俱。铸自裒歌词,名《东山乐府》,俱为序之。"③而况此时的程俱,正处于再次罢职后的穷困之中而受贺铸之托作序,可见二人的交情非同寻常。

作为被贺铸看重的程俱,也认为贺铸为人有"不可解者"三点:一是豪饮侠士与校书书生的两面性:"方回少时,侠气盖一座,驰马走狗,饮酒如长鲸;然遇空无,有时俯首。北窗下作牛毛小楷,雌黄不去手,反如寒苦一书生。"二是羽人剑客与妙丽词人的两面性:"方回仪观甚伟,如羽人剑客;然戏为长短句,皆雍容妙丽,极幽闲思怨之情。"三是慷慨激昂状与怯夫处女状的两面性:"方回慷慨感激,其言理财治剧之方,亹亹有绪,似非无意于世者;然遇轩裳角逐之会,常如怯夫处女。"④

---

① 《宋史》卷四百四十三《文苑五·贺铸》,中华书局,1985 年版,第 13103 页。

② 周勋初主编《宋人轶事汇编》卷二十四《贺铸》,上海世纪出版股份有限公司上海古籍出版社,2014 年版,第 1784 页。

③ 此上三处引文,均出自《宋史》卷四百四十三《文苑五·贺铸》,中华书局,1985 年版,第 13103—13104 页。程俱为贺铸所作《东山乐府》之序,即为《贺方回诗集序》,作于"政和三年(1113)癸巳十月朔",时程俱正处在本书所谓"二仕二已"阶段,即在政和二年,程俱被召回京审查,且因之前上书言事之故,被罢职。

④ 《北山集》卷十五《杂著·贺方回诗集序》,《文渊阁四库全书》影印本,台湾商务印书馆,1986 年版,第 1130 册,第 150 页。

　　贺铸既然已是颇负盛名的文士,又有唐人贺知章那样知名的先祖和"孝惠皇后之族孙"①那样骄人的身份,要为自己的作品求序,正常情况应很容易请到社会上有名望、有地位的文士,或者是赏识自己的前辈和师长,而结果却是邀请程俱这样一位较自己年少二十六岁且在仕途中屡屡处于困顿艰涩处境的晚辈为之。以至于连程俱自己都认为此事太不可思议:"余奇穷,肮脏可憎,方回多交友游,乃独以集副授余。"然贺铸直言不讳地对程俱说:"子好直,美恶无溢言,为我评而叙之。"②

　　由上可见,在与程俱的交往中,贺铸不但深知程俱的秉性特征和为人处世的原则,而且通过邀其为诗篇作序的反常方式,表现了远超常人的特别肯定和赞赏。

二、所作诗文述评

　　程俱生长于儒术熏染之家,年少时敏而好学,娴熟儒家典籍,尤精于史著。入仕之后,又有长达十余年之久任职于国家藏书之府——秘书省,获得了博览群书的大好时机,遂成为两宋之交的文士当中诗文出类拔萃、学识渊博通达之人。

　　正是处于这样的环境中,程俱擅长诗文,精于撰著。他平生所作诗文较多,且在生前已亲自整理,编纂结集,尽管期间有过一些曲折而导致诸多诗文毁亡,但终留存《北山集》四十卷传世。今见其集前十二卷为诗赋,依次为五言、七言古诗八卷,五言、七言律两卷,五言、六言、七言绝句一卷,赋、骚一卷;其后二十八卷为文,所见文体依次有论、杂著、碑、记、表、启、书、咨目、简、外制、内制、进

---

　　① 《宋史》卷四百四十三《文苑五·贺铸》,中华书局,1985年版,第13103页。

　　② 《北山集》卷十五《杂著·贺方回诗集序》,《文渊阁四库全书》影印本,台湾商务印书馆,1986年版,第1130册,第150页。

故事、进讲、墓志铭、墓表、行状、状劄等十余种。该文集为诗文合编本，其特点在于：不但诗和文的所属分类十分清晰，而且各类之下的诸篇内容基本按照创作时间之先后编排，较便于查阅。

（一）程俱所作诗的述评

程俱的诗作，可上溯《诗经》、《楚辞》之遗风，下追陶渊明、谢灵运之神韵，远学唐人王维、韦应物、杜甫等人，近慕时贤王安石、苏轼、黄庭坚诸人，最终自成体系而深受时人推崇。

今据其《北山集》所收诗作可见，程俱有学晋人陶渊明诗，作五言古诗《读陶靖节诗》、《得小圃城南用渊明〈归田园居〉韵六首（丁未）》、《春日与汪彦章藻赵叔问相约游樟林阁樟林阁盖郡豪冡舍背城郊墟无与比者因咏靖节"感彼柏下人安得不为欢"之句偶书五言呈同游二公》；也有学南朝人沈约（字，休文）诗，作五言律诗《癸巳岁除夜诵孟浩然〈归终南旧隐〉诗有感戏效沈休文八咏体作》；再有学诸唐人诗，作五言古诗《山居》组诗二十八首（仿唐人王维《辋川集》）、作五言古诗《叔问观韦苏州诗至"萧条竹林院风雨丛兰折幽鸟林上啼青苔人迹绝燕居日已久夏木纷成结几阁积群书时来北窗阅以为适与景会写以寄予"因用韵书怀云》（学韦应物）、作五言律诗《观老杜〈久客〉一篇其言有感于吾心者因为八咏》（学杜甫）、作五言古诗《观白公〈兰若寓居〉诗如写余怀但不能晨游夜息如彼自由耳辄用韵作》、《自宽吟戏效白乐天体》、七言律诗《和白乐天二首写怀仍效其体》、七言绝句《偶观乐天〈酬杨八〉绝句有慨于心者因追和赠叔问二首》（学白居易）、作五言古诗《赵叔问过别留夜话偶阅鲍溶诗有感用韵作》（学鲍溶）、作五言古诗《神鱼泓是日与诸公流杯水中如西丘故事》、《和刘子厚读书己丑》、《和柳子厚诗十七首》（学柳宗元）、作七言古诗《秀峰游戏效李长吉体》（学李贺）、作五言绝句《余常爱杜牧之"晚花红艳静高树绿荫初"之句还山居适当此时讽味不已有慨于余心者用为韵作十绝》（学杜牧），以及因仰慕时贤而所作七言律诗《余杭法喜院荆文公书堂文公康定中读书于此辛巳》(学王安石)、作七言律诗《次韵张祠部敏叔游沧浪苏子美故园》(学苏轼)、作五言古诗《黄鲁直有"食甘念慈母衣绽怀孟光"之句用为韵作五作以寄旅怀》(学黄庭坚)①;等等。程俱诸作或咏史以观现实世界,或叙事以呈家国情怀,或论物以发一己之见,或写景以抒思情别绪,常常表现得立意深邃而气骨硬朗,且以用律高妙而见长。

关于程俱律诗有一轶事,足可说明程俱诗作深受时人推崇的情况:程俱的一同乡叫郑晦,初追随叶梦得,向其学习作律诗,叶氏认为郑氏之举无异于舍近求远,于是选录了郑氏同乡程俱近体诗二卷教导之,名曰《北山律式》,并为之作《序》称:"人皆知致道之文,而不知其诗。既知其诗,亦仅知其古风,而不知其律诗之妙。"②明人程敏政《新安文献志》卷首《先贤事略(上)》又称,程俱与汪藻二人"对掌内外制,为南渡词臣称首"③。又有清人钱大昕称:"北山诗文有风骨,在南宋可称铮铮佼佼者。"④

① 以上所列自陶渊明至黄庭坚诸体诗,详见《北山集》卷一至卷三、卷六、卷八至卷十一,《文渊阁四库全书》影印本,台湾商务印书馆,1986 年版,第 1130 册,第 28 页、第 55—56 页、第 63 页、第 87 页、第 61—62 页、第 77 页、第 93 页、第 64 页、第 77 页、第 100 页、第 114 页、第 55 页、第 18 页、第 19 页、第 57—59 页、第 81 页、第 110 页、第 83 页、第 85 页、第 14 页(此处按行文中所列诸诗诗题出现顺序依次罗列)。

② 《钦定四库全书总目》卷一百七十四《集部二十七·别集类存目一》"《北山律式》二卷附王炎诗一卷晁冲之诗一卷"条,中华书局,1997 年版,第 2368 页。

③ 《新安文献志》卷首《先贤事略(上)》,《文渊阁四库全书》影印本,台湾商务印书馆,1986 年版,第 1375 册,第 2 页。

④ 《北山小集》卷末,详见《四部丛刊续编》影印本,第 62 册,上海书店出版社,1985 年版。

（二）程俱所著文述评

程俱为文，内容兼及儒、释、道三家，尤擅长史著。时人曾将其与左丘明、司马迁、班固、韩愈等历史名人相比。

其《北山集》，既存有《老子论》五篇、《列子论》三篇、《庄子论》五篇、《维摩诘所说经通论》八篇等专论佛教与道家的文章，又有在宫廷进讲《论语》、《春秋》、《孟子》等传统儒家经典为主的文章，又有进讲《史记》这样的史部经典的文章，且均称得上是旨趣高妙而典雅、见解深邃而明了之作。因此《宋史》称其为文："典雅闳奥，为世所称。"①

又如，时人叶梦得为程俱《北山集》所作序文中曾记其轶事一则说：在南渡之前，有人曾把程俱之文推荐给叶氏，叶氏深为赏识，但无缘与程俱得见而作罢。后叶氏因"自翰苑罢，领宫祠，居吴下"，程俱也因"上书论政事与时异籍，不得调，寓家于吴"，于是二人在吴地相遇。之后叶氏才进一步认识到程俱"其学问、风节卓然有不独见于其文者，即为移书当路，论以言求士孰不幸，因此自表见其趣各不同"。遂将程俱所作文章数十篇上呈朝廷，"宰相见而惊曰：'今之韩退之也！'亟召见政事堂。会有间之者，复得闲秩，然宰相知之未已也。宣和初，复召入馆，稍迁为郎，议者翕然，始恨得之晚。自是二十年间，卒登侍从，为天子掌制命，文章擅一时"。叶氏并且以当世人的眼光评论曰："今观其文，精确深远，议论皆本仁义，而经纬错综之际，则左丘明、班孟坚之用意也。"②

程俱一生，为文不可胜计，及至年老抱病之时，仍旧没有丝毫停歇。但他忧深虑危，唯恐不能精当而贻笑大方。于是程俱晚年

---

① 《宋史》卷四百四十五《文苑七·程俱》，中华书局，1985 年版，第13138 页。

② 〔宋〕叶梦得撰《北山集小序》，详见《北山小集》卷首，《四部丛刊续编》影印本，第 61 册，上海书店出版社，1985 年版。

时时自行刋削焚弃，众多文字旋作旋毁，能够存留下来的自是少而精，与诗作合编为《北山小集》。然而不幸的是程俱晚年时，家中遭遇过一次火灾，所作文字几乎销毁殆尽。现今著录于《宋史·艺文志》的著述有：《北山小集》四十卷，传世；《默说》三卷，已佚；《麟台故事》五卷，已残。另据晁公武《郡斋读书志》著录，程俱还撰有"《徽庙实录》二十卷"，此载虽有出入，但书为程俱所撰乃不争之实①。又据陈振孙《直斋书录解题》著录，程俱撰"《程氏广训》六卷"和"《班左诲蒙》三卷"②。至今幸而留存的程俱行实，略可据《宋史·文苑七》本传，详可据程瑀所撰《程俱行状》③。以今观之，作为一代文士，最终能够在正史中进入《文苑传》，实为万幸。另外，在程俱家乡开化建有七虎堂，位于石门乡二十三都华埠镇大坞岗。宋元祐间(1086—1093)由太常少卿江纬创建，因同乡人江少齐(礼部员外郎、鄂州知府)、江朝宗(太学内舍、密州知州)、江少虞(建、饶、吉三州太守)、程俱(徽猷阁待制)、李处权(翰林学士)、赵子昼(龙图阁学士)等负笈至此求学，时人称"文中七虎"而得名。

　　总之，在整个宋代灿若群星的文坛上，程俱并不是最闪耀的那

<hr/>

①　《郡斋读书志校证》卷六《史部·实录类》"《徽庙实录》二十卷"条，注云：《徽庙实录》二十卷，《经籍考》卷二十一"庙"作"宗"。原本黄丕烈校语云："《通考》引陈氏语，有《徽宗实录》一百五十卷，又淳熙四年成凡二百卷。是晁氏所藏为二十卷者，别一本也。"按黄说是，《徽宗实录》一百五十卷，秦桧、汤思退先后提举，绍兴七年诏修，二十八年书成；二百卷者，有《考异》一百五十卷，《目录》二十五卷，李焘撰，淳熙四年三月九日书成。见李心传《建炎以来系年要录》卷一百一十六、卷一百一十四、卷一百八十，《建炎以来朝野杂记·甲集》卷四，《宋会要辑稿·职官》十八《国史院》、《实录院》条，《玉海》卷四十八等，公武似未见此二本，而陈振孙又未见程俱所撰。上海古籍出版社，2011年版，第237页。

②　《直斋书录解题》卷六《史部·职官类》"《麟台故事》五卷"条，又《直斋书录解题》卷十八《集部·别集类下》"《北山小集》四十卷"条，上海古籍出版社，1987年版，第178页、第527页。

③　本传原文收录在本书后的附录一。

一颗,文学地位自然不会最高,影响也不是最大,但体现在其文章
诗词中的那种不入流俗、志趣高远的风格,与表现在为人处世中淡
泊名利、不畏权势的人格,实属难得之极。尤其是程俱诗文中所流
露出的那种胸怀家国大下、敢于慷慨陈辞的情怀,至今跃然纸上,
读来令人振奋,亦为之折服。确实正如四库馆臣在《北山集》提要
中所称:"其抗论不阿之状,读之犹可以想见。"①

―――――

① 《钦定四库全书总目》卷一百五十六《集部九·别集类九》"《北山小
集》四十卷"条,中华书局,1997 年版,第 2097 页。本书上述行文,以程俱本
传、行状及其文集为主,并通过征引诸多文献资料进行考辨,形成了对《麟台故
事》作者程俱的一些整体性认识。但与李裕民先生的看法不太一致,在《四库
提要订误》一书中,李先生先引用四库馆臣为程俱《北山小集》所作提要,然后
加按语曰:"程俱之作为颇有可议之处。其一,金兵南下时,俱弃秀州而遁。其
二,在徽宗时,曾诣附蔡攸。"同时指出:"《提要》称其'颇著气节','抗论不阿'
未免言过其实。"详见《四库提要订误》,书目文献出版社,1990 年版,第 232—
234 页。在此举出,并无反驳之意,旨在聊备一说:若果真如是,则亦可看到在
金兵大举南下的特殊情况下,程俱为人处世的多面性。

第二章 《麟台故事》的成书

有宋一代,尤重典册而兴建馆阁。馆阁文臣,由此而地位优荣至极。然而,历经两宋之交的兵燹,国家典藏荡然无存,馆阁之设名存实亡,甚至在南渡之初,连昔日辉煌一时的馆阁其所隶属的秘书省也被撤销了。至宋高宗绍兴初再置秘书省以图复兴国家典藏之业时,首任秘书省少监程俱著《麟台故事》一书,极力追忆馆阁昔日之盛状。可见,此书的编纂,既是顺应时势之举,又是特定历史环境中的产物,在当时具有很强的现实意义。我们纵观历代记载古代中央政府重视典藏及其机构设置的相关文献,就会发现《麟台故事》应是最早记载整个北宋馆阁及其典藏的专著,正如姚伯岳所说:"唐、宋是秘书省制度的巅峰时期,也相应地产生了记录其活动情况的专书。南宋初程俱所编《麟台故事》就是最早的一部记述该方面情况的专著。"[①]

有鉴于此,本章先考察"靖康之难"所造成的北宋馆阁"书籍之厄"和南宋初秘书省的废而复置,以分析《麟台故事》一书成书的历史背景。然后依据当时与《麟台故事》直接相关的历史事实,分析该书成书的经过及著述主旨。

---

① 《中国历史藏书论著读本》,四川大学出版社,1990年版,第98页。

第一节　成书背景

在程俱撰成《麟台故事》一书之前,曾出现过与之相类似的两部著述:一部是北宋元祐中任秘阁校理的宋匪躬所撰《皇宋馆阁录》十五卷,但仅载太平兴国至元祐年间的相关馆阁故实;另一部是崇宁中任秘书省少监的罗畸所撰《蓬山志》五卷,主要记载当时馆阁与其所隶属的秘书省之史实。显然,宋氏和罗氏之书所载,并非如程俱《麟台故事》,所载为整个北宋馆阁之事。程书成于北宋灭亡以后的南宋初建之际,当时秘书省建制自北宋沿袭下来又取消,一年多后复置,并且程俱被委任为首任秘书省少监(暂时不设秘书监)。而《麟台故事》正是程俱在其不足一年的任期内完成并进献于朝廷的,故不能不说,该书是一个特定的历史环境中的产物。一方面,北宋已结束,程俱作为新成立的秘书省首任负责人,极有必要将所负责部门的过往之事及规制,整理成册,作为该部门往后运行的参照,即所谓"故事"。另一方面,昔日的馆阁,又雅称"麟台",曾在北宋前期荣极一时,元丰改制后虽归于秘书省,但基本建制犹在,依旧是天下优秀文士神驰魂往的"蓬山"和"琼楼玉宇"。特别是北宋后期,程俱曾以十余年光阴徜徉馆阁之中,不但对馆阁掌故十分熟悉,而且有很深的个人情感。可见,程俱可称南宋初整理北宋馆阁旧事的不二人选。

一、"靖康之难"与"书籍之厄"

北宋亡于"靖康之难",这也是后世藏书家无不痛惜的又一次"书籍之厄"。明人胡应麟《书厄论》先感叹两宋图籍之命运曰:"宋世图史,一盛于庆历,再盛于宣和,而女真之祸至矣;三盛于淳熙,四盛于嘉定,而蒙古之师至矣。"后痛惜图籍之厄曰:"宋之厄,厄于裔夷。彼非有意于焚,兵烬所经,玉石俱毁;况书,宜火物也。"①此说北宋书籍再盛于宣和年间(1119—1125),其具体数目可以追溯至南宋人周密《齐东野语》卷十二《书籍之厄》。周氏考证:"宋宣和殿、太清楼、龙图阁、御府所储尤盛于前代,今可考者,《崇文总目》四十六类三万六百六十九卷、史馆一万五千余卷,余不能具数。"②周氏所谓可考之《崇文总目》,成书于宋仁宗景祐元年(1034)至庆历元年(1041)间,是以馆阁藏书为主形成的一部国家书目,仅以该书所载三万〇六百六十九卷的藏书量比之于宋初三馆所藏,已是超出数倍之多。然而,一旦兵临城下,处于社稷不保之际,这些珍藏于馆阁之中的典藏,或成为求和纳贡的一部分筹码,或化为灰烬而不复存在。

如据《资治通鉴长编纪事本末》载,靖康二年(1127)正月,"遣鸿胪卿康执权、秘书省校书郎刘才邵、国子监博士熊彦诗等押监书及道释经版并馆阁图籍纳虏营"。然而,从当时金兵的角度而言,重点在于劫掠财物、抢夺人口、攻占城池等军事活动,以求最终消灭北宋王朝。至于昔日珍藏在北宋馆阁中的典藏,不管曾经如何贵重而神圣,也均属不急之物,金人几乎不会顾及。因此,在行军进退之际,即便是北宋馆阁之精华的秘阁典藏,其遭遇正如《资治通鉴长编纪事本末》所载:"秘阁图书,狼藉泥土中,金帛犹多,践之如粪壤。"③又如《麟台故事》的作者程俱所目睹的那样:"或取故牒

---

① 〔明〕胡应麟撰《书厄论》,见《中国历史藏书论著读本》,四川大学出版社,1990年版,第61页、第62页。

② 〔宋〕周密撰《齐东野语》卷十二《书籍之厄》,中华书局,1983年版,第217页。

③ 〔宋〕杨仲良撰《资治通鉴长编纪事本末》卷一百四十九,台北文海出版社,1967年版,第4484页、第4493页。

煨烬泥涂中。"①真所谓"馆阁的荣损系于国运的盛衰"②。

在经历"靖康之难"的厄运后,国家的藏书机构秘书省随即名存实亡,馆阁拥有的经籍和档案文书在战火中更是无人顾及,最终散失殆尽。有幸能够被金人看重并带回北方加以保存者,仅是少之又少的一小部分而已。如南宋洪迈《容斋续笔》载:"宣和殿、太清楼、龙图阁御府所储,靖康荡析之余,尽归于燕;置之秘书省,乃有幸而得存者焉。"③

不过,即便这些"幸存"者,在后来的时世变迁中也逐渐不传于世。总体情况正如《宋史·艺文志》所载:"迨夫靖康之难,而宣和、馆阁之储,荡然糜遗。"④于是,在南渡之初,没有典藏的秘书省及其所属馆阁,也就失去了继续存在的现实意义。

二、南宋初秘书省的废而复置

当时的南宋在且战且逃中立国,从驻跸绍兴府到定都临安,再至绍兴改元前后,宋高宗确实已是"遭时艰危,枕戈尝胆者五年于兹矣"⑤。尤其在"靖康之难"至绍兴初这近五年时间内,金兵屡屡大举南下,旨在彻底消灭刚刚建立的南宋王朝,进攻之势异常凶猛。因此这一时期的南宋局势十分危艰,常常要面临各路金兵的步步紧逼,皇帝行在不定,甚至一度在海上飘荡。当时南宋政府机

---

　　①　《北山集》卷十六《杂著·麟台故事后序》,《文渊阁四库全书》影印本,台湾商务印书馆,1986年版,第1130册,第167页。又见《麟台故事校证》之辑本卷末《麟台故事后序》,中华书局,2000年版,第218页。

　　②　陈元锋著《北宋馆阁翰苑与诗坛研究》,中华书局,2005年版,第4页。

　　③　〔宋〕洪迈撰《容斋续笔》卷十五《书籍之厄》,见朱易安、傅璇琮、周常林、戴建国主编《全宋笔记》第五编,大象出版社,2012年版,第5册,第400页。

　　④　《宋史》卷二百〇二《艺文一·经类》,中华书局,1985年版,第5033页。

　　⑤　《新安文献志》卷一《辞命·戒百官勤修职事诏》,《文渊阁四库全书》影印本,台湾商务印书馆,1986年版,第1375册,第48页。

构的运行,完全采用应对战争的临时机制,以至于百司政务往来的公文都是"例从省记"①,暂时无法顾及文化方面的建设。

而秘书省有关建制,起初虽然仍旧保留,但所掌图籍已散失,机构渐属虚设,属官亦无要务、急务需处理而成为冗官,于是勉强延至建炎三年(1129),朝廷降诏暂罢之。《宋会要辑稿》载:"高宗建炎三年四月十三日,诏秘书省权罢。"②这标志着从北宋延续下来的秘书省建制最终消失。

直到建炎四年(1130),金兵南侵屡屡失利之后,战局的发展对南宋略有所好转,朝廷内部主战派势力暂居上风,尽管收复失地、还我河山的理想还难以实现,但中兴的呼声渐起,朝廷内外强烈要求外修武备,内振朝纲。与此同时,主和派也看到了金兵难以一举攻灭南宋的现实,遂将战局略有所好转的形势,作为求和的最佳条件,一面极力弹压主战派,并主张清剿宇内反叛贼寇,另一面勉强迎合时势的发展,同样打出中兴的旗号,提出了修正朝纲的要求。无论主战派还是主和派,都要求结束南渡以来混乱无序的战时机制,重建朝廷正规礼仪体统。

于是,南宋王朝在战事和缓的背景下,明确提出立志中兴的政治愿望,重整礼仪制度,凝聚社会力量,笼络士人之心,为社会的长治久安做准备。而要赢得士心,就自然要采取北宋初右文崇儒的成功做法——兴建馆阁、收聚典藏、吸引天下优秀文士,为国家所用。然而,北宋元丰改制以来,馆阁改设于秘书省之下,实际已处于闲置状态;至于国家典藏,早在南渡之时就已毁灭殆尽。所以,若要使馆阁制度在中兴事业中发挥特殊的文化作用,必须从头做起。

---

① 《宋史》卷四百四十五《文苑七·程俱》,中华书局,1985年版,第13136页。

② 〔清〕徐松辑《宋会要辑稿·职官》十八之二四《秘书省》,中华书局,1957年版,第70册,第2766页。

　　这一方面需要重新征访典籍。早在秘书省复置之前,朝廷已
开始诏令士庶之家进献典籍。如《麟台故事后序》载:"于是士庶始
有以家藏国史、实录、实训、会要等书来献者,国有大礼大事,于兹
有考焉。"①定都临安后,朝廷进一步加大征收典籍的力度,"高宗移
跸临安,乃建秘书省于国史院之右,搜访遗缺,屡优献书之赏,于是
四方之藏,稍稍复出,而馆阁编辑,日益以富矣"②。再往后更是进
一步效仿太宗、真宗、仁宗以来,不惜重金向天下征书购书的举措,
最终使得秘书省在南宋时再次振兴,所藏典籍为一时之盛。

　　而另一方面,朝廷重新恢复馆阁的机构建制。南宋王朝近两年
内,废而复置秘书省,是当时王室立足江南谋求发展的必然之举,"范
宗尹尝因奏事,言无史官诚朝廷阙典,由是复置"③。当时的范宗尹
任丞相,联合诸参政一起建议朝廷复置秘书省,上书所列理由,是馆
阁之设以"养人才"、"备任使"、"复馆职"而"以待天下之士"。即:

　　　　祖宗以来,馆阁之职所以养人才,备任使,一时名公卿皆
　　由此涂出。崇宁以后,选授寖轻。自军兴时巡,务省冗官,秘
　　省随罢。今多难未弭,人才为急,四方俊杰,号召日至,而职事
　　官员阙太少,殆无以处。事固有若缓而急者,此类是也。谓宜
　　量复馆职,以待天下之士。④

　　从此建议中不难看出,当时南宋高层统治者恢复秘书省的目
的非常明确:一是储纳和培养人才以备任使,二是号召四方俊杰和

---

　　①　《麟台故事校证》辑本卷末《麟台故事后序》,中华书局,2000年版,第
219页。
　　②　《宋史》卷二百〇二《艺文一·经类》,中华书局,1985年版,第5033页。
　　③　《续资治通鉴》卷一百〇九"绍兴元年二月丙戌"条,中华书局,1957
年版,第2875页。
　　④　《北山集》卷十六《杂著·麟台故事后序》,《文渊阁四库全书》影印本,
台湾商务印书馆,1986年版,第1130册,第166页。又见《麟台故事校证》辑
本卷末《麟台故事后序》,中华书局,2000年版,第218页。

优待天下之士。而此建议提出的具体时间是："绍兴元年二月丙戌。"①又据《宋会要辑稿》："绍兴元年二月十九日,诏复置秘书省。"②可见,丙戌日即十九日,朝廷依据范宗尹等的建议,下诏复置秘书省,并对当时秘书省职官的设置作出了较为详细的安排,并于当年三月"甲辰,诏以朝清郎直秘阁臣程俱试秘书省少监"。于是首任秘书省少监程俱依据当时朝廷下令复置的"制",做了最早的记载:"其复秘书省,置监若少监一人,丞、著作郎、佐郎各一人,校书郎、正字各二人。其省事所应行,除官到条具上尚书省。"③即当时新设秘书省,实员仅八人。《宋会要》的记载也是如此:"诏复置秘书省,权以秘书监或少监一员,丞、著作郎、著作佐郎各一员,校书、正字各二员为额。"④应当说,这是南渡后朝廷下诏重建秘书省的实际情形,确实颇为"制作未遑"⑤。究其原因,当时的行在临时居于绍兴府,属特殊时期,而秘书省省馆的居址,依据程俱的建议,也是临时安置在两所被没官的房屋之中,《南宋馆阁录》载:"秘书省初复。是时驻跸绍兴府,寓于火珠山巷。"⑥当时秘书省机构和职

① 同上注,第 1130 册,第 166 页。又见《宋史》卷二十六《本纪第二十六·高宗三》,中华书局,1985 年版,第 486 页。

② 《宋会要辑稿·职官》十八之二四《秘书省》,中华书局,1957 年版,第 70 册,第 2766 页。

③ 《北山集》卷十六《杂著·麟台故事后序》,《文渊阁四库全书》影印本,台湾商务印书馆,1986 年版,第 1130 册,第 166 页。

④ 《宋会要辑稿·职官》十八之二四《秘书省》,中华书局,1957 年版,第 70 册,第 2766 页。

⑤ 《宋史》卷一百六十四《职官四·秘书省》,中华书局,1985 年版,第 3875 页。

⑥ 此下原注:"绍兴元年五月,秘书省少监俱请以火珠山港孙氏及吕惟明没官屋二所权置局,从之。"从陈骙注文来看,所载依据《秘书省圣旨簿》,应当属于真实情况,也就是说,在南宋复置秘书省之后,程俱已任秘书省少监近三个月了,秘书省才暂时有了具体居所。详见《南宋馆阁录》卷二《省舍》,中华书局,1998 年版,第 9 页。

官的设置还不够健全，无法与北宋中后期的馆阁相提并论。尤其是南宋绍兴元年二月复置秘书省之初，秘书省监和少监不并置，仅设少监一人权领秘书省事，秘书省其余官员的设置也是大大缩减，几乎没有配置相应的史。因此，程俱担任秘书省少监之后，向朝廷"请置孔目官一人，楷书吏十有二人，专知吏一人，其谁何缮治守藏、防阁庖涤之徒卒不过八人，其案典文书法式、期会廪稍人从皆如旧格，参以近制从"①。

其后，南宋局势逐渐稳定，行在移至临安府，秘书省的居址几经变迁后，有十余年居于"油车巷东法慧寺"大殿之后，又至"绍兴十四年六月二十二日迁新省"②，才最终稳定下来。此间，馆阁事务日益复杂重要，南宋朝廷遂参酌元丰以来的旧制，陆续增设秘书省所属各机构，并以馆阁为依托开展文化活动，秘书省建制渐趋完备。《宋史·职官志》载：

> 续又参酌旧制，校书郎、正字召试学士院而后命之。自是采求阙文，补缀漏逸，四库书略备。即秘书省复建史馆，以修《神宗》《哲宗实录》，选本省官兼检讨、校勘，以侍从官充修撰。五年，效唐人十八学士之制，监、少、丞外，置著作郎佐、秘书郎各二人，校书郎、正字通十二人。又移史馆于省之侧，别为一所，以增重其事。九年，诏著作局惟修日历，遇修国史则开国史院，遇修实录则开实录院，以正名实。……孝宗即位，诏馆职储养人才，不可定员。乾道九年，正字止六员；淳熙二年，监、少并置，皆前所未有。除少监、丞外，以七员为额，寻复诏不立额。绍熙二年，馆职阙人，上令召试二员，谨加审择，取

---

① 《麟台故事校证》辑本卷末《麟台故事后序》，中华书局，2000 年版，第218—219 页。
② 《南宋馆阁录》卷二《省舍》，中华书局，1998 年版，第 9 页。

学问议论平正之人。①

在秘书省复置以及渐趋完善的过程中,程俱由于谙熟馆阁事务,曾长期担任承议郎、将作监丞、著作佐郎等职,且出身儒术之家,精史学,工辞章,善制诰,兼以上舍出身,被朝廷定为首任秘书省少监。所以在绍兴元年三月,"甲辰,诏以朝请郎直秘阁臣程俱试秘书少监"。即由程俱一人权掌秘书省,成为时任秘书省的最高行政长官。此正所谓:"奏修日历,秘书长、贰得预修纂自俱始。"②程俱虽任秘书少监之职仅仅半年,但在其以及后继者的不断努力之下,后来的南宋秘书省又再次发展成为国家政府的储才之所和藏书之府,并取得辉煌成就。这也正好与程俱编纂《麟台故事》之初所企及的目标趋于一致。

第二节　《麟台故事》成书的经过及其主旨

程俱任秘书少监之职后,成为"南宋中央政府文化主管机关的第一位实际主持人"③,为使重建后的秘书省工作步入正轨,有例可循,遂根据自己过去的所见所闻和当时朝廷所征集的有关文献,"比次为书,名曰《麟台故事》上之"④。

---

① 《宋史》卷一百六十四《职官四·秘书省》,中华书局,1985 年版,第 3876 页。

② 《宋史》卷四百四十五《文苑七·程俱》,中华书局,1985 年版,第 13136 页。

③ 《麟台故事校证》卷首《前言》,中华书局,2000 年版,第 3 页。

④ 《宋史》卷四百四十五《文苑七·程俱》,第 13136 页。

一、成书的经过

(一)《麟台故事》成书的时间

　　《麟台故事》残本每一卷卷首,均题有"绍兴元年七月朝请郎试秘书少监程俱记"①十七字,据此可以判定该书成于一一三一年七月。再据《麟台故事》残本卷首残存的进书状,自称"谨录奏闻伏候敕旨九月十九日奉旨依奏",隔行低两格题"右劄送中书程舍人"八字,再隔行高两格题"绍兴元年九月二十日",旁加"尚书省印"四小字,同行下方又有相错一格书二小字"押押",可以进一步判定:程俱书成之后进呈朝廷,当年九月受到朝廷嘉奖,由秘书少监擢升为中书舍人。至于两个相错一格书写的"押"字,应为宋、辽、金代皇帝或各级官吏在文书上惯用的批押或者签押,一般来说,押字为一种个人所爱好的特定符号,以代表本人,便于验证②。此处正楷书写,显然没有保留原件中批写时的样子。但是,这与"尚书省印"四字一起印证了程俱在进书之时,《麟台故事》一书已被"缮写成二册,诣通进司投进。如又可采,许以副本藏之秘省,以备讨论"③。也就是说,当时该书虽未立即刊刻行世,但至少已经有正副本分别保存。

---

　　①　瞿镛编纂,瞿果行标点,瞿凤起覆校《铁琴铜剑楼藏书目录》卷十二《史部五·职官类》"《麟台故事》三卷(抄残本)"条,上海古籍出版社,2000年版,第301页。

　　②　朱瑞熙、张邦炜、刘复生、蔡崇榜、王曾瑜著《辽宋西夏金社会生活史》,中国社会科学出版社,1998年版,第366页。

　　③　《麟台故事校证》,中华书局,2000年版,第5页。

（二）《麟台故事》的卷篇

《麟台故事》之卷次，据清代收入《文渊阁四库全书》的《北山集》所录《进灵（麟）台故事申省原状》云："辄采摭见闻及方册所载，法令所该，比次为书，凡十有二篇，列为四卷，名曰《麟台故事》。"①认为是四卷。查程瑀《程俱行状》、晁公武《郡斋读书志》卷七、尤袤《遂初堂书目》、陈振孙《直斋书录解题》卷六、王应麟《玉海》卷五十一和卷一百六十五、马端临《文献通考》卷二百〇二、《宋史·艺文志》卷二、叶盛《绛云楼书目》等文献记载，均记为五卷。足证此所谓"四卷"者，当为文献传抄中的讹误所致。但从何时起出现此讹误，不得而知。至于今所见五卷九篇的四库辑本、三卷六篇的影宋残本、陆心源所纂五卷本等均非原本，除残本所存六篇外，其余在考订该书卷篇方面均无太大的参考价值。

二、著述的主旨

程俱撰著《麟台故事》，主旨有二，一是有利于指导南宋馆阁征集、整理、储藏、修纂、利用图籍的系列日常工作，使之更加规范，使刚刚重建的南宋馆阁制度步入正常轨道并最终趋于完善。二是凝聚北宋灭亡之后的士人之心，树立宋高宗崇儒尚文的形象，竖起宋王朝中兴的大旗。《麟台故事》所载前朝旧事，被视为祖宗之定制，确实对当时秘书省的重建和发展产生很强的号召力。宋人陈振孙《直斋书录解题》著录《麟台故事》时有"既略施行"一语。可见，这虽然属于较为含糊不清的记载，但至少可以认为朝廷以该书所载内容为参照，在秘书省施行，并取得了预期的效果。《宋会要辑稿》

---

① 《北山集》卷三十八《状劄四》之《进灵（麟）台故事申省原状》，《文渊阁四库全书》影印本，台湾商务印书馆，1986年版，第1130册，第380页。

亦载："(绍兴十三年,即 1143 年)七月八日,诏秘书省依《麟台故事》每岁曝书会,令临安府排办。"①另据《宋史·礼志》载:"(宋高宗)幸秘书省。绍兴十四年七月,新建秘书省成,秘书少监游操等援宣和故事,请车驾临幸,诏从之。"又《宋史·职官志》载:"十三年,诏复每岁曝书会。是冬,新省成,少监游操援政和故事,乞置提举官,遂以授礼部侍郎秦熺,令掌求遗书,仍铸印以赐。置编定书籍官二人,以校书郎、正字充。"②再据《玉海》先引《麟台故事》载:"旧有提举官,政和七年五月辛卯置(即近古修图书使之任),一员,以从臣充。"继曰:"绍兴十四年七月十三日,壬戌,诏复置,以礼部侍郎秦熺兼,掌求遗书。十五年闰十一月,置编定书籍官。二十六年十月十四日,壬午,并归省。二十七年二月十六日,壬子,复命孟忠厚提举,寻废。淳祐十一年十一月复命赵以夫。宝祐二年九月尤焴。"③南宋初秘书省"每岁曝书会"、援引"宣和故事"与"政和故事"、"提举官"与"编定书籍官"废置等活动,其所持依据则为《麟台故事》所载。也正是在此影响之下,才会有稍晚于程俱的时人李焘记载秘书省当时状况,已完全不同于绍兴元年程俱任秘书少监时的情形:"六龙驻跸临安逾四十年,三省、枢密院制度尚稽复,旧惟三馆秘阁岿然杰出,非百司比。"④

　　总之,《麟台故事》成书后,南宋朝廷十分重视,以其为参照,继

<hr/>

① 《宋会要辑稿·职官》一八之二七《秘书省》,中华书局,1957 年版,第70 册,第 2768 页。

② 《宋史》卷一百一十四《礼十七·幸秘书省》、卷一百六十四《职官四·秘书省》,中华书局,1985 年版,第 2712 页、第 3876 页。

③ 〔宋〕王应麟撰《玉海》卷一百二十一《官制·台省》,《文渊阁四库全书》影印本,台湾商务印书馆,1986 年版,第 946 册,第 254 页。

④ 《南宋馆阁录 续录》之《原序》,中华书局,1998 年版,第 3 页。又见〔宋末元初〕马端临撰,上海师范大学古籍研究所、华东师范大学古籍研究所点校《文献通考》卷二百〇二《经籍考二十九·史(职官)》"《中兴馆阁录》十卷、《续》十卷"条,中华书局,2011 年版,第 5805 页。

续沿袭祖宗以来崇儒尚文的政策,并采取了与之相关的一系列举措,例如屡次下诏广收天下之图籍,不断完善秘书省所在馆阁的建置,一如既往地优遇馆阁文士,重视馆阁典藏的校勘、前朝史籍的编修和前贤诗文的整理,时常举办政府文化活动等。于是,在两宋之际因"靖康之难"受破坏的政府典藏及其管理机构秘书省,又很快恢复,并出现了继北宋之后,南宋馆阁典藏趋于兴盛的新高峰——淳熙之盛和嘉定之盛。也正是由于程俱的突出贡献,他在进书之前就已被擢升为中书舍人兼侍讲,供职掖垣,开始进入国家权力的核心部门。此后的程俱,已经不再担任秘书少监之职。而完成的《麟台故事》一书,距作者去世前编订《北山小集》时,应不到十四年,距晁公武《郡斋读书志》初成并著录此书,尚不足二十一年。

第三章 《麟台故事》的刊刻与流传

　　《麟台故事》一书,传世的最早版本是明代后期钱榖所收藏的明代影宋抄本,残存不足三卷,文献记载不足,不明为何人影写于明代何时何地,何时残缺。长期以来,学界只是依据影宋残本在影写时所保留的基本款式与宋刊本相吻合,做出"学者们都相信本书在南宋即有刻本"[①]的推断。

　　本章首先依据《文苑英华》中的有关记载,确定《麟台故事》确实刊刻过。再依据程俱《班左诲蒙》和《北山小集》的版式及宋以来的文献著录等信息,推断《麟台故事》刻印的具体时间和地点。

第一节 《文苑英华》的载录

　　依据《文苑英华》的记载,我们可以断定《麟台故事》刊刻时间的下限为一二〇一年(即周必大主持校勘和刻印《文苑英华》之前)。至于刊刻《麟台故事》的最早时间,根据程俱所撰《进麟台故事申省原状》和《麟台故事后序》(以下简称《原状》和《后序》)、明影宋残本所存避讳字、《宋会要辑稿》引证《麟台故事》,可推断应当是在绍兴十四年

---

　　① 《麟台故事校证》卷首《前言》,中华书局,2000年版,第11页。

（1144）前后（即著者程俱去世前后）。《麟台故事》刊刻的具体时间和地点，有两种可能：一是在一一六一年与《班左海蒙》一同刊刻于南剑州，二是在一一七〇年与《北山小集》一同刊刻于吴兴。

一、刊刻时间的下限

南宋嘉泰元年春至四年秋（1201—1204），周必大主持校勘和刻印《文苑英华》时，将当时所见《三朝国史艺文志》、《麟台故事》、《国朝会要》、《崇文总目》、《续资治通鉴长编》、《中兴馆阁书目》等文献中可据以修纂《文苑英华》的材料辑录出来，将有关情况载录在所撰《纂修文苑英华事始》一文卷首，保存至今。现仍按旧式，置于中华书局影印本卷首（处在目录页之后，即第八至九页）。这是《麟台故事》应在南宋时期刻印过的直接记载。不过，程俱《麟台故事》所载《文苑英华》修纂情况的有关内容，并没有全文录存于周必大《纂修文苑英华事始》中，而是幸存于《麟台故事》残本和辑本中。今据辑本录文于下，并据残本出校：

> 太平兴国七年①，诏翰林学士承旨李昉、翰林学士扈蒙、给事中直学士院徐铉、中书舍人宋白、知制诰贾黄中、吕蒙正、李至、司封员外郎李穆、库部员外郎杨徽之、监察御史李范、秘书丞杨砺、著作佐郎吴淑、吕文仲、胡河汀②、著作佐郎直史馆戴贻庆③、国子监丞杜镐、将作监丞舒雅等阅前代文集，撮其精要，以类分之，为《文苑英华》。续命翰林学士苏易简、中书舍

---

① 辑本作"太平兴国七年"，而残本作"淳化七年九月"，应为误。详参《麟台故事校证》，中华书局，2000 年版，第 48 页、第 294 页。

② 辑本作"胡河汀"，而残本作"胡汀"，辑本"河"字当为衍。又见《麟台故事校证》，中华书局，2000 年版，第 48 页。

③ 辑本作"戴贻庆"，而残本作"战贻庆"，辑本"戴"应为"战"之讹。又见《麟台故事校证》，中华书局，2000 年版，第 48 页。

人王祐、知制诰范杲①、宋湜与宋白等共成之②。雍熙三年上之,凡一千卷。

由于《麟台故事》的这一记载与周必大所撰《纂修文苑英华事始》中所录《三朝国史艺文志》的内容基本一致,故当时周必大只是在征引《三朝国史艺文志》记载的雍熙三年(986)馆阁修成并上《文苑英华》"凡一千卷"之下,附加双行小字注曰:"近印程俱《麟台故事》全录此段。误以'兴国七年'为'淳化七年'。"③

周氏准确指出了其所见《麟台故事》一书,记载《文苑英华》时存在年限之误,其所谓"近印"二字,也明确地记载了所见《麟台故事》应当属于刻本,而绝非抄本。周必大所撰《纂修文苑英华事始》的落款有"……开疑尚多,谨俟来者。七月七日,少傅、观文殿大学士致仕、益国公食邑一万五千六百户、食实封五千八百户、臣周必大谨识"④,他主持校勘和刻印《文苑英华》的最晚时间是在宋宁宗嘉泰元年(1201)之前,则可推断:《麟台故事》在南宋的刻印时间最晚在一二〇一年七月七日之前。此时,程俱去世已约五十六年,下文所述《北山小集》刊刻于吴兴已约三十一年。下文所述《班左海

---

①　辑本作"杲",而残本作"果",残本"果"应为"杲"之讹。又见《麟台故事校证》,中华书局,2000年版,第47页、第294页。

②　从"续命"至"成之"之句,辑本为正文,残本为双行小字的作者原注,且比辑本多出"其后李昉屡蒙吕蒙正李至李穆李范杨砺吴淑吕文仲胡汀战贻庆杜镐舒雅等并改领他任"三十七字。显然,辑本此处甚至其源头《永乐大典》本中,既有将注文误抄为正文之误,又有脱文。详参《麟台故事校证》,中华书局,2000年版,第48页。

③　〔宋〕李昉等编《文苑英华》卷首《纂修文苑英华事始》(周必大撰),中华书局,1966年版,第8页。《四部丛刊续编》本影印收录明影宋刊本《麟台故事》残本卷三下《修纂》篇,据此可知,"淳化七年"之误,确实正如周氏所云。张富祥先生在该条下亦作校证云:"'太平兴国七年九月'原作'淳化七年九月',显误。淳化只五年,无'七年';且淳化年号晚于雍熙,尤不得进书在前,诏修反居其后。今据辑本及《宋会要》等改正。"详见《麟台故事校证》,中华书局,2000年版,第293—294页。

④　《文苑英华》,中华书局,1966年版,第9页。

蒙》刊刻于南剑州已约四十年。

二、刊刻时间的上限

至于刻印《麟台故事》的最早时间,应当是在程俱去世前后,即绍兴十四年(1144)前后。其主要依据:一是程俱进献《麟台故事》时所撰《原状》和《后序》的情况,二是《麟台故事》避讳的情况,三是《宋会要辑稿》所引证《麟台故事》的情况。具述如下:

(一)程俱进《麟台故事》时所撰《原状》和《后序》的情况

程俱文集《北山小集》中全文收录其绍兴元年九月十九日前,进献《麟台故事》时所撰的《进麟台故事申省状》和《麟台故事后序》。这是程氏自己编纂个人文集时收录的两篇文章,可据以考察该书编纂目的、成书经过、材料来源、卷篇分定、进书实况等相关信息。

程俱所撰该书《原状》云:

> 朝奉大夫守秘书少监程俱奏:"窃见车驾移跸以来,百司文书……窃以谓典籍之府,宪章所由,当有记述,以存一司之守,辄采摭见闻及方册所载,法令所该,比次为书,凡十有二篇,列为五卷,名曰《麟台故事》。缮写成二册,诣通进司投进。如有可采,许以副本藏之秘省,以备讨论。"谨录奏闻,伏候敕旨。①

---

① 《文渊阁四库全书》中所见收录《进麟台故事申省状》者有两处,一是程俱《北山集》(本为《北山小集》)其标题之"麟台",原作"灵台",又行文中"列为五卷"者,原作"列为四卷",均属讹误,故当乙正。详见《北山集》卷三十八《状劄四》之《进麟台故事申省状》,《文渊阁四库全书》影印本,台湾商务印书馆,1986 年版,第 1130 册,第 380 页。二是四库馆臣从《永乐大典》中辑出《麟台故事》五卷时,其卷首收录《进麟台故事申省原状》。台湾商务印书馆,1986 年版,第 595 册,第 305 页。本书此处引文,依据后者。又可参见《麟台故事校证》卷首《前言》,中华书局,2000 年版,第 5 页。

《原状》乃程氏在书成之后进献朝廷时所撰,则在刊刻时,可视为该书的一部分,一般置于卷首。可在清乾隆年间,四库馆臣在不见原本的情况下,从《永乐大典》中辑出《故事》五卷九篇时,却发现所辑出的该《原状》,与《北山小集》卷三十八《状劄四》所存《原状》之间有异文,于是加按语曰:"《北山集》载此篇'缮写成二册'句下云:'诣都堂呈纳。所有进本欲乞批状送通进司收接投进,仍乞以副本藏之省阁,以备讨论。谨具申尚书省。'"①此二者之间之所以存在差异,正如张富祥所说:"(四库馆臣所辑出)此篇实为尚书省批劄,所录程俱奏乃节文。其申省原状,当以《北山集》所载更为接近原件。"②而清嘉庆年间出现的残存不足三卷的明影宋刊本之卷首,也残存该《原状》,除此处行文中"缮写"二字下空有四个字的位置(应为"成二册诣")外,其余异文则更接近四库馆臣所辑出的《原状》。考其原因,在于四库辑本与影宋残本同出于一源。也就是说,南宋刊刻《麟台故事》时,用的《原状》是节文,即张富祥所说的"尚书省批劄";而收录于《北山小集》中的《原状》,则是程氏存留下来的旧稿。虽然据此尚不可完全考知《麟台故事》刊刻的具体时间;但至少可知,该书确实已在南宋刊刻行世。

程俱所撰该书《后序》又云:

> 右《麟台故事》五卷,绍兴元年二月丙戌,丞相臣宗尹、参知政事臣守、参知政事臣某言:"祖宗以来,馆阁之职所以养人才,备任使,一时名公卿皆由此涂出……谓宜量复馆职,以待天下之士。"制曰:"其复秘书省,置监若少监一人……"三月甲辰,诏以朝请郎直秘阁臣程俱试秘书少监……受职之始,按求简牍皆无有……臣衰绪寒远,虽非世官,然身出入麟台者十四年于此矣,则其纂故事、裨阙文者,亦臣之职也。因采撷三馆

---

① 《麟台故事校证》卷首《前言》,中华书局,2000年版,第5页。
② 同上注,第5—6页。

旧闻，简册所识，比次缵缉，事以类从，法令略存，因革咸载，为书十有二篇，列为五卷，录上尚书，副在省阁，以备有司之讨论。臣俱昧死谨上。①

　　从内容和语气上判断，这篇收录于《北山小集》中的《后序》，同为程氏在书成之后进献朝廷时所撰。其通过讲述绍兴初复置秘书省的历史背景，阐发期盼恢复馆阁旧制的个人愿望，说明自己首任秘省少监时所面临的困顿局势等问题，来强调编纂《麟台故事》的缘由及重要性。然而，此序并不是清乾隆年间四库馆臣从《永乐大典》中辑出，而是在《北山小集》中见"载有《后序》一篇，并附录之，以存其旧焉"②而辑入四库辑本。此《后序》当年应是附于《麟台故事》之后，一并进献。至南宋刊刻《麟台故事》时，又一并刊印。后不知何时散佚，在清嘉庆年间出现的影宋残本中，已不见存留。

　　再从影宋残本所载《原状》及其尚书省押印来看，在一一三一年九月十九日之前，程俱将《故事》连同其《原状》和《后序》，一并上呈朝廷，在当月二十日，朝廷已准奏程俱的进书状，而且在钤有尚书省印的落款处，已称程俱为"中书程舍人"③，再至第二年初程俱罢职，此后虽有职位的变迁，但实际上已经是远离朝政的闲散之人。此时距程俱辞世有十四年之久。在这长达十四年的岁月变迁中，程俱本人能够将《原状》和《后序》完整保存下来，确非易事。时人叶梦得为其《北山小集》所作《序》称："后遇火，焚弃殆尽。少复访集，尚得十四五，而益以近所著，为四十卷。"④因此，《北山小集》

---

　　①　《麟台故事校证》辑本卷末《麟台故事后序》，中华书局，2000 年版，第218—219 页。

　　②　《麟台故事校证》辑本卷首《提要》，中华书局，2000 年版，第 2 页。

　　③　今见《四部丛刊》本所影印收入《麟台故事残本》卷首进书状后有"尚书省印"四字，处于落款"右劄送中书程舍人"与"绍兴元年九月二十日"两行之间，下又有两个"押"字。

　　④　《麟台故事校证》卷首《前言》，中华书局，2000 年版，第 11 页。

中所收入的《原状》与《后序》,不是火后幸存之烬余,就是灾后从别处搜访所得。显然,这很难排除《麟台故事》在程氏生前即已刊刻的可能性。——程俱晚年重新整理并最终成书的《北山小集》中收录的《原状》和《后序》,也有可能源于火灾之后从社会上搜访而得的《麟台故事》刻本。由此可以推断:该书刊刻的时间最早不超过绍兴十四年(1144)之前的数年。所见《原状》异文,也有可能是程俱在收入自编集时校订所致。

(二)《麟台故事》行文的避讳情况

现存明影宋残本很大程度上保留了《麟台故事》原本旧貌,其行文中出现的避讳情况为:高宗及高宗以前宋讳严避,孝宗讳或避或不避,理宗及理宗以后宋讳不避,由此可以断定其最早刊刻在绍兴末至孝宗初。《麟台故事校证》所录清人张元济《跋》云:"是本(影宋残本)遇宋讳玄、铉、桓、完、勾、购、慎等字,多缺末笔,必自宋本传录。"①

今人张富祥先生也做了更加详实的推断:"现存影宋本中,尚有一些避讳字,凡遇宋讳'玄'、'铉'、'桓'、'完'、'勾'、'购'、'遘'、'慎'(孝宗名眘,即慎字)等字多缺末笔,而遇'惇'字(光宗讳)则不避,由此推断,本书当初刻于南宋孝宗时。但此距《郡斋读书志》的初刻(约绍兴二十七年,公元一一五七年)稍后。又从'慎'或避或不避的情况看,如果不是后世传抄有误,则本书也可能初刻于绍兴末。"②即绍兴三十二年(1162)之前,此时程俱去世已近十八年。

(三)《宋会要辑稿》引证《麟台故事》的情况

今见《宋会要辑稿》共两处引证《麟台故事》六条。经校证后可

---

① 《麟台故事校证》,中华书局,2000年版,第336页。
② 《麟台故事校证》,中华书局,2000年版,第335页。

知,其中五条属《故事》现存辑本和残本不载的散佚内容。南宋官修前朝会要,可据《麟台故事》所载补缺,可见《故事》当在社会上已有所流传,所产生的影响至少被南宋官方认可和接受。这可用其他文献的相关记载证实。早在绍兴十三年(1143)冬,新修建的秘书省竣工之后,"少监游操援政和故事,乞置提举官,遂以授礼部侍郎秦熺,令掌求遗书,仍铸印以赐"①。及至次年七月,宋高宗驾幸新建成的秘书省时,又有"秘书少监游操等援宣和故事,请车驾临幸,诏从之"②一事。此类援引"政和故事"和"宣和故事"之举,当均以秘书省所藏《麟台故事》之载录为依据,如清人毕沅《续资治通鉴》所云:"秘书省旧有提举官,见《麟台故事》。少监游操,言肇建新省,望依故事,旋诏以礼部侍郎秦熺兼之。"③足见,由于该书对南宋秘书省的重建和发展具有很强的指导性作用,故在具体应用中早已产生较为深广的影响。

如此看来,至迟在南宋修订前朝会要时,《麟台故事》很可能已经刊刻行世了;否则,仅靠保存在秘书省的一本书稿,诸多文士难以接触到,产生影响自当极为有限。据此可以推断:南宋纂修完成前朝会要的时间,应当就是《麟台故事》刊行的最晚时间。再据《宋会要辑稿》卷首之《影印〈宋会要辑稿〉缘起》称,南宋修前朝会要起于高宗绍兴九年(1139)十二月,迄于孝宗乾道六年(1170)五月,前后四十年有余④。

因此,南宋刊刻《麟台故事》的时间,最晚应在一一七〇年五月之前,此时程俱去世已近二十六年。

---

① 《宋史》卷一百六十四《职官四·秘书省》,中华书局,1985年版,第3876页。

② 同上注,第2712页。

③ 《续资治通鉴》卷一百二十六"绍兴十四年秋七月庚申"条,中华书局,1957年版,第3347页。

④ 《宋会要辑稿》,中华书局,1957年版,第1页。

三、刊刻地点

到目前为止,学界尚未发现有文献记载该书刊刻的地点。我们也只能依据一些相关文献做出两种推断:

一种是程俱《麟台故事》可能是在一一六一年与其《班左诲蒙》一同刊刻于南剑州(今福建省南平市)。此时距周必大主持校勘和刻印《文苑英华》约四十年。正如《书林清话·宋坊刻书之盛》引《张志》所云:"南剑州雕匠叶昌,绍兴三十一年(1161)刻程俱《班左诲蒙》三卷。"①这也正好同前文所举清末民国初人张元济和今人张富祥,依据该书影宋诸本所存避讳例,断定该书最早刊刻在绍兴末至孝宗初的可能性较大相一致。

另一种更大的可能性,是程俱《麟台故事》与其《北山小集》是在一一七〇年一同刊刻于吴兴(今浙江省湖州市)官廨,此时距周必大主持校勘和刻印《文苑英华》约三十一年。据今存《故事》明影宋刊本来看,其版式为半页十行二十字,版心有卷目、页码等项,与乾道六年(1170)吴兴官廨所刊《北山小集》的版式并无二致。四川大学古籍研究所编《宋集珍本丛刊》第四册所收程俱《北山小集》卷首称:"宋刻本在清代尚存世,为黄丕烈购得,其纸背尚有乾道六年官司簿帐,其集盖刻于吴兴官廨(钱大昕《北山小集跋》)。宋本后归汪氏艺芸书舍,黄丕烈传抄一部,张金吾再影写一部。张蓉镜又据张金吾本传录一部,邵渊耀跋所谓'难经一再传抄,而典型尚在',其后张元济据此本影印收入《四部丛刊续编》,成为通行之善本。"②近代大藏书家傅增湘著录《北山小集》四十卷:"清道光七年

---

① 〔清末民初〕叶德辉著《书林清话》卷三,中华书局,1957 年版,第 87 页。
② 《北山小集》,见四川大学古籍整理研究所编《宋集珍本丛刊》,线装书局,2004 年版,第 33 册,第 297 页。

张蓉镜家影写宋刊本,十行二十字。"①《北山小集》宋版经一再传抄,保留下来的版式特征与《故事》之版式相似度很高,很有可能是因为,二者是在同一时间段、同一地点,被同一机构所刊刻行世。此时距周必大主持校勘和刻印《文苑英华》一书约三十一年,与周必大所谓"近印"的情况也大致相符,可称为"乾道官刻本"。

第二节　南宋至清代《麟台故事》著录流传考

以程俱《北山小集》、程瑀《程俱行传》、晁公武《郡斋读书志》、陈振孙《直斋书录解题》、王应麟《玉海》、尤袤《遂初堂书目》、马端临《文献通考》、杨士奇《文渊阁书目》、瞿镛《铁琴铜剑楼藏书目录》等文献的记载考证,可以推断《麟台故事》一书在程俱辞世前后确实已经刊刻行世,并可依据有关文献的载录来考察其流传。

一、现存南宋文献中较早的记载

以现存文献来看,《麟台故事》成书后的影响较大,程俱去世之后的诸多记载屡屡述及该书。其中有两次比较早而且至为重要者,可旁证该书早在南宋绍兴年间有可能已刊刻。

(一)《程俱行传》的有关记载

程俱一一四四年辞世后,宋人程瑀所撰的行状称:

> 公(程俱)平生著述,不可胜纪,已抱病犹不缀。然忧深虑危,时时芟削焚弃。今所存者,《北山小集》四十卷,《麟台故

---

① 《藏园群书经眼录》卷十三《集部三》,中华书局,2009年版,第1013页。

事》五卷,《默说》三卷,余无传焉。

此载述及程俱一生著述颇为丰富,晚年尤勤,但因"忧深虑危,时时芟削焚弃"之故,存世者当时就不多。因此,程俱去世三个月之后,时人程瑀撰行状时,言"今所存者",当据实而言。可见,除"《北山小集》四十卷"和"《默记》三卷"外,程瑀所言"《麟台故事》五卷",应为其目睹之实物。只不过文献失载,无法确定所见为刻本还是写本,只能说该书当时已在士人群体中产生一定影响力,而让程瑀在行状中以此誉美之。

(二)《郡斋读书志》的著录

程瑀之后,最早从藏书的角度著录《麟台故事》者,当属略晚于程俱的时人晁公武,其《郡斋读书志》解题云:

> 《麟台故事》五卷
>
> 右皇朝程俱撰。绍兴初复馆职,俱首入馆,纂集旧闻成十二篇。予所藏书,断自南渡之前,独此书以载官制后事为详,故录之。①

晁氏本是七代翰墨为业的书香世家,也是北宋藏书世家。南

---

① 此据《郡斋读书志校证》卷七《史部·职官类》"《麟台故事》五卷"条,《郡斋读书志》衢本有而袁本无"余所藏书"至"故录之"处凡二十四字,上海古籍出版社,2011年版,第322—323页。按:孙猛先生在其书《前言》中考述,袁本是由《前志》、《附志》、《后志》三部分合为七部;其中《前志》源于晁氏门人杜鹏举于宋孝宗淳熙七年至十一年间(1180—1184)刊刻行世的蜀刻四卷本,今已佚,传世的是宋理宗淳祐九年(1249),由黎安朝在袁州(江西宜春)重刻的四卷本;《附志》由赵希弁依据蜀刻四卷本续撰,在《前志》重刻时并刻;《后志》由赵希弁据衢本摘编而成,并在《前志》重刻后,次年刻行,合于前者。衢本是在蜀刻四卷本刻行后,晁氏又做了大量修订和补充,于宋孝宗淳熙十四年(1187),由其另一门人姚应绩编辑刊行的蜀刻十二卷本,今已佚,传世的是宋理宗淳祐九年,游钧的衢州(今浙江衢江区)重刻本。可见衢本较袁本多出"余所藏书"至"故录之"凡二十四字,乃是晁氏后来修订和补充进去的,初本无之。

渡后虽家藏尺素无存，但经营二十余年，又得南阳公所赠"书凡五十箧，合吾家旧藏，除其复重，得二万四千五百卷有奇"①，仍富于典藏。晁氏面对如此丰富的私家藏书，在选择纂录之书时的要求当然会很高，因此南渡后当世人的著述一般不予论列。但是《麟台故事》这样的著述却是例外。晁氏不仅在解题中详细记载了《麟台故事》的撰作时间、卷帙、内容，还明确认识到"独此书以载官制后事为详"的特点。宋孝宗淳熙七年至十一年之间（1180—1184）晁氏门人杜鹏举刊行《读书志》蜀刻四卷本后，晁氏再次大量修订和补充其书，又在《麟台故事》条下补充"予所藏书，断自南渡之前，独此书以载官制后事为详，故录之"二十四字。进一步证实当时晁氏确实藏有《麟台故事》一书。尤其值得赞赏的是，晁氏很准确地把《麟台故事》归入《郡斋读书志》史部职官类之下，即视其与《唐六典》、《中台志》、《翰林杂志》、《翰林志》、《翰林盛事》等二十三部为同类性质的著作。这充分说明：《郡斋读书志》成书之前，《麟台故事》即便是没有被刊刻，也已有传本流行于世，而且产生了较为广泛的社会影响力。也正是因为如此，晁氏才有可能在藏有此书的前提下，遵照"日夕雠校，每终篇辄论其大指"②的惯例，讨论《麟台故事》与众不同的特点和价值，破例著录在《郡斋读书志》内。

晁氏所藏真是刻本，则晁氏所见有两种可能：一是据晁氏之书《原序》末有明确的完成时间"绍兴二十一年元日"③，可以确定至少在一一五一年前已有《麟台故事》宋刻本行世，此时距程俱去世近七年，也就是说具体刊刻的时间，应在程俱临终前至一一五一

---

① 《郡斋读书志校证》卷首《衢本昭德先生郡斋读书志序》，落款云："绍兴二十一年元日，昭德晁公武序。"上海古籍出版社，2011年版，第16页。

② 《直斋书录解题》卷八《史部·目录类》"《晁氏读书志》二十卷"条，上海古籍出版社，1987年版，第235页。

③ 《郡斋读书志校证》卷首《衢本昭德先生郡斋读书志序》，落款云："绍兴二十一年元日，昭德晁公武序。"上海古籍出版社，2011年版，第16页。

年之间。这一时段也正好与上文程瑀称"所存者"的时间比较接
近。二是在晁氏晚年，即晁氏在乾道七年（1171）回京师，以敷文
阁直学士、左朝仪大夫除临安府少尹，后官至吏部侍郎，于淳熙七
年（1180）去世的这一时段内，又对其书中著录《麟台故事》的内容
予以修订，这应当是在乾道六年《麟台故事》官刻本的基础上完
成的。

二、现存其他南宋文献的记载

继晁氏之后，又有一些南宋文人相继在著述中对《麟台故事》
著录、评述和引用，可以得见该书在当时的影响及流传情况，亦可
视为该书曾在南宋刊刻的旁证。

（一）《直斋书录解题》的著录

陈振孙《直斋书录解题》卷六史部职官类《麟台故事》解题云：

> 《麟台故事》五卷
> 中书舍人信安程俱致道撰。中兴之初，复置馆职，俱为少
> 蓬，采摭旧闻，参考裁定，条上。既略施行，而为书十有二篇以
> 进。俱在承平时，凡三入省，故其见闻为详。①

陈氏对晁氏撰书的范式十分推崇，认为"其所发明，有足观
者"②，尤其充分肯定晁氏之书的体例，在解题中多有借鉴和仿效之
处。我们将晁氏与陈氏的解题相互对照，可见陈氏应当也收藏并
认真研读过本书。从成书的时间来看，陈氏之书要比晁氏之书晚

---

① 《直斋书录解题》卷六《史部·职官类》"《麟台故事》五卷"条，上海古籍出版社，1987年版，第178页。
② 《直斋书录解题》卷八《史部·目录类》"《晁氏读书志》二十卷"条，上海古籍出版社，1987年版，第235页。

至少五十年以上。再从年龄来看,晁氏卒于一一八〇年而陈氏生于一一八三年,二人之间的生存时代并不重合,应当不可能有相互交往的情况。因此,可以肯定二人曾在不同时期收藏、研读和著录过《麟台故事》一书,那么所藏应是这一时期的刊刻本。

(二)《玉海》的有关记载

王应麟《玉海》卷五十一《艺文》之《典故(会要)》云:

> 《绍兴麟台故事》
>
> 唐韦述作《集贤注》,元祐中宋匪躬作《馆阁录》,绍兴元年九月十九日秘书少监程俱上《麟台故事》五卷(十二篇)。淳熙四年秋,陈骙续为《馆阁录》十卷,记沿革、省舍、储藏、修纂、撰述、故实、官联、廪禄、职掌(宋、程皆祖韦氏,而宋《录》后四卷俄空焉。绍兴元年二月丙戌,复秘书省)。

《玉海》卷一百二十一《官制》之《台省》"绍兴提举秘书省"条,转引《麟台故事》云:

> 旧有提举官,政和十年五月辛卯置(即近古修图书使之任),一员,以从臣充。

《玉海》卷一百六十五《宫室》之《馆》之"建隆昭文馆、太平兴国三馆、四馆"条,转引《书目》(即《中兴馆阁书目》)云:

> 《麟台故事》五卷,绍兴元年秘书少监程俱撰。时复置秘书省,俱采摭三馆旧闻及法令因革,别为十二门上之。……《中兴馆阁录》十卷。淳熙中,秘书监陈骙载建炎以来三馆沿革、故实,及官联、廪禄、执掌等事,以补《麟台故事》之缺。《续录》十卷。[1]

---

[1] 《玉海》卷五十一《艺文·典故(会要)》、卷一百二十一《官制·台省》、卷一百六十五《宫室·馆》,《文渊阁四库全书》影印本,台湾商务印书馆,1986年版,第944册,第387页,第946册,第254页,第947册,第314页。

　　此上见于《玉海》的三处记载,对于探讨《麟台故事》是否刊刻于南宋具有很重要的价值,具体可归纳为以下四点:

　　其一,王氏生活在南宋后期的理宗、度宗、恭帝三朝至元初,晚于程俱、程瑀、晁公武、陈振孙、周必大等人,故在谈论《麟台故事》一书时,可见甚至可引据前人有关《麟台故事》的著录,然而他在三次述及《麟台故事》时,书名却有一个十分明显的重要变化:第一次是书名作为标题,之前冠以"绍兴"二字,即加上了宋高宗的年号,这既可以看作追述《麟台故事》成书的年代为南宋绍兴年间,说明王氏所见所藏或所据者为馆阁旧抄本;也可以看作是该书刊印年限的实证,说明《麟台故事》确有南宋绍兴年间的刻本刊行。而在后两次引用中,书名之前省去"绍兴"二字,却在转引前人所述时依旧后缀"五卷"二字,所省当属王氏自己所加,所保留的则是沿袭前人所书。这说明当时不但王氏很熟悉此书,而且有很多人也是如此。也说明《麟台故事》在当时社会上已流布较广,印证了一一七○年《麟台故事》已刊刻的推断。

　　其二,王氏之所以把韦述《集贤注》、宋匪躬《馆阁录》、程俱《麟台故事》、陈骙《馆阁录》等四本不同时期的著作并行著录于一处,是因为这四部书,既属于同性质同体例的著作,又在所记内容上具有前后相沿的连续性。尤其是在分类上,王氏不同于之前的晁氏和陈氏,据《麟台故事》中所引材料多源于会要的特点,将该书归入"艺文"之"典故(会要)类",显得更为恰当。这充分说明:王氏不但认真研读过此书,而且对其材料来源于北宋旧本会要、实录等的情况,十分清楚。因此王氏应当得见该书宋刊本。

　　其三,第二条材料所引《麟台故事》载"旧有提举官"设置之依据,可见王氏熟知该书内容,所据当为宋刻本。第三条材料引自《中兴馆阁书目》,此乃陈骙据孝宗淳熙年间(1174—1189)馆阁藏书编纂而成的官修目录书,这证明此时馆阁确实藏有此书,此时程俱已去世三十年以上,馆阁所藏极有可能就是在这一时段之前刚刚刊行的乾道官刻本。

其四,王氏行文中的两个原注很清楚:《馆阁录》"后四卷俄空焉",《麟台故事》五卷"十二篇"。这应是此时王氏所经见的实况:一是注明其所见宋氏《馆阁录》为四卷,已残;二是注明其所见《麟台故事》实为五卷,并且"十二篇"完好无缺,也说明王氏所见应当是与程瑀、晁公武、陈振孙等所见相同的宋刊本。

总之,从以上四点至少能确定:王氏也曾在宋代收藏、研读、著录过《麟台故事》宋刻本。

(三)《遂初堂书目》的著录

尤袤《遂初堂书目》中仅存"《麟台故事》"[1]书名四字,此载虽简单,但依据尤氏之书著录典籍时,注重文献版本的实际情况这一惯例,尤氏看到的应是当时较常见的宋刻本。若是抄本,抑或有残缺之类的情况,尤氏一般都会在著录中加以注明。而且晁氏与尤氏之书在陈氏之书中均有著录,尤氏之书晚成于晁氏之书而早于陈氏之书,可见尤著的记载晚于晁氏而早于陈氏。前后对照,则可以判断:尤氏亦属藏有《麟台故事》宋刻本之时人。

(四)《文献通考》的有关记载

马端临《文献通考》对《麟台故事》的著录,较为丰富。其先转引晁著衢本解题的全文,然后节引陈氏解题"陈氏曰:俱在承平时,凡三人省,故其见闻为详"[2]。马端临屡屡以肯定语气提及程俱与《麟台故事》,很可能也藏有《故事》宋刻本。尤为重要的是马端临还引录了宋人李焘为陈骙《中兴馆阁录》所作之序,其中也提及了

---

① 〔宋〕尤袤撰《遂初堂书目》,见王云五主编《丛书集成初编》本,商务印书馆,1935 年版,第 12 页。

② 《文献通考》卷二百〇二《经籍考二十九·史(职官)》"《麟台故事》五卷"条,中华书局,2011 年版,第 5804 页。

《麟台故事》。他在"《中兴馆阁录》十卷、《续》十卷"条之下曰：

> 《中兴馆阁录》十卷，淳熙四年秋，天台陈骙叔进与其僚共编集也。上世官修其方，故物不抵伏，后世弗安厥官，其方莫修，职业因以放失。夫方云者，书也。究其本原事迹及朝夕所当思营者悉书之，法术具焉，使居是官者奉以周旋，虽百世可考尔。周官三百六十，官各有书，小行人适四方，则物为一书，多至五书。盖古之人将有行也，举必及三，惟始、衷、终依据审谛，则其设施斯可传久。六龙驻跸临安逾四十年，三省枢密院制度尚稽复旧，惟三馆、秘阁岿然杰出，非百司比。自唐开元韦述所集《记注》，元祐间，宋宣献之孙匪躬作《馆阁录》，绍兴改元，程俱致道作《麟台故事》。宋氏皆祖韦氏，而程氏《麟台故事》并国初，他则多阙，盖未知其有《宋录》也。惜最后四卷俄空焉。余屡蒐采弗获，欲补又弗暇，每每太息。今所编集，第断自建炎以来，凡物巨细，靡有脱遗，视程氏诚当且密，官修其方，行古道者不当如是耶？昏忘倦游，喜见此书，乃援笔为之序。李焘仁父。①

马端临引李焘"程氏《麟台故事》并国初，他则多阙"一语，切实道出了《麟台故事》取材方面的一个特点：重点选取宋初的材料。据现存内容不足一半的《麟台故事》残本和四库馆臣辑出的八十余条来看，确实如此，这不能不说是《故事》一书本身的一个不足之处。李焘明悉此点，可见他熟知《麟台故事》内容，很可能也得见《故事》宋刻本。

---

① 《文献通考》卷二百〇二《经籍考二十九·史（职官）》"《中兴馆阁录》十卷、《续》十卷"条，中华书局，2011年版，第5805页。又见《南宋馆阁录 续录》之《原序》，中华书局，1998年版，第3页。

三、南宋以后相关文献的记载

在以上考述的基础上,此下再举几部南宋以降著录《麟台故事》一书的重要典籍,可旁证该书南宋即有刻本存在,并可见其流传。

(一)《宋史》的有关记载

《宋史》中有关《麟台故事》的记载,除程俱本传之外,仅在《艺文志》中有"程俱《麟台故事》五卷"①八个字。元代修《宋史》时,《艺文志》一般依据《中兴馆阁书目》。但也不排除参考了一些其他宋代官修书目②。因此,《宋史》此载有可能是沿袭前人成书,无法断定当时政府秘阁确实还藏有此书。另一方面,现存记载也无法否定《麟台故事》宋刊的存在,而且诸种迹象表明该书很可能存在官刻本,并在秘书省存藏,不时被馆阁官员引以为据,如《续资治通鉴》云:"秘书省旧有提举官,见《麟台故事》。少监游操,言肇建新省,望依故事,旋诏以礼部侍郎秦熺兼之。操,建阳人也。"③

又如,南宋曾任秘书省少监、官至参知政事的陈骙所撰《南宋馆阁录》,即参照《麟台故事》体例,而清代陆心源从陈氏之书中辑出《麟台故事》两条佚文"大宴学士院具食"和"饯会"。南宋官至左丞相的周必大所撰《玉堂杂记》,也有源于《麟台故事》的"大宴学士

---

① 《宋史》卷二百〇二《艺文二·史类》,中华书局,1985年版,第5107页。
② 据周勋初著《唐诗文献综述》一文,所据书目有《崇文总目》、《秘书书目》、《中兴馆阁书目》、《中兴馆阁续书目》四种,另添入《宋中兴国史艺文志》中著录的一些典籍,成《宋史艺文志》八卷。详见《周勋初文集》,江苏古籍出版社,2000年版,第328—329页。
③ 《续资治通鉴》卷一百二十六"绍兴十四年秋七月庚申"条,中华书局,1957年版,第3347页。

院具食"条。可见南宋秘书省官员屡屡得见《麟台故事》,并在内容、体例两方面都对《故事》多有引据和学习,则足以说明该书当时因刊刻而易见,流布较广。但是,整个元代,现存文献很少有著录《麟台故事》者,以至于该书在元代的流传情况并不明朗。

(二)《文渊阁书目》的著录

《麟台故事》宋刻本流传至明初就已经出现残缺,继而失传。明英宗正统六年(1441)六月,由杨士奇等奉旨清点文渊阁藏书,撰《文渊阁书目》载:"《宋麟台故事》一部一册阙。"①由此载至少可以确定三点:

其一,《麟台故事》原书名前肯定无"宋"字,此冠以"宋",显然表明了书籍产生或刻印的朝代,也就是说,明代文渊阁所藏的应当不是元代的刊本,而是宋代的本子,且应是南宋时的刻本。

其二,此记"一部一册"者,应等同于今天的一本书,至于当时究竟存多少卷,难于详知。宋代至明代的书籍装帧式样不同,明代的一部书,往往按照卷帙的多寡装成一册或数册,故《文渊阁书目》载书只在书名之下注明部与册数而无卷数的记载②。《麟台故事》在明代的流传即属此类。

其三,《文渊阁书目》是明代为了编修《永乐大典》,清点国家藏书而形成的书目,其可贵之处在于书目之下著录"阙"或"完全",反映了当时被统计入《文渊阁书目》的官藏典籍的实际缺损情况。以此推断,《麟台故事》条下小字注"阙",至少表明明正统六年六月

---

① 〔明〕杨士奇等编《文渊阁书目》卷十四《宿字号第一厨书目·政书》,见王云五主编《丛书集成初编》本,商务印书馆,1935 年版,第 173 页。

② 据《钦定四库全书总目·文渊阁书目》所载,杨士奇等所撰《文渊阁书目》一册,该书旧本不分卷数,在黄虞稷《千顷堂书目》中作十四卷,四库馆臣云:"不知所据何本,殆传写者以意分析?今厘定为四卷云。"详见《文渊阁书目及其他一种》,王云五主编《丛书集成初编》本,1935 年版,第 1 页。

时,明朝政府典藏中的《麟台故事》已是不完本。但除此之外,实难获知当时有关该书残损的更多情况。

(三)其他相关文献的记载

目前,除学术界已经认同的明人钱毂藏有《麟台故事》残本并流传至今外,明人叶盛也藏有该书,其《菉竹堂书目》记"《宋麟台故事》一册"。此书之后,叶氏五世孙恭焕作跋语曰:"今考之,不分卷数,而后亦无叶氏书终篇。"①明书与宋书装帧不同,《菉竹堂书目》中所录书均以册数记,此记"一册"者,应当类同于今天的一本,其卷数与篇目当为五卷十二篇之合订本,或已残缺不全,与现今一些古籍书目所录《麟台故事》残本三卷一册之语相类。

再至明末清初,钱谦益也藏有该书,其《绛云楼书目》先仅记书名"《麟台故事》"四字,后又有清人陈景云在该条之下作小字注曰:"五卷,程致道撰,致道南宋名臣也。"②钱谦益和陈景云均为清修《四库全书》前已经去世的人,绝对不可能得见四库馆臣所辑出的《麟台故事》五卷本。这足证历经元、明,至清初,《麟台故事》宋刊本(或者其他影宋刊本)一定还有传世,并被钱氏之类藏家所珍藏。清修《四库全书》以后,越来越多的私家藏书目录,开始著录该书的辑本和残本。其中《铁琴铜剑楼藏书目录》所记相对较为详实,但也存在一些需要纠正的不当之处。即:

《麟台故事》三卷(抄残本)

题:"绍兴元年七月朝请郎试秘书少监程俱记。"所载秘书

① 〔明〕叶盛撰《菉竹堂书目》,见王云五主编《丛书集成初编》本,商务印书馆,1935年版,第113页、第151页。

② 〔明末清初〕钱谦益撰,〔清〕陈景云注《绛云楼书目》,见王云五主编《丛书集成初编》本,商务印书馆,1935年版,第26页。

省故事①，唐时尝改秘书为"麟台"，故以名其书。原本五卷，凡十二篇。今缺第四、第五两卷②。卷一曰《官联》、曰《选任》；卷二曰《书籍》（御制、御书附）、曰《校雠》；卷三曰《修纂》、曰《国史》；凡六篇。合永乐大典本所有六篇，恰完十二篇之旧；而大典本缺《书籍》、《校雠》、《国史》三篇，则此本有之也③。其末页有钱叔宝题识云"隆庆元年八月十日苏州府前杜氏书铺收"，审系真迹，可贵也。旧藏吴中人士家，黄氏丕烈从之传录。跋曰："是书为影宋旧抄，与聚珍板命篇、叙次多异。书贾携来，手校一过，后归于西畇草堂，遂倩余友胡苇洲转假影录一册，积想顿慰。是书陈《录》云五篇，为书十有二篇。今劄云三卷，就不全本影写时改'五'为'三'也。于每卷填'上'、'中'、'下'字，欲泯不全之迹。嘉庆甲戌六月十有一日。"④

---

①　此不可概言之。因为《麟台故事》所载确为秘书省之事，但秘书省在北宋时期的情况较为复杂，至少有两个阶段的不同：前一阶段是在元丰改制之前，所谓的秘书省并不包含馆阁在内，所谓的馆阁也不包含秘书省在内，二者互不隶属，实为彼此并存而独立设置的两套机构。后一阶段是在元丰改制之后，馆阁归并于秘书省之中，二者合二为一，当时的秘书省就是指馆阁，当时的馆阁也就是指秘书省，二者同时存在，实则同一套机构，只不过以国家常设性机构秘书省称名而已，馆阁并没有被取消。详可参见后文考述的相关内容。

②　此言不确。因为今所见《麟台故事》明影宋刊本，确实为前三卷，但实际上所缺者不止第四、第五卷，前三卷也有残缺，并非是完卷，此可参照下文篇目考述的相关内容。另外，明影宋刊本还有可能已缺今见于程俱《北山集》的《麟台故事后序》。详见《北山集》卷十六《杂著》，《文渊阁四库全书》影印本，台湾商务印书馆，1986年版，第1130册，第166—167页。

③　清代四库馆臣在不见原本的情况下，从《永乐大典》中辑出《麟台故事》五卷九篇。大典本所缺《书籍》、《校雠》、《国史》三篇，见于保存了《麟台故事》原本旧貌的明影宋刊本。但是，大典本除此三篇之外的其他六个篇目，不一定是《麟台故事》原本的篇目（详可参见后文考述的相关内容）。如此简单机械地"去同存异"后，再叠加所确定者，即为原本"十二篇之旧"，实不合理。

④　《铁琴铜剑楼藏书目录》卷十二《史部五·职官类》"《麟台故事》三卷（抄残本）"条，上海古籍出版社，2000年版，第301—302页。

　　瞿氏除了追溯《麟台故事》书名来源、比较残本和辑本卷帙篇目异同,并于文末过录黄丕烈《跋》全文之外,还指出了值得注意的内容,即今见于影宋残本,又每每见于后世据此一再影写的各抄本的两条内容:一是"绍兴元年七月朝请郎试秘书少监程俱记"条,这条见于影宋刊本,是确切的反映该书初成时间的信息,可见《故事》成书之时并没有立即刊行,至当年九月十九日进献朝廷后,程俱已不在秘书省任职,第二年罢职离京至去世,也未见述及刊刻之事,足见刊行《麟台故事》一书,应是这一时间之后的事。二是"隆庆元年(1567,明穆宗年号)八月十日苏州府前杜氏书铺收"条,这是自黄丕烈断定为"影宋旧抄"以来,后世学人据以推断该书有宋刻本的基本依据。

　　继瞿氏之后,又有清人张元济将《麟台故事》残本与辑本相互参校,列出二者异同,并为该书作跋;再有李光廷、孙星华二人,于同治十二年(1873)十月和光绪二十年(1894)仲冬,分别对该书进行校订和补遗,又为之作跋。及至近代,大藏书家傅增湘不但藏该书不同版本,而且在其《藏园群书经眼录》中著录了所得见的该书数种版本,并为之作题记,可见后世学人倍加关注此书。

　　总之,如今看来,由所述可见《麟台故事》确有宋刻本传世,且一度流布较为广泛,后世多有得见者或珍藏者。

第四章 《麟台故事》版本及佚文校证

　　鉴于《麟台故事》的特殊作用和影响,该书应当在书成后不久即已刊刻。原刻本传至明代,大多已散佚或残缺。辗转流传至今,现存该书有辑本与残本两个系统的版本。其中的辑本,是四库馆臣未见残本,从《永乐大典》不同条目中辑出散见内容,编纂为五卷九篇,可称为"二次成书",即本书所称的四库辑本。至于残本,乃是清嘉庆年间出现在书贾手头的残存不足三卷的明影宋抄本。该残本初由当时版本学界泰斗黄丕烈经眼,后归于西畇草堂。该残本出现以来,引起了学界的轰动,但因一时查找不到《麟台故事》一书刊行于南宋的明确记载,故学人始终依据残本影写时保留的原刻本旧貌和各种文献的间接性记载,推断该书在南宋时即已刊刻行世。我们针对这一推断进行查证,不但举出了周必大曾明确记载该书在南宋已经刊行的实证,而且进一步确定了该书刊刻的时间下限为一二〇一年周必大主持校勘和刻印《文苑英华》,将学界长久以来的学术推断彻底变为定案。在此基础上,又通过诸多相关文献的著录,对该书在南宋时刊行的具体时间与地点做出较为合理的判断。与此同时,本章又深入探讨了《麟台故事》现存辑本与残本的一些问题,如不同版本之间篇目名称的差异,同一篇目之下内容条次的异同,清代以来该书流布情况等。并通过《麟台故事》影宋残本上所钤明代以来诸多藏印,考察该书影宋残本自明代至民国年间的大致流传情形。

第一节 《麟台故事》的主要版本

南宋之后,《麟台故事》原刻在世间流传甚少,至明修《永乐大典》之前,宋刻已大多散佚,幸存者也是残缺不全。至清修《四库全书》时,四库馆臣在不见《麟台故事》原本的情况下,从《永乐大典》中重新辑出该书,与此后嘉庆年间出现的影宋残本构成了两个不同系统的版本。其中,残本系统现有两种版本传世:一种是明影宋残本以及据此一再影写的清写本;另一种是清人陆心源利用四库辑本补缀明影宋残本所形成的新本子——陆氏补遗本。辑本系统如今也有两种版本传世:一种是四库辑本以及据此刊行的武英殿聚珍本;另一种是清人孙星华利用明影宋残本补缀四库辑本所形成的新本子——孙氏拾遗本(广雅书局本)。残本由于保留原刻本的部分旧貌,所以不仅具有文物收藏价值,而且具有很珍贵的学术研究价值。残本的内容,对辑本内容有很大的补充,可作为判断辑本条目编排合理性的依据。

一、辑本的形成及流布

《麟台故事》一书,在南宋绍兴年间或稍后应当有刻本行世。只可惜至多流传至明初正统六年六月官藏原本已经缺失。及至清乾隆年间,四库馆臣辑本行世。再至清嘉庆年间,又出现了明影宋刊本,因此,至今该书有残本和辑本并存于世。

残本在明末至清嘉庆年间,曾一度销声匿迹,致使清乾隆年间修《四库全书》时,馆臣误认为此书已不存,便从《永乐大典》中辑出《麟台故事》的散见内容,又参照了《说郛》所存六条材料,并按照陈骙《南宋馆阁录》之大典辑本所著录的篇名,编排出《麟台故事》五卷辑本,收入《四库全书》,后又收入《武英殿聚珍版丛书》中。辑本共改录八十二条材料,其中四库馆臣以双行小字夹注按语者八十条,应该说馆臣是逐字、逐句、逐条地进行过详细的考证,其中除较少部分为文字句读的校勘外,余者多是据其他书籍所作的内容考订。

如辑本卷一《省舍》载:"天圣九年十一月,徙三馆于左升龙门外。嘉祐四年,还崇文院于禁中。内藏库请以前十三间与三馆,诏从之。"此下按语曰:"原本以此上四十二字分置大中祥符八年条后,此下元丰六年至于是,遂定句错接前条从之句下,今据文义移正。"又如,辑本卷二《修纂》载:"庆历四年四月,监修国史章得象上新修《国朝会要》一百五十卷,以编修官尚书工部员外郎天章阁待制史馆检讨王洙兼直龙图阁,赐三品服。"此下按语曰:"《说郛》载,此条阙'以编修官以下'三十一字。"诸如此类之按语,即属于勘正文句之误的例子,然在行文中并不多见。

再如辑本卷一《沿革》载:"景德四年五月,诏分内藏西库地广秘阁。"此下按语曰:"《续通鉴长编》引宋敏求《东京记》曰:'国初置景福内库,太平兴国三年改名内藏,相对有封椿库,景德四年赐名内藏西库。'据此书,则赐名当在五月以前。"再如辑本卷三《选任》载:"大理评事石延年、赵宗道为秘阁校理。"此下按语曰:"《宋史》本传延年为大理评事、馆阁校勘,与此书所云校理互异。"显然,此类按语属征引他书对《故事》内容的考订,且此类按语居多。

四库馆臣辑录之功甚伟,下列馆臣征引书籍的具体情况为:

卷首,辑出程俱《进麟台故事申省原状》一文,文中有一处按语,即引程俱《北山集》所收《进麟台故事申省状》①一文,考订字句

---

① 《北山集》卷三十八《状劄四·进灵(麟)台故事申省状》,《文渊阁四库全书》影印本,台湾商务印书馆,1986年版,第1130册,第380页。

的互异。

卷一顺次编排《沿革》、《省舍》、《储藏》三篇,共辑出十五条材料,四库馆臣加按语十六条。其中,《沿革》篇加四条按语,即直引《续资治通鉴长编》两次、以《续资治通鉴长编》间引宋敏求《东京记》一次,直引《玉海》一次,以《山堂考索》间引王岩叟《重修秘阁记》一次;《省舍》篇加三条按语,即引《宋史·太宗本纪》、《宋史·职官志》、《玉海》各一次;《储藏》篇加九条按语,即征引《续资治通鉴长编》五次、《玉海》三次、《枫窗小牍》(宋人袁褧著)一次。

卷二顺次编排《修纂》、《职掌》两篇,共辑出二十三条材料,四库馆臣加按语二十二条。其中,《修纂》篇加十三条按语,即直引《玉海》十一次、以《玉海》间引《书目》一次,直引《说郛》一次;《职掌》加九条按语,即征引《玉海》六次、《南宋馆阁录》(亦称《中兴馆阁录》,在四库馆臣按语中简称《馆阁录》)两次、《文献通考》一次。

卷三仅录《选任》篇,共辑出十三条材料,四库馆臣加按语十四条。其中征引《宋史》十一次,征引《文献通考》(马端临撰)、《日录》(司马光撰)、《东都事略》(王偁撰)、《玉海》(王应麟撰)各一次。

卷四仅录《官联》篇,共辑出十三条材料,四库馆臣加按语七条。其中征引《玉海》(王应麟撰)、《南宋馆阁录》(陈骙撰)各两次,征引《宋史·职官志》、《文献通考》、《容斋四笔》(洪迈撰)、《山堂考索》(章如愚撰)各一次。

卷五顺次编排《恩荣》、《禄廪》两篇,共辑出十八条材料,四库馆臣加按语十一条。其中,《恩荣》篇加九条按语,即征引《南宋馆阁录》六次,征引《续资治通鉴长编》(李焘撰)、《玉海》各两次,征引《国老闲谈》(王君玉撰)、《玉壶清话》(释文莹撰)各一次。《禄廪》篇加十一条按语,所征引均系《南宋馆阁录》之文,共计十五次。

辑本卷末,补录程俱《麟台故事后序》一篇,非从《永乐大典》和

《说郛》中辑出,而出自程俱《北山集》①。四库馆臣《麟台故事》提要
已很明确地认识到:"惟俱《北山集》中载有《后序》一篇,并附录之,
以存其旧焉。"②

　　从以上所列统计数据和具体项目不难看出:四库馆臣辑出的
《麟台故事》五卷本,实际上相当于《麟台故事》的第二次成书,也是
一项颇具创造性的工作。四库馆臣共辑出正文材料八十二条(不
包括卷首《进麟台故事申省原状》和卷末《麟台故事后序》在内),共
加按语八十条(不包括卷首出现的一条按语在内),按语逐字逐句
校勘原文,征引诸多典籍的考订成果,不但形成了后世详加校证
《麟台故事》可以参照的范式,而且也是一项不容后世忽视的重要
研究成果。

　　四库馆臣重辑《麟台故事》的意义与贡献,可归纳为五个方面:
一是该书自明以来原本已佚,辑本乃重新纂成,在二次成书中虽然
包含有四库馆臣的诸多主观倾向,但是最终能够达到"排比其文,
犹可成帙。其书多记宋初之事,典章文物,灿然可观"的效果,非同
一般的简单再加工可比。二是较全面地考证了该书的作者生平、
成书背景以及材料来源,既肯定前人在这方面所作的一些初步探
究,又体现出当时的最高认识水准,虽然在编纂过程中,还存在一
些因考证不慎而失实的现象,然而所取得的成就毫无疑问是主要
的。三是比较了该书与《东都事略》、《宋史》、《玉海》、《续资治通鉴
长编》等的同类内容,证实《麟台故事》的珍贵价值在于"凡百余条,
皆足以考证异同,补缀疏略,于掌故深为有裨"③。四是辑本钩稽了

────────────

　　①　《北山集》卷十六《杂著·麟台故事后序》,《文渊阁四库全书》影印本,
台湾商务印书馆,1986年版,第1130册,第166—167页。
　　②　《麟台故事》辑本卷首,《文渊阁四库全书》影印本,台湾商务印书馆,
1986年版,第595册,第305页。
　　③　《钦定四库全书总目》卷七十九《史部三十五·职官类》"《麟台故事》
五卷"条,中华书局,1997年版,第1060页。

目录、提要和后序，对此后的进一步研究亦大有裨益。五是辑本与原本的篇目、内容等不可避免存在差距，最终恢复原本旧貌，是四库馆臣不可能做到的，时至今日我们也不可能做到。但必须肯定：馆臣也是本着力求与原本相符的精神，罗列排比辑本的篇目、内容等，在一定程度上还是重现了原本的基本特征和精神实质。今见辑本确实有不少材料的归属，与残本一致（可参本书"四库辑本与影宋残本相同者比较表"），后世学人的引证，往往不分残本与辑本，即是明证。

辑本之今日易见者，一为台湾商务印书馆影印的《钦定文渊阁四库全书》影印本，其底本为抄本。二为以《武英殿聚珍版丛书》所收为底本，在清代至民国年间又屡次刊行的刻本。全书仍然分为五卷，但仅辑出九篇，距原本篇目还缺三篇。具体为：卷首顺次排有《麟台故事目录》、《四库提要》和《进麟台故事申省原状》三项内容。卷一顺次排有《沿革》、《省舍》、《储藏》三篇，卷二顺次排有《修纂》、《职掌》两篇，卷三只列《选任》一篇，卷四只列《官联》一篇，卷五顺次排有《恩荣》、《禄廪》两篇。卷尾还缀有《麟台故事后序》。

二、残本的出现及流布

清嘉庆年间，明代影宋刊本《麟台故事》出现于书贾之手。该本舛乱残存至不足三卷，卷首有"中吴钱氏收藏印"、"钱榖"之印，卷尾有"叔宝"等多种款式的钱氏父子的藏书印，卷尾存留"隆庆元年八月十日苏州府前杜氏书铺收"一行题识。此本最初由黄丕烈发现于书贾之手，确认为明代吴地钱榖叔宝的笔迹和藏印。当时议价未谐，此书终究未能被黄丕烈购得，后归于陈氏西畇草堂。其后，黄丕烈通过好友胡苇洲得以影写一本，并亲手校勘，判断该书残存虽已不足三卷，但仍不失为珍本，遂为之作《跋》曰：

> 是书为影宋旧钞，惜止三卷，盖未全本也。然实世间稀有

之书，与聚珍本不同，其中命篇叙次多异。初，书贾携来，手校
一过，乃知其佳，旋因议价未谐，复携去。后知归于西畇草堂，
遂倩余友胡苇洲转假影录一册，积想顿慰。还书之日，敬志数
语，以拜嘉惠。是书陈《录》云五卷，为书十有二篇，今劙云三
卷，就不全本影写时改五为三也；于每卷填上、中、下字，欲泯
不全之迹为之耳。隆庆云云一行，的系叔宝手迹，尤可宝贵。
书之可珍者在真本，此种是已，毋以不全忽之。嘉庆甲戌六月
十有一日，复翁。①

　　此残本今易见者，为上海涵芬楼影印的《四部丛刊续编》本。
全书影宋钞写，存留不足三卷，计六篇，而另缺六篇。与辑本相比，
二者篇名同者三篇，异者又三篇。其卷首为《进麟台故事申省原
状》，始以"朝奉大夫守秘书少监程俱奏窃见"十四字，结以"绍兴元
年九月二十日"九字，除个别词句外，与程俱《北山集》和辑本卷首
所收录的《进麟台故事申省原状》大致相同。考其具体内容，卷一
上，存《官联》、《选任》两篇；卷二中，存《书籍》、《校雠》两篇；卷三
下，存《修纂》、《国史》两篇。卷后附钱穀题记、诸多印章、黄丕烈
跋。此残本经黄丕烈作跋，身价倍增，后屡经影写，皆为世所宝。
如北京海王村拍卖公司二〇〇三年春季书刊资料拍卖会拍品中，
即有近代大藏书家傅增湘收藏过的"清光绪影宋写本《麟台故事》"
(《古籍善本待入谁家——春季书刊拍卖会精品琳琅满目》，二〇〇
三年五月六日《人民日报》及其海外版刊登)。其源出于明代钱氏
收藏的影宋刻本。

　　又如《中国古籍善本书目》所著录的"《麟台故事》五卷(宋程俱
撰)"，一共有七部：

――――――――――

　　①　《藏园群书经眼录》卷六《史部四》，中华书局，2009年版，第393页。
又见《麟台故事校证》辑本卷首《进麟台故事申省原状》，中华书局，2000年版，
第335页。

　　第一部,注明是"明抄本",而且注明是"明钱穀、黄丕烈跋",即最初黄丕烈从书贾手头所见并作跋之本。

　　第二部,先注明是"清抄本",后又注明"佚名录,明钱穀、黄丕烈跋"。

　　第三部,仅注明是"清抄本"。

　　第四部,仅注明是"清述郑斋抄本"。

　　第五部,先注明是"清高世异苍茫斋抄本",后又注明"清高世异录,明钱穀、黄丕烈跋"。

　　第六部,先注明是"清抄本(原注曰:卷四至五,配清丁丙家抄本)",后又注明"清丁丙跋"。

　　第七部,为"清光绪二十五年广雅书局刻聚珍版书本",附有清人孙星华所辑"《拾遗》二卷"和"《考异》一卷",为将残本补入辑本的本子,且注明经"傅增湘校并跋"①。由上可见,所录的七部中,注明为"清抄本"者,计有五部之多。

三、辑本与残本的合编本

　　鉴于四库辑本与影宋残本之间的差别很大,在相当长的一段时间内,学术界对《麟台故事》的整理和研究,都是紧紧围绕着辑本与残本内容的互补展开,先以辑本与残本互补,编纂合编本,后又并列残本与辑本众条目,并勾稽补证其他材料进行整理。不过,到目前为止,从各种本子的整理情况来看,依旧还存在着不够全面的学术缺憾。

(一)辑本与残本互补

　　辑本既然为二次成书,自然与原本有很大的差别,而残本虽为

---

　　①　中国古籍善本书目编辑委员会编《中国古籍善本书目·史部(下)》,上海古籍出版社,1993 年版,第 1087—1088 页。

错乱缺失至不足三卷的不完本,但还是在一定程度上保留了原本的旧貌。因此,嘉庆年间残本一经面世,就引起学界重视,陆心源等遂展开了诸多补救二本缺失的工作。截至目前,因整理时的编排方法不同,二者相互补充,形成既不同于四库辑本又不同于影宋残本的新本子,主要有两种:一是以辑本补残本;二是在辑本中添加残本。

其一,以辑本内容补残本。

这种整理方式先保留残本全文,后将辑本缀入补遗而形成整理本。这种文本的特点是既保留了残本旧貌,又增补了所缺失的部分内容。如光绪十八年(1892)陆心源纂辑的《十万卷楼丛书》本,即属此类。陆氏之本今又收入一九八六年台北新文丰印行的《丛书集成新编》第三十册,共四卷,附《补遗》、《后序》等。前三卷照录残本,第四卷则录辑本的《沿革》、《省舍》、《储藏》、《职掌》、《恩荣》、《禄廪》六篇;因为《官联》、《选任》、《修纂》三篇二本相同,故从辑本该三篇中抽出残本不存的十三条,作为《麟台故事补遗》的一部分,置于《补遗》卷首;另从《玉堂杂记》和《南宋馆阁录》中各采补一条,作为佚文附于《补遗》卷后,从形式上构成了第五卷。最后再加《麟台故事后序》、《钱大昕跋》、《四库提要》、《胡玉缙跋》等。应该肯定,陆氏对《麟台故事》所作的补缀工作,其成就,是在保存残本旧貌的基础上,收集和整理所见资料,以补缺失。

其二,在辑本中添加残本。

这种整理方式先保留辑本原样,后列残本内容以补辑本的不足,再把其他文献中辑出的所缺内容附后。如光绪二十一年(1895)增修之后刊行的《武英殿聚珍版丛书》本,即属此类。后又有据此刊行的光绪二十五年(1899)广雅书局覆刊本。此本共五卷,其中《拾遗》二卷,附《考异》一卷。具体整理方式,是先照录《麟台故事》四库辑本各篇作为正文,然后在正文之后附录残本所载辑本不存的四十六条内容和陆氏所辑两条佚文,作为《麟台故事补遗》二卷。最后附《麟台故事考异》一卷：按四库辑本顺序逐条详列辑本、残本二者共有条目之异文，逐条注明辑本某条为残本某篇某条，编次相合者则依其旧，略而不注。应该肯定，广雅本对《麟台故事》所作的补缀工作，既尽量保持了四库辑本的原貌，又尽量全面地收集资料，保证了完整性。毋庸讳言，此举确实有竭力维护清四库馆臣所纂辑本成果的官方意味，因此违背了文献整理求真求善的原则。

总之，在整理文献时，整理者所坚持的原则和追求的目的有别，决定了各自的处理方式不同，因此，形成两种不同的新辑本。不过，从另一个角度而言，嘉庆年间以来，学界围绕《麟台故事》一书，出现数种不同的整理成果，足以表明这一时期该书确实倍受学人关注。

（二）残本与辑本平列

《麟台故事》原本在明代已残缺不全，今存不足一半，且条目间有错乱现象。因此，不管历代学人如何努力搜集整理，也很难完全恢复该书原貌。仅就目前而言，针对《麟台故事》四库辑本和影宋残本所形成的当代文献整理成果，主要有三项，现以形成的时间先后为序，分别归纳于下：

其一，一九九〇年七月，四川大学出版社出版徐雁、王燕均主编的《中国历史藏书论著读本》一书，收入了姚伯岳的校点本《宋麟台故事》。

其认为文本整理当求善，所选底本是上文述及的陆心源以辑本补残本所形成的《十万卷楼丛书三集》本，认为"此本（陆本）编排得法，校勘也比较精审，是《麟台故事》现存最好的本子"（《宋麟台故事·导读》）。故没有选《麟台故事》辑本和残本为底本，只是作为参校本。而当年四库馆臣辑录时，所加八十多条按语，也被姚先生从正文中抽出，附于各篇之末，之外还加上一些个人整理意见，以资读者参证。

其二,二〇〇〇年十二月,中华书局出版张富祥的校证本《麟台故事校证》,将辑本残本合为一书,按先辑本后残本的顺序排列,逐条材料分别校证。

其采用"两本并存,各为校证"的处理方式,是因为"原本篇目体制已无法还原,以二者互补亦徒生混乱"。目的在于"以利读者对照查阅"。在排序上"辑本置前,残本置后",是因为:"辑本虽编次未当,而内容较多,且作过一些校勘和考证。"即便是条目划分与编辑次序存在不尽合理的地方,为了保持文献原貌,"今一仍其旧,不作改移"。而在确实需要处理的地方,还是做了合并或分解,如,"辑本卷二《修纂》篇第四条及残本卷二《国史》篇①。最末一条,原本各分为两条及三条,因内容联系紧密,今合为一条,其余亦无所合并"。又如残本卷一《官联》篇第十三条、《选任》篇第二十条等,原本并不分段,但"因行文过长,不便阅读,故略依其内容适当分段,而非别为一条"。另外,为便于读者查检原文与相对应的校证之文,"于诸条之下均以'卷几之几'的形式注明卷第条次;同时对两本互存条目,亦于正文之后注出该条在别本之卷第条次。两本原存提要及序跋等仍如旧载次序,亦不别出"。四库馆臣所加八十多条按语也置于各条后的校注中,凡"馆臣征引有误或需补充说明者,则以'今按'二字标出",复加以注明。并依馆臣范例,"对两本所载逐条加以校证,凡两本并存者则于辑本中校证,残本中不重出"。校证之文"包括校勘文字及厘正篇次、条次的内容,而以史实及年代的考订为主"。旨在"尽力搜集现有史料,广为疏证,以冀由简驭繁,为学者研究北宋馆阁制度提供较为系统的原始资料"。关于参校及引用之书,"主要为《宋会要辑稿》、《续资治通鉴长编》、

---

① 此所谓"残本卷二《国史》篇"之语,应误。因《国史》篇在《麟台故事》残本卷三下。

《玉海》、《文献通考》、《宋史》及《皇宋事实类苑》等书"(以上语出《麟台故事校证·前言》),还包括大量宋人史籍、文集、笔记等。书后附录数种,一是《麟台故事》佚文《大宴学士院具食》和《饯会》两条。二是程俱传状,包括《宋史》程俱本传、《北山小集》卷末所附程俱行状。三是叙录题跋,计有宋晁公武叙录、宋陈振孙解题、宋王应麟叙录、元马端临叙录、清李光庭跋、清孙星华跋、近人傅增湘题记七种。四是参考书目。五是《麟台故事校证内容细目分类索引表》。张先生这一校证成果,追求尽量恢复文献原貌,成就巨硕,用功深细。

其三,二〇〇六年一月,郑州大象出版社出版黄宝华整理本,收入朱易安、傅璇琮、周常林、戴建国主编上海师范大学古籍整理研究所编的《全宋笔记》第二编第九册。

黄先生在《校点说明》中称:"辑本以《武英殿聚珍版丛书》本为底本,残本以《四部丛刊续编》本为底本,以《续资治通鉴长编》、《宋会要辑稿》、《玉海》、《皇宋事实类苑》、《南宋馆阁录》及《续录》诸书参校,二本并收,遗存其旧。"黄先生是以校点为主,故最终整理出《麟台故事》辑本和残本各自独立而并存的两种版本的成果。不过,依据本书前文对《麟台故事》版本系统形成过程的分析,《麟台故事》武英殿本是以四库辑本为祖,故今日整理"以《武英殿聚珍版丛书》本为底本"进行点校,有欠妥之处。

(三)缺憾

截至目前,《麟台故事》的整理本虽然较为丰富,但普遍对残本补缀辑本所形成的广雅书局覆刻本不够重视。尽管陆心源将《麟台故事》辑本和残本相结合的整理成果,在一定意义上可以弥补这一缺憾,但是广雅书局覆刻本毕竟还是一个在编纂方法上与其他本子有所不同的新本子,尤其是从所辑材料全面性的角度而言,应该说与陆心源《十万卷楼丛书》本完全相当,广雅书局覆刻本仍然值得参考,但学界至今还未出现点校、校证该本的整理成果。

第二节　由藏书印考察影宋残本的流传与收藏

明人钱毂父子所收藏的《麟台故事》影写宋刊本在嘉庆年间出现后,先归藏于陈氏西畇草堂,且因黄丕烈作跋而身价倍增,后经陈墫、惠栋、王士禛、戴植、于昌进、蒋孟蘋等清代至民国年间的诸多著名藏书家递藏,最终归于上海涵芬楼,由商务印书馆收入《四部丛刊续编》影印出版。

一、影宋残本藏书印概况

民国年间,明影宋残本归于南浔著名的藏书家蒋孟蘋(名汝藻)之手。傅增湘曾经眼蒋氏所藏之本,得见诸多藏家之藏书印共计十九处:

> "红豆山房校正善本"、"秘本"、"仲遵"、"陈氏家藏"、"西畇草堂"、"墫印"、"陈墫私印"、"仲遵"、"仲遵考藏"、"西畇草堂考藏"、"文登于氏小谟觞馆藏本"、"戴芝农收藏书画记"、"池北书库收藏"、"惠栋之印"、"字曰定宇"、"居易"、"中吴钱氏收藏印"、"钱毂"、"叔宝"。(此书归蒋梦蘋。乙未)①

以上所列十九印,均见于《麟台故事残本》的明影宋本,该本后被《四部丛刊续编》影印收入。据《四部丛刊续编》本扉页有"上海

---

① 《藏园群书经眼录》卷六《史部四》,中华书局,2009年版,第393页。其中所列"戴芝农收藏书画记"之"记"字,疑为"印"字,详见下文所考《四部续编》本印章。

涵芬楼影印明景宋抄本原书叶心高二十一公分宽十四公分"二十七字款识,卷首、卷一上首页、卷二中首页、卷三下首页、卷三下末页、黄跋后等处有诸多藏书家之藏印可知。

梳理《四部丛刊续编》本所保留的诸家藏印痕迹,可推知:明钱毂藏《麟台故事》影宋刊本自清嘉庆年间现世以来,直到民国二十三年(1934)八月被影印收入《四部丛刊续编》之时,流传于世的基本情况。

《四部丛刊续编》本藏印列表

藏印 卷页	藏印、款识及藏家 (按自上而下、自右而左的次序列出)	备注
卷首首页八印	①"红豆山房校正善本",属白文长方印,清人惠氏藏印之一。	参见下文考释之(三)。
	②"祕本",属朱文正方印,应为清人戴植藏印之一。其中"祕"字,今简化为"秘"字,即同上文傅增湘所列"秘本"印。	该印暂按下文所考,推断为戴植藏印。参见下文考释之(五)、(六)。
	③"仲遵",属白文长方印,清人陈墫藏印之一。	参见下文考释之(二)。
	④"陈氏家藏",属白文正方印,应为清人陈墫藏印之一。	该印不能排除为其他陈氏藏书家之印的可能,存疑。
	⑤"西畇草堂",属白文正方印,清人陈墫藏印之一。	参见下文考释之(二)。
	⑥"中吴钱氏收藏印",属朱文长方印,明人钱毂、钱允治父子藏印之一。	参见下文考释之(一)。
	⑦"戴芝农收藏书画印",属朱文正方印,清人戴植藏印之一。	参见下文考释之(五)、(六)。
	⑧"居易",属白文正方印,应为清人王士禛藏印之一。	该印尚存疑。参见下文考释之(四)。

（续表）

藏印卷页	藏印、款识及藏家 （按自上而下、自右而左的次序列出）	备注
卷一上首页八印	①"西畇草堂考藏"，属朱文长方印，清人陈墫藏印之一。	参见下文考释之（二）。
	②"墫印"，属朱文长方印，清人陈墫藏印之一。	参见下文考释之（二）。
	③"惠栋之印"，属白文正方印，清人惠栋藏印之一。	参见下文考释之（三）。
	④"字曰定宇"，属朱文正方印，清人惠栋藏印之一。	参见下文考之（三）。
	⑤"中吴钱氏收藏印"，属朱文长方印，明人钱穀、钱允治父子藏印之一。	款识同前印，第二次出现。参见下文考释之（一）。
	⑥"钱穀"，属朱文正方印，明人钱穀、钱允治父子藏印之一。	参见下文考释之（一）。
	⑦"臣植"，属白文正方印，印文左右有云兽类图案纹饰。清人戴植藏印之一。	款识比较特殊。参见下文考释之（五）、（六）。
	⑧"善本"，属白文正方印，印文四周有云兽类图案纹饰，应为清人戴植藏印之一。	款识比较特殊。尚存疑。参见下文考释之（五）、（六）。
卷三下末页九印	①"戴芝农收藏书画印"，属朱文长方印，清人戴植藏印之一。	该印印文与前印相同，但款式有别，而同于下印。参见下文考释之（五）、（六）。
	②"陈墫私印"，属朱文正方印，清人陈墫藏印之一。	参见下文考释之（二）。
	③"仲遵"，属朱文正方印，清人陈墫藏印之一。	与前印印文相同，但款识有别。参见下文考释之（二）。
	④"西畇草堂"，属朱文正方印，清人陈墫藏印之一。	与前印印文相同，但款识有别。参见下文考释之（二）。
	⑤"池北书库收藏"，属朱文正方印，清人王士祯藏印之一。	参见下文考释之（四）。
	⑥"居易"，属白文正方印，应为清人王士祯藏印之一。	款识同前印，前后重出计两次。参见下文考释之（四）。

（续表）

藏印卷页	藏印、款识及藏家（按自上而下、自右而左的次序列出）	备注
卷三下末页九印	⑦“钱穀”，属朱文正方印，明人钱穀、钱允治父子藏印之一。	款识同前印，前后重出计两次。参见下文考释之（一）。
	⑧“叔宝”，属白文正方印，明人钱穀、钱允治父子藏印之一。	参见下文考释之（一）。
	⑨“仲遵考藏”，属白文正方印，清人陈墫藏印之一。	参见下文考释之（二）。
卷尾所附黄跋后四印	①“丕”、“烈”，属朱文联珠印，当为清人黄丕烈为《麟台故事》残本作跋后所钤。其藏书室有士礼居等多处。	该印由两个上下紧靠但不相接的小正方形的朱文印组成。
	②“文登于氏小谟觞馆藏本”，属长方白文印，即清人于昌进藏印之一（文登，即今山东省文登市）。	于昌进，字仲樽，号秋溟，山东文登人，清著名藏书家，小谟觞馆即为其藏书馆。
	③“戴芝农收藏书画印”，属长方朱文印，即清人戴植藏印之一。	款识同前印，前后重出计两次。参见下文考释之（六）。
	④“仲遵考藏”，属朱文正方印，清人陈墫藏印之一。	与前印印文相同，但款识有别。参见下文考释之（二）。
其余钤印	除此上所列诸处外，卷二中和卷三下首页，均钤有完全相同的“中吴钱氏收藏印”，属朱文长方印，即明人钱穀、钱允治父子藏印之一。	款识同前印，前后重出共计四处。参见下文考释之（一）。

二、影宋残本主要藏书印考释

上表列《四部丛刊续编》保留的《麟台故事残本》诸多藏印，需要详考者有六种：

（一）“中吴钱氏收藏印”之印

该印为明人钱穀、钱允治父子藏书印之一，属朱文正方印。

瞿冕良"悬磬室"条考订："悬磬室,明吴县人钱榖(1508—1584)的室名,榖字叔宝,号磬室,少孤贫失学,后从文徵明学画,日取其架上书读之,好学不倦,闻有异书,虽病必强起借观,手自抄写,几于充栋,日夜校勘,至老不衰,所录古文金石书近万卷,皆为当时之佳本秘笈。……榖子允治(1541—1624后),原名府,以字行,更字功甫,爱书成癖,酷似其父,诗尤胜之,有《少室先生集》,隆冬映日抄书,年八十余卒。……"①并列有钱氏父子刻印与抄写过的诸多典籍,但其中并不见述及《麟台故事》。尤其是言及钱榖"少孤贫失学"之事,当据《列朝诗传》所载;所言钱榖"号悬磬",实当为其室名,恐其所审不谨,有失于不当之处。

另据叶昌炽《钱榖叔宝》藏书诗云:

> 微行门巷有倡条,《遗事》宣和谱玉箫。此即人间稀有本,虞山不赠待青瑶。

在此藏书诗之后,叶氏详考曰:

> 《列朝诗传》："钱榖字叔宝,少孤贫。游文待诏门下,日取架上书读之。以其余功点染水墨,得沈氏之法。晚葺故庐,读书其中。闻有异书,虽病必强起,匍匐请观。手自抄写,几于充栋,穷日夜校勘,至老不衰。子允治,酷似其父。年八十余,隆冬病疡,映日抄书,薄暮不至。功甫殁,无子,其遗书皆散去,自是吴中文献无可访问,先辈读书种子绝矣。"《明诗综·小传》："允治初名府,后以字行,更字功甫。有《少室先生文集》。"《明画录》："榖子允治,字功甫;序字次甫,亦善山水。"《静志居诗话》："叔宝晚葺敝庐,曰悬磬室。王元美为赋诗,所谓'空梁颇受落月色,北窗静竦凉风眠'者也。"所录古文金石书近万卷,皆为当时之佳本秘笈。

---

① 《中国古籍版刻辞典》,齐鲁书社,1999年版,第550页。

在此考述之后,叶氏又加按语曰:

> 昌炽案:《刘子威集》,有《悬磬室记》,言钱君少学于文徵仲先生,为题其室曰"悬磬",言能贫也。据此竹垞晚荦之说未审矣。《读书敏求记》:"功甫老屋三间,藏书充栋,白日检书,必秉烛,缘梯上下。所藏多人间罕见之本。"又《也是园书目序》:"吴门钱功甫,高士也。牧翁释褐后,即与之交。一日语公:'吾老矣,藏书多人间未有本子。公明日来,当作蔡邕之赠。我欲阅,转就公借。他年纩时,公与我料理身后事。'牧翁喜甚,质明往,其意色闵默,已不肯践宿诺矣。嗟乎! 读书种子,习气未除,斤斤护惜,非独一功甫然也。功甫有《李师师外传》一卷,即荃翁云'道君在五国诚所作,从榷场中来'者。功甫殁,此书不知散落何处。今虽悬百金购求,岂可复见。"……《爱日精庐藏书志》:"《画上人集》,有木记云:'百计寻书志亦迂,爱护不异随侯珠。有假不返遭神诛,子孙不宝真其愚。'钱叔宝藏书印记也。"昌炽案:所见悬磬藏书,尚有"十友斋"一印,及"中吴钱氏收藏印"。

此后又有今人王欣夫《补正》曰:

> 列朝诗传
>
> 欣夫案:《丽宋楼藏书志》之《会稽掇英集》二十卷、《续集》五卷,钱叔宝手抄本,文文肃手跋云:"吾吴叔宝钱先生游先太史门下,日取架上书读之,闻人有藏秘籍,必宛转借抄校勘,丙夜不置,故所藏充栋。手纂《续吴都文粹》、《南北史摭言》、《三刺史诗》,惜未登梨枣。若其绘画,特余事耳。以《会稽掇英集》……乃从宋刻本而录者,为世珍重可知矣。万历庚申如月花诞,雁门文震孟跋于青瑶屿。"文震孟《姑苏名贤小记》云:"叔宝先生不为家,家逾贫,先太史过而题其室曰'悬磬'。先生笑曰:'吾志哉!'而其嗜读日益甚,手录古文金石书几数千

卷。所纂辑有《三国文类抄》、《南北史摭言》、《隐逸集》、《长洲志》、《三刺史诗》、《续吴都文粹》。"

爱日精庐藏书志

《善本书室藏书志》成化本《宋史》:"嘉靖甲寅冬十一月，沈玄洲所赠《宋史》，旧缺志九卷，列传二十四卷。手自抄完，藏于十友斋。縠记。"藏印有"中吴钱氏考藏"、"悬磬室钱氏叔宝"、"三吴逸民"。

明诗综小传

乌程董斯张《静啸斋遗文·答潘昭度书》:"吴间钱少室讳允治，乃叔宝氏之子，渠尊人有隐行，能写山水障，弇州亟称之。少室年已近九十许，守先人藏书，为吴中甲，有古栖逸君子风。"又云:"吴中惟钱少室家有奇书。"

读书敏求记

欣夫案：钱功甫《影宋抄猗觉寮杂记跋》云:"此书乃丙辰九月十日借张千里本连日夜抄完。丁巳六月十三日……七十八翁记。"案此可考功甫交友及爱书之性。欣夫案：毛晋《杨太后宫词跋》云:"丁卯花朝，一友密缄远寄，云是少室山人手订秘本……以成宫词快观。"云云。少室山人似指功甫。万历钱氏悬磬室刊《吴郡图经续记》。万历刻顾从敬编《类选笺释草堂诗余》六卷，钱允明笺，附《续选草堂诗余》二卷及《国朝诗余》五卷，钱允明笺……褚亨酶《姑苏名贤后记》:"钱少室先生(略)家无恒产，卖文为活，惟终日扫地焚香，啜茗自娱，即瓶粟之罄，泊然不以介意。闻人有书，必多方觅致，或手抄成帙。(略)年八十。"《艺风堂藏书记》明刊《海录碎事》张象贤后有"万历己亥清和闰月，吴郡钱允治书并校"一行。又《续记·皮陆从事唱和集》:"明许自昌刻本，末有万历丁巳钱允治序。"①

结合以上瞿氏、叶氏、王氏所考,应当可以确定:钱穀,字叔宝,其子允治,字功甫;又字次甫,明吴县(今江苏省苏州市)人。钱穀室名曰悬磬,为文徵明所题,意在表明钱氏酷爱藏书的程度,几乎达到了为此不惜倾家荡产的地步。钱氏父子个性酷似,均为著名藏书家和书画家。善画山水,但始终不以之为业。父死子继而以两代人毕生所热衷者,唯有读书、抄书、校书、编书、刻书、藏书之事,深得中吴士林敬重,被视为至纯至真的读书种子,大有古君子之逸风。起初,钱氏家中其实并无甚典籍收藏可言,后聚至宏富,且以多藏世间珍奇之书而堪称为吴中之首。尤其是钱氏父子的藏书,绝大多数乃父子两代人不辞辛苦抄录而得,其中有所录金石文书数千卷,明前古籍亦不胜数,均属当时极为罕见之佳本秘笈,故为世人所叹赏和仰慕。允治无子嗣,及卒,钱氏父子藏书尽数散出。所藏之书往往有钱氏题识,或木记云:"百计寻书志亦迁,爱护不异隋侯珠。有假不返遭神诛,子孙不宝真其愚。"所用藏书印较多,如叶氏所载有"十友斋"、"中吴钱氏收藏印"诸印,又如王氏所见有"中吴钱氏考藏"、"悬磬室钱氏叔宝"、"三吴逸民"诸印,等等。

我们今日所见此本,前后有朱文"中吴钱氏收藏印"之印(前后出现四次)、朱文"钱穀"之印(前后出现两次)、白文"叔宝"之印等共计七处三种不同款式的印章,卷三下结尾处存有"隆庆元年八月十日苏州府前杜氏书铺收"一行题识,为钱穀、钱允治父子曾收藏、考订《麟台故事》影宋残本留下的印记。

---

① 〔清末民初〕叶昌炽著《藏书纪事诗(附补正)》,上海古籍出版社,1999年版,第200—202页。

（二）"仲遵"之印

该印为清人陈塼藏书印之一，属白文长方印。

据瞿冕良"西畇草堂"条考定："西畇草堂，清乾隆间长洲①人陈樽的室名。樽字仲尊，又字古衡，号苇汀，工画山水，后居山塘。"②瞿氏所谓"陈樽"、"仲尊"者，恐为"陈塼"、"仲遵"之误。

再据叶昌炽《陈塼仲遵》藏书诗云：

> 是亦灌园陈仲子，草堂何在在西畇。羌无故实旁皇索，但识名塼字仲遵。

在此藏书诗之后，叶氏详考之曰：

> 潘曾莹《墨缘小录》："陈苇汀塼，长洲人。工山水，用笔幽秀似赵千里。"士礼居《珩璜新论跋》："西畇草堂者，陈子仲遵之居也。仲遵颇嗜古书。"又《麟台故事跋》："影宋旧抄三卷，归于西畇草堂。"《曝书杂记》……《铁琴铜剑楼书目》："《徂徕文集》，卷首有'平江陈氏西畇藏书'及'陈塼印'二朱记。"

在此考述之后，叶氏又加按语，再释陈塼之名曰：

> 昌炽案：《说文》："塼，舞也。"引《诗》"塼塼舞我"。今《诗》作蹲，其字从士。《正字通》又有从土之塼，与樽同，陈君之名当从士。

在叶氏所加按语之后，又见今人王欣夫《校记》一则，次有王先

---

① 编者按：明代的长洲县隶属苏州府，至清雍正二年（1724），从长洲县分出其南部，另设立元和县。此时，长洲县位于苏州府东北，元和县位于苏州府东南，吴县位于苏州府西南，且三县同治于府城内，均为苏州府的附郭县。民国初裁苏州府及长洲县、元和县、吴县三个附郭县，设苏州。即今江苏省苏州市。

② 《中国古籍版刻辞典》，齐鲁书社，1999 年版，第 127 页。

生《补正》曰：

>   曝书杂记
>
>   《艺风藏书续记》:《西畇寓目编》十一册:"稿本,陈墫撰。墫字复初,又字苇汀,吴县人。书法南田,画近钱松壶、改七香。此手写本,自署'南湖花隐',字迹精妙之至。"①

结合以上瞿氏、叶氏、王氏所考,应当可以确定:陈墫,字复初,又字仲遵,苇汀,号南湖花隐,清苏州府吴县(今江苏苏州)人。著名的藏书家和书画家,工于山水,书法精妙,嗜好收藏校勘古籍。与时人黄丕烈多有访书、购书、校书、借书等的交往活动。西畇草堂,乃其室名或藏书处所之一,所用藏书印较多,如叶氏所载"平江陈氏西畇藏书"、"陈墫印"诸印。

我们今所见前后有白文"仲遵"之印、白文"西畇草堂"之印、朱文"西畇草堂考藏"之印、朱文"墫印"之印、朱文"陈墫私印"之印、朱文"仲遵"之印、朱文"西畇草堂"之印、白文"仲遵考藏"之印、朱文"仲遵考藏"之印等九处共九种不同款式的印章,均为陈氏收藏、考订《麟台故事》影宋残本留下的印记。另外,今见白文"陈氏家藏"之印,应为陈墫藏书印之一,但尚存疑,抑或为其他陈氏藏家之印。

(三)"红豆山房校正善本"之印

该印或为清人惠氏藏书印之一,属白文长方印。

据瞿冕良"红豆斋"条考订:"红豆斋,清乾隆间长洲人惠栋(1697—1758)的室名。栋祖名周惕,所居曰红豆书屋,多藏书;父名士奇(1671—1741),自号红豆主人,人称红豆先生。栋字定宇,号松厓,雅爱典藏,颇得祖传,每遇善本,倾囊弗惜,或借读手抄,校

---

① 《藏书纪事诗(附补正)》,上海古籍出版社,1999年版,第595—596页。

勘精审。其抄本墨格十行,格栏外有'红豆斋藏书抄本'七个字。"①
瞿氏考仕奇"自号红豆主人"者,恐为不确,"红豆主人"当为惠周惕
之自号,此即类似于前文的"父冠子戴"之误。

再据叶昌炽《惠周惕元龙、子士奇仲孺、孙惠栋定宇》藏书
诗云:

> 红豆新移选佛场,莳田北去有旧庄。一廛负郭三分水,四
> 世传经百岁堂。

在此藏书诗之后,叶氏详考之曰:

> 《鹤征前录》:"惠周惕原名恕,字元龙,号研溪,江南长洲
> 人。康熙辛未进士,密云知县。"李富孙案:"研溪所居曰红豆
> 书屋,在吴城东冷香溪之北。吴郡东禅寺有红豆树,相传白鸽
> 禅师所种。研溪移一枝植阶前,因自号红豆主人。"包世臣《惠
> 氏四世传经图跋》:"惠氏后人世昭出其册示余,第一代为明经
> 律和先生,名有声,原名雨节,号朴庵。明季以诸生贡成均。
> 第二代为其子元龙先生;第三代为大令次子学士仲孺先生士
> 奇,别号半农;第四代即徵君栋,为学士之子,世所称定宇先生
> 也,又号松厓。世昭字槃卿,为仲孺先生之元孙。"

在此考述之后,叶氏又加按语,再释其名曰:

> 昌炽案:潘星斋先生《墨缘小录》……予题二绝云:"花竹
> 萧疏屋数间,冷香溪畔白云环。……最羡忘庵留妙笔,一株红
> 豆倚东风。"……钱大昕《惠先生栋传》:"先生自幼笃志向学,
> 家多藏书,日夜讲诵。雅爱典籍,得一善本倾囊弗惜。或借读
> 手抄,校勘精审,于古书之真伪,了然若辨黑白。"……翁方纲
> 《题王文简载书图》:"松厓昔侍研溪谈,秘笈师门一百三。今

---

① 《中国古籍版刻辞典》,齐鲁书社,1999年版,第197页。

日新城访耆旧,巾箱著录果谁堪?"自注:"惠定宇所录《王氏书目》,凡一百三种。"《持静斋书目》:"《乾象变异录》一册,有'惠栋定宇'、'红豆山房所收善本'诸印。"《惠氏百岁堂书目》三卷,见《苏州府志》。

在叶氏所加按语之后,又见今人王欣夫《校记》一则,次为王先生《补正》,曰:

> 包世臣惠氏四世传经图跋
>
> 欣夫案:是图于一九五六年春无意中为余购得。
>
> 翁方纲题王文简载书图
>
> "惠印士奇"朱文方印、"红豆村庄"朱文方印。
>
> 持静斋书目
>
> "红豆斋收藏"朱文长方印、"红豆书屋"朱文长方印、"惠栋之印"白文方印、"定宇"朱文方印、"臣栋"白文、"松崖"朱文联珠印。①

结合以上瞿氏、叶氏、王氏所考,应当可以确定:惠周惕,原名恕,字元龙,号研溪,清苏州府长洲县(今江苏省苏州市)人。康熙末年进士,曾知密云县。因移植东禅寺红豆树一枝于居所阶前,故自号红豆主人,室名曰红豆书屋,明季因被诸生贡于成均,故人称红豆先生。周惕之父,名有声,原名雨节,字律和,号朴庵;周惕之子,名士奇,字仲孺,别号半农;周惕之孙、士奇之子,名栋,号定宇,世称定宇先生,号松崖。惠氏世代致力于典籍的收藏、编纂、校雠、刊刻等事务。尤其是惠栋,深受其家风熏陶,自幼笃志向学,雅爱典籍收藏,擅长于辨别古籍之真伪。其平素所好者有四,一则充分利用自家所藏典籍,日夜相继,勤于讲诵;二则时常访书,常常为了访得一部秘笈而不辞劳苦;三则倾囊购书,往往为了购置所见善本

---

① 《藏书纪事诗(附补正)》,上海古籍出版社,1999年版,第419—420页。

不惜倾囊而出，四则借读手抄而精校精勘。因此，惠氏家藏，多以秘、善之本称著于世。其所用藏书印较多，如叶氏所载"惠栋定宇"、"红豆山房所收善本"诸印，又如王氏所见"惠印士奇"朱文方印、"红豆村庄"朱文方印、"红豆斋收藏"朱文长方印、"红豆书屋"朱文长方印、"惠栋之印"白文方印、"定宇"朱文方印、"臣栋"白文、"松崖"朱文连珠印，等等。

我们今日所见有白文"红豆山房校正善本"、白文"惠栋之印"、朱文"字曰定宇"等三处共三种不同款式的印章，均为惠氏收藏、考订《麟台故事》影宋残本留下的印记。

（四）"居易"之印

该印尚存疑。依据目前的情况，只能断定其为清人王士祯藏书印之一，属白文正方印。

经查，明代将"居易"二字用为室名或别号者，至少有六例；清代将"居易"二字用为室名或别号者，至少有二十二例①，但无一例与王士祯有关。

据瞿冕良"王士禛"条考订："王士禛（1634—1711），清山东新城人，字贻上，号阮亭，别号渔洋山人，顺治十五年（1658）进士，由扬州司理累仕至刑部尚书……家有池北书库，藏书极富。康熙元年（1662）刻印过自撰《阮亭诗选》十七卷。抄有……"②瞿氏此载，不见述及与"居易"相关的信息，也不见有王士禛与《麟台故事》一书有关的情况，故据此确实难以做出论断。

再据叶昌炽《钱穀叔宝》藏书诗云：

> 骨董僧寮列肆庞，碎铜玉石斗鸡缸。不堪重到慈仁寺，寂

---

① 陈乃乾编，丁宁、何文广、雷梦水补编《室名别号索引（增订本）》，中华书局，1982年版，第39页、第156页。
② 《中国古籍版刻辞典》，齐鲁书社，1999年版，第33页。

蓂双松护碧幢。

在此藏书诗之后,叶氏详考曰:

> 《昭代名人尺牍·小传》:"王士祯字贻上,号阮亭,自号渔
> 洋山人,新城人。顺治乙未进士,官至刑部尚书。乾隆间补谥
> 文简。"朱彝尊《池北书库记》:"池北书库者,今少詹事新城王
> 先生聚书之室也。新城王氏,门望甲齐东。先世遗书不少,然
> 兵火散佚者半。先生自始仕迄今,目耕肘书,借观辄录其副。
> 每以月之朔望玩慈仁寺日中集,奉钱所入,悉以购书。盖三十
> 年而书库尚未充也。"《古夫于亭杂录》:"昔在京师……又书贾
> 欲昂其直,必曰'此书经新城王先生鉴赏者'。鬻铜玉器,则曰
> '此经商丘宋先生鉴赏者'。士大夫言之辄为绝倒。"……《居
> 易录》:"余官都下二十余载,奉钱之入,尽以购书……"

在叶氏考述之后,又见今人王欣夫《补正》曰:

> 居易录
>
> 《文禄堂访书记》明抄《左氏传说》有"济南王士祯"、"王阮
> 亭藏书记"、"池北书库"、"宫詹学士"、"国子祭酒"、"宝翰堂
> 章"各印。①

结合以上瞿氏、叶氏、王氏所考,应当可以确定:王士祯,字贻
上,号阮亭,自号渔洋山人,谥号文简。清山东新城人,顺治末进
士,官至刑部尚书。擅长古文,工于诗词,秉承先辈读书、访书、购
书、抄书、刻书、校书、藏书之家风而尤胜之,且以精于鉴藏古书著
称于世。著有《居易录》、《渔洋诗文集》等。建池北书库以聚书,藏
书极富。所用藏书印较多,远不止于《补正》所列"济南王士祯"、
"王阮亭藏书记"、"池北书库"、"宫詹学士"、"国子祭酒"、"宝翰堂

---

① 《藏书纪事诗(附补正)》,上海古籍出版社,1999年版,第382—384页。

章"等印。而"居易"之印,或与王士禛著述《居易录》有关。《麟台
故事》明影宋刊本卷三下末页第五印为"池北书库收藏",足证王士
禛确实曾收藏考订过《麟台故事》之明影宋残本。因此暂定"居易"
之印为王士禛藏书之印。只是目前尚无更加直接的证据。

(五)"臣植"之印

该印为清人戴植藏书印之一,属白文正方印,印文左右有云兽
类纹饰,较为特别。

针对此印,还需要特别补充一点:"臣植"之印的印文字体较
古,有与上文惠栋"臣栋"之印疑似的可能性,但从下文所据判断,
此印与惠栋的"臣栋"之印,并无甚关联。

(六)"祕本"之印

该印属白文正方印,印文四周有云兽类纹饰。印文字体较为
古朴,字迹不是十分清晰,是"祕本"还是"善本"二字,有待明辨。
若作"祕"字,则就是上文傅增湘卷首所列"祕本"之印,但若作"善"
字,印文则为"善本",需另当别论。

值得注意的是,此印的尺寸及各方面形制特点,与其正上方的
"臣植"之印比较接近,且二者上下并举,紧密相连,成交相呼应之
态,可断定此二印章,应该出自于同一藏家所为,即均属清人戴植
藏书印。作此论断的证据主要有二:

其一,该本卷一首页、卷三末页和所附黄跋尾,共见三处两种
款识的藏印——"戴芝农收藏书画印"。戴植,字培之,号芝农,一
号成芬,别署诚庵、芝道人、听骊馆主人、培万楼主人、翰墨轩主人
等,清代江苏丹徒(今江苏省镇江市丹徒区)人,擅长书画,爱好收
藏,精于鉴别,并以富于书画藏品而著称。"臣植"、"秘本"这类有
纹饰的特殊印章,应是出于书画家兼书画收藏家之手,二印应为清
人戴植的书画专用印。

其二,今见《四部丛刊续编》所收《麟台故事残本》卷一首页钤有朱文正方印"戴芝农收藏书画印",此本卷一首页钤有白文正方印"臣植"与"善本",各印均见于戴植收藏过的其他书画,例如中国嘉德国际拍卖有限公司二〇一〇年秋季拍卖会上出现的戴植收藏品——明崇祯五年(1632)毛氏汲古阁刻本《唐诗纪事》八十一卷,其卷一之首页,即自上而下依次钤有款识完全相同的白文正方印"臣植"、白文正方印"秘本"和朱文正方印"戴芝农收藏书画印"。据此可以断定此三印出于同一藏家戴芝农无疑。

总之,以上所列《麟台故事》之《四部丛刊续编》本今所见清代以来藏家之印,共见三十一处。其中七处完全相同,即"中吴钱氏收藏印"重出三次;"戴芝农收藏书画印"重出两次;又有"居易"之印和"钱毂"之印,各重出一次;除此七处外剩余二十四处,各自有别。其中可再除去印文同时有白文与朱文存在的"仲遵考藏"之印、"西畇草堂"之印和"仲遵"之印,则剩余二十一处。这二十一处中再减去与傅氏所列印文完全相同的十九处,则最终还有二处为傅氏之书所未列,即卷一上首页上较为独特的白文"臣植"之印和卷末附黄跋结尾处的朱文"丕"、"烈"联珠印。(卷一上首页"祕本"之印较为独特,存疑不论)。以上所列足以证实:傅增湘当年所经见的归于蒋孟蘋收藏的《麟台故事》残本,确属明影宋刊本,而不是据此一再影写的清抄本。此残本最后又归于上海涵芬楼,由商务印书馆于民国二十三年(1934)八月收入《四部丛刊续编》影印出版。

另外,依据以上这些极具特色的藏书印,我们也不难看出:昔日那些传抄者、珍藏者抑或是研究者,对《麟台故事》残本极为珍视,此明影宋刊本曾由钱毂父子、陈氏西畇草堂、黄氏士礼居、惠氏红豆书屋、王氏池北书库、于氏小谟觞馆等诸多清代至民国年间的著名藏书家递藏,直到一九三四年之前,最终归于蒋氏,为傅增湘所见,才得以收入商务印书馆影印出版的《四部丛刊续编》中。而且据该书明影宋刊本一再影写的清抄本也流传颇广,如上文所列,据《中国古籍善本书目》的著录,傅增湘经眼的《麟台故事》共有七部,其中有五部即属清抄本,北京国家图书馆也列藏数种清抄善本,均可查阅。

第三节　新见《麟台故事》六条佚文

自一八九二年清人陆心源分别从《玉堂杂记》和《南宋馆阁录》中辑出"大宴学士院具食"和"饯会"两条《麟台故事》佚文以来,学界虽有点校、校证《麟台故事》的成果,但有关该书的辑佚工作再无进展。我们从《宋会要辑稿》(在本节内简称《辑稿》)中新辑《麟台故事》六条,经核,其中五条记载,确属不见于现存清四库辑本和明影宋残本的内容。现据《续资治通鉴长编》(在本节内简称《长编》)、《宋史》等相关文献所载,逐条校证于下。

一、《辑稿》所载六条佚文校证

现从《辑稿》中辑出六条佚文,分别为:"景德二年五月"条、"右谏议大夫种放有兄丧"条、"景德四年三月甲寅"条、"九年三月乙卯"条、"天圣三年二月"条和"天圣八年二月"条,校证如下:

(一)第一条:"景德二年五月"条

该条以双行小字注文的形式留存至今。即景德二年(1005)十二月"十五日,资政殿大学士王钦若赴,上赐会于秘阁,近臣毕集。翌日,又会馆阁群官于秘阁",此记载之后有注曰:

《麟台故事》:景德二年五月,以新授资政学士王钦若赴职，宴近臣于秘阁，赐钦若七言诗，令属和。是月，上亲试河北防城进士，赐第毕，赐辅臣酒果，宴翰林学士已下于本院，馆阁官于秘阁。①

《辑稿》以《麟台故事》内容为注，盖因南宋史官在整理《宋会要》时，官修旧本《宋会要》已有缺失，王钦若在景德二年十二月任资政殿大学士之时，早已为资政殿学士，《辑稿》引此以证至少在当年五月之前，王钦若已为资政殿学士。经查《麟台故事》现存辑本和残本，均不见此条内容。

《长编》景德二年十二月"辛巳"条，载王钦若任资政殿大学士之事较详，但不见载宋真宗因王钦若赴资政殿大学士之职而连日赐会之事。即："辛巳，以刑部侍郎、资政殿学士王钦若为兵部侍郎、资政殿大学士，班在文明殿学士之下，翰林学士承旨之上。上初见钦若班在翰林学士李宗谔之下，怪之，以问左右，左右以故事对。钦若因诉上曰：'臣前自翰林学士为参知政事，无罪而罢，其班乃下故官一等，是贬也。'上悟，即日改焉。资政殿置大学士自此始。钦若善迎人主意，上望见辄喜，每拜一官，中谢日，辄问曰：'除此官且可意否？'其宠遇如此。"《长编》该条下有小字原注曰："钦若以四月癸卯除资政殿学士，后两日即有诏序位在翰林学士之下，及今始升改焉。或云钦若既除资政，自诉。恐误，盖因上顾问乃进说耳。"②不过，此注云王钦若任资政殿学士是在"四月癸卯"，而赴此任之事是在当年的五月，《长编》并不载。因此，《长编》既未载王钦若赴任时宋真宗宴近臣、赐钦若诗、令其属和诸事，又未载当月宋真宗亲试进士、赐辅臣酒果、宴翰林学士于翰林院、宴馆阁官于秘

---

① 《宋会要辑稿·礼》四五之五《宴享》，中华书局，1957年版，第35册，第1450页。

② 〔宋〕李焘撰《续资治通鉴长编》卷六十一《真宗》，中华书局，1992年版，第1376—1377页。

阁诸事。

　　而《宋史》王钦若本传,也是仅载其景德年间任资政殿学士、资政殿大学士,而不见《麟台故事》所载赐诗、属和及宴会诸事:"景德初……罢为刑部侍郎、资政殿学士……岁中,改兵部,升大学士、知通进银台司兼门下封驳事。初,钦若罢,为置资政殿学士以宠之,准定其班在翰林学士下。钦若诉于帝,复加'大'字,班承旨上。以尚书左丞知枢密院事,修国史。"《宋史》真宗本纪所载王钦若此事则更为简略:景德二年夏四月,"癸卯,置资政殿学士,以王钦若为之"。五月,"丁卯,宴近臣于资政殿"。《宋史》两条记载间所载他事纷杂,间隔又远,若不见《辑稿》据《麟台故事》录存的王钦若五月赴资政学士任时,宋真宗赐宴、赐诗等内容,则《宋史》这两条孤立的记载就会因失其前因后果而变得上下文意不明,甚至招致误解。同样,《宋史》真宗本纪所载景德二年"十二月辛巳,置资政殿大学士,以王钦若为之"[①],亦过于阔略而有缺失。

　　由上足见《辑稿》录存《麟台故事》本条内容,既可弥补该书之残缺,又可补充《长编》与《宋史》所载之缺略。

(二)第二条:"右谏议大夫种放有兄丧"条

　　该条《麟台故事》的内容,也是以双行小字注文的形式存留至今。《辑稿》载景德三年(1006)四月:"二十四日,右谏议大夫种放请告归终南山,诏放及侍讲、侍读学士、龙图阁待制至龙图阁宴,以宠行。帝作诗赐之。"下有注曰:

　　　　《麟台故事》:右谏议大夫种放有兄丧,请告归终营葬。是日,召放及侍讲侍读学士、龙图阁待制至直龙图阁,赐宴以宠行。上作诗赐放,命侍臣皆赋诗。上曰:"放虽在京毂,而咸秦

_____

　　① 《宋史》卷二百八十三《列传第四十二·王钦若》,又见卷七《本纪第七·真宗二》,中华书局,1985年版,第9561页、第128—129页。

学徒继踵而至,亦嘉事也。"放顿首谢。翼日,又赐宴于秘阁,馆阁□官皆预,命集贤院学士宋白已下赋诗饯放。①

上引《麟台故事》佚文中,"终营"原误为"南营","咸秦"原误为"咸泰",今据《长编》与《宋史》所载(见下)改之;"阁"与"官"之间一字漫漶,以"□"代之。南宋史官在整理《宋会要》时,所见《麟台故事》所载种放为兄丧营葬告归事较其他文献详细,故引之以补其略。经查,现存《麟台故事》辑本和残本,均不见此条内容。《宋史》种放本传,仅略载种放此事曰:"(景德)三年,以兄丧请告归终南营葬,复诏宴赐诗。"《宋史》真宗本纪所载更为简略,仅曰:景德三年夏四月,"乙未,种放赐告归终南山"②。而《长编》景德三年夏四月"乙未"条,所载表述有所差异:"右谏议大夫种放有兄丧,赐告归终南,宴于龙图阁,上作诗赐放,侍臣皆赋。放每至京师,秦雍学徒多就而受业,上面奖之,放顿首谢。"③可参看。

由上可见,《辑稿》录存《麟台故事》第二条内容,既可弥补该书之残缺,又可补充《宋史》所载之缺略。所异亦可与《长编》相校证。

(三)第三条:"景德四年三月甲寅"条

《麟台故事》该条内容,以双行小字注文的形式存留至今,所载事件发生在景德四年(1007)三月。《辑稿》载:"十六日,大宴,崇德

① 《宋会要辑稿·礼》四五之五《宴享》,中华书局,1957年版,第35册,第1450页。

② 按:此两处引文均出自《宋史》卷四百五十七《隐逸上·种放》、卷七《本纪第七·真宗二》。《宋史》卷八《本纪第八·真宗三》又载:"(大中祥符四年,夏四月)丙辰,大宴含光殿。己未,饯种放归终南。"此条与《本纪第七·真宗二》所载,均为宋真宗为种放归终南山饯行之事,时隔一年,前后不见具体事因,恐为重复记载同一事而致误,故存疑。中华书局,1985年版,第13424页、第130页、第149页。

③ 《续资治通鉴长编》卷六十二《真宗》,中华书局,1992年版,第1395—1396页。

殿中饮,诏近臣曲宴于后苑,赏花、钓鱼。帝作《赏花》、《千叶牡丹》诗,从官毕赋。诏大理评事宋绶、邵焕预会,绶、焕皆在秘阁肄业故也。"此载之后有注曰:

> 《麟台故事》:景德四年三月甲寅,大宴崇德殿中,召近臣曲宴于后苑,赏花、钓鱼。大理评事宋绶、邵焕预会,以皆在秘阁肄业故也。上作《赏花》、《千叶牡丹》诗各一章,从官毕赋。吏部尚书张齐贤、刑部尚书温仲舒、工部尚书王化基以久在外任,求免应制,不许。有顷,射于太清楼下。[①]

《辑稿》以《麟台故事》内容为注,盖因南宋史官在整理官修旧本《宋会要》时,不见有《麟台故事》所载张齐贤、温仲舒、王化基求免应制之事,故引之以为参证。《麟台故事》今存辑本和残本,均不见此条内容。

《长编》景德四年三月"甲寅"条,所载内容较《麟台故事》简略:"甲寅,大宴于后苑,赏花钓鱼。上赋诗,从臣皆赋。吏部尚书张齐贤、刑部尚书温仲舒、工部尚书王化基,以久在外任,求免应制,不许。"虽有真宗大宴从臣于后苑,以及张齐贤、温仲舒、王化基求免应制之事,但未载秘阁读书宋绶、邵焕参与曲宴、赏花、钓鱼、赋诗诸事,亦不载射于太清楼下之事,故可补其缺[②]。

而《宋史》宋真宗本纪以及张齐贤、温仲舒、王化基传,皆不载景德四年三月此三人求免应制之事。温仲舒传中,虽有"景德中,并州缺守,上以北门重镇须大臣镇抚,非张齐贤、温仲舒不可,令宰相谕旨,皆不愿往。未几,复知审官院"云云,但又与《麟台故事》所载关系不切。邵焕曾于秘阁读书,《宋史》却无传,仅于宋绶传中

---

① 《宋会要辑稿·礼》四五之三七《宴享三·杂宴·赏花钓鱼宴》,中华书局,1957年版,第35册,第1466页。

② 《续资治通鉴长编》卷六十五《真宗》,中华书局,1992年版,第1449页。

载:"年十五,召试中书,真宗爱其文,迁大理评事,听于秘阁读书。"①则《麟台故事》本条可补《长编》、《宋史》之缺。

(四)第四条:"九年三月乙卯"条

《麟台故事》该条内容,也是以双行小字注文的形式存留至今,所载事件发生的时间是大中祥符九年(1016)。《辑稿》引证《麟台故事》一条后,又引证了《宋类苑》一条。《辑稿》载:"九年三月十三日,赏花,宴于后苑,始诏开封府判官预会。自是推官亦诏。时翰林学士钱惟演坐卢澄②事落职,特诏预。"后有注曰:

> 《麟台故事》:九年三月乙卯,曲宴、赏花于后苑,上作五言诗,从臣咸赋,因射于太清楼下。

> 《宋类苑》:真宗朝岁岁赏花、钓鱼,群臣应制。尝一日临池久而御钓不食,丁晋公谓应制诗曰:"莺惊凤辇穿花去,鱼畏龙颜上钓迟。"真宗称赏,群臣以为莫及。③

《辑稿》所引《麟台故事》本条,有"上作五言诗,从臣咸赋,因射于太清楼下"之事,可补他书之缺。而《辑稿》所引《宋类苑》,原名《事实类苑》,今又名《宋朝事实类苑》,北宋末南宋初人江少虞撰,成于高宗绍兴十五年,比《麟台故事》约晚十五年。其文又见于北宋人欧阳修所撰《归田录》,存在文字差异:"真宗朝岁岁赏花钓鱼,

① 《宋史》卷二百六十六《列传第二十五·温仲舒》,又见卷二百九十一《列传第五十·宋绶》,中华书局,1985年版,第9183页、第9733页。
② 按:卢澄原作"卢职",据《续资治通鉴长编》改之。即《长编》卷八十六《真宗》载:"(大中祥符九年,三月)壬子,给事中慎从吉削一任,翰林学士、给事中钱惟演罢学士职。初……昭一兄澄尝以手书达惟演,云寄语从吉……卢澄者,陈留县大豪也……澄配隶江州,昭一特除名。从吉、惟演并坐责。"中华书局,1992年版,第1976—1977页。
③ 《宋会要辑稿·礼》四五之三七《宴享三·杂宴·赏花钓鱼宴》,中华书局,1957年版,第35册,第1466页。

群臣应制。尝一岁,临池久之,而御钓不食,时丁晋公(谓)应制诗云:'莺惊凤辇穿花去,鱼畏龙颜上钓迟。'真宗称赏,群臣皆自以为不及也。"①欧阳修之文系对当时宫廷年年举办此类活动的一种综述,《宋类苑》承此而来,《麟台故事》所载则更为直接。

不过,《辑稿》所引《麟台故事》此条内容又见于现存《麟台故事》辑本与残本,辑本曰:

> 大中祥符九年三月,加王钦若检校太师,又加兵部郎中直史馆张复、祠部员外郎直集贤院祁暐阶勋,赐度支员外郎直集贤院钱易、太常博士秘阁校理慎镛绯鱼,皆预校《道藏》故也。是日,曲宴赏花于后苑,上作五言诗,从臣咸赋,因射于太清楼下。②

残本文字较之辑本,首无"大中祥符"四字,"王钦若"之前脱"加"字,"祁"讹为"初"字③,其他则完全一致。张富祥在此已作了详尽校证④,此略。概言之,《辑稿》只是节引《麟台故事》此条内容,惟起首记载时间的"九年三月乙卯"一语,既不同于辑本,也不同于残本。可见,《辑稿》所存《麟台故事》本条,内容虽为节引,但在《麟台故事》辑本和残本的校勘中,还是有其不可替代的作用。

(五)第五条:"天圣三年二月"条

《麟台故事》该条,也是以双行小字注文的形式存留至今,所载事件发生在天圣三年(1025)。《辑稿》载:"仁宗天圣三年三月二十一日,后苑赏花,临池钓鱼,遂宴太清楼。是日雨霁,花卉盛发,帝

---

①　〔宋〕欧阳修撰《归田录》卷二,中华书局,1981年版,第21页。

②　《麟台故事》卷二《修纂》,《文渊阁四库全书》影印本,台湾商务印书馆,1986年版,第595册,第313页。

③　参见《麟台故事残本》卷二中《校雠》,《四部丛刊续编》影印本,商务印书馆,1934年版,第13—14页。

④　《麟台故事校证》,中华书局,2000年版,第64页、第288页。

屡目从臣赐花劝酒,各令尽醉。"后注:

> 《麟台故事》:天圣三年二月,幸后苑赏花、钓鱼,遂宴太清楼。辅臣、宗室、两制、杂学士、待制、三司使副、知杂御史、三司判官、开封府推官、馆阁官、节度使至刺史皆预焉。[①]

《辑稿》编修史官在整理官修旧本《宋会要》时,引录《麟台故事》所载天圣三年二月之事,以存其全。现存《麟台故事》辑本和残本,均不见此条内容。

我们将《辑稿》正文与注文中所引《麟台故事》内容相互比较,可见正文所载此事,主要有三点:一是本次赏花、钓鱼、宴于太清楼之事及其发生的时间,二是事件发生当天的天气和景物,三是宋仁宗在事件中的突出举动和意图。可见,《辑稿》正文所载存在很明显的缺失,即自始至终看不到参与本次活动的具体人员。尤其是据《辑稿》此载,既看不出事件发生的起因及具体经过,即当日宋仁宗为何召集臣下于后苑赏花钓鱼、宴于太清楼;又看不到"帝屡目从臣赐花劝酒,各令尽醉"的对象究竟是谁。而《辑稿》注文所引,则主要增补了两点信息:一是事件发生的时间,为"天圣三年二月"而非"天圣三年三月二十一日";二是参与人员乃从辅臣至刺史,而这正是《辑稿》记载所缺失的内容。《辑稿》正文、注文所载时间不同,不应当是在同一年连续两个月内发生的前后两件事,而是文献在流传中出现了讹误,且很可能是注文所引《麟台故事》内容中的"二"原本就是"三"。我们之所以做出这样的判断,主要依据有两个方面:

一方面是此类活动发生在三月的可能性较大。据《辑稿》,此类赏花、钓鱼、曲宴的活动,较早出现的记载是在宋太宗太平兴国

---

① 《宋会要辑稿·礼》四五之三七《宴享三·杂宴·赏花钓鱼宴》,中华书局,1957年版,第35册,第1466页。

九年（984）①时："太宗太平兴国九年三月十五日，诏宰相、近臣赏花
于后园。帝曰：'春气暄和，万物畅茂，四方无事，朕以天下之乐为
乐，宜令侍从、词臣各赋诗。'帝习射于水心亭。宋琪等以应制诗
进，帝吟咏久之。学士扈蒙诗有：'微臣自愧头如雪，也向钧天侍玉
皇。'帝笑谓曰：'卿善因事陈情。'蒙顿首谢。"②及至真宗朝，举办此
类活动则为常例。如上文《辑稿》所引《宋类苑》所云："岁岁赏花、
钓鱼，群臣应制。"不过，《辑稿》所载最后一次此类活动是在宋仁宗
嘉祐六年（1061）三月二十五日。即从九八四年至一〇六一年之间
的七十七年内，此类活动见于《辑稿》的记载，共计三十五次，考察
具体时间可以看出有四种情况：一是发生时间在三月的有二十七

---

①　按：据《宋史》载，雍熙元年十一月"丁巳，祀天地于圜丘，大赦，改元"。
即这一年十一月丁巳日之前，则为太平兴国九年，之后则为雍熙元年，实则为
同一公元年内。因此，《宋会要辑稿》所载"三月十五日"之事，略见于《宋史》所
载者，在太平兴国九年，即"太宗太平兴国九年三月十五日，诏宰相、近臣赏花
于后苑。帝曰：'春气暄和，万物畅茂，四方无事，朕以天下之乐为乐，宜令侍从
词臣各赋诗。'帝习射于水心殿"（详见《宋史》卷四《本纪第四·太宗一》、卷一
百一十三《志第六十六·礼十六》，中华书局，1985 年版，第 71 页、第 2691
页）。又见于《宋太宗皇帝实录》所载者，亦在太平兴国九年三月，且所载详实
程度与《辑稿》同，即："乙丑，召宰相、近臣赏花于后园。上曰：'春气暄和，万物
畅茂，四方无事，朕以天下之乐为乐，宜令侍从、词臣各赋诗。'帝习射于水心
殿，宰相宋琪等各以应制诗进，上吟味久之。翰林学士承旨扈蒙有'微臣自愧
头如雪，也向钧天侍玉皇'之句，上笑谓曰：'卿善因事陈情也。'蒙顿首谢。"（详
见〔宋〕钱若水修，范学辉校注《宋太宗皇帝实录校注》卷二十九，中华书局，
2012 年版，第 142—143 页）但是，见于《续资治通鉴长编》所载者，则在雍熙
元年，即："己丑，召宰相近臣赏花于后苑，上曰：'春风暄和，万物畅茂，四方无
事，朕以天下之乐为乐，宜令侍从词臣各赋诗。'赏花赋诗自此始。（原注曰：明
年四月赏花、钓鱼，又赋诗，此但赏花。《会要》以为曲宴自明年始，今两存
之。）"详见《续资治通鉴长编》卷二十五《太宗》，中华书局，1992 年版，第 575—
576 页。
②　《宋会要辑稿·礼》四五之三六《宴享三·杂宴·赏花钓鱼宴》，中华
书局，1957 年版，第 35 册，第 1465 页。

次。二是发生时间在二月的有三次。三是发生时间在闰二月的有三次(有两次是在大中祥符三年闰二月二十二日和二十七日,或为同月内的同一次活动,盖因持续数日而致;或为同月内的两次活动,盖因参加人员和活动内容不同而致)。四是发生时间在四月的有两次。可见,此类活动一般在三月举行。另外,在这三十五次活动中,发生时间在同年同月的虽然有四次(有三次在三月,一次在闰二月),但同年内并无跨月或隔月的特殊情况。由此即可判定以上出现"三月二十一日"和"二月"的差异,应当是文献流传之误,而且发生在"三月"的可能性更大。

另一方面是《长编》亦载此事在三月。《长编》载:"己卯,幸后苑,赏花钓鱼,遂燕太清楼,辅臣、宗室、两制、杂学士、待制、三司使副、知杂御史、三司判官、开封府推官、馆阁官、节度使至刺史皆预焉。"①文字与《辑稿》所引《麟台故事》完全一致,惟列于三月下。可见,《辑稿》所引《麟台故事》此条内容发生时间应是在"三月"无疑。不过,《长编》载此事在"己卯"日,是否为《辑稿》所载"二十一日",尚且存疑②。

可见,《辑稿》所存《麟台故事》第五条佚文"天圣三年二月",虽在所载内容的时间上恐有讹误,但这并不影响其本身所应当具有的文献价值。从辑佚的角度讲,第五条内容依然能够弥补现存《麟

---

① 《续资治通鉴长编》卷一百〇三《仁宗》,中华书局,1992年版,第2378页。

② 按:《宋会要辑稿》"仁宗天圣三年三月二十一日"条下所引《麟台故事》内容应是在三月,这与《续资治通鉴长编》同,可证《故事》所载此事为"二月"之误。但是,《长编》所载"己卯"是否为《辑稿》"二十一日",这是不能确定的。因为《长编》按月记事,当月起于"己亥",依次有"辛丑"、"壬寅"、"乙巳"、"丙午"、"丁未"、"辛亥"、"癸丑"、"甲寅"、"丁巳"、"庚申"、"乙丑",这十二个干支记事日前后处在二十六天之内,则是没有问题的;再从"己亥"至"甲寅"间隔十五天,则"甲寅"为当月二十一日,这也是没有问题的;而从"甲寅"至"丁巳"间隔十一天,则二十一日之后当月不可能再有十一天,故存疑。

台故事》辑本与残本之缺,从校勘的角度来看,也可以与《长编》、《宋史》相印证,补充所载之略。

(六)第六条:"天圣八年二月"条

《麟台故事》该条,也是以《辑稿》之双行小字注文的形式存留至今,所载事件发生在天圣八年(1030)。该条在引证《麟台故事》的同时,又引证了《东斋遗事》、《闻见录》各一条。《辑稿》载:"八年二月十九日,后苑赏花、钓鱼,观唐明皇山水字石于清辉殿,因命从官皆赋歌,遂宴太清楼。山水字石,先是永兴军辇至,起清辉殿以安之。是日,从臣应制,令中书第所赋优劣,而秘阁校理韩羲辞独不成,落职,出通判冀州。"后有注:

> 《麟台故事》:天圣八年二月,上幸后苑赏花,宴辅臣、宗室、从官,及三馆京官以上亦预。先是,得唐明皇山水字石于永兴,置于清辉殿。是日,命从臣观之,应制赋诗,上亲第其能否。集贤校理王琪诗最蒙称善,寻下褒诏,而度支员外郎、秘阁校理韩羲诗最恶,乃夺职为司封员外郎、通判冀州。
>
> 范蜀公《东斋遗事》:赏花、钓鱼赋诗,往往宿制。天圣中,永兴军进山水石,因命赋《山水石歌》,出于不意,多荒恶者。中坐优人入戏,各执纸笔若吟咏状。一人忽仆于石上,曰:"数日来作赏花钓鱼诗,准备应制,却被这石头擦倒。"明日降出诗,令中书铨定,内鄙恶者与外任。
>
> 《闻见录》:仁宗朝,王安石知制诰。一日,赏花钓鱼宴,内侍各以金蝶盛钓饵药置几上,安石食之尽。明日,帝谓宰臣曰:"王安石诈人也。使误食钓饵,一粒则止矣;食之尽,不情也。"[1]

---

[1] 《宋会要辑稿·礼》四五之三八、四五之三九《宴享三·杂宴·赏花钓鱼宴》,中华书局,1957年版,第35册,第1466页。

《辑稿》采《麟台故事》内容为其注,因南宋史官在整理官修旧本《宋会要》时,见《麟台故事》所载此事颇为详备,故引之以补其略。同时又见《东斋遗事》、《闻见录》所载与之相关,遂一并引之以证其事。现存《麟台故事》辑本和残本,均不见《辑稿》所引本条内容。查《长编》,此事发生在天圣八年三月"壬申"条:"壬申,幸后苑赏花钓鱼,观唐明皇山水字石于清辉殿,命从官皆赋诗,遂燕太清楼。每岁赏花钓鱼所赋诗,或预备,及是出不意,坐多窘者,优人以为戏,左右皆大笑。翌日,尽取诗付中书,第其优劣。度支员外郎、秘阁校理韩羲所赋独鄙恶,落职,降司封员外郎,同判冀州。"①可见,《长编》从所载时间上来看,与《辑稿》及所引证《麟台故事》该条之间,存在着"三月"和"二月"的差异;从所载内容来看,《长编》与《辑稿》较为接近,与《麟台故事》出入较大,与《东斋遗事》差距更大。至于《闻见录》,显然与《长编》、《辑稿》和《麟台故事》所载并非同一件事。特别是《辑稿》所引《麟台故事》的该条记载,前后有"先是"和"是日"两个关键词,不仅明确了整个事件产生的前因后果,而且确定所载之事进展的时间顺序。总之,比较众条,可见《麟台故事》之记载,时间、起因、经过及结果更为明确,详实程度远非《长编》等所能比及。

又检《宋史》仁宗本纪,仅记:"(天圣八年)三月壬申,幸后苑,遂宴太清楼。"时间与《长编》合,其他内容则过于简略实难比较。《宋史》王琪本传曰:"琪字君玉,儿童时已能为歌诗。起进士,调江都主簿……仁宗嘉之,除馆阁校勘、集贤校理。帝宴太清楼,命馆阁臣作《山水石歌》,琪独蒙褒赏。诏通判舒州。"②可佐证《麟台故事》所载王琪赋诗称善颇受仁宗赏识、韩羲赋诗最恶遭贬谪外任之事。惟韩羲《宋史》无传,《麟台故事》所载可补其缺。

---

① 《续资治通鉴长编》卷一百○九《仁宗》,中华书局,1992年版,第2537页。

② 《宋史》卷九《本纪第九·仁宗一》、卷三百一十二《列传第七十一·王珪(从兄琪)》,中华书局,1985年版,第188页、第10245页。

二、六条佚文的发现及文献价值

清代以来的学人，均未曾注意到旧本《宋会要》原注中引证有《麟台故事》的内容。起初是乾隆年间四库馆臣从《永乐大典》中辑出《麟台故事》时，无暇顾及搜检《宋会要》的有关记载。后来是嘉庆年间，徐松从《永乐大典》辑纂整理《宋会要》时，也没有专门搜辑《麟台故事》条目。直至清末陆心源及其后的诸多学人，整理《麟台故事》时都未注意到这一情况。这还可据《辑稿》成书之经历得见：宋仁宗天圣八年（1030）诏修《庆历国朝会要》，至理宗淳祐二年（1242）《宁宗会要》第四次进书，共二百十三年中，共修《会要》十一种，总计三千余卷。其中只有李心传继张从祖之后续修的《十三朝会要》，通记两宋十三朝之事为一书，并在蜀中刊刻，得以流传①。但我们现所见《麟台故事》六条佚文，并不是来源于这次刊刻的《十三朝会要》本，而是源于南宋修订之后藏于秘阁的官修旧本《宋会要》。元灭宋后，宋官修旧本《宋会要》又被掠入燕京。至明代修《永乐大典》时，文渊阁所藏宋官修旧本《宋会要》已残，仅存二百〇三册。于是，这些保存在旧本《宋会要》残注中的《麟台故事》内容，就连同旧本《宋会要》的正文一起被编入《永乐大典》中幸存下来。而文渊阁所藏这些旧本《宋会要》残本，一半以上在明宣德间毁于火灾，残存者又在明中期散佚。至清嘉庆十四年（1809），徐松入编修《全唐文》馆后，借编修《全唐文》之便，在"签注《大典》时，遇有《宋会要》，即另纸标以'全唐文'三字。盖徐氏力不能置写官，不得不借公济私，假托《宋会要》为纂修《全唐文》之资料，以授写官为之录副也。如是日积月累，据俞正夔《宋会要辑本·跋》引徐氏之言，所得无虑五六百卷。卷帙之巨大，可以想见。徐氏未及排比整理而卒。卒后其稿流落北平琉

---

① 王云海著《宋会要辑稿考校》，上海古籍出版社，1986年版，第3—4页。

璃厂书肆,为江阴缪荃孙所得。旋归广雅书局,时张之洞督两广,聘缪氏及武进屠寄任校勘,拟付剞劂,仅成职官一门而止。所有原稿,为书局提调华阳王秉恩所藏匿。民国四年(1915),王氏藏书散出,吴兴刘翰怡先生以重金购归。以原稿部类不明,先后杂厕,乃延仪征刘富曾、吴兴费有容重加厘订,而纠纷亦自此起矣"①。一九三一年北平图书馆从刘氏嘉业堂购得徐氏所辑原稿据以影印,定名《宋会要稿》。一九五七年中华书局再度影印,遂定名《宋会要辑稿》。这一《辑稿》所存的注文正是我们能够辑出《麟台故事》的依据。

《麟台故事》一书的材料,主要有两个来源:一是北宋所修历朝会要所载的史料(少数条目或许兼采国史、实录);二是程氏本人"采摭见闻"的材料②。因此,南宋史官整理前朝会要的过程中,不得不引证时人著述,《麟台故事》自然会被多所采纳,并在原书残缺乃至散佚之后,随官修旧本《宋会要》而保存了部分条目。

《麟台故事》这新见六条佚文,在《辑稿》中均属第三部分《礼》之下的《宴享》门,按照四库馆臣编排《麟台故事》辑本内容的标准,可勉强划归于辑本卷五之《恩荣》篇内,但难免会重蹈清代四库馆臣"颠倒讹夺,分合错乱"③的覆辙,终究被后世学人所非议。因此,我们建议采纳清人陆心源辑本补残本之编排法,例如从宋人周必大《玉堂杂记》和陈骙《南宋馆阁录》各辑出一条,将其作为佚文附于《补遗》之下,采用这一方法,应当较为合适。

总之,通过以上校证,可见今见于《辑稿》的《麟台故事》六条内容,虽与《长编》、《宋史》等传世文献有记载时间上的差异,但整体内容可与《长编》、《宋史》等所载互证,也可弥补《长编》、《宋史》乃至《麟台故事》的缺略,文献学价值特为珍贵。

---

① 《宋会要辑稿》卷首《影印〈宋会要辑稿〉缘起》(北平图书馆委会撰),中华书局,1957年版,第2页。

② 《麟台故事校证》卷首《前言》,中华书局,2000年版,第4—5页。

③ 《麟台故事校证》卷首《前言》,中华书局,2000年版,第9页。

第五章 《麟台故事》体例篇名及内容

北宋是我国古代史学特别发达的一个时期,不但史家辈出,而且诸多史著,传之后世,倍受推崇。史书编纂的各种主要体例产生,也进入成熟阶段。

如《春秋》开创的编年体,发展至北宋时,已出现了司马光主编的《资治通鉴》,这是公认的我国历史上第一部编年体通史,也是宋代史学辉煌成果的体现。传之后世则出现了通鉴体,而形成一个相对独立的史学体系。

又如由《史记》开创的纪传体,被历代正史所沿用,至北宋之前,已有班固《汉书》、范晔《后汉书》、陈寿《三国志》、沈约《宋书》、萧子显《南齐书》、魏收《魏书》、令狐德棻《梁书》、姚思廉《陈书》、李百药《北齐书》、令狐德棻《北周书》、魏徵《隋书》、房玄龄《晋书》、李延寿《南北史》、刘昫《旧唐书》等十余部,而北宋史馆又集体修撰了《新唐书》和《旧五代史》,后来欧阳修复重新私撰《新五代史》。相对于前代所修此类史籍而言,北宋时修成的这三部正史具有诸多新特点:《新唐书》增列表系,创新体例,有志书详细、列传充实的特点;《旧五代史》兼述十国、注意志书及帝纪、材料真实、叙述公正,《新五代史》则仿效《春秋》书法和《史记》体例①。特别是《新唐书》

---

① 李宗邺著《中国历史要籍介绍》,上海古籍出版社,1982 年版,第269—283 页。

和《新五代史》，倍受后世推崇，一度令先前刊行的《旧唐书》和《旧五代史》遭受冷遇几乎不传，在清代官修《四库全书》时已经散佚，今见者正是当时从《永乐大典》中辑出的本子。足见北宋在纪传体正史的修撰方面，并非简单的沿袭前人丰厚遗产，而是有所创变，所做出的成就确实非同凡响。

再如，典制体由《周礼》、《礼记》和正史的志书演化而来，至唐代，出现了杜佑《通典》，遂成为典制体史书的代表作。唐至北宋诸朝编纂的前朝和当朝《会要》，也采用这种体例，如唐德宗时苏冕的《会要》一百卷、北宋初王溥的《西汉会要》和《东汉会要》等等。

总之，程俱所处的时代，是一个史学相对发达的时代，编成《麟台故事》这样一部史料性的笔记，可汲取的历史文化营养相当丰富。加以程俱个人长期任职于国家典籍荟萃、天下鸿儒翔集的馆阁，专门从事过当朝会要、国史等的编修工作，因此在南宋初任职秘书少监的半年内，即便手头材料较为贫乏，也完全可以顺利著成《麟台故事》五卷十二篇这样一部专门记述北宋馆阁故事的史料笔记，且能够在体例上博采众长又有所创新。

第一节 《麟台故事》的体例

《麟台故事》一书，现已被列入《唐宋史料笔记丛刊》和《全宋笔记》之中，但其体例，又非文体相对自由、内容较为驳杂、不严格讲究撰著体例之类的一般意义上的笔记，而是专门记述一代一曹一司之旧事与历朝儆诫训诰之词的一部史料笔记。从《麟台故事》编纂的目的和记载文献典章制度的内容而言，该书"希图以此为方案来重建南宋藏书制度。该书分官联、选任、书籍、校雠、修纂、国史、沿革、省舍、储藏、职掌、恩荣和禄廪十二个专题，专题之下以时序排次掌故史实,可资以见北宋皇家的文献典章制度"①。《麟台故事》可认为是"综合记述北宋馆阁制度的一部专门性史料工具书"(张富祥语)②,"它分门别类地记载了馆阁典章制度的源流沿革"(黄宝华语)③,实际上颇富学术性。但是《麟台故事》之体例,则有其特殊性。

一、《麟台故事》体例的特殊性

在程俱撰著《麟台故事》的时代,史籍各体中不但编年体、纪传体体例已臻完备,而且典制体也已成熟。典制体史书,其"优点是包括典章制度的范围广泛,基本是属于史料性的著作。缺点是它不能全面地反映一个时期历史的基本面貌"④。程俱对这一点很明确。他曾在馆阁编纂过《徽庙实录》二十卷,有机会阅读《国史》、《实录》、《会要》等大量馆阁旧藏原始史料,也积累了不少编纂史书的经验。于是程俱依据《麟台故事》所记载的对象——北宋馆阁,采用典制体史书的体例,并加以改进。一方面,按北宋馆阁运行制度、寓所、官吏和职能四个主要方面,设立十二个主题篇目,分别编纂各种史料:一是以馆阁制度的建置为主,设立《沿革》篇;二是以

---

① 徐雁编《中国历史藏书常识录》,收入《中国历史藏书论著读本》上卷,四川大学出版社,1990年版,第29页。按:鉴于现有《麟台故事》各版本内容均残缺不完,目前还不能完全确定《麟台故事》四库辑本辑出的九个篇目形成的九个专题,与影宋残本存有的六个篇目形成的六个专题,就是原本五卷十二篇所构成的十二专题。故此言十二专题,也仅仅是据现有的状况而言,并不一定就符合《麟台故事》旧本的原貌。

② 《麟台故事校证》卷首《前言》,中华书局,2000年版,第1页。

③ 《麟台故事》,收入朱易安、傅璇琮、周常林、戴建国主编《全宋笔记》第二编,大象出版社,2006年版,第9册,第217页。

④ 李清凌著《史学理论与方法》第五编《历史学方法(下)》,甘肃民族出版社,1993年版,211页。

馆阁寓所的建设为主,设立《省舍》篇;三是以馆阁官吏的选任、执掌、位遇等为主,编为《官联》、《选任》、《职掌》、《恩荣》和《禄廪》五篇;四是以馆阁收藏、整理、修纂的基本职能为主,分编为《书籍》、《校雠》、《储藏》、《修纂》和《国史》五篇[1]。另一方面,针对典制体史书的缺点,予以改进。即围绕北宋馆阁这一主题,多种材料事以类聚,分类设篇,有序排列。在十二篇下,不同材料分别按时间先后顺序编排增删。每个专题,都是一个前后照应、首尾连贯、有始有终、重点突出、主旨鲜明的独立整体。这一体例,排列有序,是吸收了《春秋》以来传统编年体的优点;内容统一完整,是吸取了《史记》以来纪传体的长处;叙事严谨、首尾兼顾,又明显地学习了会要类史著体例。例如《麟台故事》残本中保存比较完整的《书籍》篇,以"建隆初"开篇,继以宋初太祖、太宗扫平诸国,尽收典籍的内容,其后按年月顺序,排比北宋历朝广征天下图籍的相关事件、朝廷律令、君臣嘉言、馆臣事迹、馆阁活动等材料,在正文终了时,又有较为明确的结尾语:"事未毕而国家多故矣。"在记述中遇到一些极有必要补充说明的地方,则以"其先"、"先是"等引入,补叙详情及原委。应该说,整个《书籍》篇的材料,足令阅者对北宋馆阁书籍之事一览无余。

不过,《麟台故事》这一体例,也还是存在着难以避免的缺陷。某一件事或者某次活动,虽然微小到无法为之单独设立门类,专门记述始末,但它有可能牵扯到两个以上所设专题。若在每一个专题中,都详载其全部内容或者过程,自然会出现不必要的重复;若有选择地记述与之紧密相关的部分内容,或者局部经过,又必然会把一个完整的事件或者活动分解得支离破碎。例如,北宋馆阁编修校订《九域图志》的有关记载,散见于《国史》、《修纂》等篇内,既

---

① 此处所列《麟台故事》篇名,仅是为了便于说明而立名,并不一定与原本旧貌相吻合。有关该书篇名的问题,可参见本书专门的论述。

不完整，又存在着相互重复的内容。又如元丰改制时，秘书省与馆阁制度的变化情况，关涉诸专题，残本卷一上《官联》篇"国初循前代之制"条，先云：

> 元丰官制行，尽以三馆执事归秘书省，省官自监少至正字皆为职事官。

残本卷一上《官联》篇"元丰五年官制行"条，又云：

> 元丰五年官制行，即崇文院为秘书省，以寄禄官易监、少至正字，以秘书监、少监、丞、郎、著作郎、佐郎、校书郎、正字为职事官，馆职不复试除。至元祐中，又举试学士院入等者，命以为校理、校勘，供职秘书省。若秘书省官，则不试而命。见带馆职人依旧，如除职事官，校理以上转一官，校勘减磨勘三年，校书减二年，并罢所带职。

后在残本卷一上《官联》篇末，再云：

> 元丰官制：秘书监、少监各一人，或少监二人；丞二人；秘书郎二人，通掌省事；著作郎、佐郎各二人，专修日历；校书郎四人，正字二人，校对书籍。

同一事在残本卷一上《选任》篇中也有记载，先云：

> 至元丰改官制。易崇文院为秘书省，自正字以上虽同职事官，然选任之意尚仿祖、宗故事云。

残本卷一上《选任》篇继云：

> 元丰官制行，始以龙图阁直学士、判将作监王益柔为秘书监。明年，出知蔡州，以司勋郎中叶均为秘书少监。不阅月，会李常为礼部侍郎，太常少卿孙觉有亲嫌，遂以觉为秘书少监，而均为太常少卿。明年，右谏议大夫赵彦若以越职言事降为秘书监，然亦皆一时之选也。均，故翰林学士清臣之子，治

平初,以宰执荐召试馆职入等。

又在残本卷三下《国史》篇中,再云:

> 元丰官制既行,日历归秘书省国史案,专以著作郎、佐郎
> 修纂,别置国史院或实录院修先朝实录、国事,于是国史、日历
> 分为二焉。

可见有关制度变迁的内容,不可避免分散出现在不同专题中。总之,《麟台故事》的体例是比较特殊的。与该书内容、体例大致同类的唐、宋人著作还有唐开元年间韦述所著《集贤注记》、北宋元祐年间宋匪躬所著《馆阁录》、北宋崇宁年间罗畸著《蓬山志》五卷等,这些撰作于程俱撰《麟台故事》之前,目前均已散佚①,当时程俱是否参考,已无从得知,但从《麟台故事》成书时的背景来看,程俱得见的可能性很小。南宋时期受《麟台故事》影响而产生的同类著述之编纂情况,可佐证这一点。如淳熙年间陈骙著《南宋馆阁录》十卷(原名《中兴馆阁录》),嘉定年间又有重新编次的续编本《馆阁续录》十卷②。陈骙以程俱之书为尊,不但体例完全相同,而且有关篇目的设置、内容的编排,也多有一致性。否则清代四库馆臣也不会无端按照同为《永乐大典》辑本的《中兴馆阁录》,来编排《麟台故事》的散见内容。

《麟台故事》影响至后世,出现了更多类似的分门别类专记一曹一司之旧事与儆诫训诰之词的断代史书。按照严格意义讲,此类史书不能简单地归于史料笔记类,或笔记小说之类。若要勉强称之为笔记,那也只能属于郑宪春所谓的"宋代的学术笔记"。此类笔记"是随宋代学术领域考据与辨证之学的兴盛而出现高潮,故每每重点突出,各显所长,内容上渐渐趋向于专门化、专业化,故而

---

① 《集贤注记》有今人陶敏辑校本《景龙文馆记本 集贤注记》,中华书局,2015年版,第200页。

② 《南宋馆阁录 续录》卷首《原序》,中华书局,1998年版,第3页。

也往往有独树一帜的学术价值",属于"考订名物、辨证典章经说的笔记"①。此类笔记的体例性质归属,还需要依据著者的编撰目的、编纂方式而定。

二、体例性质的界定

《麟台故事》成书以来,著录时出现归类的差异:宋人晁公武《郡斋读书志》、陈振孙《直斋书录解题》、清代官修《四库全书总目》等公私书目,将该书归入史部之下的职官类;明人叶盛《箓竹堂书目》、明代官修《文渊阁书目》等公私书目,将该书归入史部之下的政书类;元代官修《宋史·艺文志》、明末清初人钱谦益《绛云楼书目》等公私书目,又将该书归入史部之下故事类。

多种书目中,不少将《麟台故事》归入史部职官类,是有一定道理的。因《麟台故事》内容包括北宋馆阁制度的沿革、馆址的变迁、官吏的职掌等。故四库馆臣在《续通志》中称:"故事类,一百九十八部。臣等谨按《御史台记》、《集贤注记》、《翰林故事》、《史馆故事》、《麟台故事》诸书志皆入故事类,据《崇文总目》、《遂初堂书目》、陈振孙《书录》、马贵与《经籍考》咸列职官。夫书以'御史'、'集贤'标题,则职官之书,非故事之书也。"②而《箓竹堂书目》、《文渊阁书目》则依据的是书中存有北宋帝王名臣的大量儆诫训诰之词,将其归入"故事类",也有一定道理。不过,从该书专门追述北宋馆阁旧事,旨在作为处理政务的依据看,将《麟台故事》归入故事类,应该是最为合适的。所谓"麟台"者,据周密《齐东野语》卷十四载,与"蓬山"、"蓬省"、"芸台"、"兰台"、"道山"等同为秘书省的别

---

① 郑宪春著《中国笔记文史》,湖南大学出版社,2004年版,第388页、第410页。

② 〔清〕嵇璜、曹仁虎等撰《钦定续通志》卷一百六十四《校雠略·故事》,《文渊阁四库全书》影印本,台湾商务印书馆,1986年版,第394册,第600页。

称。至于用"麟台"为秘书省别称,当始于唐代。《新唐书》载:"龙朔二年,改秘书省曰兰台,监曰太史,少监曰侍郎,丞曰大夫,秘书郎曰兰台郎。武后垂拱元年,秘书省曰麟台;太极元年曰秘书省。"①可见,麟台指秘书省无疑。所谓"故事",一是泛指,即典籍中所载前代发生的典型事例,后世往往可以作为行事的参照标准,又可称为典故或故实。如《续资治通鉴》"绍兴元年春正月改元绍兴条"云:"自绍圣废制科,至是始因德音下礼官讲求故事,然未有应者。""四月辛巳条"又云:"诏隆祐皇太后应行典礼,并比拟钦圣宪肃皇后故事,讨论以闻。朕以继体之重,当从重服。"再如绍兴十四年"五月辛未条"云:"故事,北使上寿毕,同百官殿上赐酒三行,次赴筵于尚书省。""十二月壬寅条"又云:"诏:'自今北使在庭,尝借官奉使者,并权立借官班。'自是遂为故事。"②诸如此类明确称为"故事"者,在《资治通鉴长编》、《玉海》、《宋史》等各类典籍中,举不胜举,《麟台故事》中也有许多这样的"故事"。二是特指,即古代编纂史书的一种体例,专门辑录典型人物、特殊事件、特别职官、重要部门等,在某一时期内出现的具有重大意义或者产生长远影响的言行。这类著述出现于汉代,唐宋时期为盛,正史的史部之下设"故事类",专门容纳这类史学著作。如《宋史·艺文志》将史部分为十三类:"一曰正史类,二曰编年类,三曰别史类,四曰史抄类,五曰故事类,六曰职官类,七曰传记类,八曰仪注类,九曰刑法类,十曰目录类,十一曰谱牒类,十二曰地理类,十三曰霸史类。"③《麟台故事》与班固《汉武故事》、韦述《集贤注记》等,共计一百九十八部二千〇九十四卷史书,被收入故事类。可见,程俱用"故事"冠名,

① 《新唐书》卷四十七《百官二·秘书省》,中华书局,1975年版,第1214页。
② 《续资治通鉴》卷一百〇九,"绍兴元年春正月改元绍兴"条、"四月辛巳"条;卷一百二十六,"绍兴十四年五月辛未"条、"十二月壬寅"条;分别在第2871页、2884页、3345页、3351页。
③ 《宋史》卷二百〇三《艺文二·史类》,中华书局,1985年版,第5085页。

不但在于《麟台故事》所载内容和该书撰著目的,而且在于《麟台故事》编纂时所采用体例,本为史书中的"故事类"。

不同书目对《麟台故事》的著录存在差异,也是因为历代正史的《艺文志》和公私书目中,故事类、政书类和职官类三者,作为史部之下所设的门类,设立的标准并不一致,而且相互间的界限也不是十分严格。如《隋书·经籍志》,将史部之下著录的书目分为十三类,其中设故事类和职官类,而不设政书类。后世《旧唐书·经籍志》、《新唐书·艺文志》、《宋史·艺文志》、《明史·艺文志》等,史部下的分类虽有一些变化,但基本上还是沿袭《隋书·经籍志》以来的分类方法:设故事类和职官类,而不设政书类。至于史部下设政书类的书目,主要出现于明清时期,如《文渊阁书目》、《箓竹堂书目》、《四库全书总目》等。其中所著录之书,在正史艺文志中,一般归入史部下的职官类或故事类。可见不同书目的史部之下,虽然政书类、故事类和职官类三类的设立情况不尽相同,但所著录之书,大部分是相同的。甚至有的私家藏书目录,直接设"故事职官"类,在史部之下把故事类和职官类合为一类,收录属于职官、故事或政书等相关门类的书。如明人《玄赏斋书目》①史部的著录情况正是如此。《麟台故事》被收入该书目卷二《史部·故事职官类》之下,与其并列著录在这一类的还有徐天麟《西汉会要》和《东汉会要》、王溥《唐会要》和《五代会要》、郑樵《通志》、杜佑《通典》、李肇《翰林志》、宋敏求《春明退朝录》等四十四部。

总之,《麟台故事》终究是一部典制体断代史书,作者程俱所采用的体例是故事类。该书被学人归入职官类、政书类或故事类,本

---

① 该书目的作者被现代学者认为有伪,本书再次引据,只是为了举出该书史部之下分类的一个特例,并不涉及其所载具体内容。参见李丹、武秀成《一部伪中之伪的明代私家书目——董其昌〈玄赏斋书目〉辨伪探》,载全国高等院校古籍整理研究工作委员会《中国典籍与文化》编辑部编《中国典籍与文化论丛》第九辑,北京大学出版社,2007年版。

无原则上的问题，只是不同书目史部下的分类标准不同所致。但是这也从另一个角度说明：《麟台故事》所载内容十分丰富，所创体例又确实具有一定的独特性。

第二节 《麟台故事》篇名及内容

自清嘉庆年间《麟台故事》残本出现以来，残本与辑本并行，但都不同程度地存在篇目和内容的窜乱缺失，无法尽显《麟台故事》原本的全部内容。不过，通过现存篇目（包括残本三卷六个篇目和辑本五卷九个篇目），还是可以了解北宋政府典藏情况、馆阁官员优厚待遇、馆阁制度沿革等，尤其是北宋馆阁藏书制度建立与完善的内容，诸多方面为其他宋代史籍远远不及。如欲了解北宋馆阁藏书的情况，通过残本中保存较为完整的《书籍》篇，可较为系统地看到北宋馆阁藏书的形成过程；通过残本中残存的《校雠》篇，可较为集中地看到北宋四十二年馆阁藏书整理的详细情况；通过残本和辑本各自保存的《修纂》篇，可较为全面地了解北宋馆阁修纂图籍的基本情况。

一、残本与辑本篇名异同比较

王应麟在《玉海》卷五十一《艺文》之"绍兴麟台故事"条称，淳熙四年（1177）陈骙为接续《麟台故事》所载，撰《馆阁录》十卷，记有九个篇名：《沿革》、《省舍》、《储藏》、《修纂》、《撰述》、《故实》、《官联》、《廪禄》、《职掌》，与典制故事类文献多有关联，四库馆臣即据此重辑并排列《麟台故事》篇目。这九个篇名与现存《麟台故事》辑本九个篇名相比，互异者各有两项，即辑本中有《选仕》和《恩荣》，而王应麟《玉海》无这两个篇名的记载;同样,王应麟《玉海》所记有《撰述》和《故实》,而辑本中却不见这两个篇名。再以王应麟所记九个篇名与《麟台故事》现存残本六个篇名相比,相同者仅有两项,即《官联》和《修纂》。除这两个篇名外,《玉海》所记其他七个篇名在残本《麟台故事》中均不见;同样,残本中有《选仕》、《书籍》、《校雠》和《国史》四个篇名,而王应麟《玉海》无此篇名的记载。去同存异,可知此类典籍一般不外乎《沿革》、《省舍》、《储藏》、《修纂》、《撰述》、《故实》、《官联》、《禄廪》(《廪禄》)、《职掌》、《选仕》、《恩荣》、《书籍》、《校雠》、《国史》等十余个篇目。

再把辑本、残本篇目相比较,二者共有的篇名为《官联》、《选任》、《修纂》三个,二者篇名相异的情况为:残本中有《书籍》、《校雠》、《国史》三个篇名,是辑本所没有的;而辑本中有《沿革》、《省舍》、《储藏》、《职掌》、《恩荣》、《禄廪》六个篇名,又是残本中所不见的。也就是说,残本中的《官联》、《选任》、《修纂》、《书籍》、《校雠》、《国史》六个篇目,肯定是程俱原书所有的篇目,而见于辑本却不见于残本的六个篇目,却不一定是原本所有。因为此类典籍的篇目名也有可能会是《撰述》、《故实》之类,在《麟台故事》残本和辑本中均不见,现无法排除这种可能性。

于是,若不计王应麟所记载的篇名与辑本和残本的不同,而依据残本所保留原本部分篇目的旧貌,把二者相同的三个篇目加上独见于残本的三个篇目和独见于辑本的六个篇目,就刚好可以凑够十二个篇名,亦即前人所谓“合永乐大典本所有六篇,恰完十二篇之旧”[①]。但这种说法,应该不可尽信。

这是因为,虽然辑本与残本之间不同的十二个篇目能够互相补足,但是各卷帙所属篇目的排列又是一个难以解决的问题。比

---

① 《铁琴铜剑楼藏书目录》卷十二《史部五·职官类》“《麟台故事》三卷(抄残本)”条,上海古籍出版社,2000年版,第302页。

如,残本卷一至卷三所存六个篇目《官联》、《选任》、《书籍》、《校雠》、《修纂》、《国史》可以不做变动,可是辑本中被四库馆臣辑出的六个篇目《沿革》、《省舍》、《储藏》、《职掌》、《恩荣》、《禄廪》,又该如何划分或归并为卷四和卷五?再者,卷首所载《进麟台故事申省原状》,可以被确定为原本旧貌,因其见于残本。然而,辑本卷末又附有《麟台故事后序》,可否可看作是《麟台故事》原本旧貌?显然,欲还原《麟台故事》原本的所有基本篇目,到目前为止还是不可能的。所以,若以简单的方式叠加辑本与残本的篇目,形成所谓原书十二个篇目的结论,既缺乏必要的材料依据,也缺乏严谨的考证过程,实在难以令人信服。

例如,今人宋立民在《古籍整理研究学刊》上发表的《〈麟台故事〉版本考》一文中称:"《麟台故事》系程俱于南宋高宗绍兴元年七月所著有关北宋馆阁制度的一部专著,五卷。分为沿革、省舍、官联、选任、书籍、储藏、校雠、修纂、国史、恩荣、职掌、禄廪十二篇,从该书序言来看,程俱完稿之时,并没有立即付梓刊行,而是'缮写成二册',正本呈送皇帝披阅,副本藏于秘书省……该书流传至今天,已无足本。其残本共有十三种,内容多寡不一,卷次、篇次、条次互歧。"并根据其所见《麟台故事》各种版本的编排体例,将该书分为"节选本"、"从《永乐大典》所辑五卷本"、"明影宋抄三卷本"、"四卷附补遗一卷本"、"五卷附拾遗二卷考异一卷本"[①]等五类十三种,逐一进行考订。应该说,宋先生此文作为对《麟台故事》一书进行版本研究的早期成果,成就固然功不可没,然而其不当之处也显而易见,即采用了较为简单而缺乏考订的方法,排列和对比现存不同版本中所见的篇目,之后再去同存异进行叠加,正好拼凑出《麟台故事》的十二个篇目。

---

① 宋立民著《〈麟台故事〉版本考》,刊于《古籍整理研究学刊》1986年第1期,第61—66页。

其中黄丕烈经眼见于残本的六个篇目,其名可定,是该书原有的篇名无疑,至于此外的六个篇名,事实上很难确定。而残本的六个篇名,只有"官联"、"选任"和"修纂"三个被清四库辑本采纳,而"书籍"、"校雠"和"国史"三个篇名,被清四库辑本刊落。换而言之,清四库辑本的九个篇目中,只有三个篇名与明影宋刊残本一致,另外六个篇名乃是明影宋刊本所没有的。如此以"9－3＋6＝12(篇)"的简单做法,来草率地确定该书原有篇目名,既缺乏必要的考证,也存在着诸多疏漏。

很显然,这是一种很不妥当的处理方式,其主要原因有三点:

第一,《麟台故事》清四库辑本五卷是在不见该书原本的前提下从《永乐大典》中辑出的,且不说其卷次的划分没有依据,就连九个篇目名的确定也是不可靠的。尤其是针对这一情况,正如张富祥在宋立民《〈麟台故事〉版本考》之后发文所认为的:"(《麟台故事》清四库辑本五卷)是由《永乐大典》中辑录出来的,仍题《麟台故事》本名,后来刊入《武英殿聚珍版书·史部》。但四库馆臣在辑录之时,完全打破了《大典》原载的次序,而纯按《南宋馆阁录》的篇目、体例对号填充,仍分《沿革》、《省舍》、《储藏》、《修纂》、《职掌》、《选任》、《官联》、《恩荣》、《禄廪》九门。"①可见,《麟台故事》清四库辑本的九个篇名本就不是直接源于原著或宋刻本,在确定该书篇目名方面不足为据。第二,宋人陈骙《南宋馆阁录》的修撰体例深受《麟台故事》影响,可是问题在于:清代四库馆臣所参考的《南宋馆阁录》并非原本,也同样是当时从《永乐大典》中辑出的本子。何况现所见《南宋馆阁录》篇目名与《麟台故事》的篇目名,也不尽相同,所存在的差异,又该当何论? 第三,据现今残存的《永乐大典》"职"字条之下几条幸存的《麟台故事》内容可知,清四库馆臣辑出

---

① 张富祥著《程俱〈麟台故事〉考略》,刊于《山东师范大学学报》(社科版)1993年第5期,第46页。

《麟台故事》五卷九篇时,并未见该书具体篇目名①。因此,并不能简单地将现所见不足三卷的《麟台故事》明影宋刊残本中六个篇名,加上唯见于清四库辑本的六个篇名,最终确定为该书原有的十二个篇名。正如张元济为《麟台故事》残本所撰《跋语》提出的质疑:"四库著录,《总目》称原书五卷,凡十二篇,篇名散见于《永乐大典》者只存其九,曰《沿革》、曰《省舍》、曰《储藏》、曰《修纂》、曰《职掌》、曰《选任》、曰《官联》、曰《恩荣》、曰《禄廪》。是本仅存三卷,凡六篇,除《官联》、《选任》、《修纂》外,有《书籍》、《校雠》、《国史》为《四库》所无,意必可补其阙矣。而庸知不然,武英殿聚珍本与是本篇次不符,即篇名相同而所收各条属于他篇者亦比比皆是……《南宋馆阁录》依斯书体例编纂,其篇目亦以《沿革》、《省舍》、《储藏》居前,而是本何以卷一即为《官联》、《选任》,次第亦嫌未合。"②

总之,就目前条件而言,《麟台故事》原本的篇名乃至顺序,实际上无法完全复原。

二、残本与辑本内容异同比较

四库馆臣据《中兴馆阁录》整理出《麟台故事》九个篇目,并从《永乐大典》中辑出八十余条材料,逐一归置于所立的篇目之下,"排比条贯,犹可成书"③,虽然功不可没,甚至可以说是《麟台故事》

---

① 这一情况可参见本书下文"《永乐大典》现存《麟台故事》材料疏证"。今见《永乐大典》的材料,均不见有《麟台故事》原书的篇目名,当初四库馆臣所见也应如此。

② 《麟台故事校证》残本卷末《张元济跋》,中华书局,2000年版,第336—337页。

③ 《麟台故事》辑本卷首《提要》,见《文渊阁四库全书》影印本,台湾商务印书馆,1986年版,第595册,第304页。

的二次成书。但是也不得不承认，四库辑本确实存在无法避免的问题：即其中掺入了四库馆臣大量"凭空排比"①的主观成分。嘉庆年间出现了保留原本旧貌的明影宋残本，学界据以对照辑本，可见辑本存在的问题主要有三个方面：一是辑本篇名虽与残本相同，但所录条目内容有许多不一致的地方，各种错置情况比比皆是，后世学人多有指正；二是辑本与残本不同的篇名下，又录有部分内容相同的条目，难以确认归属；三是除篇目异同之外，辑本还有与残本彼此互不见载的条目，更是难以确定其归属。

因此，起初学界是以残本与辑本各自为主，将对方内容补缀其内，前后形成了陆心源十万卷楼本和广雅书局本，这可说是两个全新的本子。后来又有张元济校订该书，分别举出残本与辑本篇目之异同，进而逐一说明诸篇目之下内容抵牾的条目，并在残本的黄丕烈所作跋语的基础上，提出相应的驳正：

> 《四库》著录……武英殿聚珍本与是本篇次不符，即篇名相同而所收各条属于他篇者亦比比皆是。如《沿革》篇内阑入原书《官联》第一、第六条；《储藏》篇内阑入《书籍》第五至第八条、第十二条；《修纂》篇内阑入《书籍》第十九条，《校雠》第二、第五、第八、第十、第十二条，《国史》第九条；《执掌》篇内阑入《官联》第五、第七至第九条、第十二条；《选任》篇内阑入《国史》第七条。惟《官联》篇未见他类，然是本《官联》篇凡十二条，第二条聚珍本未录；《选任》篇凡十三条，第五、六条未录；《修纂》篇凡十五条，第四、第九、第十一至十四条未录。依次推之，其他六篇必多遗佚。且所录各条有不完者，有分合错乱者，颠倒讹夺，不胜枚举。然《大典》编辑无绪，纂修《四库》诸

---

① 《麟台故事校证》残本卷末《张元济跋》，中华书局，2000年版，第336页。

臣裒辑丛残,凭空排比,得此已非易易,固不能执是本以相责也。是本遇宋讳玄、铉、桓、完、勾、购、慎等字,多阙末笔,必自宋本传录。然有疑者:卷首进书《申省原状》何以特阙"凡十有二篇"六字,五卷何以作三卷;《南宋馆阁录》依是书体例编纂,其篇目亦以《沿革》、《省舍》、《储藏》居前,而是本何以卷一即为《官联》、《选任》,次第亦嫌未合。意者影写之时,原书仅存三卷,状文已被剜改,卷第亦有移动,写官依样描画,故有此舛误。若黄复翁言,为影写者所为,则何不并将"书凡十有二篇"六字改为"书凡六篇",反尽泯其痕迹乎!是可见此六字,原书久作空白矣。原书每卷之上、中、下字,黄氏指为书贾所填,细辨诚信。聚珍本校勘殊慎,有可以纠正是本者,别撰校记附印如左。[①]

为了便于查阅,也为了能够更加直观、全面而清晰地展现《麟台故事》辑本与残本之间不同内容的载录情况,此下以学界现有研究成果为基础,将该书"辑本收录而残本不载的材料"、"残本保存而辑本不录的材料"、"辑本和残本共同载录的材料"三种情况分别列表统计如下,以供参考。

(一)辑本收录而残本不载的材料

《麟台故事》辑本收录而残本不载的各条材料,可以参考下表。[②]

---

① 据《麟台故事校证》残本卷末《张元济跋》,中华书局,2000 年版,第336—337 页。

② 此表中段首与段尾者,均以四库辑本为准;卷次、条次依据张本;张本,即张富祥《麟台故事校证》本,中华书局,2000 年版;黄本,即黄宝华《麟台故事》整理本,大象出版社,2006 年版。

四库辑本有而影宋残本无者统计表			
项目 篇目	段首与段尾起止	卷次、条次	张本、黄本页码
沿革	端拱元年五月辛酉……亦一时之妙也。	卷一之二	P18－19、P221－222
	淳化三年五月……诏分内藏西库地广秘阁。	卷一之四	P25、P223
省舍	大中祥符七年二月……为礼仪院故也。	卷一之五	P27、P224
	大中祥符八年荣王宫火……遂以旧地还内藏。	卷一之六	P28、P224
	天圣中……从之。	卷一之七	P30－31、P224－225
	天圣九年十一月……于是遂定。	卷一之八	P32、P225
	政和中……为京城官府之冠。	卷一之九	P34－35、P225－226
储藏	淳化三年九月幸新秘阁……乃圣化所及。	卷一之一一	P38、P226
	咸平二年七月……刘承珪等器帛职掌缗钱。	卷一之一三	P42、P226－227
修纂	大中祥符元年十一月……待制、馆阁官分撰。	卷二之六	P63、P231
职掌	元丰官制行……政和中,增置道教案。	卷二之二〇	P92、P238
	祖宗朝……剩员五人。	卷二之二二	P98、P239
选任	真宗咸平二年七月丙午……或至中夕焉。	卷三之二	P109、P241
	咸平中……除著作郎、直史馆。	卷三之三	P110、P241

（续表）

四库辑本有而影宋残本无者统计表			
项目 篇目	段首与段尾起止	卷次、条次	张本、黄本页码
选任	仁宗谓辅臣曰……并许请对。	卷三之九	P127、P245
	祖宗时……其有不思所以竭忠图报者乎。	卷三之一二	P144、P247
官联	咸平五年八月……故有是拜。	卷四之三	P166－167、P250
	咸平六年十月辛酉……不得以诸色优劳减选。	卷四之四	P167－168、P250－251
	大中祥符二年十一月……多涉机密之事故也。	卷四之五	P168－169、P251
	国史、会要……楷书六人。	卷四之六	P169、P251
	熙宁八年……出端门则赴省迎驾起居而已。	卷四之七	P170、P251
	元丰五年官制行……并罢所带职。	卷四之八	P171、P251
	祖宗时……遂格不行。	卷四之一○	P175、P252
	崇宁中……每名赏钱二百贯。①	卷四之一一	P177－179、P252－255
恩荣	太宗皇帝待遇三馆特厚……其从容文藻又过之。	卷五之一	P185、P256
	淳化初……恰似当年下第归。	卷五之二	P189、P256－257
	淳化元年八月一日……以旌秘省。	卷五之三	P191、P257－258
	淳化四年四月辛巳……三馆学士建州新茶各一斤。	卷五之四	P193、P258

---

① 四库辑本与黄本同,不分段;张本分为七段。又有七条原注。

（续表）

四库辑本有而影宋残本无者统计表			
项目 篇目	段首与段尾起止	卷次、条次	张本、黄本页码
恩荣	淳化四年……赐钱十五万。	卷五之五	P194、P258
	至道元年正月……从之。	卷五之六	P195、P258
	至道元年四月……杨亿赐绯鱼袋赏之也。	卷五之七	P196—197、P258—259
	咸平元年三月壬申……后常以为故事。	卷五之八	P199、P259
	咸平五年七月……因召从官射于后苑。	卷五之九	P200、P259
	大中祥符七年六月庚辰……命群臣属和。	卷五之一〇	P200、P259
	故事……从之。	卷五之一一	P201、P259
	故事……载于天圣令文。	卷五之一二	P201、P259—260
	仁宗每著歌诗……仍令馆阁官为诗赋以献。	卷五之一三	P203、P260
	唐张说为集贤院大学士……流风之所及欤。	卷五之一四	P203、P260
	故刑部胡尚书尝云……自后不复开矣。	卷五之一五	P206、P260
	政和中……幸太学。	卷五之一六	P207—208、P260—262
禄廪	政和禄格……幕职州县官不赐。	卷五之一七	P210—211、P262—263
	政和四年……钱三贯。①	卷五之一八	P213—215、P263—265

① 四库辑本与黄本未分段,张本分为八段。

(二)残本保存而辑本不录的材料

《麟台故事》残本保存而辑本不录的各条材料,可以参见下表①。

影宋残本有而四库辑本无者统计表			
项目 篇目	段头与段尾起止	卷次、条次	张本、黄本页码
选任	昭文馆,在唐为弘文馆……五品以上充。	卷一之二	P226、P272
	端拱元年初置秘阁……秘阁设官自此始②……与龙图阁官递宿。	卷一之八	P231、P275—276
	旧制……令止就贡院别试所考试。	卷一之一八	P236、P279
	至道二年九月……张泊之流翱翔馆阁者多矣。	卷一之一九	P243、P279
书籍	建隆初……又收其书籍。	卷二之一	P251、P286
	太平兴国九年正月……四方书籍往往出焉。	卷二之二	P254、P286—287
	端拱元年……别为书库,目曰"秘阁"。	卷二之三	P255、P287

---

① 此表中段首与段尾者,均以影宋残本为准;张本、黄本均同上表,卷次、条次依据张本。

② 本条"端拱元年……秘阁设官自此始",为辑本所无。"太平兴国中……则虽无书籍可也"辑本在卷二之一八;又"景德初……与龙图阁官递宿",辑本为卷二之二三。

（续表）

影宋残本有而四库辑本无者统计表			
项目 篇目	段首与段尾起止	卷次、条次	张本、黄本页码
书籍	淳化三年十月……秘阁学士观焉。	卷二之四	P255、P287
	至道二年六月……吕端等相率诣便殿称谢。	卷二之九	P258、P288
	咸平二年三月……余并督还。	卷二之一〇	P259、P288
	闰三月……安能及此也。	卷二之一一	P259、P288
	三年二月……三司使丁谓及李宗谔搜补遗阙。	卷二之一二	P262－263、P289
	大中祥符四年九月……从秘书监向敏中之请也。	卷二之一三	P264－265、P289
	八年夏,荣王宫火……判馆阁官不复关预。	卷二之一四	P266、P289－290
	天禧元年八月……从之。	卷二之一五	P268、P290
	二年五月……以藏书秘阁。	卷二之一六	P268、P290
	景祐元年闰六月……刻石记于院之西壁。	卷二之一七	P269、P290－291
	嘉祐五年八月壬申……模本而行之。 宝元二年……命藏于秘阁。 嘉祐七年六月丁亥……至是上之。 熙宁中……然不果行。①	卷二之一八	P271－272、 P291－292
	政和四年……事未毕而国家多故矣。	卷二之一九	P275－276、P292

---

① 影宋残本未分段;张本分段如上;黄本分三段,即将一二合为一段。

（续表）

影宋残本有而四库辑本无者统计表			
项目 篇目	段首与段尾起止	卷次、条次	张本、黄本页码
校雠	淳化五年七月……赍本就杭州镂版。	卷二之二〇	P281、P292－293
	咸平三年十月……锴特赐绯鱼袋。 四年九月……疏其谬误故也。①	卷二之二一	P282、P293
	咸平中……赐衍等器币有差。	卷二之二二	P283－284、P294
	景德元年三月丁酉……秘阁校理。	卷二之二三	P284、P294
	四年八月，选三馆、秘阁直官、校理校勘《文苑英华》、李善《文选》，摹印颁行。	卷二之二五	P285、P295
	八年十二月……以考其勤惰焉。	卷二之二六	P286－287、P295－296
	天圣二年六月……龙图阁待制刘烨提举之。	卷二之二八	P288、P296
	天圣三年六月……坐校勘太清楼书舛互故也。	卷二之二九	P289、P296
修纂	景德二年九月……《彤管懿范》。 景德二年九月……赐编修书官器币有差。②	卷三之三	P294－297、P298－301

---

① "四年九月……疏其谬误故也"一段，在辑本卷二之三。

② 此条四库辑本、张本、黄本均分段。辑本与残本相同处为"景德二年九月……陈越同编修"，又"初命钦若、亿等编修……《册府元龟》"。辑本与残本相近处为："又录前人事迹八十卷，赐名《彤范》。""又录妇人事迹八十卷，赐名《彤管懿范》。"又影宋残本还有几处文字为辑本所无"景德四年八月己亥……赐修书官器币有差"句，又"初令惟演等各撰篇目……赐修书官器帛，书吏缗钱有差"，又"诏钦若等赐坐……《修文殿御览》"，又"初命钦若、亿等编修……《册府元龟》"。

（续表）

影宋残本有而四库辑本无者统计表			
项目 篇目	段首与段尾起止	卷次、条次	张本、黄本页码
修纂	大中祥符元年……命集贤校理晏殊同修。	卷三之四	P297、P301
	六年九月……此盖详定《九域图志》之权舆也。……更赐名曰《九域志》。①	卷三之六	P300－301、P301－302
	明道二年正月……从之。	卷三之九	P302－303、P302－303
	三年八月……御史等观之。	卷三之一一	P304、P303－304
	五年五月……仍赐器币有差。②	卷三之一二	P306－307、P304
	嘉祐二年……太子中舍陈检并为校正医书官。	卷三之一三	P310、P304
	六年三月……郭固编校秘阁新藏兵书。	卷三之一四	P311、P304
国史	国初……遂罢编纂。③	卷三之一六	P312－315、P305－307
	淳化五年四月……由是学者多自策励焉。	卷三之一七	P318－319、P307
	是月……直昭文馆李宗谔掌起居舍人事。	卷三之一八	P321－322、P307－308

①　此条"此盖详定《九域图志》之权舆也"以下至"更赐名曰《九域志》"在辑本卷二之一七。

②　影宋残本此条与上一条分段，黄本此条与上一条合为一段，张本上一条与此条分为"卷三之一一"、"卷三之一二"两条。

③　影宋残本与黄本均未分段，张本分为三段。

（续表）

影宋残本有而四库辑本无者统计表			
项目 篇目	段首与段尾起止	卷次、条次	张本、黄本页码
国史	至道三年……李沆继成焉。	卷三之一九	P322—323、P308
	景德二年……亦尝修日历。	卷三之二〇	P324—325、P308
	四年八月……陈尧叟始请别撰焉。①	卷三之二一	P326、P308
	九年八月……亦不修《日历》。②	卷三之二三	P329、P309
	元丰二年八月九日……然卒不果行。 十一月……延和殿承旨司奏事后直前陈述。 八月甲寅……故有是诏。③	卷三之二五	P331—332、P309—310
	七年五月乙卯……归史馆。	卷三之二六	P333、P310

（三）辑本和残本共同载录的材料

《麟台故事》辑本和残本共同载录的各条材料,可参照下表。④

---

① 影宋残本与姚本段首均无"咸平"二字,黄本与张本段首均有"咸平"二字。

② 影宋残本、姚本段首均无"大中祥符"四字,黄本、张本均有"大中祥符"四字。

③ 张本将三段合为"卷三之二五"一条。

④ 此表中段首与段尾者,左边以四库辑本为准,右边以影宋残本为准;张本、黄本均同上表,卷次、条次依据张本。

四库辑本				影宋残本			
四库辑本与影宋残本相同者比较表							
篇名	段首与段尾起止	张本卷次、条次	张本、黄本页码	篇名	段首与段尾起止	张本卷次、条次	张本、黄本页码
沿革	国初……盖不与他司等也。	卷一之一	P7 P221	官联	国初……盖不与他司等也。	卷一之一	P225 P273
	端拱元年……属京百司。①	卷一之三	P21—23 P221—223		端拱元年……属京百司。②	卷一之七	P229—230 P274—275
储藏	淳化元年……藏于秘阁。	卷一之一〇	P37 P226	书籍	淳化元年……藏于秘阁。	卷二之五	P256 P287
	至道元年……近代无比。	卷一之一二	P39—40 P226—227		至道元年六月……近代无比。	卷二之八	P257—258 P287—288
	咸平三年二月……仍录别本藏三馆。	卷一之一四	P43 P227		三年二月……仍录别本藏三馆。③ 四年十月,诏曰……李宗谔搜补遗阙。	卷二之一二	P262 P289
	咸平间,帝尝谓宰相曰……庶绝因循……泌领集库……三百卷以上量材录用。	卷一之一五	P43—44 P227—228		帝尝谓宰相曰……庶绝因循。	卷二之六	P256 P287
					直史馆谢泌上言……三百卷以上量材录用。④	卷二之七	P257 P287
修纂	太平兴国七年……雍熙三年上之,凡一千卷。	卷二之一	P47 P229	修纂	淳化七年九月……三年上之,凡一千卷。⑤	卷三之一	P293 P298
	咸平三年十月……至是,复诏成之。	卷二之二	P51 P229		咸平三年十月……至是,复诏成之。	卷三之二	P294 P298

　　① 张本、黄本均为"淳化元年八月"。
　　② 同上注。
　　③ 四库辑本段首有"咸平"二字,又四库辑本此条以下无"四年十月,诏曰……又命三司使丁谓及李宗谔搜补遗缺"。
　　④ 四库辑本合为一条,影宋残本分为两条。
　　⑤ 四库辑本段首为"太平兴国七年九月",张本、黄本此条首均为"太平兴国七年九月"。影宋残本段首为"淳化七年九月"。又影宋残本有双行小字夹注。

（续表）

四库辑本与影宋残本相同者比较表							
四库辑本				影宋残本			
篇名	段首与段尾起止	张本卷次、条次	张本、黄本页码	篇名	段首与段尾起止	张本卷次、条次	张本、黄本页码
修纂	咸平四年九月……疏其谬误故也。	卷二之三	P52－53 P229－230	校雠	咸平三年十月……疏其谬误故也。②	卷二之二一	P282 P293
	景德二年九月……赐名《彤范》。① 景德四年八月己亥……赐修书官器币有差。	卷二之四	P54－55 P230－231	修纂	景德二年九月……陈越同编修。初令惟演等……《册府元龟》……《修文殿御览》，……赐名《彤管懿范》。	卷三之三	P294－297 P298－301
	大中祥符元年六月……故有是命。	卷二之五	P60 P231	校雠	大中祥符元年六月……故有是命。	卷二之二四	P285 P294－295
	大中祥符元年十二月……送五使看详。	卷二之七	P63 P232	修纂	十二月……送五使看详。③	卷三之五	P300 P301
	大中祥符九年三月……因射于太清楼下。	卷二之八	P64 P232	校雠	大中祥符九年三月……因射于太清楼下。④	卷二之二七	P288 P296
	天禧四年……《圣政记》一百五十卷。	卷二之九	P65－66 P232－233	修纂	天禧四年……《圣政记》一百五十卷。⑤	卷三之七	P301－302 P302
	天圣末国史成……赐三品服。	卷二之一〇	P68－69 P233		天圣末国史成……赐三品服。	卷三之八	P302 P302
	景祐元年九月……宋郊器币有差。	卷二之一一	P70－71 P233	校雠	景祐元年九月……宋郊器币有差。⑥	卷二之三〇	P290 P296－297

---

　　①　四库辑本此处为"前人事迹"、"《彤范》"，影宋残本此处为"妇人事迹"、"《彤管懿范》"。

　　②　影宋残本与四库辑本相同处为"四年九月……疏其谬误故也"。在辑本卷二之三。辑本无"咸平三年十月……锴特赐绯鱼袋"一段文字。

　　③　影宋残本段首无"大中祥符元年"六字。

　　④　影宋残本段首无"大中祥符"四字。又"王钦若"前脱"加"字。又四库辑本"初暐"作"祁暐"。

　　⑤　影宋残本段首多"夏"字，又残本"李迪同参详"后有双行小字夹注。又残本所述人物均有职官名，而辑本以"词臣"总括之。

　　⑥　影宋残本为"景祐一年"。又张本、黄本均为"景祐二年"。

（续表）

四库辑本与影宋残本相同者比较表							
四库辑本				影宋残本			
篇名	段首与段尾起止	张本卷次、条次	张本、黄本页码	篇名	段首与段尾起止	张本卷次、条次	张本、黄本页码
修纂	景祐三年十月乙丑……馆阁官宴于崇文院。	卷二之一二	P73 P234	校雠	景祐三年十月①乙丑……馆阁官宴于崇文院。	卷二之三一	P290 P297
	仁宗尝集天地辰纬……于秘阁。	卷二之一三	P74 P234	书籍	嘉祐五年八月……不果行。②	卷二之一八	P272 P291—292
	庆历元年十二月……亦预之。	卷二之一四	P75 P234—235	修纂	庆历元年十二月……亦预之。	卷三之一〇	P303 P303
	嘉祐四年九月……从之。	卷二之一五	P77 P235	国史	嘉祐四年九月……从之。	卷三之二四	P330 P309
	熙宁三年十月……仍令都副承旨管勾。	卷二之一六	P78 P235	修纂	熙宁三年十月……仍令都副承旨管勾。	卷三之一五	P312 P304—305
	熙宁八年六月……名曰《九域志》。	卷二之一七	P79 P235		六年九月……名曰《九域志》。③	卷三之六	P300—301 P301—302
职掌	秘书省在光化坊……则虽无书籍可也。	卷二之一八	P81—82 P236—237	官联	秘书省在光化坊……则行纠弹之职也。	卷一之六	P228 P273—274
					端拱元年初置秘阁……与龙图阁官递宿。④	卷一之八	P231 P275—276

---

① 张本此处有"十月"，黄本无之。

② 影宋残本与四库辑本相同处只有："宝元二年，仁宗尝集天地辰纬……命藏于秘阁。"但有个别文字出入。

③ 影宋残本与四库辑本此条相同处为："熙宁八年六月……更赐名曰《九域志》。"四库辑本此条无"六年九月……此盖详定《九域图志》之权舆也"此段文字。

④ 本条辑本与残本相同之处仅为："秘书省在光化坊……则行纠弹之职也。"又"太平兴国中……则虽无书籍可也"一段辑本在卷二之一八；又"景德初……与龙图阁官递宿"，辑本为卷二之二三。又"端拱元年……秘阁设官自此始"，此段文字为辑本所无。

（续表）

四库辑本				影宋残本			
篇名	段首与段尾起止	张本卷次、条次	张本、黄本页码	篇名	段首与段尾起止	张本卷次、条次	张本、黄本页码
职掌	崇文院与三馆直院……盖校书之比也。	卷二之一九	P87 P237	官联	崇文院与三馆直院……殊故也。	卷一之九	P232 P276
					嘉祐四年正月……盖校书之比也。①	卷一之一○	P232 P276
	崇宁以后……而处之无术也。	卷二之二一	P95 P238—239		元丰官制……而处之无术也。②	卷一之一三	P233—234 P276—277
	景德初置龙图阁学士……龙图阁官递宿。	卷二之二三	P99—100 P239		端拱元年初置秘阁……景德初置龙图阁学士……龙图阁官递宿。③	卷一之八	P231 P275—276
选任	国初既已削平僭乱……故事云。	卷三之一	P105 P240	选任	国初既已削平僭乱……故事云。	卷一之一四	P234—235 P278
	秘阁初建……端拱元年也。		P105 P240		秘阁初建……端拱元年也。	卷一之一五	P235 P278
	秘阁既具官属……直昭文馆，备三馆之职。		P105—106 P240		秘阁既具官属……备三馆之职。⑤	卷一之一六	P235 P278
	祖宗朝，馆职多以试除……后为名臣。④		P106 P240—241		祖宗朝，馆职多以试除……后为名臣。	卷一之一七	P235 P278
	乾兴元年十一月……遂以命之。	卷三之四	P111 P241—242	国史	乾兴元年十一月……遂以命之。	卷三之二二	P329 P309

① 张本校勘为"此条残本析为卷一之八、卷一之九"。又张本残本校勘为"以上两条辑本合为卷二之一九"。笔者认为此条析为卷一之一九与卷一之一○，张本归属有误。

② "元丰官制……其溢员皆外补"在辑本卷四之九。又"崇宁以后……而处之无术也"在辑本卷二之二一。又影宋残本与黄本均为一段，张本分为两段。

③ 本条"端拱元年……秘阁设官自此始"，为辑本所无。"太平兴国中……则虽无书籍可也"辑本在卷二之一八；"景德初……与龙图阁官第宿"，辑本为卷二之二三。

④ 本条四库辑本合为一段，张本分为四段。其中第三段段末影宋残本比辑本多"备三馆之职"一句。

⑤ 本条段末为"备三馆之职"，与张本同。

（续表）

四库辑本				影宋残本			
篇名	段首与段尾起止	张本卷次、条次	张本、黄本页码	篇名	段首与段尾起止	张本卷次、条次	张本、黄本页码
选任	明道年间,武宁军节度使兼侍中……遂除秘阁校勘。	卷三之五	P112—113 P242	选任	武宁军节度使兼侍中夏竦……安石直集贤院。	卷一之二一	P245—246 P281—282
	景祐三年……安石直集贤院。	卷三之六	P118 P242—243				
	庆历五年……入等者除之。①	卷三之七	P120—122 P243—244		庆历五年……试入等者除之。②	卷一之二〇	P243—245 P279—281
	嘉祐三年……率常除足。	卷三之八	P126 P244		嘉祐三年……则试策一道而已。③	卷一之二二	P247—248 P282—283
	嘉祐中……或合入差遣。	卷三之一〇	P127—128 P245				
					嘉祐三年……英宗尝谓辅臣曰……则试策一道而已。	卷一之二二	P247—248 P282—283
					元丰官制行……诏试馆职人等。	卷一之二三	P248—249 P283
	英宗尝谓辅臣曰……亦清选也。	卷三之一一	P131—132 P245—247		秘书省建……盖史官难其人如此。	卷一之二四	P249 P283—284
					元丰五年六月……亦清选也。④	卷一之二五	P249 P284
					元丰七年……盖咨选如此。	卷一之二六	P249 P284
	元丰七年……以兼国史院官故也。	卷三之一三	P148—149 P247—248		故事……以兼国史院官故也。	卷一之二七	P250 P285

　　① 四库辑本为一段,张本分三段:"庆历五年……并临时听旨。""祖宗朝有馆阁读书……盖天下之英也。""先是……诏试入等者除之。"

　　② 影宋残本与黄本辑本残本均未分段。又张本辑本与残本均分段异。残本校勘部分分两段:"庆历五年……盖天下之英也。""先是……诏试入等者除之。"

　　③ 影宋残本与张本此为一段,黄本此处将"元丰官制行……诏试馆职人等"一段,并入该段。

　　④ 影宋残本、黄本分三段,张本分五段。

（续表）

| 四库辑本与影宋残本相同者比较表 ||||||||
| 四库辑本 |||| 影宋残本 ||||
篇名	段首与段尾起止	张本卷次、条次	张本、黄本页码	篇名	段首与段尾起止	张本卷次、条次	张本、黄本页码
官联	宋集贤院大学士一人……或差二人。① 三馆通为崇文院……又置同勾当官一人。 秘阁至端拱二年于崇文院中堂建……咸平后皆不领务。②	卷四之一	P159 P249	官联	集贤院大学士一人……或差二人。 三馆通为崇文院……又置同勾当官一人。 秘阁，端拱二年于崇文院中堂建……咸平后皆不领务。④	卷一之四 卷一之五	P227 P273 P227 P273
	史馆旧寓集贤院……余官为检讨。	卷四之二	P163 P250		史馆旧寓集贤院……余官为检讨。	卷一之三	P226—227 P272—273
	元丰官制……溢员皆外补。③	卷四之九	P171 P252		元丰官制……其溢员皆外补。⑤	卷一之一三	P233 P276—277
	政和七年……视殿中丞。	卷四之一二	P182 P255		政和七年……监门使臣一员则本省奏辟。	卷一之一二	P232—233 P276
	宣和二年……监门使臣一员则本省奏辟。	卷四之一三	P183 P255				

　　总之，通过上述辑本与残本卷次、条次、篇目、内容等的异同比较，再参考近年学术界对《麟台故事》整理的成果（张本、黄本等），会很直观地得出这样一些结论：

　　一是辑本九篇收录而残本不载的材料，以《恩荣》篇为最，《官

---

① 影宋残本、黄本、张本段首均无"宋"字。
② 张本分为三段，四库辑本与黄本未分段。
③ 黄本此处"有"下无"一"字。
④ 影宋残本、黄本、张本段首均无"至"字，影宋残本、黄本未分段，张本分为三段。
⑤ 影宋残本、黄本均未分段，张本分段。

联》次之,其余又次之。

二是残本六篇收录而辑本不载的材料,以《书籍》篇为最,《校雠》、《国史》、《修纂》三篇次之,《官联》、《选任》二篇又次之。

三是《麟台故事》辑本中的内容有相当大的一部分与残本类同,但也存在一些文献流传中形成的字词差异。针对这一点,除本书所列《四库辑本与影宋残本相同者比较表》外,还有张元济校勘二本后《校勘记》,如下所列[1]:

卷次	页次	行次	本书(残本)	聚珍本(辑本)
卷一	三	后九	其秘书省事亦掌为	为下有之字
	四	前十	而兰台亦所藏之书	以下有有字
	五	前十	其书省	其下有秘字
	五	后八	则所掌祠祭祀版而已	祀作祝
	十三	后二	自后五六岁不出仕官	官作宦
卷二	十三	后十	王钦若检校太师	王上有加字
	十四	前一	直集贤院初暐	初作祈
	十四	后四	景祐一年(一为二之半形)	一作元,注谓当作二年
卷三	一	后三	知制诰范果	果作杲
	六	前八	请出御集钱解其义	钱作笺
	七	后五	天章阁待讲	待作侍
	七	后八	内殿承制正从礼	正作王

四是辑本与《宋会要辑稿》、《续资治通鉴长编》、《南宋馆阁录》、《玉海》等文献的异同者,可参考四库馆臣的按语,但四库馆臣

---

① 此表据张元济《跋》后所列《校勘记》略作修整而成。张元济此次整理并不全面,如残本卷三下《国史》载"乾兴元年十月",而辑本卷三《选任》载"乾兴元年十一月",两者相异,并未指出。

也有考证不严谨之处,可参见姚伯岳标点本、张富祥校证本和黄宝华整理本;残本与诸文献异同者,又可参考张富祥校证本。

五是辑本与残本之间互不见载的不同内容正好说明:辑本的祖本和残本的祖本并非同一个本子,这是由于二者在各自的流传过程中,不仅残缺的程度不同,而且缺失的内容也不一致。因此,又可更进一步肯定:《麟台故事》在编入《永乐大典》之时已经残缺,这也与当时杨士奇等编《文渊阁书目》时所见《麟台故事》已残缺的实际情况相吻合。

三、《麟台故事》的主要内容

长期以来,《麟台故事》被诸多目录学学者归入史部职官类,主要原因就在于,该书的主要内容是馆阁藏书制度。

馆阁作为宋代昭文馆、史馆、集贤院和秘阁的总称,是在北宋国家藏书制度建立的历史发展过程中形成的。结合《麟台故事》与其他宋代文献来看,馆阁全面承担北宋国家藏书的职能,至少经历了两个重要的时期:一是从宋太祖至宋太宗初即位,约有二十年,属于北宋因循前代藏书制度的过渡时期;正是在这一时期内,北宋国家藏书制度经历了从沿袭到创立的阶段,即从继承前代三馆到新建崇文院。二是崇文院阶段,从宋太宗太平兴国三年(978)初三馆整体迁入禁中新建馆址开始。也正是在这一时期内,三馆各有职官设置,然时人的评议认为:"直馆修撰校理之职,名数虽异,职务略同。"[①]即三馆职能渐趋合一,又与崇文院中新建的秘阁,职能和职官类同,合称馆阁,又称崇文院。于是馆阁的整体地位和影响随秘阁的新建而日益攀升,与典籍收藏、整理及利用相关的职能也更加集中而凸显,这标志着以馆阁为核心的具有时代特色的国家

---

① 《麟台故事》辑本卷五《恩荣》。

藏书制度正式确立,并开始迅速发展起来。直到元丰改制后,居于崇文院的馆阁与秘书省合二为一,通称秘书省,即正式确立了秘书省对三馆秘阁的领导地位①。此后宋人习惯上所谓的崇文院、馆阁、秘书省,实际上是很难区分的同一机构。果真要把三者加以区别,也只能说所称崇文院者,一般是指馆阁或秘书省的机构所在地;所称馆阁者,一般是指崇文院或秘书省作为国家藏书机构的主要职能;所称秘省省者,一般是指的馆阁或崇文院所在国家行政机构。也就是说,此后的馆阁或称崇文院,正式归入正常设置的国家行政机构的序列之中。元丰改制后的进一步发展,使北宋以馆阁为核心的具有时代特色的国家藏书制度日趋完善。

《麟台故事》现存材料还不足其原本一半的局限性,决定了仅靠《麟台故事》一书,对北宋国家藏书制度问题进行全面而又系统的深入探讨,是远远不可能做到的。也就是说,若要形成一个较为全面而系统的研究成果,不仅需要以《麟台故事》诸篇所载有关馆阁藏书制度的内容为主,而且还需要结合现存《宋会要辑稿》、《续资治通鉴长编》、《宋史》及其他宋人笔记、文集之类的文献,并参考今人的研究成果,才能对北宋馆阁藏书制度的初创、建立、发展乃至完善做出较为全面而系统的研究。因此,我们以下只是据《麟台故事》现存材料,分"有关馆职设置情况的史料价值"、"有关馆职选任情况的史料价值"、"有关馆阁藏书形成情况的史料价值"、"有关馆阁藏书校勘情况的史料价值"、"有关馆阁藏书修纂情况的史料价值"、"有关馆阁吏配置情况的史料价值"六个方面,安排在第六章第二节之下探讨,其侧重点是揭示《麟台故事》的学术价值。

---

① 《宋麟台故事》卷首《导读》,载于《中国历史藏书论著读本》,四川大学出版社,1990年版,第98页。

第三节 《麟台故事》辑本材料来源考略

《麟台故事》辑本与现存残本之间，不仅篇名与内容存在着很大的差异，而且二者在先后编纂成书的过程中，因诸多因素导致各自所采用材料的来源也完全不同。

关于辑本，清乾隆年间修《四库全书》时，四库馆臣认为《麟台故事》原本已在流传过程中完全散佚，于是将《永乐大典》中辑出的八十余条材料编纂成新的本子。据此可认为四库辑本材料的直接源头是《永乐大典》。此外可参考的其他材料，仅仅是《说郛》本中存留的六条。

关于残本，清嘉庆年间，黄丕烈得见书商手中出售的残存不足三卷的《麟台故事》明影宋残本，此本不知何时残缺，当据绍兴年间以后刊行的宋刻本影写，在很大程度上保留着原本旧貌。程俱在南宋初编纂《麟台故事》时，所依据的原材料主要来自北宋旧本《会要》、《国史》、《实录》等史籍，影宋残本材料的直接源头，即为这些旧本史籍。据今人张富祥《麟台故事校证》的考察，该书绝大部分材料都能够从现存《宋会要》中找到有关的记载。

有鉴于此，我们不再考察《麟台故事》辑本、残本材料的来源问题，而在此主要探讨以下两个方面的问题：一是清代四库馆臣从《永乐大典》辑出《麟台故事》材料八十余条，有两部分幸存至今，犹见于现存《永乐大典》，我们对这两部分材料分别疏证，以考察当初四库馆臣辑出《麟台故事》时的一些具体做法。二是《说郛》仍保存《麟台故事》六条材料，我们将其与《麟台故事》的四库辑本和影宋残本分别比勘，以考察当初四库馆臣如何处理并存于《永乐大典》和《说郛》的《麟台故事》材料。

一、《永乐大典》现存《麟台故事》材料疏证

鉴于《永乐大典》绝大部分被毁,欲逐一考察《麟台故事》辑本所有材料在《永乐大典》中的来源,可能性已不大,但《麟台故事》中有两处,仍有幸见于《永乐大典》,此外还有一部分材料,是《永乐大典》保存而《麟台故事》不载的内容,现皆考辨于下,以供参研。

(一)《麟台故事》残本材料见于《永乐大典》者疏证

据现存《永乐大典》载:

> 宋明道年间,武宁军节度使兼傅中夏竦、武胜军节度使同中书门下平章事程琳荐尚书屯田员外郎张硕、秘书丞蔡抗、太子中舍季仲昌、节度掌书记李师锡等试馆职。仁宗以谓:"馆职当用文学之士,名实相称者居之,时大臣所举,多浮薄之人,盖欲以立私恩尔,朕甚不取也。"于是,硕等送审官院与记姓名而已。然士逊之子友直竟为秘阁校勘,与盛度之子申甫皆赐同进士出身。后陈升之为谏官,言:"比来馆阁选任益轻,非所以聚天下贤才、长育成就之意也,请约自今在职者之数,著为定员,有论荐者,中书籍其名。若有阙,即取其文学行义杰然为众所推者召试。仍不许大臣缘恩例求试补亲属。"上曰:"自今大臣举馆职,中书籍其名。即员阙,选其文行卓然者取旨召试,学士院考校,毋得假借等第。"自是,近臣无复以恩求试职者。至至和元年十月,宰臣刘沆子太常寺太祝瑾,令学士院召试馆职。先是,沆以监护温成皇后园陵毕,固辞恩赉,而为其子请之,嘉祐二年,遂除馆阁校勘。景祐三年四月,宰臣文彦博言:"直史馆张瓖十余年不磨勘,朝廷奖其退静,尝特迁两官,今自两浙转运使代还,差知颍州,亦未尝以资序自言。殿中丞王安石进士第四人及第。旧制:一任还,进所业求试馆

职。安石凡数任,并无所陈,朝廷特令召试,而亦辞以家贫亲老。且文馆之职,士人所欲,而安石恬然自守,未易多明。大理评事韩维,尝预南省高荐,自后五六岁不出仕宦,好古嗜学,安于退静,并乞特赐甄擢。"诏赐张瓌三品服;召王安石赴阙,俟试毕,别取旨;韩维下学士院与试。然二人者卒不就试。至和二年,始以维为史馆检讨。嘉祐元年,瓌同修《起居注》。四年,安石直集贤院。英宗尝谓辅臣曰:"馆阁所以育俊才,比欲选人出使无可者,岂乏才耶?"参知政事欧阳修曰:"取才路狭,馆阁止用编校书籍选人,进用稍迟,当广任才之路,渐入此职,庶几可以得人。"赵概曰:"养育人材,当试其所长而用之。"上曰:"公等为朕各举才行兼善者数人,虽亲戚世家勿避,朕当亲阅可否。"宰相曾公亮曰:"使臣等自荐而用之,未免于嫌也。"韩琦曰:"臣等所患,人才难于中选。果得其人,议论能否,固何嫌也?"上固使荐之,于是琦、公亮、修、概所举者凡十余人,上皆令召试。琦等又以人多难之,上曰:"既委公等举,苟贤,岂患多也?"乃先召尚书度支员外郎蔡延庆、尚书屯田员外郎叶均、大常博士刘攽、王汾、夏倚、太子中允张公裕、大理寺丞李常、光禄寺丞胡宗愈、雄武军节度推官章惇、前密州观察推官王存等十人,余须后试。已而召试学士院,夏倚、章惇虽入等,以御史有言,倚得江西转运判官,惇改著作佐郎而已;以刘攽、王存为馆阁校勘,张公裕、李常为秘阁校理,胡宗愈为集贤校理。治平四年,御史吴申言:"先诏十人试馆职,渐至冗滥,兼所试止于诗、赋,非经国治民之急。欲乞兼用两制荐举,仍罢诗、赋,试论、策三道,问经、史、时务,每道问十事,以通否定高下去留。其先召试人,亦乞通新法考试。"诏:"两制详定以闻。"其后翰林学士承旨王珪等言:"宜罢试诗、赋,如申言。"于是诏:"自今馆职试论一首,策一道。"至元祐中,复举试馆职,则试策一道而已。①

在《永乐大典》"职"字条下,所引《祖宗馆制》、《黄氏日抄》、《石林燕语》、《续资治通鉴长编》、《麟台故事》、《耆旧续闻》、《东轩笔录》、《却扫编》、《容斋五笔》、《冯太师集》等文献,均属于馆职类内容。上文所引现存《永乐大典》中的《麟台故事》这一材料,即处于《续资治通鉴长编》和《耆旧续闻》二书的记载之间,这正好表明:编纂《永乐大典》时,《麟台故事》的材料不是被整本书收入,而是根据不同的选材要求被分割成若干部分后,与不同文献所载同类内容编缀在一起成文。此处收入《麟台故事》的这两部分材料,就是按照馆职选任的选材要求选入的,而且还存在着很明显的证据。

例如,材料开首即称"宋明道年间",对于生活在两宋之际的作者程俱而言,一般不会出现直接称"宋某某年"这样的情况,显然,这是明代把《麟台故事》的材料分解之后,再编入《永乐大典》各条目之下时留下的痕迹。

又如材料行文中有"然士逊之子友直竟为秘阁校勘,与盛度之子申甫皆赐同进士出身"一句,突然出现了"士逊之子"与"盛度之子"的记载,显然,这是由于征引原文不全的原因所致。尤其是这一点,由于现存《永乐大典》的材料缺失,已经无法对照其本身的记载直接做出判断。但根据四库馆臣从《永乐大典》中辑出的《麟台故事》辑本卷三《选任》篇载,在现存《永乐大典》的这一部分材料之后,先是追述天圣四年(1026)之事,即"枢密副使张士逊请其子大理评事友直为校勘";而后又述及明道二年(1033)的同类事件,即"光禄寺丞盛申甫、马直方犹自陈在馆阁读书岁久,愿得帖职"。再依据现存《麟台故事》残本卷一上《选任》篇,也将张士逊与盛度分别为其子恩请馆阁馆职之事,记载得十分清晰。也就是说,尽管这

---

① 《永乐大典》卷二万四百七十九《二质·职·馆职》,中华书局,1986年版,第7727—7728页。

些事件在不同版本中所属篇目和卷次不同,但事体本身记载的完整性并不存在问题,所以不会影响读者产生此类质疑。然而,这两件事在现存《永乐大典》的记载中,由于不见与之相关的前一部分内容,自然也看不到整个事件的前提(或因归属于其他条目之下而现在看不到了),所以就造成了现存《永乐大典》中"士逊之子"与"盛度之子"之类令人倍感突兀而又难以明了的疑问。

于是,为了在进一步阐明问题的过程中言之有据,我们将这一材料与《麟台故事》辑本、残本之间存在的实际情况,核对如下:

首先,现存于《永乐大典》中的本部分《麟台故事》材料,被四库馆臣辑出之后,排入《麟台故事》辑本卷三《选任》篇时,又作了较大的改动。如辑本中"英宗尝谓辅臣曰"之前的材料,即被四库馆臣分为连续的两条——第五条"明道年间"条和第六条"景祐三年四月"条,并删除了"明道年间"前的"宋"字;在第六条之后,又顺次排列的四条材料:"元丰五年"条、"嘉祐三年"条、"仁宗谓辅臣曰"条和"嘉祐中"条,这四条材料,显然是四库馆臣根据当时从《永乐大典》中辑出的其他材料所作的补充,其在现存《永乐大典》中已经缺失,故无法详细核对;在这四条材料之后,又安排的是"英宗尝谓辅臣曰"一条材料,即第十一条,但是在"至元祐中,复举试馆职,则试策一道而已"之后,在同一段内又多出"元丰官制行"至"亦清选也"的内容,共计三百一十六字。足见,现存《永乐大典》本的这一材料与《麟台故事》辑本之间的差异还是比较大。而这一差异越大,无疑表明四库馆臣在辑出该书时所做改动越大。

其次,再把现存《永乐大典》中的《麟台故事》这一材料与现存《麟台故事》辑本、残本中相应内容进行比较,就会出现一些令人费解的问题:一是现存《永乐大典》中有"武宁军节度使兼傅中",这在现存《麟台故事》辑本和残本中均作"侍中",而非"傅中"。依据残本来看,则很有可能是明代编纂《永乐大典》时出现的讹误,若非如此,则另当别论。再依据辑本来看,则可以肯定是四库馆臣作了订正的结果。然而,四库馆臣依照惯例,每当勘正文字之后,一般都会加按语说明勘正的依据,可是为何会在此处不加按语呢?二是现存《永乐大典》中有"未易多明",在现存《麟台故事》辑本和残本中均作"未易多得",按照常理,辑本与《永乐大典》相同,应作"未易多明",才合乎逻辑,可恰恰相反的是辑本与残本相同。如此一来,四库馆臣在不见残本的情况下,既然能够改"明"为"得"字,使辑本与残本一模一样,可是为何在此处勘正文字之后又不加按语呢?三是现存《永乐大典》中有"自后五六岁不出仕宦",在现存《麟台故事》残本中"仕宦"作"仕官",而辑本与《永乐大典》同,作"仕宦"。今人张富祥校证残本时,便把残本中的"仕官"改为"仕宦",指出:"'宦'原作'官',据《长编》卷一七○及辑本改。"①很显然,此处作"仕宦"是最合理的,改动也有依据。但是,这一字的校改结果,则完全表明残本在流传的过程中出现了讹误,必改无疑。可是最终并没有解决的关键问题又在于:这在一定程度上还不能说明《麟台故事》原本究竟是作"仕官",还是作"仕宦"。这是因为,无论辑本还是残本,均非原宋刻本。四是现存《永乐大典》中有"大常博士刘攽、王汾……以刘邠、王存为馆阁校勘","大常""刘邠"在《麟台故事》辑本和残本中均作"太常"和"刘攽",显然是明代编纂《永乐大典》时出现的问题,"太"和"大"在古代文献中区分不严,可是"刘邠"应为"刘攽"之讹,既然辑本是从《永乐大典》中辑出,四库馆臣也在此处作了订正,可是为何又不加按语呢?

最后,在《麟台故事》残本卷一上《选任》篇中,现存《永乐大典》中的这一材料,正好是第二十一条和二十二条,但与《大典》本有异,即残本《选任》篇在"武宁军节度使"之前,无"宋明道年间"一语;而《大典》本又在"安石直集贤院"之后和"英宗尝谓辅臣曰"之前,无"嘉祐三年"至"或合入差遣"数语,计二百八十七字。可见,

---

① 《麟台故事校证》,中华书局,2000年版,第246页。

残本所载这一部分内容较《永乐大典》本更为详细。这一事实表明：此类增删改，也可能是《麟台故事》被编入《永乐大典》时有所删节的缘故。不过，以现存《永乐大典》这一材料与残本《选任》第二十一条、二十二条互见的内容作比较，就会发现：除上文述及的"傅"与"侍"、"明"与"得"、"宦"与"官"、"邪"与"效"等五处文字差异外，还有'季仲常"是否为"李仲常'之存疑，其余二者均无差别，表现出从内容到形式上的完全一致。因此，现存《永乐大典》这一材料与辑本之间存在的一些差异，应是四库馆臣所为。

　　总之，通过此上对比分析可以看出，《永乐大典》本显然是更多地保留了《麟台故事》原本旧貌的特征，但这并不排除《永乐大典》对收入其中的材料不作改动。如《永乐大典》本的第一句"宋明道年间"，《麟台故事》残本该条不见此句，应当是编入《永乐大典》时增加的，而且还加得很有问题。因此张富祥在辑本此条后加按语认为：

　　　　按：夏竦、程琳荐张硕、蔡抗等人事，本书系于"明道年间"，当系误书。据《长编》卷一六九：皇祐二年"冬十月丙辰"，"河阳三城节度使兼侍中英国公夏竦为武宁军节度使，进封郑国公"；"武昌节度使同平章事判大名府程琳为武胜节度使"。是此时夏、程方加武宁、武胜节度，盖因明堂大礼（是年九月）而推恩。又，又据《宋会要·选举》三一之三五：嘉祐三年"十一月二日，学士院试将作监丞郑獬赋诗三上，太常博士蔡抗赋诗三下，獬为著作郎直集贤院，抗本官充秘阁校理。"则蔡抗召试馆职更后于明道二十余年；且蔡氏景祐中进士，亦不得于此前之明道年间即已荐试馆职。疑"明道年间"当作"皇祐年间"。残本不载此四字，当有所据。似是本书之明以前传本已有阙脱，而《永乐大典》编纂者以意为之，妄填"明道"二字。其张硕等人送审官院记姓名事待查。馆职荐举令中书门下籍记举状姓名当始于嘉祐二年,参校证(三)所引《宋会要》之文。①

这一考证所得出的结论是正确的,也与我们通过疏证《大典》本所载得出的结论相一致。此后又依据《宋会要·选举》、《宋会要·职官》、《宋会要·崇儒》、《长编》、《宋史》、欧阳修《论举馆阁之职劄子》等文献中的相关记载,校证了《麟台故事》该条材料中的误载。

(二)《麟台故事》残本失载材料见于《永乐大典》者疏证

据现存《永乐大典》载:

> 故刑部胡尚书尝云:"祖宗时,馆职暑月许开角门,于大庆殿廊纳凉。因石曼卿被酒扣殿求对,寻有约束,自后不复开矣。"②

这一部分,在《麟台故事》残本中不存,在辑本中被四库馆臣作为单独的一条材料编排入卷五《恩荣》篇第十五条,未作任何改动。该条材料在《恩荣》篇中排列的大致情况,是其前为"仁宗每著歌诗"条,其后为"政和中车驾幸秘书省"条。详考其实际内容,该条与前后各条并无必然的内在联系,只因其所载内容表明馆阁文臣享有较为特殊的优待,如"馆职暑月许开角门,于大庆殿廊纳凉"之类,当属朝廷优遇馆阁文士的一种异恩殊荣的体现,故应将其归入《恩荣》篇。

另外,该条材料还存有可疑之处,即"故刑部胡尚书"究竟是谁?现存文献中并没有记述清楚。今据张富祥考证云:"胡尚书,当指胡交修。交修与程俱同年生,而早程氏两年谢世,《宋史》卷三

---

① 《麟台故事校证》,中华书局,2000年版,第113—114页。
② 《永乐大典》卷二万四百七十九《二质·职·馆职》,中华书局,1986年版,第7728页。

七八有传。其绍兴中曾由翰林学士知制诰兼侍读除刑部尚书。"①
然而此说与实际情况并不吻合,这是因为据《宋史》胡交修本传载:
"建炎初,以中书舍人召,辞不至,改徽猷阁待制、提举杭州洞霄宫。
三年,复以舍人召,诏守臣津发,寻进给事中、直学士院兼侍讲……
六年,召为给事中、刑部侍郎、翰林学士、知制诰兼侍读。久之,迁
刑部尚书。"此载"六年",据该卷《校勘记》曰:"六年,承上文,当指
建炎六年,但建炎无六年。据《系年要录》卷六九、七七、八五、九
五、一〇〇及《宋中兴学士院题名录》,下文胡交修历任各职分别在
绍兴三年、四年、五年、六年,此处纪年有脱误。下文'八年'应为
'绍兴八年'。"②也就是说,绍兴六年(1136)之后,胡交修任刑部尚
书之时,距程俱《麟台故事》书成的时间已有近六年,怎么会在《麟
台故事》的行文中出现提前称胡交修为"故刑部胡尚书"的情况?
很明显,该书中所载"故刑部胡尚书"肯定不会是胡交修,应当另有
其人,有待于详考。不过,针对该材料的真实性,《麟台故事校证》
依据《铁围山丛谈》卷一、《梦溪笔谈》卷九、《玉海》卷一百六十、《皇
宋事实类苑》卷二十四引《蓬山志》等的记载,认为"石延年曼卿被
酒叩殿求对事疑传闻非实。《宋史》卷四四二本传不载其事"③。应
当肯定,这是合乎事实的观点。

(三)《麟台故事》失载材料见于《永乐大典》者辨析

　　《永乐大典》在所载《麟台故事》材料之后,引《耆旧续闻》记载
朝廷按例向馆阁馆职赐花和赐酒,是《麟台故事》所不载的内容。
即曰:

①　《麟台故事校证》,中华书局,2000 年版,第 206 页。
②　《宋史》卷三百七十八《胡交修》,中华书局,1985 年版,第 11676 页、第11684 页。
③　《麟台故事校证》,中华书局,2000 年版,第 206 页。

故事,馆职每洛阳贡花到,例赐百朵,并赐南库法酒。此二者《麟台故事》不载,因志之。①

显然,《永乐大典》之所以载录此条,是为了补充《麟台故事》所载馆职选任和享有恩荣方面的缺失。然而,历来对于《耆旧续闻》的著者是否为南宋人陈鹄,尚有异议,对该书记载的可靠程度也还存有质疑。杨士奇等奉旨清点国家藏书并编定的《文渊阁书目》中称:"《宋麟台故事》一部一册阙。"②此处所谓的"阙",则正好表明:《麟台故事》一书在编入《永乐大典》之前,就已非全本。既然出现如此状况,怎么能够依据一个残缺不全的本子,在当时就依从《耆旧续闻》所载,断言"此二者《麟台故事》不载"呢?尽管现存《麟台故事》辑本和残本中确实均不载"此二者",但是这也未必能够肯定原本中确实不载。

二、《说郛》所存《麟台故事》六条内容比勘

依据现存文献的实际状况来看,《麟台故事》辑本中源于《永乐大典》的诸多材料现虽已无法核查,但四库馆臣编纂时曾参考过的、存于《说郛》本的六条材料,还是完全可以核实的。十分幸运的是现存《麟台故事》辑本和残本中,均存录这六条材料,故极有必要将其一一比勘如下,以证其本该具有的校勘学价值。

(一)"《天神祥异书》"条

《说郛》卷三十四《麟台故事·天神祥异书》曰:

---

① 《永乐大典》卷二万四百七十九《二质·职·馆职》,中华书局,1986年版,第7728页。
② 《文渊阁书目》卷十四《宿字号第一厨书目·政书》,见王云五主编《丛书集成初编》本,商务印书馆,1935年版,第173页。

（《说郛》本原注:《天神祥异书》）宝元二年,上尝集天文、辰纬、云气、杂占凡百五十六篇,杂三十门,为十卷,号《宣元天神祥异书》,召辅臣于太清,出而示之,命发于秘阁。①

该条材料被四库馆臣编排在《麟台故事》辑本卷二《修纂》篇中,即曰:

> 仁宗尝集天地、辰纬、云气、杂占凡百五十六篇,离三十门,为十卷,号《宝元天人祥异书》。宝元二年,召辅臣于太清楼,出而示之,命庋于秘阁。

同时,该条材料又见于《麟台故事》残本卷二中《书籍》篇中,即曰:

> 宝元二年,上尝集天地、辰纬、云气、杂占凡百五十六篇,离三十门,为十卷,号《宝元天人祥异书》,召辅臣于太清楼,出而示之,命藏于秘阁。

该条在现存《麟台故事》辑本之中,则归于卷二《修纂》篇之下,为第十三条,其前为"景祐三年十月乙丑"条,其后为"庆历元年十二月"条。在《麟台故事》残本之中,则归于卷二中《书籍》篇之下,为第十八条,其前为"嘉祐五年八月壬申"条,其后为"嘉祐七年六月丁亥"条②。比较具体内容,《说郛》本该条与《麟台故事》残本该条之间,虽然存在着"天文"与"天地"、"离"与"杂"、"宣元天神"与

---

① 以下所引《说郛》本的六条材料,以及《麟台故事》辑本、残本的相应记载,均为原文献。《说郛》本据《四部集要》影印本,辑本据《文渊阁四库全书》影印本,残本据《四部丛刊续编》影印本。

② 参见《麟台故事校证》,中华书局,2000年版,第73—75页、第271—272页。以上引文中的文字因比勘之需,故与原文献保持一致,不作乙正。另外部分标点符号不确者,则有改动。以下同此类者,不再一一注明。

"宝元天人"①、"太清"与"太清楼"、"命发"与"命藏"等五处字词差异,但相比之下残本内容与《说郛》本所载更接近,这至少说明《说郛》本该条内容在记载的形式上保留了《麟台故事》原本旧貌。相反,辑本与《说郛》本和残本之间差别较大,不仅存在多处字词差异,而且文句次序亦有不同之处,这说明四库馆臣在辑出《麟台故事》时,不仅将该条内容归错了篇次,而且作了很大的改动。尤其是"宝元二年"一语改移至"《宝元天人祥异书》"之后,造成了"宝元二年"之前的诸多事端似乎不一定属于本年份发生的疑惑。四库馆臣如此乱改,却又不在此条下加按语说明,显然是不合常理的举动。

(二)"《文苑英华》"条

《说郛》卷三十四《麟台故事·文苑英华》曰:

> (《说郛》本原注:《文苑英华》)淳化七年九月,诏翰林学士承旨李昉、翰林学士扈蒙、侍中直学士院徐铉、中书舍人宋白,知制诰贾黄中、吕蒙正、李至,司封员外郎李穆、库部员外郎杨徽之、监察御史李范、秘书丞杨砺,著作佐郎吴淑、吕文仲、胡河汀,著作佐郎直史馆戴贻庆、国子监丞舒雅等阅前代文集,撮其精要,以类分之,为《文苑英华》(其后李昉、扈蒙、吕蒙正、李至、李范、杨砺、吴敞、吕文仲、胡河汀、戴贻庆、杜镐、舒雅等并领他任,续命翰林学士苏易简、中书舍人王祐、知制诰范杲、宋湜与宋白等共成之)。雍熙三年上之,凡一千卷。

该条材料被四库馆臣编排在《麟台故事》辑本卷二《修纂》篇中,即曰:

---

① 因"宝元二年"即一〇三九年,"宝元"是宋真宗的年号,宋代并无"宣元"年号,故《说郛》本中"宣"实为"宝"之讹。

太平兴国七年,诏翰林学士承旨李昉、翰林学士扈蒙、给事中直学士院徐铉、中书舍人宋白、知制诰贾黄中、吕蒙正、李至、司封员外郎李穆、库部员外郎杨徽之、监察御史李范、秘书丞杨砺、著作佐郎吴淑、吕文仲、胡汀、著作佐郎直史馆战贻庆、国子监丞杜镐、将作监丞舒雅等阅前代文集,撮其精要,以类分之,为《文苑英华》。续命翰林学士苏易简、中书舍人王祐、知制诰范杲、宋湜与宋白等共成之。雍熙三年上之,凡一千卷。

同时,该条材料又见于《麟台故事》残本卷三下《修纂》篇中,即曰:

淳化七年①九月,诏翰林学士承旨李昉、翰林学士扈蒙、给事中直学士院徐铉、中书舍人宋白,知制诰贾黄中、吕蒙正、李至,司封员外郎李穆、库部员外郎杨徽之、监察御史李范、秘书丞杨砺,著作佐郎吴淑、吕文仲、胡汀、著作佐郎直史馆战贻庆、国子监丞杜镐、将作监丞舒雅等阅前代文集,撮其精要,以类分之,为《文苑英华》。(其后李昉、扈蒙、吕蒙正、李至、李穆、李范、杨砺、吴淑、吕文仲、胡汀、战贻庆、杜镐、舒雅等并改领他任,续命翰林学士苏易简、中书舍人王祐、知制诰范杲、宋湜、与宋白等共成之。)雍熙三年上之,凡一千卷。

该条在现存《麟台故事》辑本卷二和残本卷三下《修纂》之中,均为开篇第一条②。相比之下,《说郛》本该条与《麟台故事》残本之间,虽然存在着"季昉"与"李昉"③、"胡河汀"与"胡汀"④、"戴贻庆"

---

① "淳化七年",应为"太平元年七年"之误。详见本书下文疏证。

② 参见《麟台故事校证》,中华书局,2000年版,第47页、第293页。

③ 《说郛》本中"季",根据该本上下文及《麟台故事》残本和辑本应为"李"之讹。

④ 据《麟台故事校证》本称:"胡汀'汀'上原有'河'字,据《宋会要·崇儒》五之一及本书残本删。"中华书局,2000年版,第48页。

与"战贻庆"①、"吴敝"与"吴淑"②、"范杲"与"范果"③等五处人物名
称上的差异,但残本无论是内容还是形式上都更多地与《说郛》本
所载比较接近,特别是本书此上引文中括弧内的文字,本为双行小
字的原注,所有内容除《说郛》本缺"李穆"外,其余六十四字完全一
样,这足以说明《说郛》本所载该条内容的记载更多地保留了《麟台
故事》原本旧貌。相反,辑本无论与《说郛》本还是残本,都存在着
相当大的差异。究其原因,实乃四库馆臣辑出《麟台故事》时做了
改动。其中,有改动正确的地方,如《说郛》和残本开首均作"淳化
七年",确系"太平兴国七年"之误④;后又有"季昉",实即"李昉"之
讹等等。也有四库馆臣未作改动的属于《说郛》本的错误之处,如
《说郛》和残本中的"胡河汀"者,本为"胡汀"之误;又"戴贻庆"者,
本为"战贻庆"之误等等。同时也有四库馆臣不应当改动却做了改
动的地方。如"续命翰林学士苏易简、中书舍人王祐、知制诰范杲、
宋湜与宋白等共成之"一语,本为《麟台故事》作者程俱所作的原
注,这是原文献旧貌,既不应当改为正文,又不可省去该句之前的

---

①　此人应是"战贻庆",而非"戴贻庆"。此为战姓,早在南宋时已有定
论,《宋会要辑稿·崇儒》五之一《宋朝会要》之《编纂书籍》所载"太平兴国七年
九月"条中注曰:"熊克《九朝通略》并川本《小类书》所载,并取诸此名,《世姓氏
辨证》元有战姓。后汉初,战兢为谏大夫,今修书官战贻庆,殆其□□,《国史》
并《会要》并作'战',惟淳熙馆阁官以战姓为疑,偶失稽考。既修《中兴馆阁书
目》,乃改为'戴贻庆',误矣。今有忠训郎战迪,两任汀州差遣,见居于汀。"中
华书局,1957年版,第56册,第2247页。另据《麟台故事校证》本称:"战贻庆
'战'原作'戴',亦据《宋会要》及残本改。"中华书局,2000年版,第48页。
②　《说郛》本中"敝",根据该本上下文及《麟台故事》残本应为"淑"之讹。
③　《麟台故事》残本中"果"实为"杲"之讹。据《麟台故事校证》本称:
"'杲'原作'果',亦据辑本及《宋会要》等改正。"中华书局,2000年版,第294页。
④　据张富祥称:"'太平兴国七年'原作'淳化七年',显误。淳化止五年,
无'七年';且淳化年号晚于雍熙,尤不得进书在前,诏修反居其后。今据辑本
及《宋会要》等改正。"此证可从。详见《麟台故事校证》,中华书局,2000年版,
第294页。

三十五字。可令人不可思议的是,辑本虽有如此多的改动,但四库馆臣不加按语,注明改动的因由。

<h2 style="text-align:center">(三)"《续通典》"条</h2>

《说郛》卷三十四《麟台故事·续通典》曰:

> (《说郛》本原注:《续通典》)咸平三年十月,命翰林学士承旨宋白、起居舍人知制诰李宗谔修《续通典》,以秘阁校理舒雅、直集贤院李维、石中立、王随为编修官,直秘阁杜镐为检讨官。四年九月,成二百卷上之,诏付秘阁。先是,淳化中太宗命翰林学士苏易简与三馆文学之士撰集此书,会易简等各莅他务,寻罢其事。至是,复诏成之。

该条材料被四库馆臣编排在《麟台故事》辑本卷二《修纂》篇中,即曰:

> 咸平三年十月,上命翰林学士承旨宋白、起居舍人知制诰李宗谔修《续通典》,以秘阁校理舒雅、直集贤院李维、右中允、王随为编修官,直秘阁事杜镐为检讨官。四年九月成二百卷,上乃诏特付秘阁。先是,淳化中,太宗命翰林学士苏易简与三馆文学之士撰集此书,会易简等各莅他务,罢其事。至是,复诏成之。

同时,该条材料又见于《麟台故事》残本卷三下《修纂》篇中,即曰:

> 咸平三年十月,命翰林学士承旨宋白、起居舍人知制诰李宗谔修《续通典》,以秘阁校理舒雅、直集贤院李维、石中立、王随为编修官,直秘阁杜镐为检讨官。四年九月成二百卷上之,诏付秘阁,仍赐宴以劳之,赐器币有差。先是,淳化中,太宗命翰林学士苏易简与三馆文学之士撰集此书,会易简等各莅他

务,寻罢其事。至是,复诏成之。

　　该条在现存《麟台故事》辑本卷二和残本卷三下《修纂》篇之中,均为第二条①。相比之下,《说郛》本和辑本该条,除"先是"之前均缺少"仍赐宴以劳之,赐器币有差"十一字外,《说郛》本其余内容都与残本同,然而辑本与《说郛》本残本又有四处明显的差别:"命"前多"上"字、"石中立"作"右中允"、"杜镐"前多"事"、"诏付秘阁"作"上乃诏特付秘阁"。应该说,除了文献流传过程中,难以避免地产生一些讹、脱、衍、倒之类的文字问题外,这应当都是四库馆臣整理后的结果。可是,在此条之下依旧不见有馆臣所加的按语。

(四)"《册府元龟》"条

《说郛》卷三十四《麟台故事·册府元龟》曰:

　　(《说郛》本原注:《册府元龟》)景德二年九月,命刑部侍郎资政殿学士王钦若、右司谏知制诰杨亿修《历代君臣事迹》。钦若等奏请以太仆少卿直秘阁钱惟演、都官郎中直秘阁龙图阁待制杜镐、驾部员外郎直秘阁刁衎、户部员外郎直集贤院李维、右正言秘阁校理龙图阁待制戚纶、太常博士直史馆王希逸、秘书丞直史馆陈彭年、江屿、太子右赞善大夫宋贻序、著作佐郎直史馆陈越同编修。初命钦若、亿等,俄又取秘书丞陈从易、秘阁校理刘均。及希逸卒,贻序贬官,又命直史馆查道、太常博士王曙,后复命直集贤院夏竦,又命职方员外郎孙奭注撰《音义》。凡九年,至大中祥符六年,成一千卷上之。总三十一部,有总序,一千一百,有小序,又《目录》、《音义》各十卷。上览久之,赐名《册府元龟》,又录妇人事迹为八十卷,赐名《彤管懿范》。

---

① 参见《麟台故事校证》,中华书局,2000年版,第51页、第294页。

该条材料被四库馆臣编排在《麟台故事》辑本卷二《修纂》篇中,即曰:

> 景德二年九月,命刑部侍郎资政殿学士王钦若、右司谏知制诰杨亿修《历代君臣事迹》。钦若等奏请以太仆少卿直秘阁钱惟演、都官郎中直秘阁龙图阁待制杜镐、驾部员外郎直秘阁刁衎、户部员外郎直集贤院李维、右正言秘阁校理龙图阁待制戚纶、太常博士直史馆王希逸、秘书丞直史馆陈彭年、姜屿、太子右赞善大夫宋贻序、著作佐郎直史馆陈越同编修。初命钦若、亿等,俄又取秘书丞陈从易、秘阁校理刘筠。及希逸卒,贻序贬官,又取直史馆查道、太常博士王曙,后复直集贤院夏竦,又命职方员外郎孙奭注撰《音义》。凡九年,至大中祥符六年成一千卷上之。总三十一部,部有总序;一千一百四门,门有小类;外《目录》、《音义》各十卷。上览久之,赐名《册府元龟》。又录前妇人事迹为八十卷,赐名《彤范》。

同时,该条材料又见于《麟台故事》残本卷三下《修纂》篇中,即曰:

> 景德二年九月,命刑部侍郎资政殿学士王钦若、右司谏知制诰杨亿修《历代君臣事迹》。钦若等奏请以太仆少卿直秘阁钱惟演、都官郎中直秘阁龙图阁待制杜镐、驾部员外郎直秘阁刁衎、户部员外郎直集贤院李维、右正言秘阁校理龙图阁待制戚纶、太常博士直史馆王希逸、秘书丞直史馆陈彭年、姜屿、太子右赞善大夫宋贻序、著作佐郎直史馆陈越同编修。
>
> 初令惟演等各撰篇目,送钦若等参详。钦若等又自撰集上进,乃以钦若等所撰为定,有未尽者奉旨增之。又令宫苑使胜州刺史同勾当皇城司刘承珪、内侍高品监三馆秘阁图书刘崇超典掌。编修官非内殿起居当赴常参者免之,非带职不当给实俸者特给之,其供帐饮馔皆异于常等。

明年，真宗幸崇文院阅《新编君臣事迹》，王钦若、杨亿以其草数卷进呈，上览之，命亿指述起例、编附门目之意。上曰："卿等编阅群书，用功至广，旧称《御览》、《广记》，此书尤更不同。"亿曰："《御览》止载故实，而无善恶之别，《广记》止是小说琐语，固与此书有异。"上因喻以著书难事，尤当尽心者。其编修次序有未允者，亲改正之，且曰："朕编此书，欲著明历代君臣德美之事，为将来法，至于开卷览古，亦有资于学者。"自后日以草稿二卷进御，上览之，翼日必条其误而谕之，以谓："前代诏令，皆事出于一时，必有所为而作。今悉除之，即不见本意，尤当区别善恶，务在审正。苟前史褒贬不当，及诏敕厘革时事，当时因权臣专恣，挟爱恶而为者，亦辨悉于后，庶览之即明邪正。修书若贵速成，必难精要。大业末撰著尤多，而罕传者，岂非芜杂之甚邪？此书本欲存君臣鉴戒，所以经史之外，异端小说咸所不取。每篇撰序以冠其首，深可为之兴法。今所著序，皆引经史，颇尽体要，然于戒劝，或有未尽。如《直谏》门但旌谠直，若帝王饰非拒谏，苟不极言，即为邦国之患，褒之可矣；若国家常务，偶有阙失，又帝王率情违法，或以言比讽，致有感悟，即为美事；苟亟加暴扬，使恶归于君，显闻于世，而卖己直，非忠臣也。"因赐编修官器帛、书吏等缗钱有差。

初命钦若、亿等编修，俄又取秘书丞陈从易、秘阁校理刘筠。及希逸卒，贻序贬官，又取直史馆查道、太常博士王曙，后复取直集贤院夏竦。又命职方员外郎孙奭注撰《音义》。凡九年，至大中祥符六年成一千卷上之。总三十一部，部有总序，一千一百四门，门有小序，又《目录》、《音义》各十卷。上览久之，赐名《册府元龟》，召钦若等赐坐。钦若等表请制序，上谦抑再三，辅臣继请，从之。

丙子，诏枢密使王钦若、翰林学士陈彭年、李维，龙图阁学士杜镐、知制诰钱惟演、龙图阁待制孙奭、查道各赐一子官；以太常少卿杨亿为秘书监,依前分司西京;刑部郎中直秘阁刁衎为兵部郎中;祠部员外郎直史馆姜屿为度支员外郎;秘书丞直集贤院夏竦为左正言,依前充职殿中丞;秘阁校理刘筠为右正言直史馆。并赐器币有差,赏编修之劳也。

初修书也,每门具草即进,上亲览摘其舛误,多出手书,或召对指示商略。令宫苑使刘承珪置簿,录修书官课,精勤脱误者皆条记以奏。上尝谓王钦若:"比著《君臣事迹》,皆以经籍为先。昨览《将帅》门止自汉将韩信为始。"因出《尚书·胤(胤)征》言"掌六师为大司马",又《诗》有《采薇》、《出车》,皆将帅之事,即以手札付编修官,参取《正义》修入。二年十月,内出手札赐王钦若等曰:"《君臣事迹》有门目不相应者,自今令钦若看讫署名于卷首,杨亿看详讫署名于卷末,初编、再修官亦署于后,其当否增损悉书之。"所采正经史外,惟取《国语》、《战国策》、《韩诗外传》、《吕氏春秋》、《管》、《晏》、《韩》、《孟》、《淮南子》、《修文殿御览》。又录妇人事迹为八十卷,赐名《彤管懿范》。

该条在现存《麟台故事》辑本之中,则归于《修纂》篇之下,为第四条,其前为"咸平四年九月"条,其后为"大中祥符元年六月"条。同在残本之中,则归于《修纂》篇之下,为第三条,其前为"咸平三年十月"条,其后为"大中祥符元年"条①。比较具体内容,《说郛》本显系节略于《麟台故事》原本该条,因为其所载均见于残本,且字数不及原本材料的四分之一。尤其是仅以二者互见的内容而言,《说郛》本与残本之间,除"刁衙"与"刁衎"、"刘均"与"刘筠"、"又命"与"又取"、"复命"与"复取"等四处文字上的讹误,以及在"总三十一部"后脱一个"部"字、"一千一百四门"之后脱两个"门"字两处脱文

---

① 参见《麟台故事校证》,中华书局,2000年版,第52—60页、第294—297页。

之外,所节略文句的内容和形式均十分接近。辑本所载该条材料的详略程度与《说郛》本同,甚至字数也相差不大,然在文字和内容方面,二者却存在一些很突出的差异,应属四库馆臣整理的结果。其中,有"刁衎"乙正为"刁衍","刘均"乙正为"刘筠"等等;有"又命"改动为"又取","彤管懿范"改动为"彤范"等等;有"有总序"增补为"部有总序","一千一百四"增补为"一千一百四门","有小门"增补且改为"门有小类"等等。同时,还存在整理后又新产生的失误,如在"直集贤院夏竦"前脱"命"字,将"小序"改为"小类"、"彤管懿范"改为"彤范",又将"又目"误改为"外目",再将"妇人"误改为"前人"等等。然而,无论改对还是改错,此条之下还是不见有四库馆臣所加的按语,看不到改动的原委所在。

(五)"《九域志》"条

《说郛》卷三十四《麟台故事·九域志》曰:

> (《说郛》本原注:《九域志》)熙宁八年六月,尚书都官员外郎刘师旦言:"今《九域图》涉六十余年,州县有废置,名号有改易,节第有升降,而所载古迹有出于俚俗不经者。"诏三馆秘阁删定。其后,又传命太常博士直集贤校理赵彦若、卫州获嘉县令馆阁校勘曾肇删定,就秘阁不置局。彦若免删定,从之。以旧书不绘地形,难以称图,更赐名曰《九域志》。

该条材料被四库馆臣编排在《麟台故事》辑本卷二《修纂》篇中,即曰:

> 熙宁八年六月,尚书都官员外郎刘师旦言:"今《九域图》涉六十余年,州县有废置,名号有改易,等第有升降,而所载古迹有出于俚俗不经者。"诏三馆秘阁删定。其后又专命太常博士直集贤校理赵彦若、卫州获嘉县令馆阁校勘曾肇删定,就秘阁不置局。彦若免删定,从之。以旧书不绘地形,难以称图,

更赐名曰《九域志》。

同时，该条材料又见于《麟台故事》残本卷三下《修纂》篇中，即曰：

> 六年九月，权判吏部流内铨慎从吉言："格式司用《十道图》较郡县上、赤、紧、望以定俸给，法官亦如之定刑，而户口岁有登耗，未尝刊修，颇误程品。请差官取格式司、大理寺《十道图》及馆阁天下图经，校定新本，付逐司行用。"诏秘阁校理慎镛、邵焕、集贤校理晏殊校定，翰林学士王曾总领之。此盖详定《九域图志》之权舆也。至熙宁八年六月，尚书都官员外郎刘师旦言："今《九域图》涉六十余年，州县有废置，名号有改易，等第有升降，而所载古迹有出于俚俗不经者。"诏三馆、秘阁删定。其后又专命太常博士集贤校理赵彦若、卫州获嘉县令馆阁校勘曾肇删定，就秘阁不置局。彦若免删定，从之。以旧书不绘地形，难以称图，更赐名曰《九域志》。

该条在现存《麟台故事》辑本之中，则归于卷二《修纂》篇之下，为第十七条，即该篇最后一条，其前为"熙宁三年十月"条，故顺推第十七条之"六年"应为熙宁六年（1073）。在残本之中，则归于卷三下《修纂》篇之下，为第六条，其前第五条为"十二月"条，其后为"天禧四年夏"条①。比较具体内容，《说郛》本仅保留《麟台故事》原

---

① 参见《麟台故事校证》，中华书局，2000年版，第78—79页、第300—301页。《麟台故事》残本卷三下《修纂》篇"六年九月"条之前是"十二月"条，而"十二月"条之前又是"大中祥符元年"条，依据此三条排列顺序与所载具体内容来判断：首先，"十二月"与其前的"大中祥符元年"条的内容有关联，当可确定其为大中祥符元年（1008年）十二月；其次，"六年九月"此条之内则有"熙宁八年六月"之语，当可确定其为熙宁六年（1073）九月；最后，依据一〇〇八年至一〇七三年之间相距长达六十五年的时间和前后条目之间所载并非同一事，以及"六年九月"前不见冠以帝王年号的情况来看，残本"六年九月"条与"十二月"条之间应有脱文。

本该条后半部分,也就是说,《说郛》本只存残本该条"至熙宁八年六月"以后的内容,并且《说郛》本"节第"应为"等第"之讹,"传命"应为"专命"之讹,"直集贤校理"应为"集贤校理"之衍文①,其余均与残本互见的内容同。在辑本中,四库馆臣除了删去"至熙宁八年"前的"至"字,并将"传命"乙正为"专命"外,其余内容均与《说郛》本同(包括"直集贤校理"在内),应该说,辑本与《说郛》本差别极小,直接可以忽略不计。然而,四库馆臣在辑本该条下加按语曰:

> 按:"彦若免删定"句有脱字。《玉海》:"熙宁八年六月辛丑,刘师旦言:'《九域图》讹舛,请删定。'乃命集贤校理赵彦若、馆阁校勘曾肇充删定官。彦若辞,复命光禄丞李德刍,而知制诰王存审其事。既成,王存言不绘地理,难以称图,更名《九域志》。"此条与《玉海》证合,乃悉端委。

其实,有关四库馆臣这一按语中,引《玉海》的记载有两处,先在卷十四《地理》曰:

> 祥符初,命李宗谔修图经。有司请约唐《十道图》以定赋役,上命学士王曾修《九域图》,六年成(《崇文目》②二卷)。先王建国,诏地事则有图,诏观事则有志,比生齿则有籍。近世撮其大要会为一书,趣时施宜,文约事备,则唐《十道图》、本朝《九域图》是也。熙宁四年二月甲戌(十八日),召集贤校理赵彦若归馆,管当画天下州、军、府、监、县、镇地图。先是,中书

---

① 在北宋馆阁设置的馆职中,一般只有直昭文馆、直史馆、直集贤院、直秘阁之称谓,而无"直集贤校理"之称谓。另外,"直集贤校理"之后紧接"赵彦若"人名,若在"直集贤"与"校理"之间无脱文,则只能断定《说郛》本和《麟台故事》辑本中"直"字是"集贤校理"之前的衍文。

② "崇文目"三字,即为《四库全书》本原文双行小字夹注,应指《崇文总目》一书。

命画院待诏绘画，上欲有记问者，精考图籍，故命彦若。六年十月戊戌，上《十八路图一》及《图副》二十卷。八年六月辛丑，刘师旦言：“《九域图》讹舛，请删定。”既成，王存言：“不绘地形，难以称图。”更名《九域志》（见后）。①

又在《玉海》卷十五《地理》曰：

四年二月甲戌，命赵彦若考图籍，画天下地图。六年十月甲午（一云戊戌），上《十八路图二②》及《图副》二十卷。八年七月十一日辛丑③，诏三馆秘阁删定《九域图》，以都官员外郎刘师旦言：“今《九域图》自大中祥符六年修定，至今涉六十余年，州县有废置，名号有改易，等第有升降，所载古迹有出于俚俗不经者，乞选有地理学者重修。”乃命集贤校理赵彦若、馆阁校勘曾肇充删定官。彦若辞，复命光禄丞李德刍删定，而知制诰王存审其事。既而上言，以旧书不绘地形，难以称图，更赐名《九域志》。壤地之离合，户版之登耗，名号之升降，镇戍城堡之名，山泽虞衡之利，皆著于书（始四京，终化外州）。道里广轮之数，昔人罕得其详，今一州之内，首叙州封，次及旁郡，彼此互举，弗相混淆，总二十三路，京府四，次府十，次州十，州二百四十二，军二十七，监四，县一千一百三十五，为十卷（《曲阜集》有进表）。《会要》：“元丰三年闰九月延和殿进呈，六年闰

---

① 《玉海》卷十四《地理》之《地理图》“祥符九域图·熙宁十八路图”条，《文渊阁四库全书》影印本，台湾商务印书馆，1986 年版，第 943 册，第 348—349 页。

② 《麟台故事校证》所引这一材料称：“前作‘一’，此作‘二’，当有一误。”中华书局，2000 年版，第 80 页。

③ 《麟台故事校证》所引这一材料称：“作‘七月’误，当从前载作‘六月’，七月无辛丑，《长编》亦在六月。”中华书局，2000 年版，第 80 页。

三月①诏镂，八年八月②颁行十卷。"③

依据所引《玉海》，不论是前者还是后者，四库馆臣所加按语认为"彦若免删定"句有脱字，这应当是不可靠的。这是因为，当时四库馆臣见不到《麟台故事》残本，而今查残本所载该条该句并无脱字。尤其是现今传世的《麟台故事》残本应该和编入《永乐大典》时的《麟台故事》残存情况并不一致，而此处却完全一样，这只能说《麟台故事》原本便是如此。至于其与《玉海》所载有详略之别，那也可能是程俱著《麟台故事》时，对旧本《会要》材料进行取舍的结果。也就是说，从《麟台故事》原本到《说郛》本，再到辑本，或者从《麟台故事》原本到残本，该条材料中的"彦若免删定"句并无脱字现象。只不过《玉海》与《麟台故事》原本对这一材料的引用或对事件本身的记载，起初就存在着详略之别，所以难免会出现这一差别。当然也存在另外一种情况：《玉海》的成书要比《麟台故事》晚得多，《麟台故事》所采用的材料，绝大部分是两宋之交传世的比较原始的资料，即北宋旧本日历、会要、实录等第一手资料，而《玉海》所采用的材料，则极有可能已是屡经南宋馆阁文臣加工润色过的内容。于是二者出现一些这样的差异，应属于正常现象。由此足以说明：二者存在这样的差异，并不能如四库馆臣那样简单地断定为脱文所致。

————————

① 《麟台故事校证》所引这一材料称："是年闰六月，不闰三月。"中华书局，2000年版，第81页。

② 《麟台故事校证》所引这一材料为"八年八日"，故称："'年'疑为'月'之误。"中华书局，2000年版，第81页。但依据《四库》本所载，原文实为"八年八月"，不作"八年八日"，因此，"'年'疑为'月'之误"，所"误"不应在《玉海》，这是显而易见的。

③ 《玉海》卷十五《地理》之《地理书》"熙宁九域志"条，《文渊阁四库全书》影印本，台湾商务印书馆，1986年版，第943册，第374—375页。

(六)"天圣末《国史》成"条

《说郛》卷三十四《麟台故事·天圣末〈国史〉成》曰:

> 天圣末《国史》成,始于修史院续纂《会要》。明道二年,命参知政事宋绶看详纂。至庆历四年四月,监修国史章得象上新修《国朝会要》一百五十卷。

该条材料被四库馆臣编排在《麟台故事》辑本卷二《修纂》篇中,即曰:

> 天圣末《国史》成,始于修史院续纂《会要》。明道二年,命参知政事宋绶看详修纂。庆历四年四月,监修国史章得象上新修《国朝会要》一百五十卷,以编修官尚书工部员外郎天章阁待制史馆检讨王洙兼直龙图阁,赐三品服。

同时,该条材料又见于《麟台故事》残本卷三下《修纂》篇中,即曰:

> 天圣末《国史》成,始于修史院续纂会要。明道二年,命参知政事宋绶看详修纂。至庆历四年四月,监修国史章得象上新修《国朝会要》一百五十卷,以编修官尚书工部员外郎天章阁待制史馆检讨王洙兼直龙图阁,赐三品服。

该条在现存《麟台故事》辑本之中,归于卷二《修纂》篇之下,为第十条,其前为"天禧四年"条,其后为"景祐二年九月"条。在残本之中,则归于卷三下《修纂》篇之下,为第八条,其前为"天禧四年夏"条,其后为"明道二年正月"条[①]。以具体内容相比,《说郛》本除"看详"后脱一"修"字以及不载"以编修官尚书工部员外郎天章阁

---

① 参见《麟台故事校证》,中华书局,2000 年版,第 65—70 页、第 301—303 页。

待制史馆检讨王洙兼直龙图阁赐三品服"一语三十一字外,余者均
与残本同。而辑本除了"庆历"前无"至"字外,余者均与残本同。
可见,辑本这一条与《说郛》本之间的差别还是比较大,四库馆臣也
在该条下加按语曰:"按:《说郛》载此条,缺'以编修官'以下三十一
字。"很显然,四库馆臣的这一按语至少表明两点:一是四库馆臣在
辑出《麟台故事》一书时,确实参考过《说郛》本所载六条材料。二
是十分明确地证实了《说郛》本所载《麟台故事》这一条材料,也见
于《永乐大典》本;三是二者所载相比之下,《说郛》本有多达三十一
字的缺文。于是,当时四库馆臣在见不到《麟台故事》原本的情况
下,只是照录《永乐大典》所载。遗憾的是我们从现存的《永乐大
典》中已经看不到这一条记载了。所以,只好将《说郛》本此条与从
《永乐大典》中辑出的辑本进行比对,同时又与残本进行比对。最
终三者比勘的结果显示:表面上是辑本与残本之间的差别较小,即
仅有"庆历四年四月"一语前的一个"至"的差异;实际上是《说郛》
本计三十一字脱文外,其余所存完全与残本一致。《说郛》本与残
本之间有无"至"字的差异,足以说明《说郛》本与残本更接近,在一
定程度上保留着《麟台故事》原本的旧貌。而辑本之所以少了一个
"至"字,有可能是源于明代的《永乐大典》,也有可能是清四库馆臣
辑出佚文之后,抄录者在抄写过程中脱字所致。若是后一种可能,
说明从《永乐大典》本到辑本,与残本是一致的,没什么问题可言;
若是前一种可能,我们正好据此从辑本窥见《永乐大典》本与《说
郛》本、残本的不同。

  总之,通过以上对《说郛》本六条材料的逐一勘正,我们不难发
现:今见于《说郛》本的这些材料,在诸多方面与《麟台故事》残本更
加一致,更接近于《麟台故事》原本旧貌。然而,《说郛》本与《麟台
故事》辑本之间的差异则相对较为复杂,既有不同时期文献在抄
录、编纂、流传、整理等过程中形成的文字问题,也有四库馆臣直接
改动的情况,而且后者所具可能性更大。尽管四库馆臣整理出《麟

台故事》辑本之功甚巨,堪称二次成书,可是许多改动在不见原本的前提下作出,往往令人百思不得其解,甚至还因改动不当而人为地造成了一些新的失误和不必要的混乱。尤其是四库馆臣参照其他史籍记载所加按语,并不一定完全切实可靠。因此,在整理该书时还需谨慎对待,不可轻信而误。

另外,我们还要在此强调:见于《说郛》本的《麟台故事》六条材料,对整理该书具有一定的校勘价值。这是因为,现存于《麟台故事》辑本的材料全部来自于《永乐大典》,但明代将该书编入《永乐大典》时,既打乱了所有材料在原书中的编排顺序,也没有保留原篇目名,致使失去了各条材料在原书中所属的卷次与篇目等有关信息。因此,四库馆臣是在无法确定某条材料应当归于何卷何篇的条件下编纂该书的。而《说郛》本所存的六条材料与影宋残本更为接近,据影宋残本,其中有一条应当是属于《书籍》篇的材料,可四库馆臣并未加以重视、勘定正误、核准篇目,只是将六条尽数归于《修纂》篇下,在辑本中根本没有设立《书籍》篇。

尤其是依据上文的比勘结果显示,《说郛》本现存的六条材料,在一定程度上保存着《麟台故事》原本旧貌,这些材料也见于《麟台故事》辑本,可据以校勘《永乐大典》中的相应条目。可是,我们依据四库馆臣关于《麟台故事》"自明以来,惟《说郛》载有数条,别无传本"①的说法,再结合上文对《永乐大典》中现存《麟台故事》材料的疏证,以及《说郛》本所存材料的逐条比勘结果来看,馆臣也只是将其作为参考,在具体的编纂过程中并没有充分利用《说郛》,来校勘或补充《永乐大典》中辑出的条目,没有充分认识到《说郛》的校勘价值。时至今日,学界新见的几种整理成果,依旧沿袭馆臣昔日

---

① 《钦定四库全书总目》卷七十九《史部三十五·职官类》"《麟台故事》五卷"条,中华书局,1997 年版,第 1060 页。

旧说,将《说郛》置之不理,并没有充分利用其对现存《麟台故事》不同版本的相应记载进行校勘。于是,《说郛》本六条材料应有的校勘学价值,就被学界一而再再而三地长久忽视了。

第六章 《麟台故事》的学术价值

《麟台故事》一书所具学术价值之高,向为学界称道。尤其是作为一部史料笔记,其特殊的史料价值,更早已为学人认同。仅从其内容本身而言,清代四库馆臣从《永乐大典》中辑出此书时,已在提要中称:"其书多记宋初之事,典章文物,灿然可观。"①事实上,四库馆臣起初所见该书,只不过是从《永乐大典》中辑出的八十余条错乱分离的材料而已,所见内容的数量,远远不及原书一半。此后,四库馆臣虽将所见《麟台故事》的内容,重新整理成五卷九篇的辑本,但也不可能恢复到原书全貌。然而,始终处在没有得见《麟台故事》原书全貌,甚至是无缘得见原本旧貌这样一种特殊情况之下的四库馆臣,能够对该书做出如此之高的评价,足证《麟台故事》学术价值的珍贵,绝非寻常。

再从所存旧史的史料价值的角度而言,学者们考察该书现有辑本与残本的内容,一致认为其资料有两个主要的来源:一是北宋所修历朝会要(少数条目或许兼采国史、实录),一是程俱本人"采摭见闻"的材料②。事实上,当时《麟台故事》所采用过的那些历朝《会要》、《国史》、《实录》等史籍,均为北宋史馆所编而存于仕宦之家的旧本,属于较为原始的材料。《麟台故事》所采用过的这些历

① 《钦定四库全书总目》卷七十九《史部三十五·职官类》"《麟台故事》五卷"条,中华书局,1997年版,第1060页。
② 《麟台故事校证》卷首《前言》,中华书局,2000年版,第4—5页。

朝旧本,至多到南宋中后期就已经趋于散佚殆尽的状况,并没有被保存下来。至今所见《宋会要辑稿》,是经过南宋馆阁屡次修订而成的《宋会要》(并非旧本),后传至明代,已有毁损,余者散存于《永乐大典》,又被清人徐松辑出,再几经易手的结果。可见,《麟台故事》实际上保存了北宋旧本《会要》、《国史》、《实录》等史籍中较为原始的材料,其价值往往比今所见《宋会要辑稿》要珍贵得多。加之《麟台故事》成书相对较早,在不见北宋旧本《会要》、《国史》、《实录》等的情况下,该书对于校勘《宋会要辑稿》、《续资治通鉴长编》、《宋史》等史籍,无疑具有第一手资料的价值。

此外,《麟台故事》专门记载北宋馆阁藏书与馆阁文士的相关活动,对现今全面考察北宋文士与文学活动,又具有不可或缺的文学史料价值。

第一节 《麟台故事》保存旧史旧闻的价值

张富祥对辑本与残本内容逐条校证后发现:《麟台故事》现存的内容条目,特别是徽宗朝以前的条目,大部分可从现在通行的《宋会要辑稿》中查到,其中有的照录《会要》原文,有的则经过作者节略或稍加修订后编入该书,即便有个别条目在《辑稿》中不存,但从内容和文例分析,也应是出自旧本《会要》。仅就这一点而言,《麟台故事》称得上是一种专题性质的会要。而且那些曾被程俱引证过的、由士庶之家进献的北宋旧本《会要》、《国史》等典籍,早在南宋中后期已是逐渐散佚不存。因此,《麟台故事》保存了大量珍贵文献,可据以引证旧史之所载。至于该书中由程俱采摭旧闻而成,并保存至今的记载,实属当时人记当时事,应为毫无疑问的第一手资料。

一、引证旧史的史料价值

南宋王朝立足江南后,一方面是为了笼络社会上较有影响力的士人之心,凝聚更多的力量维护仍旧处在风雨飘摇中的政权;另一方面是为了延续祖宗以来的崇儒尚文政策,树立起号召中兴宋王朝的旗帜。于是朝廷极力效仿北宋初屡屡下诏且以重赏向天下广征图籍的举措,家藏旧典者也纷纷献出图籍,特别是仕宦之家多献出前朝刊印并赐予其先祖的史籍。原载于《北山集》之《麟台故事后序》记载,在程俱撰写《麟台故事》时,三馆、秘阁等部门,已经收到各地士庶人家所献出的大量家藏前朝文献,其中就有诸多北宋旧本"《国史》、《实录》、《实训》、《会要》等书"①和其他一些前朝典籍。这有幸能够存留下来的北宋时期的史籍,在当时基本上都是旧抄本,而且以《会要》、《实录》类文献居多,遂成为《麟台故事》成书过程中分类采用"诸官府旧章"②和"方册所载、法令所该"③的主要源头。由于《麟台故事》在当时所采用过的那部分馆阁文献均属前朝旧本,原件早已经不存于世,所以《麟台故事》于今实具有保存第一手资料的地位。

二、采摭馆阁旧闻的价值

程俱在《麟台故事后序》中称:"采摭三馆旧闻。"④此所谓"三

---

① 《麟台故事校证》辑本卷末《麟台故事后序》,中华书局,2000年版,第219页。
② 《钦定四库全书总目》卷七十九《史部三十五·职官类》"《麟台故事》五卷"条,中华书局,1997年版,第1060页。
③ 《麟台故事校证》辑本卷首《进麟台故事申省原状》,中华书局,2000年版,第5页。
④ 《麟台故事校证》辑本卷末《麟台故事后序》,中华书局,2000年版,第219页。

馆”，即指馆阁，也指秘书省。神宗元丰改制后，馆阁尽归于秘书省之下，而程俱在其有生之年三入馆阁，均在元丰（1078—1085）之后，故其所称“三馆”，为馆阁或秘书省无疑。所谓“三馆旧闻”，实指其所耳闻目睹之北宋元丰改制前的馆阁和改制后的秘书省“故事”。

　　例如，程俱在《麟台故事》中即记载有北宋后期皇帝临幸秘书省之制度。自宋太宗把三馆迁入崇文院，又在崇文院中堂新建秘阁后，馆阁皆寓居崇文院，地处禁中，“实天子图书之府，从容临幸，跬步可及，不与他司比，仪卫侍从取具临时可也，故前此不具仪注”。直到元丰改制后，馆阁虽归于秘书省之下，但在政和中新省还未建成前，馆阁仍在崇文院旧址，皇帝仍然可以从容临幸，“车驾幸秘书省，在省官皆进秩一等，人吏转资、卒徒支赐有差”。然而至宣和间，情况已发生改变。宣和四年三月二日，宋徽宗临幸秘书省，已有所不便，“迁转支赐如故事，秘书少监、提举所管勾文字官仍赐章服。是日遂幸太学，时新省固已迁出端门之外。先是，有司下尚书礼部取幸秘书省、太学仪注，而幸秘书省独无有”。因此，当时任秘书省著作佐郎的程俱以为：“今秘书省既在端门之外，备千乘万骑具官而后出，不可以无述。时备员南宫，于是退纪是日仪注，以备他日有司之采择云。”①遂定车驾临幸秘书省的整套礼仪。而由《宋会要辑稿》现存的记载来看，其源头正是出自秘书省所记的日历，尤其当时有关皇帝驾幸秘书省的记载，极有可能就是出自程俱之手。因为宋徽宗驾幸秘书省时，程俱正在馆阁中供职，其所任秘书省著作佐郎的主要职事，即为撰写日历②。在《麟台故事》卷五《恩荣》篇中，有关记载还保存得比较完整，可见皇帝临幸秘书省的程序：

---

　　①　此上四处引文均见于《麟台故事》辑本卷五《恩荣》。
　　②　《宋会要辑稿》之《职官》一八之二二《秘书省》，中华书局，1957 年版，第 70 册，第 2765 页。

一是按照惯例，选择并确定车驾临幸的日期，并通知秘书省。即"车驾将幸秘书省，命提举秘书省官择日以闻"。

二是宰相必须提前一天到秘书省视察和检阅，做好第二日皇帝临幸的准备工作。即"前一日，宰相至省阅视，提举秘书省、提举三馆秘阁官皆诣省阅视，供张文籍、书画、古器等排比储偫，在省职事官皆省宿"。

三是秘书省提前做好皇帝临幸秘书省的接驾准备。即"质明，皇帝御祥曦殿，宰执、侍从以下起居导驾如常仪，应在省官吏皆迎驾于驰道之东，本省西便门之外。是日，特宣前宰臣亦于此迎驾。车驾入御道山堂御幄，须臾，右文殿班齐，驾坐右文殿，宰执、侍从皆侍立。有司奏宣到某官姓名，起居讫，升殿立。秘书少监以下在省官起居，提举三馆秘阁中贵人以手诏授秘书少监，受讫，与在省官皆再拜"。

四是皇帝幸秘阁，随从近臣及在列群臣至秘书省观阅历朝御书御制、书画典籍、古器名物等："驾兴，诣秘阁，宣群臣观累朝御书御制、书画、古器等，皆列置秘阁下。正字以上皆侍立阁下，退，立班右文殿下。"

五是临幸秘书省之后，皇帝驾临右文殿接受群臣依序朝拜，并赏赐群臣。即"上御右文殿，皆赐坐、赐茶，从官以上坐殿上，秘书少监以下坐两庑，用中墩，太学用席；中墩，异恩也。赐茶讫，坐者皆起，在省官再拜庭下。提举三馆秘阁及知阁门中贵人喝赐转官等恩例，驾兴，改章服者皆受赐殿门外"。

六是皇帝再次驾临提举秘书省官厅，依次宣召在列臣下参拜，并观览御府所藏书画。即"上再御提举厅事，须臾，宣召宰执、从官及特宣召等官观御府书画。传呼置笏，皆置笏，趋至庭下。诏毋拜，喝不要拜，班首奏圣躬万福，以次升。上离御榻，就大书案出祖宗御书及古书画，皆聚观；余官不敢前者，诏别设书案于前，命提举官或保和殿学士持以示之，皆得纵观"。

　　七是皇帝按级别依次赏赐臣僚御书、御画。即"宰执赐御书画各二轴,十体书一册,三公、宰臣、使相有别被赐者不在此数;从官以下人赐御书二纸,御画一纸,出墨篋分赐"。

　　八是皇帝进膳,群臣拜谢所赐而出。即"灵台郎奏辰正,将进膳,宰臣等逡巡请退,皆拜赐而出"。

　　九是皇帝进膳完毕,进入本次活动的第二阶段——幸太学。即"上进膳毕,幸太学"。

　　若将以上记载与《南宋馆阁录》所载"绍兴十四年七月九日,秘书少监游操等上表,请车驾幸秘书省"①的情况对比,就会发现:《麟台故事》记载的徽宗朝幸秘书省之事与《南宋馆阁录》记载的高宗幸秘书省之事虽相隔二十余年,期间又有北宋亡而南宋立的重大历史变故,秘书省也经历了废而复置的状况,但前后两次车驾临幸的基本程序却是完全一致的。这一程序在徽宗时已成为朝廷礼仪的定制,如果没有程俱亲自参与并将此事详细载入其所撰《麟台故事》之中,供后世参考,那么陈骙在《南宋馆阁录》中所载高宗驾幸秘书省的情况,或许就会是另外一种景象了。

　　同时,作为诗人的程俱,因亲身经历了宣和四年(1122)宋徽宗临幸秘书省一事,诗兴大发,赋诗二首,极力盛赞其事,提供了另一全新视角。

　　其一云:

　　　　端门清跸隐修廊,麟省新开接建章。六玉虬飞黄道稳,五芝华耸赩袍光。风生凡腋天颜近,春入仙洲昼漏长。拭目训词成饱德,共瞻云日仰陶唐。

　　其二云:

　　　　清尘膏雨浃人寰,金殿晴开瑞雾间。帝座腾辉临璧府,飚

────────────────

①　《南宋馆阁录 续录》卷六《故实》,中华书局,1998年版,第61页。

轮纡景按蓬山。龙鸾初识昭回迹,麋鹿惊随侍从班。再拜逡巡戴君赐,却迎天仗款贤关。①

此外,《麟台故事》辑本卷四《官联》篇载:"崇宁中,以元丰法参立孔目官等品、从条……归三馆、秘阁。"并在其下所记昭文馆、史馆、集贤院等条目中,夹注数条双行小字,补充说明所采用旧本《国史》、《实录》、《会要》等史籍的情况。此类记载现今保存下来的并不多,程俱作为历史的见证者,首次忠实地记录了自己在馆阁供职多年的亲身经历,这毫无疑问地属于北宋馆阁制度方面的第一手资料,有着更为可靠的信实性。

总之,《麟台故事》引证旧史、采摭旧闻,所保存下来的史料价值很高,尤其在后世,完全具有第一手资料的价值,早在南宋,史官在修订前朝会要、实录、国史时,对《麟台故事》即已多有引录。例如前文中,我们能够从现存《宋会要辑稿》中辑出五条该书辑本和残本均不见载的内容,即属此例。另外,南宋时的诸多文士在其著述中也多引录《麟台故事》。如陆心源分别从《玉堂杂记》和《南宋馆阁录》中辑出"大宴学士院具食"和"饯会"②两条《麟台故事》佚文,即属此例。

第二节 《麟台故事》的馆阁专门史史料价值

《麟台故事》所采用的体例和所载内容具有鲜明的特点。该书

---

① 据该诗题名下有作者原注"壬寅"二字,知该诗作于宣和四年,即一一二二年,当时程俱四十五岁。详见《北山集》卷十《律诗·车驾幸秘书省口号二首》,《文渊阁四库全书》影印本,台湾商务印书馆,1986年版,第1130册,第92页。

② 《麟台故事校证》,中华书局,2000年版,第339—400页。

全部内容分为十二个专题,各专题之下的内容,按照时间先后顺序选材并编纂而成,主题明确又相对集中,十分便于后世了解北宋馆阁事务的详尽原委,所以有着很珍贵的专门史史料价值。

例如在馆阁文士选任和馆职的设置方面,《麟台故事》的作者程俱对北宋三馆营建处所的变迁、制度的沿革、职官的设置、馆职的选任、馆臣的待遇等相关问题都特别重视,并在书中设立《沿革》、《省舍》、《职掌》、《选任》、《官联》、《恩荣》、《禄廪》七个篇目,分别加以专门记载。不过,遗憾的是原书幸存者,仅有《麟台故事》残本六篇中的两篇:一是《官联》篇。其记事起于北宋立国之初,终于宋徽宗崇宁间(1102—1106),中间还夹有一条略记政和七年(1117)、宣和二年(1120)之事①。应该说,《官联》篇是残本中保存相对完整的篇目之一,且与四库馆臣所辑《官联》篇的十八条内容多有重复,完全可以反映北宋馆阁职官制度的基本情况。但从整体而言,其不足之处又在于《官联》篇对元丰改制以后事情的记载过于简略,内容显得不够全面。因此残本的这一篇目在一定程度上还无法称为完卷。二是《选任》篇。该篇记事起于北宋立国之初,止于宋神宗绍圣中(1094—1098),内容残缺较多。四库辑本虽设立《选任》篇,共载录从《永乐大典》中辑出的十三条内容,但是除去其中九条与残本《选任》篇相同外,其余四条仍无补于残本之缺。另外,《麟台故事》辑本还设立《沿革》、《省舍》、《职掌》、《恩荣》、《禄廪》等五个篇目,乃残本所不存。在无法得见原本的现实情况下,我们只能借助四库馆臣所辑的这些篇目来了解有关史实。不过,辑本乃是四库馆臣在未见《麟台故事》残本的前提下整理出来的新成果,属于第二次成书,所以在一定程度上讲,这只是材料的结集,

---

① 据《麟台故事》残本卷一上《官联》载,"政和七年"和"宣和二年"本为一条,见《四部丛刊续编》影印本,商务印书馆,1934年版,第6页。另据《麟台故事》辑本卷一《官联》载,此一条分为两条,见《文渊阁四库全书》影印本,商务印书馆,1986年版,第595册,第331页。本书依从前者。

其篇目及厘定的内容肯定不可能替代该书原本。而且，在辑本中，与北宋馆阁藏书制度密切相关的五个篇目，既有相当一部分内容，与残本其他篇目的内容互见，又有不少内容，在残本中不载。如四库馆臣所辑《沿革》篇，共有四条材料，其中两条见于残本的《官联》篇，其余两条未见，残本所不载者，究竟属于《麟台故事》原本《沿革》篇，还是《官联》篇，或是其他篇目，难以最终断定。而辑本《省舍》、《职掌》、《恩荣》、《禄廪》各篇的情况同样如此。（详参本书前列的辑本与残本内容异同比较表。）

又如残本所保留下来的《书籍》篇，各条目以时间为序，有始有终，内容完整，详略备至，主旨鲜明，独立成篇，无疑是一部记载北宋馆阁藏书形成、发展与最终消亡的专门史。再如《校雠》篇，若保存完整，就可视为北宋馆阁整理藏书的专门史。另如《修纂》篇，若保存完整，就可视为北宋馆阁利用藏书进行修纂的专门史。

鉴于以上原因，下文以残本所存《书籍》、《校雠》、《修纂》三篇为主，结合辑本所载，以及其他史料和今人研究成果，分别从馆阁馆职设置、选任，馆阁藏书形成、校勘、修纂，以及馆阁吏额配置六个方面进行归纳分析，以期清晰而全面地展示《麟台故事》所具的专门史史料价值。

一、馆阁馆职设置

从三馆到崇文院，再到崇文院中新建的秘阁，标志着北宋以馆阁藏书为核心的国家藏书制度正式确立。此后进一步发展，朝廷又陆续设置了太清楼、龙图阁、天章阁等禁中附属性藏书机构。及至元丰改制后，崇文院并入秘书省，馆阁制度逐渐趋于完善。这具体可表现为两个方面：一是秘书省所辖馆阁藏书日益兴盛，成为名副其实的图书资料收藏、整理与管理的中心，其作为国家级中心的性质，相对崇文院时代大大加强；二是常设性的秘书省职官取代了元丰改制前的馆职,成为新的馆职,其待遇制度化,甚至连秘书省吏及胥吏的配置也愈加完备。

例如,《麟台故事》辑本卷一《沿革》篇和残本卷一《官联》篇的第一条均云:"直馆至校勘通谓之馆职。"①事实上,这指的是三馆迁入崇文院以后的实际情况,三馆尚处旧址时并非如此。而关于"校勘",唐代虽已设有集贤院校勘,但在北宋时,直到雍熙四年(987)才开始设置史馆校勘②。当时正值北宋开疆拓土、一统天下的重要时期,三馆职责主要是收藏、管理和查点各类典籍,并没有对典籍展开较大规模的、更为深入细致的整理活动。至于崇文院中新建秘阁,乃是太宗时期,在皇家藏书与国家藏书之间出现逐渐分离的趋势下所建。秘阁起初不只是藏书之所,还是供天子读书学习和馆阁臣僚宿直之所,几乎与校勘活动无关。因此如"校勘"一职,在崇文院建成之前的三馆中确实没有设置的必要,"校勘"设置之实还有待于考订。又如三馆与秘阁合称为"馆阁",在秘阁未出现之前,显然无此合称。诸如此类,显系表述不严谨所致。

总之,《麟台故事》作为职官类史书,虽原本早佚,所载内容也残缺较大,但通过对现存内容的梳理与考证,并借助其他有关文献的补充,还是可以看到宋初三馆及其后崇文院中新建秘阁的制度,可见该书的专门史价值。

(一)昭文馆馆职的四个等级

第一级为昭文馆大学士。唐神龙元年(705)始置(《新唐书·职官志》),宋建隆元年(960)二月,由弘文馆大学士改称昭文馆大学士。这一馆职是首相所带文职名号,在昭文馆内其实并无实际

---

① 《麟台故事》辑本卷一《沿革》。
② 《宋代官制辞典》,中华书局,1997年版,第149页。

职事,属于三馆职名中地位最高者,位于监修国史、集贤殿大学士之上①。其具体授任情况沿袭唐制,如《春明退朝录》上载:"唐制,宰相四人,首相为太清宫使,次三相皆带馆职,弘文馆大学士、监修国史、集贤殿大学士,以此为次序。本朝置二相,昭文、修史,首相领焉;集贤,此相领焉。"②《玉海》又引李焘语曰:"本朝因唐故事,命宰辅兼领三馆。首相曰昭文馆大学士,次曰监修国史,又次曰集贤院大学士。或虚相位,则命参政权领监修,自景德二年王旦始。昭文大学士,熙宁九年王安石罢,遂不复除。集贤大学士,元丰三年王珪迁,亦不复除。惟监修国史相传至今。"③同样,《麟台故事》残本卷一上《官联》篇云:"昭文馆在唐为弘文馆,隶门下省。建隆元年以避宣祖庙讳,改为昭文馆。大学士一人,以宰相充。"这充分表明:宋初三馆中的昭文馆实际上由当朝首相直接领导,位遇之高,远非其他职位可比。

第二级为昭文馆大学士之下所置的学士、直学士之职,或为判昭文馆事。特别是判昭文馆事,亦简称"判馆事",或与三馆和秘阁的同类馆职合称为"判馆阁事"。其设置始见于隋代(《隋书·李德林传》),唐武则天垂拱(685—688)以后,常以给事中判昭文馆(《旧唐书·职官志》),宋沿置,元丰改制后罢。只不过在宋初,不但昭文馆学士、直学士之职很少设置并授之于臣下,而且判昭文馆一职,也是名额少而罕有授任者。《麟台故事》残本卷一上《官联》篇

---

① 参见《宋代官制辞典》引《宋宰辅》卷一之"建隆元年二月乙亥条"及《春明退朝录》卷上,中华书局,1997年版,第147页。
② 〔宋〕宋敏求撰《春明退朝录》卷上,《文渊阁四库全书》影印本,台湾商务印书馆,1986年版,第862册,第508页。
③ 《玉海》卷一百六十五《宫室·馆》,《文渊阁四库全书》影印本,台湾商务印书馆,1986年版,第947册,第314页。

云：“学士、直学士不常置；直馆以京朝官充①，掌经史子集四库图籍修写校雠之事。判馆一人，以两省五品以上充。”《麟台故事》所载判昭文馆及其职事，实际上与判史馆、判集贤院、判秘阁同，如残本卷二中《书籍》篇载：“大中祥符四年九月，兼秘书监向敏中、判昭文馆晁迥、判史馆杨亿、判集贤院李维上言，请圣集御制藏于馆阁。于是内出杂文篇什付敏中等，各以类分，其继作即续附入。又有《静居集》、《法音前集》、《玉宸集》、《读经史》、《清景殿诗》、《乐府集》、《正说》等，天禧初命龙图阁待制李虚己总编为一百二十卷。五年四月，以新集《御制文颂歌诗》十五卷藏于秘阁，从秘书监向敏中之请也。”如该篇又载，景祐元年（1034）闰六月编排三馆秘阁书籍时，“仍命判馆阁盛度、章得象、石中立、李仲容覆视之”。即判昭文馆事，是在所授命的学士中，选任产生，诸学士的品位在直昭文馆之上，而判昭文馆事不过是诸学士中“最上一员”，其品位应与诸学士相当，或略高一点，编制应当只有一员。

　　第三级是直昭文馆。这是唐代已有的直馆之名（《新唐书·职官志》），北宋立国之初，虽有昭文馆机构，但直到三馆迁入崇文院之前，只有直史馆，而未任命过直昭文馆和直集贤院之职。直到淳化元年（990）八月，崇文院中新建秘阁后，在秘阁所设官属中始授，即：“丁卯，以起居舍人、直史馆吕祐之等分直昭文馆，太子中允和嶠直集贤院。先是但有直史馆，于是始备三馆之职。”②这一情况，《麟台故事》残本卷一上《选任》记载得更为详细：“秘阁既具官属，

---

　　① 此处“京、朝官”一语不明，应有歧义。一是仅指在京任职的朝参官，不包括在京任职的未朝参官，即只有朝参官（或称升朝官）一类官员；二是指在京任职的京官和朝参官，包括朝参官和未朝参官两类官员。本书认为指后者。据陆游撰《老学庵笔记》卷八云：“唐自相辅以下，皆谓之京官，言官于京师也。其常参者曰常参官；未常参者曰未常参官。国初以常参官预朝谒，故谓之升朝官，而未预者曰京官。”中华书局，1979年版，第109页。

　　② 《续资治通鉴长编》卷三十一《太宗》，中华书局，1992年版，第704页。

淳化初始以和㟾直集贤院，又以起居舍人直史馆吕祐之、左司谏直
史馆赵昂、金部员外郎直史馆安德裕、虞部员外郎直史馆勾中正并
直昭文馆。先是，但有直史馆，至是，始命祐之等分直昭文馆，备三
馆之职。"设置直昭文馆和直集贤院之职，显然与淳化元年在崇文
院中新建秘阁相关，即"秘阁既具官属"。三馆所隶官属之缺员者，
也借此机会进一步建制完备。此时所设置直昭文馆的职事，据残
本卷一上《官联》篇载："以京朝官充。掌经史子集四库图籍修写校
雠之事。"直昭文馆设置后，便成为昭文馆中名副其实干预馆事的
职务，编制亦无定员，常有数位优异文臣并直昭文馆的情况出现。
正如上所述，淳化初设置时就有吕祐之、赵昂、安德裕、勾中正四位
并直昭文馆。特别是在三馆中，直昭文馆的品位高于下文将述及
的一些高等馆职——直史馆、直集贤院和后来在崇文院新建秘阁
后设置的直秘阁，但一般次于馆阁中的学士。这样设置"馆职所以
待英俊"，向内外文臣宣告：惟有任职到直昭文馆，或者至少是直史
馆、直集贤院、直秘阁等的级别，方可进入翰林学士院、位列文学名
臣，为皇帝制诰，备皇帝顾问，终可望出居相位，致人臣之极。从而
达到优待文臣、储养才俊的目的。故《选任》篇又云："时三馆之士
固已异于常僚，其后简用益高，故恩礼益异，以至治平、熙宁之间，
公卿侍从莫不由此途出。"

　　第四级是昭文馆检讨。这属于昭文馆中低等的馆职，虽然在
诸多史籍中(也包括《麟台故事》)，不见有文臣充任昭文馆检讨的
具体记载，但据《麟台故事》载："崇文院于三馆直院、直馆、直阁、校
理、校勘之外，三馆、秘阁又各置检讨、编校书籍等官，其位遇职业
亦馆职也。"①可见，昭文馆检讨与史馆、集贤院、秘阁的检讨官是同
时设置的，而且馆阁中的这一级馆职，除了各自所隶属的具体馆
(或院)有所不同之外，其他各个方面，如选任、品位、编制、职事、待

---

　　①　《麟台故事》残本卷一上《官联》。

遇乃至简称都是一致的。再以现今《麟台故事》残存下来的内容来看,记载的主要是史馆检讨。因此,昭文馆、集贤院、秘阁等的检讨官之设,可参考下文所述史馆检讨。

(二)史馆馆职的六个等级

第一级为监修国史,亦简称监修、修国史等,编制一员。唐贞观三年(629)闰十二月,以宰相兼修国史,是为之始(《旧唐书·职官志》)。宋沿置,元丰改制前为宰相兼职,改制后罢(《宋史·职官志》)。由于北宋相权不集中授任这一特殊情况,一般宰相分领三馆职务时,具体任何馆职,与当朝宰相设置的数额及位次相关。如置三相,以次相兼修国史(《宋宰辅》卷一);如置二相,首相兼昭文馆大学士、监修国史(《春明退朝录》上)。宰相所兼三馆职,唯监修国史有职事,然"但提大纲"而已(《合璧后集》卷四二《史馆》)。而这一点,在《麟台故事》残本卷三下《国史》篇中记载得就更为明确:"景德二年,监修国史毕士安卒。时寇准止领集贤殿大学士,遂命参知政事王旦权领史馆事,实为监修国史之职。后旦为相,虽未兼监修国史,其领史职如故。"监修国史的品位次于昭文馆大学士、高于集贤殿大学士,"三馆职,惟修史有职事,而颇以昭文为重,自次相迁首相乃得之"(《春明退朝录》上)。

第二级:史馆修撰和判史馆事。宋代沿袭前代之制,设置两种大致并行的馆职。在一般情况下,这两种馆职,分别由翰林学士院担任知制诰的两位文臣分任,但也有把这两种馆职一并授予同一个文臣的例子。如宋太祖乾德二年(964)时,复任知制诰后的王著即是"数月,加史馆修撰、判馆事"[①]。因此,现将其划归同一级别分而述之。

---

① 《宋史》卷二百六十九《列传第二十八·王著》,中华书局,1985年版,第9241页。

一是史馆修撰,亦简称修撰、史撰等。早在唐武德间(618—626)已有设置,并无实职可言。直到贞观三年(629),此职的设置才与具体的修史工作相结合:"太宗复敕修撰,乃令德棻与秘书郎岑文本修《周史》,⋯⋯德棻仍总知类会《梁》、《陈》、《齐》、《隋》诸史。武德已来创修撰之源,自德棻始也。"①五代时期,所设史馆依旧沿用之。入宋,仍沿袭前制,实属宋立国之初就已经设置的三馆之中的馆职之一。不过,《宋代官制辞典》引《青箱杂记》卷三称:"然作为官称,始于至道中。"②此说显然是不确切的,这是因为"至道"为宋太宗年号,时间是九九五至九九七年,可是比这一时期更早的宋太祖乾德二年(964),就有王著得任此职的记载,据《宋史》载:"二年,复知制诰。数月,加史馆修撰、判馆事。"③而况宋初在史馆中沿袭唐制,设置修撰一职,确实正如前文所述,乃沿袭唐五代旧制。至于史馆修撰的实际职事,《麟台故事》残本卷三下《国史》篇所载:"国初,直馆分撰日历,每季送史馆。其后修撰官专之。"《国史》又载:"故事,史馆每月撰日历,皆判馆与修撰官、直馆分功撰录,藏于本馆。国初循旧制,皆修撰官、直馆分季修纂,其后止修撰官及判馆撰次焉。太平兴国中,左赞善大夫直史馆赵邻几,左拾遗直史馆吕蒙正、范杲皆曾修撰,自后以直馆员多,遂止修撰官编纂。淳化四年(993),翰林学士宋湜止带修国史,亦尝修日历。"史馆修撰的编制,据《文献通考·职官》卷五《史官》和《合璧后记》卷四十二《国史修撰》载,初无定员,后无常员;然《麟台故事》残本卷三下《国史》载,乾兴元年(1022)十一月前后,以四员至二员为额。当时任史馆修撰的李维、宋绶上言:"史馆修撰旧四员,今祖士衡出

① 〔后晋〕刘昫等撰《旧唐书》卷七十三《列传第二十三·令狐德棻》,中华书局,1975年版,第2598页。

② 《宋代官制辞典》,中华书局,1997年版,第148页。

③ 《宋史》卷二百六十九《列传第二十八·王著》,中华书局,1985年版,第9241页。

外，伏缘先朝《日历》，自大中祥符元年后未曾撰集，欲望择馆阁二员为编修官。"朝廷据李、宋二史馆修撰的建言"遂以命之"。此载十分明确：在宋真宗乾兴元年之前，史馆修撰编制曾为四员；在"祖士衡外出"前，加上李、宋二人，至少还有三员；"祖士衡外出"后，应当至少还有两员。当然，《麟台故事》中也有史馆修撰仅一人的记载。如明道二年（1033）正月，"宰臣吕夷简、枢密副使夏竦上所注御制《三宝赞》、《皇太后发愿文》，以检讨注释官太常博士直集贤院李淑为史馆修撰，太常丞集贤校理郑戬直史馆，吕夷简、夏竦各与一子改官。而夷简请赐其子大理寺丞公弼进士出身，从之"①。但这并不排除李淑任史馆修撰前，此职还有别的文臣在任。同时，据上可知，史馆修撰的品位次于直昭文馆、高于直史馆和直集贤院，为馆阁官之高等②。其任初由朝官充，大中祥符九年（1016）八月后，须两省以上五品官方能任之③。《麟台故事》中即有选任史馆修撰的具体记载："大中祥符九年八月，以刑部郎中高绅为史馆修撰。"此条下存有作者程俱的原注曰："绅即枢密使王钦若所引，不令修纂，止命权判吏部铨。未几，绅求外郡，寻授直昭文馆，自是领修撰者须两省五品以上方掌修撰。天圣六年，石中立以户部郎中充史馆修撰，有司引绅例，亦不修日历。"④至元丰改制后，罢史馆修

————————

　　①　《麟台故事》残本卷三下《修纂》。详见《麟台故事校证》，中华书局2000年版，第302—303页。

　　②　另据《宋代官制辞典》考证，史馆修撰的品位："次于集贤殿修纂、高于直史馆，为馆阁官之高等。"中华书局，1997年版，第148页。

　　③　据《容斋随笔》卷十六《馆职名存》和《续资治通鉴长编》卷八十七所载。

　　④　《麟台故事》残本卷三下《国史》此条中载"九年八月"，其上并无"大中祥符"四字，见《四部丛刊续编》影印本，商务印书馆1934年版，第14页。《麟台故事校证》则据《宋会要·职官》一八之七九、《续资治通鉴长编》卷八十七，校作"大中祥符九年八月"，中华书局，2000年版，第329—330页；黄宝华《麟台故事（残本）》所校依据和结果同张本，但此条下作者原注与《四部丛刊续编》影印本同，为正文中的小字夹注，大象出版社，2006年版，第308页。

撰之职。

　　二是判史馆事，亦简称判馆、判馆事、判史馆等。其编制一员（《文献通考·职官》卷五《史官》）。唐元和六年（811），史馆修撰中官高之一人为判史馆事（《旧唐书·职官志》）。宋沿置，一般为翰林学士等侍从官所兼，如翰林学士杨亿"兼史馆修撰、判馆事"（《宋史·杨亿传》），元丰改制后罢。其职事、品位与史馆修撰相当（《文献通考·职官》卷五《史官》）。如《麟台故事》辑本卷四《官联》篇载："掌修国史、日历及典图籍之事。判馆事一人，以两省五品以上充。"因史馆设判史馆之职与昭文馆中所置判昭文馆之职同，故亦可参考前文述及的判昭文馆。

　　第三级为直史馆。直史馆亦简称直馆、直官[①]、史馆等。北齐已有直史馆之名（《初学记》卷十二《著作部》），赵宋沿置。在三馆中，史馆所设直史馆，相对于昭文馆、集贤院下分别设立的直昭文馆、直集贤院而言，是设置最早的，也是诸多史籍中记载较多的。如《麟台故事》载，淳化元年设置直昭文馆、直集贤院之前，"先是，但有直史馆"[②]。据《文献通考·职官》卷五《史官》载，直史馆的编制无常员。《麟台故事》的有关记载非常丰富。其先是追述任直史馆者三人，曾修撰过日历："太平兴国中，左赞善大夫直史馆赵邻几，左拾遗直史馆吕蒙正、范杲皆曾修撰。自后以直馆员多，遂止修撰官编纂。"[③]之后，如在宋太宗太平兴国七年（982）编修《文苑英

---

　　①　直官，作为直史馆的简称，见于《麟台故事》卷三下《国史》"景德二年"条，曰："国初循旧制，皆修撰官、直馆分季修纂。"见《四部丛刊续编》影印本，商务印书馆，1934 年版，第 9 页。《宋代官制辞典》之"直史馆"条下即引《国史》为据，本书从之。另外，《麟台故事校证》作"直官"，中华书局，2000 年版，第 324 页；黄宝华《麟台故事（残本）》整理本亦作"直官"，大象出版社，2006 年版，第 308 页；但是，在姚伯岳《宋麟台故事》校点本中，"直官"作"直馆"，见《中国历史藏书论著读本》上卷，四川大学出版社，1990 年版，第 134 页。

　　②　《麟台故事》残本卷一上《选任》。

　　③　《麟台故事》残本卷三下《国史》。

华》时，参与其中的文臣戴贻庆，即任"著作佐郎直史馆"①；雍熙四年(987)九月，以右补阙胡旦为直史馆，"旦俄知制诰，罢史职，以国子司业孔维、《礼记》博士直史馆李觉代领其职"②；端拱元年(988)，以"右司谏直史馆宋泌兼直秘阁"③；淳化元年(990)除直昭文馆之职时，就有四位吕祐之、赵昂、安德裕、勾中正，并为直史馆的文臣，同时"并直昭文馆"④；淳化间(990—993)，谢泌继续任直史馆，并"与馆职四人分领四库，泌领集库"⑤；淳化五年(994)校《前汉书》和《后汉书》时，参与的文臣中有"著作佐郎直史馆赵况"和"将作监丞直史馆孙何"⑥二人；宋真宗咸平初(998)，"有秘书丞监三白渠孙冕上书言事，召赐绯鱼，且令知制诰王禹偁试文，除直史馆，后为名臣"⑦，咸平三年(1000)十月，诏选官校勘《三国志》、《晋书》、《唐书》时，参与的文臣中有"都官郎中直史馆刘蒙叟"、"秘书丞直史馆刘锴"和"殿中丞直史馆王希逸"三人；咸平五年(1002)八月，"以秘书丞直史馆判三司度支局院孙冕为左正言，……都官郎中直史馆刘蒙叟为职方郎中"⑧；咸平中馆阁覆校《史记》及"前、后《汉书》版本"时，相继参与其事的直史馆有"太常丞直史馆陈尧佐，著作郎直史馆周起"、"右司谏直史馆晁迥"和"秘书丞直史馆陈彭年"⑨四人；景

---

①　《麟台故事》辑本卷二《修纂》。《麟台故事》残本卷二中《修纂》该条为"淳化七年"(见《四部丛刊续编》影印本，商务印书馆，1934年版，第1页)，显系讹误。因淳化仅五年，而无七年，故张本(第293—294页)、黄本(第298页)均据辑本和《宋会要·崇儒》乙正为"太平兴国七年"。

②　《麟台故事》残本卷三下《国史》。

③　《麟台故事》残本卷一上《官联》。

④　《麟台故事》辑本卷三《选任》。

⑤　《麟台故事》残本卷二中《书籍》。

⑥　《麟台故事》残本卷二中《校雠》。

⑦　此上两处引文均出自《麟台故事》残本卷一上《选任》。

⑧　《麟台故事》辑本卷四《官联》。

⑨　《麟台故事》残本卷二中《校雠》。

德二年九月至大中祥符六年(1005—1013),曾参与编纂《册府元龟》的文臣中,任直史馆者有王希逸、陈彭年、姜屿、陈越、查道、刘筠等六人,其中王希逸在编纂过程中去世,刘筠是在书成之后由秘阁校理升"为右正言直史馆"①;大中祥符九年(1016)三月,朝廷加封校《道藏》有功的文臣,中有"兵部郎中直史馆张復"②;宋仁宗天圣二年(1024)六月校勘《南北史》、《隋书》时,参与其中者有"右正言直史馆张观"一人;天圣三年(1025)六月,由于馆阁"校勘太清楼书舛互"的缘故,被降职为直史馆者有"太常少卿直昭文馆陈从易降直史馆"③;明道二年(1033)正月,按照资序正常迁转的直史馆者有"太常丞集贤校理郑戬直史馆"④;宝元元年(1038)选派馆职做进士试考官,中有"直史馆高若讷考试是也";景祐三年(1036)四月,宰臣文彦博上书述及久任直史馆一职而特迁者,即"直史馆张瓖十余年不磨勘,朝廷奖其退静,尝特迁两官"⑤;宋神宗熙宁中(1068—1077),又有苏轼"任直史馆,尝召对,亲奉德音"⑥等等。在宋太宗太平兴国之前,直史馆的职事与史馆修撰、判史馆事同,皆为分撰日历。后遂不予修撰之事,只是作为贴职,且多为在京文臣所兼。然其为较高级别的馆职之一,除皇帝特殊恩遇外,很少有授予朝臣外出贴职的情况,至元丰改制后遂罢该职。

第四级为史馆编修。宋太宗太平兴国八年(983)始置,元丰改制之后罢此设置,主要职掌为预修国史或日历。其编制初置一员,余无定员(《职官分记》卷十五《史馆修撰》)。《合璧后记》卷四十二《国史修撰》载:"(乾兴元年)择馆阁官二员充编修官,遂诏集贤殿

---

① 《麟台故事》残本卷三下《修纂》。
② 《麟台故事》残本卷二中《校雠》。
③ 此上两处引文均出自《麟台故事》残本卷二中《校雠》。
④ 《麟台故事》残本卷三下《修纂》。
⑤ 此上两处引文均出自《麟台故事》残本卷一上《选任》。
⑥ 《麟台故事》辑本卷三《选任》。

校理王举正、馆阁校勘李淑同共编修。"①可见,史馆编修亦可简称
为编修,或编修官。这在《麟台故事》中就记载得更为详实:如宋太
宗至道元年(995),"六月戊戌,上召史馆编修舒雅、杜镐、吴淑、吕
文仲于便殿,人读古碑一篇"②。则时任史馆编修者,应当是舒、杜、
吴、吕四员。又如,宋真宗咸平三年(1000)十月,下诏编修《续通
典》时,"以秘阁校理舒雅、直集贤院李维、石中立、王随为编修
官"③。此时因具体的职事差遣,所设置的史馆编修为舒、李、石、王
四员。再如,乾兴元年(1022)十一月,"以集贤校理王举正、馆阁校
勘李淑并为史馆编修官"④。此时除正常的编制外,新升任王、李二
人为史馆编修官。从以上记载来看,舒雅是以秘阁校理、王举正是
以集贤校理、李淑是以馆阁校勘升任为"史馆编修官",李维、石中
立、王随是以直集贤院转任为"史馆编修官",这都表明:史馆编修
官的品位应当次于史馆直馆,与品秩排在直史馆之后的直集贤院
相当,或略高,然而高于秘阁校理、集贤校理和馆阁校勘之类的馆
职,应属于级别较高的馆职。

　　第五级为史馆检讨。宋太宗淳化二年(991)十二月二日始置
(《续资治通鉴》卷三十二),至元丰改制之后罢此设置。其编制无
常员(《宋会要辑稿·职官》一八之二九),或以京官以上文臣充,或
以秘阁校理以上馆职兼,主要职掌为修史时搜集、检阅资料与校对

---

　　①　《合璧后记》所载内容转引自《宋代官制辞典》,中华书局,1997年版,
第149页。

　　②　《麟台故事》辑本卷五《恩荣》。

　　③　《麟台故事》残本卷三下《修纂》。

　　④　《麟台故事》残本卷三下《国史》载:"乾兴元年十月。"《四部丛刊续编》
影印本,商务印书馆,1934年版,第5页。《麟台故事》辑本卷三《选任》载:"乾
兴元年十一月。"《文渊阁四库全书》影印本,台湾商务印书馆,1986年版,第
595册,第321页。《宋代官制辞典》依据前者,引文作"十月"。张富祥《麟台
故事校证》、黄宝华《麟台故事(残本)》整理本、姚伯岳《宋麟台故事》校点本均
依据四库辑本,《宋会要辑稿·职官》一八之九七改为"十一月",本书从后者。

文字（《合璧后记》卷四二《史馆史官》、《国史院检讨官》）。史馆检讨可简称为检讨①，或者史讨。如《续资治通鉴长编》载："是月，史馆检讨司马光以《时政记》及《起居注》并不载元昊叛命、契丹遣使事，会庞籍监修国史，光请即枢密院追寻本末，自至史馆议之。修撰孙抃谓国恶不可书，其事遂寝。"该条下有注曰："司马光以皇祐三年七月为史讨，十月改集校。此事不得其时，今附十月末。此据汪氏《志》。"②史馆检讨与三馆迁入崇文院后所设的崇文院检讨，以及具体到某一差遣时所称的检讨官有别。这可以《麟台故事》所载杜镐在不同时期内任检讨之职的事例为证。端拱元年（988），秘阁官属初置时，以"右赞善大夫、史馆检讨杜镐为秘阁校理"③，杜镐在升任秘阁校理之前，即为史馆检讨，所任属于史馆的常设性职位。淳化五年（994）七月，朝廷下诏选文臣分校《史记》和《汉书》，杜镐为首选，时任"虞部员外郎、崇文院检讨兼秘阁校理"④，此时杜镐所兼任的秘阁校理是一种馆职，但其所任更主要的显然是另一种馆职——崇文院检讨，属于崇文院的常设性职位，而与三馆、秘阁中常设的馆职有所不同。咸平三年（1000）十月，朝廷下令编撰《续通

----

①　《宋代官制辞典》之"史馆检讨"条下云："简称检讨。《麟台残本》卷一：'三馆通为崇文院，置官吏，有检讨。'"中华书局，1997年版，第149页。龚书在引文中"置"之前少"别"字，致使句读有问题。其认为此处所载"检讨"，即为"史馆检讨"之简称，不确。其实，根据《麟台故事》残本卷一上《官联》篇载："三馆通为崇文院，别置官吏，有：检讨，无定员，以京朝官充；校勘，无定员，以京朝、幕府、州、县官充。"参见《四部丛刊续编》影印本，商务印书馆，1934年版，第1页。故笔者认为《官联》此处所载"检讨"，当为"崇文院检讨"，而非"史馆检讨"。

②　《续资治通鉴长编》卷一百七十一《仁宗》，中华书局，1992年版，第4116—4117页。

③　《麟台故事》残本卷一上《官联》。该书《选任》篇亦云："秘阁初建，李至以前执政为秘书监，则其可知矣。时宋泌以直史馆兼直秘阁，杜镐以史馆检讨为秘阁校理，端拱元年也。"

④　《麟台故事》残本卷二中《校雠》。

典》时，即命"直秘阁杜镐为检讨官"①，此时杜镐所担负的"检讨官"之职，属于编撰《续通典》的临时性差遣，一旦职事完毕，复命之后遂罢。从杜镐数年间所任过的这些馆职而言，他任编修《续通鉴》检讨官时，已任直秘阁，品位在馆阁中依次低于直昭文馆、直史馆、直集贤院，但高于史馆检讨、秘阁校理、史馆校勘、崇文院检讨等职，应属于级别较高的馆职。可见，北宋时，馆阁中简称"检讨"者，不仅仅是史馆检讨，至少还应该包括崇文院检讨和担负具体差遣的临时性检讨，三者之间职事略同而等级差别较为悬殊。事实上，在馆阁常设检讨官者，也不仅是史馆，抑或者崇文院。除上文杜镐所任过的三种检讨外，昭文馆、集贤院、秘阁也各置有检讨官，具体负责检阅、校对本馆（院）的资料与文字。如《麟台故事》载："崇文院于三馆直院、直馆、直阁、校理、校勘之外，三馆秘阁又各置检讨、编校书籍等官，其位遇、职业亦馆职也。"②再依据《麟台故事》的现存材料，馆阁文臣任史馆检讨的记载相对较多，可借以了解史馆检讨之设。

第六级是史馆校勘。唐有集贤院校勘（《玉海》卷四十六《集贤殿书院》），北宋雍熙四年（987）置史馆校勘（《职官分记》卷一五《史馆校勘》），至元丰改制之后罢此设置。该职设置时，编制无定员，或以文臣中的京朝官充，或以"幕府、州、县官充"③。史馆校勘的品位在史馆中处于史馆检讨之下，但在史馆祗候、编校史馆书籍之上。在馆阁之中的级别仅仅略高于秘阁校理，而秘阁校理正是文臣被列入馆职的标志性职务——正馆职④。可见，史馆校勘属于正馆职，位遇和执事与秘阁校理相当，主要职掌为收藏本馆图籍之类的事务，除非皇帝恩准，否则不许外任者带该职。史馆校勘亦可简

---

① 《麟台故事》残本卷三下《修纂》。
② 《麟台故事》残本卷一上《官联》。
③ 《麟台故事》残本卷一上《官联》。
④ 《宋代官制辞典》，中华书局，1997年版，第146页。

称为校勘。

另外，史馆还设有史馆祗候。该职设置于太平兴国三年（978），初以北宋灭后蜀时所得明经及第、时任隆平县主簿的王著任此职。据《宋史》载，王著"改卫寺丞、史馆祗候，委以详定篇韵"。可见，史馆祗候的设置比较特殊，编制也仅有一员，隶属于史馆之中，且以京朝官充，职掌刊定字书音韵以及校正文字讹舛。不过，此职从设置的特殊背景来看，应与王著精于书法并兼辅导宋太宗练习书法有关。《宋史》载：

> 太宗听政之暇，尝以观书及笔法为意，诸家字体，洞臻精妙。尝令中使王仁睿持御札示著，著曰："未尽善也。"太宗临学益勤，又以示著，著答如前。仁睿诘其故，著曰："帝王始攻书，或骤称善，则不复留心矣。"久之，复以示著。著曰："功已至矣，非臣所能及。"其后真宗尝对宰相语其事，且嘉著之善于规益，于侍书待诏中亦无其比。[①]

有关王著，《麟台故事》现存残本不载其事，只是在辑本卷五《恩荣》篇中仅有一句，记曰："命于御书院与侍书王著夜直，以备顾问。"此句之前似无脱文，只能看作是《恩荣》篇记载至道元年（995）四月宋太宗召史馆编修舒雅、杜镐、吴淑、吕文仲等读古碑文、《文选》、《江海赋》之事时，顺带而及。至于以史馆祗候为中心的记载，《麟台故事》辑本和残本均未见，今可依据者，不过是清代四库馆臣的按语。先是辑本卷四《官联》篇载："史馆旧寓集贤院，监修国史以宰相充……修撰以朝官充，直馆以京朝官充。又有检阅、编修之名，不常置。掌修国史、日历及典图籍之事。判馆事一人，以两省五品以上充。"其后四库馆臣引王应麟《玉海》曰："国初之制，修撰、

---

① 　《宋史》卷二百九十六《列传第五十五·王著》，中华书局，1985年版，第9872—9873页。此王著，与上文所引《宋史》卷二百六十九所载的王著，同名同姓，然并非一人。

直馆分季纂日历,其后止修撰、判馆撰次。太平兴国中,直史馆赵邻几、吕蒙正、范杲皆预修撰。淳化二年十月,郭延泽、董元亨为史馆检讨。三年十二月,以王著为史馆祇候,俾刊正《切韵》。"接着四库馆臣复加按语:"据所载史馆诸官名较此更详,可以互证。"①可见,四库馆臣之所以要加按语,不仅是为了表明《玉海》所载"史馆诸官名"的内容,确实比《麟台故事》记载更详实;而且是为了进一步指明《麟台故事》所载"史馆诸官名"中,确实不见王著任史馆祇候以及朝廷为其特设此职的内容。事实上,据现有记载可见,北宋史馆祇候的设置实属特例,仅见王著任过此职,其前后皆不见有任命者和相应设置。

(三)集贤院馆职的六个等级

第一级为集贤院大学士。唐肃宗至德二年(757)始置,宋沿袭前制,设集贤院大学士,编制为一人,以宰相充,即为宰相所带职,属于高等馆职之一。由于集贤院大学士的品位次于昭文馆大学士,也次于监修国史,故其由宰相兼领的情况要依据朝廷所设相位的人数而定。集贤院大学士为末相或次相所带职名,而且其迁转顺序,一般是先自带集贤院大学士,后至带监修国史、昭文馆大学士。另外,集贤院大学士可简称为"集贤",又可别称作"集贤殿大学士",这是因为集贤院在唐代原为简称,其全称应为"集贤殿书院",故在史籍中,集贤殿大学士、集贤院大学士之异称,其实一也②。至于其设置与任命情况,据《麟台故事》残本卷一上《官联》篇载:"集贤院,大学士一人,以宰相为充。"

第二级为集贤院大学士之下所设置的集贤院学士、集贤院直学士。宋初沿前制,集贤院直学士不常置,常置者为集贤院学士。

---

① 以上引文又见《麟台故事校证》,中华书局,2000 年版,第 163—164 页。
② 《宋代官制辞典》,中华书局,1997 年版,第 150 页。

据《麟台故事》载,集贤院学士设置时,无定员,以朝官中的给事中、左右谏议大夫、卿、监以上充任。

第三级为集贤院修撰、判集贤院事。二者在北宋集贤院中的品位、职事等,所表现出来的差别并不是很大,只不过在集贤院中,这两个馆职或由集贤院学士、直学士兼领,或由史馆修撰充任,或为他官外任带职,因人而异。本书划归一级而分述之。

关于集贤院修撰,唐开元八年(720),集贤殿置修撰,然《玉海·集贤殿书院》引《唐六典》云:"集贤殿书院,唐开元十三年置。"又引《百官志》云:"集贤殿书院学士、直学士、侍读学士、修撰官掌刊缉经籍。"[①]故史籍中对集贤院修撰,有集贤殿修撰和集贤书院修撰的异称,可简称为"集贤修撰"、"修撰"[②]。宋因唐制,立国之初即设,至元丰改制后,集贤院被罢。在馆阁中,集贤修撰虽无固定的员额,但属于高等馆职。其品位处于集贤院大学士之下,居于直昭文馆、史馆修撰、直史馆、直集贤院、直秘阁之上,常作为贴职名,一般被集贤院内所置的学士、直学士兼领。故其实际品级的高下,要依据兼领者的品级而定。但这一级在现存《麟台故事》中不载,故难以详作比较。

判集贤院事,唐开元间(713—741)始置,宋初沿置,直到元丰改制之后罢此设置[③]。文臣在集贤院所任此职,与集贤院修撰相差不大。除品位外,其职事与判昭文馆、判史馆、判秘阁基本一样,可参考上文据《麟台故事》所列出的判昭文馆和判史馆。

第四级是直集贤院。唐开元十九年(731)始置,简称直院。宋

① 《玉海》卷一百六十七《宫室·院(上)》,《文渊阁四库全书》影印本,台湾商务印书馆,1986年版,第947册,第335—336页。

② 参见《宋代官制辞典》引《齐东野语》卷二十《耆英诸会》和《宋史·龚原传》所作考释,中华书局,1997年版,第150—151页。

③ 参见《宋代官制辞典》引《旧唐书·职官志》及《宋会要辑稿·职官》一八之五十所作考释,中华书局,1997年版,第151页。

初虽沿置，但从宋太祖时期至太宗淳化元年（990）之前，集贤院中并未设置直集贤院。《麟台故事》载："然至淳化元年始以太子中允和㟬直集贤院。"①元丰改制之后罢此设置。在集贤院中，直集贤院的品位居于集贤校理之上，处在集贤修撰、判集贤院之下；在馆阁中，次于直昭文馆、直史馆，但高于直秘阁。

第五级是集贤院校理。始置于唐开元十三年（725）四月，宋端拱初年沿之，元丰改制之后罢。至元祐元年（1086）三月二十日复置，与集贤修撰等的情形一样②。在集贤院中，集贤校理的编制无定员，属于低等馆职，品位低于直集贤院；在馆阁中，集贤校理低于直昭文馆、直史馆和直秘阁，但高于秘阁校理、史馆检讨、校勘等。

第六级是集贤院检讨。这是集贤院中的低等馆职，虽然诸多史籍也包括《麟台故事》在内，不见文臣充任集贤院检讨的具体记载，但其设置情况与昭文馆、史馆、秘阁检讨官一样，可参考《麟台故事》载录颇多的史馆检讨的有关情况。

上述三馆设置与职官充任的记载，虽然部分内容跨越了宋太祖、太宗朝，甚至沿至元丰改制以后，但正可看出：宋初就十分注意典籍收藏与管理。具体承担这一国家职能的机构是三馆，并不是秘书省。这也正好与宋太祖时期，三馆在朝廷文化活动中的中心地位逐渐确立，并日益提高的实际情况相合。也就是说，具有宋代特色的藏书制度建立之前，先经历了一个继承前代国家制度的阶段，其时间跨度，至少是历经了整个宋太祖（960—976 年在位）时期。

---

①　《麟台故事》残本卷一上《官联》。

②　参见《宋代官制辞典》引《玉海》卷一百六十六《唐集贤殿》、卷一百六十七《唐集贤殿书院》、《青箱杂记》卷三、《宋会要·职官》一八之七八等所作考释，中华书局，1997 年版，第 151 页。

(四)秘阁馆职的四个等级

第一级是提举秘阁供御图书。宋太宗端拱元年(988)五月五日始置,《官联》篇载:"旧常以丞郎、学士兼秘书监领阁事。"首任"以礼部侍郎李至兼秘书监"。其编制为一人,职能为专决秘阁事务。至元丰改制之后罢。鉴于秘阁藏书服务的主要对象是皇帝本人,故提举秘阁供御图书在改为"判秘阁事"之前,属于秘阁中地位最高的馆职,一般由侍从官充任。改为"判秘阁事"之后,亦简称"判阁"、"判秘阁",编制及充任该馆职者,如《麟台故事》残本卷一上《官联》篇所载:"判阁一人,旧常以丞、郎、学士兼;秘书监领阁事,大中祥符九年后,以诸司三品、两省五品以上官判。"由于秘阁秩次于三馆,在崇文院中,判秘阁事位于判昭文馆事、判史馆事、判集贤院事之下,又至少在直秘阁之上。另外,因秘阁所设判秘阁之职与三馆所置判馆(院)事同,故也可参考前文述及的各判馆(院)事。

第二级是直秘阁。端拱元年(988)始置,据《官联》篇载"以朝官充",首任直秘阁一人,由时任右司谏、直史馆的朝官谢泌兼任。其职能,咸平前为与秘阁校理、监秘阁图书官共领供进皇帝阅读之典籍,点检、抄写书籍,封锁书库门,出纳公事[1]。后来,直秘阁编制如直昭文馆、直史馆、直集贤院一样,发展至渐无定员,且充任该馆职的要求也有所下降。如《麟台故事》载:"嘉祐三年,以光禄卿张子宪、赵良规、掌禹锡、齐廓、张子思并直秘阁。先是,张子宪等皆为太常少卿,直秘阁当迁谏议大夫,而中书以谓谏议大夫不可多除,故并迁正卿。而故事,大卿监无带馆职者,至是特为请而还之。"[2]在崇文院中,直秘阁品位仅在直昭文馆、直史馆、直集贤院之

---

① 《宋代官制辞典》,中华书局,1997年版,第152页。
② 《麟台故事》残本卷一上《选任》。

下；在秘阁中，高于秘阁校理。

　　第三级是秘阁校理。与提举秘阁供御图书、直秘阁等馆职同时设置，职能与直秘阁略同。《官联》篇载："通掌阁事，咸平后者皆不领务。"其编制无定员，淳化元年初置时，首任仅以"右赞善大夫、史馆检讨杜镐为秘阁校理"①。至嘉祐四年（1059）正月，朝廷设置的四位馆阁编定书籍官中，两位乃"以秘阁校理蔡抗、陈襄"②充任。

　　第四级是秘阁检讨。这应该是秘阁中的低等馆职，在诸多史籍中，也包括《麟台故事》在内，不见文臣充任秘阁检讨的具体记载。在秘阁中设置检讨官的情况与昭文馆、史馆、集贤院一致，可参考上文所列史馆检讨的情况。

　　总之，此上对北宋馆阁文士的选任和馆阁馆职的设置，进行较为全面的梳理。通过《麟台故事》为主的记载，可澄清馆阁馆职发展演变中诸多细致入微的事实，清理诸多文献记载中错乱繁杂的内容，以及今人著述产生误解的原因，进而证实了《麟台故事》在北宋馆阁馆职选任方面，确实有至为珍贵的专门史史料价值，对整理北宋馆阁设置方面的文献、理清与北宋馆阁相关的史实，具有很重要的意义。

二、馆阁馆职选任

　　北宋馆阁藏书制度不断完善的过程中，始终伴随一个针对性很强的敏感问题——馆阁人员的选拔和任用。这既是整个北宋之所以重视馆阁之设的关键所在，也是《麟台故事》一书记述馆阁故事的目的之一。程俱在著述中所选材料，往往都着眼于朝廷如何重视馆阁文士之选任，提升馆阁文士之位遇。因此，保留在各篇目

---

① 《麟台故事》残本卷一上《选任》。
② 《麟台故事》残本卷二中《书籍》。

之下,有关北宋馆阁文士选任和馆职设置方面的史料相当丰富,价值也特别珍贵。

宋初,在太祖、太宗和真宗时期,实际上已经形成了一套馆阁人员选拔和任用的具体做法,其中占主要地位的是试除,正所谓:"国朝馆阁之选,皆天下之英俊,然必试而后命。一经此职,遂为名流。"①或曰:"直馆至校勘通为之馆职,必试而后命。"②此外虽有以异恩、功伐、清选等途径进入馆阁者,但一向属于较为特殊的情况,并不占主流。也正是由于宋代馆阁文士的选任以试除为主流,所以试除对象的主体,往往是通过科举制度选拔而来的优秀进士。馆阁人员的选任之举,向下影响着北宋科举制度的发展与变革,向上决定着国家政治制度特色的形成,亦即"宋建国后,统治阶层在政治上最大的特色是推行文官政治。首先是重用文臣,不但宰相须用读书人,而且主兵的枢密使等职也多由文人担任。其次,宋王朝对隋唐以来的科举官僚选拔制度进行改革和完善。在科举制度上,宋代采取向士大夫广泛开放的政策。对于各科举人,不重门第,凡考试合格者,都可录取。同时,在科举考试中,废除唐以来的'公卷'制,实行'弥封'和'誊录'法,保证了平等取士和公平竞争"③。宋代对朝廷重臣利用手中权力为子弟谋求科场便利的行为,常常予以限制和打击,在一定程度上,为出身贫寒而学识渊博的优秀知识分子拓宽了仕进之路,让贫寒之士可以通过个人的努力,获得更多的参与国家管理的机会。对整个北宋而言,能够真正称得上是优秀"文士"者,实以馆阁之中为多,这也被营造成一个最

---

① 〔宋〕洪迈撰,孔凡礼整理《容斋随笔》卷十六《馆职名存》。详见朱易安、傅璇琮、周常林、戴建国主编《全宋笔记》第五编,大象出版社,2012年版,第5册,第205页。

② 《麟台故事》辑本卷一《沿革》。

③ 郝润华、武秀成著《晁公武陈振孙评传》,南京大学出版社,2006年版,第71页。

能发挥个人聪明才智并创造出卓越成就的地方。正如钱穆先生所言:"惟其南北朝社会尚多士,故隋唐继之为大盛世。……而宋代乃更得称为一社会多士之时代。宋代多士,已盛于汉。而政府之重士,则更胜于汉。宋代之士于政治上得大用,莫如王安石与司马光。"①此下即以《麟台故事》所载馆阁人物的选任及有关文化活动为主,展现北宋馆阁文士的特点及价值。

(一)"试除"是选任馆阁文士的主要途径

试除,作为宋初以来选拔和任用馆阁文臣的主要做法,包含着两个密切相关的步骤:先是"试",而后才是"除",即欲得馆阁馆职的文臣,一般都要通过朝廷指定的主考部门之"试"②。此法对于朝廷而言,"试"就是朝廷主持的考察、考核、考试等的方式,是予以"除"的前提;而"除"就是朝廷授予应试合格的文臣以馆职,也就是主持"试"的结果。但对应试的文臣而言,"试"就是参加并通过朝廷主持的考察、考核、考试等,是取得"除"的途径;而"除"就是被授予欲得之馆职,也正是文臣参加"试"的目的。所以,试除之法,既是朝廷选拔和任用馆阁馆职的一种方式,也是一般文臣取得馆职的重要途径。尤其是除朝廷特别恩准外,文臣初次进入馆阁供职,乃至进一步升迁至学士舍人院,一般都要经过"试",并且在正常情况下,文臣但凡参加试除之前,还必须经过其他近臣的荐举。这一点,据《麟台故事》残本卷一上《选任》篇所载,宋英宗针对馆阁人员的选拔与任用问题,曾经与诸位辅臣进行一番讨论,其中有很明确的反映:

---

　　①　钱穆著《宋代理学三书随劄》之《附录一·中国文化传统中之士》,生活·读书·新知三联书店,2002 年版,第 187 页。
　　②　当时的"考"与"试"是两种不同的行为,"考"的行为主体是考官,"试"的行为主体是被考者。

英宗尝谓辅臣曰："馆阁所以育俊才，比欲选人出使无可者，岂乏才耶？"

参知政事欧阳修曰："取才路狭，馆阁止用编校书籍选人，进用稍迟，当广任才之路，渐入此职，庶几可以得人。"

赵概曰："养育人材，当试其所长而用之。"

上曰："公等为朕各举才行兼善者数人，虽亲戚世家勿避，朕当亲阅可否。"

宰相曾公亮曰："使臣等自荐而用之，未免于嫌也。"

韩琦曰："臣等所患，人才难于中选。果得其人，议论能否，固何嫌也。"

上固使荐之，于是琦、公亮、修、概所举者凡十余人，上皆令召试。琦等又以人多难之，上曰："既委公等举，苟贤，岂患多也？"

当然，也有极少数文臣，自身已具馆职，却不经过近臣荐举而主动自荐求试。如《麟台故事》所载至道三年（997）朝廷所授史馆修撰：

祖宗朝，馆职多以试除，亦有自荐而试者。至道三年，金部郎中直昭文馆李若拙上书自陈，乃命学士院试制诰三道，因以为兵部郎中史馆修撰。时若拙既已为馆职矣，又自陈丐迁，盖与张去华乞与词臣较其文艺之优劣而得知制诰者同类，此可谓误恩，非可以为永训也。[1]

---

① 《麟台故事》残本卷一《选任》。引文中把李若拙自荐而得史馆修撰之事与"张去华乞与词臣较其文艺之优劣而得知制诰者同类"做比，实为馆阁逸闻。张去华之事见《宋史》卷三百〇六："建隆初，始携文游京师，大为李昉所称。明年，举进士甲科，即拜秘书郎、直史馆。以岁满不迁，上章自诉，因言制诰张澹、卢多逊、殿中侍御史师颂文学肤浅，愿得校其优劣。太祖立召澹辈与去华临轩策试，命陶縠等考之。澹以所对不应问，降秩，即擢去华为右补阙，赐袭衣、银带、鞍勒马。朝议薄其躁进，以是不迁秩者十六年。"中华书局，1985年版，第10108—10109页。

　　这是史馆修撰选任中的一件逸闻趣事,属于特例,本不足为凭。但通过这一事例,完全可以想见:一方面当时史馆馆职与昭文馆、集贤院、秘阁不同,往往有具体职事,这对于学有专长的文臣吸引力很大,令其为了在史馆中找到用武之地,甚至不顾朝臣的非议。另一方面李若拙从直史馆迁为史馆修撰,应是从当时已有的史馆高级馆职,升迁到更高一级。按照当时的规定,只要年限一到自然就会升迁,根本用不着经过"试除"的方式来取得。因为通过"试除"之法取得馆职,本是除皇帝异恩特许外,一般文臣乃至举进士为第一者,要进入馆阁任职的必经之途。例如宋真宗咸平年间(998—1003),"王曾为进士第一,通判济州。代还,当试学士院。时寇准作相,素闻其名,特试于政事堂,除著作郎直史馆"①。所以,李若拙时任直史馆,当时已经是较高级别的馆职了,可还要上书自陈通过"试"而获得升迁,真所谓"盖与张去华乞与词臣较其文艺之优劣而得知制诰者同类"。也就是说,在仕途上李若拙有点急功躁进了。此外,也有本无官职,但因上书言事,颇得皇帝赏识,即令试除馆职者。如《麟台故事》残本卷一上《选任》篇载:"咸平初,有秘书丞、监三白渠孙冕上书言事,召赐绯鱼,且令知制诰王禹偁试文,除直史馆,后为名臣。"

　　总之,试除之法,作为宋初以来选拔和任用馆阁文臣的主要途径,在具体的实践中渐趋系统而完备,有如下六个方面的特征:

　　第一,有资格试除馆职者,主要是及第进士,且需名列前茅。

　　如《麟台故事》残本卷一上《选任》篇载:"旧制,制科入第三等,进士第一人及第,初除签书两使职官厅公事或知县,代还升通判,再任满与试馆职;制科入第四等,进士第二、第三人以下,无试馆职法,然往往荐而后试。"这应当是宋初前三朝形成的正常做法。据此可以想见,同榜进士中有望进入馆阁者,至多不过两、三人,且还

──────────
　　①　《麟台故事》辑本卷三《选任》。

需首先经历规定的外任年限后,方才有可能参加试除。而且即便是通过试除者,一般也仅得馆阁中的低等职位,如校勘、校理等。亦有甚者,只得馆阁编校书籍之职,即只是获准进入馆阁,取得馆阁中的具体职事,而非进入馆职序列,将来若要继续升迁,或历久岁而得迁转,或因职事卓有劳勋而推恩升至正式馆职,才终于进入馆职序列。

第二,有资格试除馆职者,也有以恩干请的文臣,这无疑与朝廷设馆阁以藏书和为国家储备、培养人才的根本出发点相左,而被最高统治者打压拒绝。因此这类情况虽然存在,但一直是非主流现象。

如《麟台故事》残本卷一上《选任》篇载,宋仁宗天圣四年(1026),"枢密副使张士逊请其子大理评事友直为校勘,上曰:'馆职所以待英俊,可以恩请乎?'止令于馆阁读书。因诏自今馆阁校勘毋得增员"。再至宋仁宗明道元年(1032)冬,又诏:"自今须召试,无得陈乞。"第二年,时任光禄寺丞盛申甫、马直方仍旧自陈:"在馆读书岁久,愿得贴职。"宋仁宗对于此等陈请,"止令大官给食,候三年与试"。并且再次下诏:"后毋得置。"也正因为此事干系重大,若不谨慎处置,就会严重影响到祖宗以来奉行的右文之策。所以,宋仁宗专门针对此事,对辅臣当面道明为何一再拒绝文臣以恩请获馆职的缘由:"图书之府,所以待贤隽而备讨论也。比来公卿之族,多以恩泽为请①,殆非详延之意也。"并进一步下诏规定:"自今辅臣两省侍从,不得陈乞子弟亲戚为馆职,进士及第第三人已上,亦考所进文,召试入等者除之。"

因此,虽然张士逊之子张友直"竟为秘阁校勘,与盛度之子申甫皆赐同进士出身",但其后果已被认识:"比来馆阁选任益轻,非所以聚天下贤才、长育成就之意也。"谏官陈升之进一步提出建议:

---

① "请"原作"诸",当为"请"之讹,故乙正。

"请约自今在职者之数,著为定员,有论荐者,中书籍其名。若有阙,即取其文学行义杰然、为众所推者召试。仍不许大臣缘恩例求试补亲属。"宋仁宗对此充分采纳,再次明确规定:"自今大臣举馆职,中书籍其名。即员阙,选其文行卓然者,取旨召试学士院考校,毋得假借等第。"自此以后,至少至仁宗朝结束,文臣以恩请获取馆职的现象得到遏制,"近臣无复以恩求试职者"①。与试除之法背道而驰的恩请之途,虽然在特殊情况下并不能真正完全杜绝,或明或暗,一直存在。但是终北宋之世,其与试除之法相比,居于次要地位,特别是对于馆阁职事本身而言,要求必须是文臣从事,故有时即便是恩请者,往往也要通过一定的考试后,才能够被授予馆职。

　　第三,有资格试除馆职者,还有一类特殊情况,为馆阁读书,或者称秘阁读书。

　　馆阁具备丰富的图书资料,并且担负着为国家培养和储备才俊的特殊职能,所以一些少年英才往往被选拔进馆阁,授予馆阁读书或者秘阁读书之职,受此殊遇者,可以说是享受英才教育或者贵族教育的特殊学生——馆阁学生。居此职者绝非等闲之辈,不仅朝廷恩遇优厚,而且很快就会进入馆职序列。如《麟台故事》辑本卷五《恩荣》篇载,淳化四年(993),太宗"曲宴苑中,馆阁读书光禄寺丞杨亿以非馆职,不预,上特召赴宴,因除直集贤院。寻表乞归家迎母,赐钱十五万"。要知道,自北宋初以来,秘阁与三馆合称为馆阁,地处禁中崇文院内,而馆阁读书(或者秘阁读书)一职,就读的地点就在秘阁。这是珍藏从三馆中精选出的奇书异画和宋太宗御制御书的场所,既是宋太宗名副其实的御用书房,也是馆阁馆臣平素宿直之地。出入此地,不仅可以看到在民间难得一见的典藏真本,还可以长伴君侧,所具政治机遇和学术地位不言而喻。秘阁读书一职之首任者,是少年奇才杨亿。不过此职并非正式馆职,甚

---

　　①　此段内引文出自《麟台故事》残本卷一上《选任》。

至连准馆职都不是,自然杨亿也就不具备参与高级别例行曲宴的资格。然而,杨亿因天资聪颖而深得太宗欢心,故特召与宴,并被越级提升为直集贤院,所任不仅已是馆职,而且级别在馆阁中还远远高于秘阁校勘(级别最低的正馆职)一类。可见,文臣一经领有馆阁读书之职,则意味着前途不可限量。因为得任此职者,均为天资聪颖的少年英才,所任虽然还"未列为正式官名,但已作为一种在馆阁优异安置,享有儒臣专门指导、太官给食、读书三年、得召试与馆职之恩例"①。很显然,这无疑是一条天下文士能够最快获取馆职的捷径。不过,文臣欲得秘阁读书之职,也不是一件轻而易举的事,一般只有三种方式,即"或上书自陈,或英妙被选,或宰执子弟"②。因此,终北宋之世,能够有幸进入备选之列,并最终顺利成为馆阁读书或者秘阁读书者,为数并不多。据《麟台故事》辑本卷三《选任》载,在宋太宗时期,最早获取馆阁读书之职的是杨徽之从孙杨亿。又据《宋史》详载,杨亿获得馆阁读书之职,以及进一步被授予馆职的方式,均属于"上书自陈"。即曰:

> 淳化中,诣阙献文,改太常寺奉礼郎,仍令读书秘阁。献《二京赋》,命试翰林,赐进士第,迁光禄寺丞。属后苑赏花曲宴,太宗召命赋诗于坐侧;又上《金明池颂》,太宗诵其警句于宰相。明年三月,苑中曲宴,亿复以诗献。太宗讶有司不时召,宰相言:"旧制,未贴职者不预。"即以亿直集贤院。表求归乡里,赐钱十五万。③

再据《麟台故事》残本卷一上《选任》篇载,除杨亿外,比较早地以"上书自陈"的方式获得秘阁读书之职者,还有"乞于秘阁读书,

---

① 《宋代官制辞典》"馆阁读书"条,中华书局,1997年版,第153页。
② 《麟台故事》残本卷一上《选任》。
③ 《宋史》卷三百〇五《列传第六十四·杨亿》,中华书局,1985年版,第10080页。

尝从其请"的秘书省正字邵焕。此外,《选任》篇还载有真宗朝的两
位少年英才晏殊和宋绶。宋绶初入仕属于"宰执子弟",但凭实际
表现来看,也属于"英妙被选"。他是翰林侍读学士杨徽之的外孙,
杨徽之去世后,"以遗恩官其外孙宋绶,为太常寺太祝。绶年十五,
召试中书,真宗奇其文,特迁大理评事,听于秘阁读书,同校勘《天
下图经》";而晏殊获取秘阁读书一职纯属于"英妙被选":"抚州进
士晏殊年十四,特召试诗、赋各一首,乃赐进士出身。后二日,复召
试诗、赋、论三题于殿内,移晷而就。上益嘉之,以示辅臣及两制、
馆阁考卷官,擢为秘书省正字,赐袍笏,令阅书于秘阁,就直馆陈彭
年温习,以其尚少,虑性或迁染故也。"至于纯属"宰执子弟"而获馆
阁读书资格者为盛申甫:"申甫先以其父翰林侍读学士、知河阳府
盛度之请,得读书馆阁云。"

　　第四,朝廷试除馆职人员有既定的评判标准,大体上经历了从
三层七等之别到五层七等之分的变化过程。

　　如《麟台故事》残本卷一上《官联》篇载,至少在宋仁宗景祐年
间(1034—1038)之前,已经形成了一些评判标准,即七等之别:"考
校旧规,有优、稍优、堪、堪平、低、稍低、次低凡七等,而品第高下,
其格未明。"很明显,这里所谓的七等,实际上只有"优"、"堪"、"低"
三个层次的区别,其中"优"有两等、"堪"有两等、"低"有三等,共七
等,至于各等之间是依据什么标准来衡量高下,并无明确的规定,
自然就缺乏可操作性。于是,这一"旧规"后被进一步明确细化为
五等七级之分:"景祐初,始诏翰林学士承旨盛度等,定学士舍人院
召试等第,以文理俱高为第一,文理俱通为第二,或文理粗通为第
三,分上下,文理俱粗为第四,分上下,纰缪为第五,等凡七等。至
是,度等约礼部式而更定之。"这里的"文",即指通过应试者的诗、
赋、策、论表现出来的文章文采或者风格;"理",即指文章中具有的
义理,或者性理。特别是这一规定明确提出了对文与理的同等重
视,构成了评判应试者的具体标准,即分为"高"、"通"、"粗通"、"俱

粗"、"纰缪"五个层次，其中第三、第四层又各自细分为上下等，共计五层七等。此法沿用至宋仁宗嘉祐三年（1058），朝廷又略作调整，"下诏申敕有司，著为定法，大率皆如旧制，但增制科入第四等次，进士第四、第五人，并除试衔知县，任满送流内铨，与两使职官；锁厅人比类取旨"，标志着朝廷对馆职试除有了完备的规则。而且，试除之法，不仅适用于馆阁之外期盼获取馆职的优异文臣，也适用于低一级馆职向高一级馆职迁转的升迁者。甚至其他部门选拔和任用文臣，也在参考或直接使用此法，如《麟台故事》残本卷一上《选任》篇载："此则凡就试学士舍人院者皆用此格，不特馆职也。"

第五，朝廷试馆职人员的部门和地点并不确定。

所试地点，有时是在大殿。如景德初（1004），在前后两日内，宋真宗特别召试十四岁的少年英才晏殊，地点即"于殿内"。有时是在中书。如宋真宗初试十五岁的少年英才宋绶，即"召试中书"。又如宋仁宗庆历五年（1045），诏："翰林学士王尧臣详定选任馆阁官，请自今遇馆阁阙人，许带职。大两省以上，举有文字行实者二人，在外举一人，更从中书采择召试。其进士及第第三人以上，自如旧例。诏凡有臣僚奏举，并临时听旨。"有时又在学士院。如宋真宗大中祥符元年（1008）再试宋绶时，"复试学士院，为集贤校理，与父皋同在馆阁"，传为一时之佳话。又如宋英宗朝，由辅臣欧阳修、曾公亮等荐举的十余人试除馆职，"乃先召尚书度支员外郎蔡延庆、尚书屯田员外郎叶均、太常博士刘敞、王汾、夏倚、太子中允张公裕、大理寺丞李常、光禄寺丞胡宗愈、雄武军节度推官章惇、前密州观察推官王存等十人余，须后试已而召试学士院"①。

第六，朝廷对试馆职者有规定的应试内容，从宋初只试诗、赋发展到注重论、策，进而取消试诗、赋而只试论、策，甚至只试策

---

① 　以上引文未注明者，出自《麟台故事》残本卷一上《选任》。

一道。

如《麟台故事》残本卷一上《官联》篇载,宋真宗景德初(1004),在前后两日内,试十四岁少年英才晏殊时,前一日"试诗、赋各一首,乃赐进士出身"。后二日又"复召试诗、赋、论三题于殿内,移晷而就"。又如,治平四年(1067),对宋英宗朝辅臣欧阳修、曾公亮等荐举的十余人试除馆职时,御史吴申建言:"先诏十人试。馆职渐至冗滥,兼所试止于诗、赋,非经国治民之急,欲乞兼用两制荐举,仍罢诗、赋,试论、策三道,问经史时务,每道问十事,以通否定高下去留。其先召试人,亦乞通新法考试。"因此,朝廷下诏两制曰:"详定以闻。"此后,翰林学士承旨王珪等又提出相同的建议:"宜罢试诗赋如申言。"于是,朝廷最终下诏规定:"自今馆职试论一首,策一道。"再至宋哲宗元祐中(1086—1094),"复举试馆职,则试策一道而已"①。

总之,宋初以来对馆职的授予和升迁,多采用试除之法。朝廷此举旨在选拔真才实学者进入馆阁,也切实起到了表彰和录用真正有学术才能者的实际功效。

(二)馆阁文士"不试而命者"居其次

除试除之外,北宋馆阁人员的选拔和任用,还存在其他一些较为个别的特殊情况,如异恩、功伐、清选等途径。一般而言,这是由皇帝直接任命,并不一定要通过正常的"试"而后"除",且往往体现为一种朝廷的异恩。即所谓:"不试而命者,皆异恩与功伐,或省府监司之久次者。"②此类情况集中出现在前后两个不同的时期。

早期的"不试而命者",其中以"功伐"而获得馆职的情况,主要集中在宋太祖、宋太宗时。此类人选,或因在宋王朝的建立和统一

---

① 《麟台故事》残本卷一上《选任》。
② 《麟台故事》残本卷一上《官联》。

过程中，做出过特殊的贡献而功高劳苦。如曾兼任过集贤殿大学士的赵普、兼领史馆监修国史的李昉、任史馆修撰的扈蒙等。或在当时社会上已颇负文学盛名而影响较大，如徐铉、徐锴、张洎、钱惟演、黄夷简等。据《麟台故事》载，起初是："江南之士如徐铉、张洎之流翱翔馆阁者多矣。"后至太宗至道三年（997）十月三日，时任都官郎中黄夷简"上表自陈故吴越王僚佐，尝劝王入朝，词甚恳激。诏直秘阁"①。此皆因有功于国家统一，"上怜之，故有是命"②。可见，此类情况下所获馆职，意味着朝廷赐予的异恩。而且其特殊性，还体现在与其他官吏的正常迁转有所不同。如《麟台故事》载：

> 故事，馆阁兼职与迁转不同。景德初，直秘阁杜镐、秘阁校理戚纶皆以旧职充龙图阁待制；后数年，镐以司封郎中直秘阁充龙图阁待制，迁右谏议大夫龙图阁直学士，亦异恩也。其余大率秘阁校理迁直秘阁，集贤校理迁直集贤院，或迁直龙图阁，至和中如张子思、赵良规、钱延年是也；直史馆迁直昭文馆，淳化中如吕佑之、赵昂、安德裕、勾③中正是也。直馆、直院有除知制诰者，吕佑之以直昭文馆，和蒙、王安石以直集贤院，皆除知制诰。至于校理、校勘，往往随其领职之高下而迁之。如吕溱、李绚以直集贤院，余靖、彭乘、蒲宗孟、孙洙、安焘、黄履、曾巩、赵彦若以集贤校理，皆为同修《起居注》；蔡襄以校勘迁直史馆知谏院；邓润甫以检正中书户房公事为集贤校理直舍人院，未几知制诰；常秩以大理评事特起为左正言直集贤院，未几直舍人院，亦异恩也。毕仲衍以秘阁校理除左史，王安礼以校勘迁直集贤院，王震以校勘为检正礼房公事迁右司

---

①　《宋会要辑稿·选举》三三之二《特恩除职》，中华书局，1957年版，第120册，第4756页。

②　《麟台故事校证》，中华书局，2000年版，第243页。

③　"勾"原避宋高宗赵构讳作"句"，此乙正。

员外郎,仲衍、震皆更官制之初也。①

由上可见,朝廷异恩大致有两类:一是由馆阁馆职直接跨级迁为更高一级殿阁待制、继而再迁为殿阁学士,如直秘阁杜镐、秘阁校理戚纶的升职即属此类。二是从馆阁到诸殿阁、舍人院、知制诰等的正常的或跨级的逐次升迁,即先是由校理迁校勘,继而由校勘迁四直官之一,属逐级升迁。然后在四直官中,再按直秘阁、直集贤院、直史馆、直昭文馆的次序逐级升迁,最后迁至诸殿阁学士、舍人院舍人、侍讲、知制诰等职位,如张子思、吕祐之、王安石、曾巩、蔡襄、邓润甫、王安礼、王震等的升职即属此类。总之,此类所谓朝廷之"异恩",既体现在授予文臣馆职上,又体现在馆阁人员被进一步选拔和任用中,涉及的人员相对较多,产生的社会影响也是至为广大。

后期出现的"不试而命者",在获取馆职后或有"清选"的情况。这集中体现在元丰改制以后秘书省新馆职的选任中,且主要是为了回避亲嫌。先是在元丰五年(1082)六月,通直郎、监察御史丰稷上言:"方官制施行,而执政、尚书、侍郎、郎官、丞、簿或以欺罔赃私之徒预选,何以示四方!"有鉴于此,朝廷任命丰稷为秘书省著作佐郎,并从此开始注意馆阁选任中回避亲嫌。如"崇宁初,王沇之为司谏,以避妻父张商英为著作郎兼国史官;其后曾楙为监察御史,以避妻父吴执中为著作佐郎;宣和中,潘良贵以主客员外郎对不合旨为著作,亦清选也"。显然,这一做法与北宋后期党争之风的起落不无关联,而士人风议正好与元丰改制之前相反,真宗大中祥符元年(1008),宋绶为集贤校理时,"与其父皋同在馆阁,每赐书辄得二本,世以为荣"②。

总之,以上梳理《麟台故事》残本卷一上《选任》等篇的材料,可

---

① 《麟台故事》残本卷一上《选任》。
② 本段内引文均出自《麟台故事》残本卷一上《选任》。

以较为全面而清晰地了解到北宋时期馆职授予和升迁的整体情况：宋初以来选拔和任用馆阁文臣的主要途径是试除之法，其基本特征、要旨和作用都十分明确，朝廷此举旨在选拔真才实学者进入馆阁，而且确实起到了表彰和录用真正有学术才能者的实际功效。尽管在其间依旧出现过一些"不试而命者"的特殊情况，但并不占主流，均属较为个别的现象。《麟台故事》在馆阁文士选任和馆职设置方面，记载丰富，可见该书珍贵的专门史史料价值。

三、馆阁藏书形成

结合《麟台故事》残本卷二中《书籍》篇，以及其他一些篇目的记载，可以很清晰地看到北宋馆阁藏书从形成到发展的大致经过。以下分四个方面来论述：一是北宋通过战争接收了其他政权的大批藏书，奠定了馆阁藏书的基础，二是民间所献之书构成北宋馆阁藏书的重要组成部分，三是秘阁典藏实为当时众多藏书中的精华，四是馆阁所藏当时人著作的数量不可低估。

首先，北宋馆阁藏书的基础，是北宋战胜其他政权并接收大批藏书而奠定的。据《宋会要辑稿》记载，北宋结束唐末五代战乱，从后周政权之三馆（秘阁当时还未建）继承来的全部家底为："国初，三馆书裁数柜，计万三千余卷。"[1]据《麟台故事》残本《书籍》篇载："建隆初，三馆有书万二千余卷。"[2]李焘《续资治通鉴长编》卷十九《太宗》建隆初第一条、马端临《文献通考》卷一百七十四《经籍考一·总叙》等文献所载数据均与《麟台故事》一致。可见，宋初国家

---

① 《宋会要辑稿·崇儒》四之一五《求书 藏书》，中华书局，1957年版，第55册，第2237页。

② 凡此下所引原文未加以注明者，均出自《麟台故事》残本卷二中《书籍》，《四部丛刊续编》影印本，商务印书馆，1934年版，第1—10页。又见《麟台故事校证》残本卷二中《书籍》，中华书局，2000年版，第252—281页。

藏书远不及盛唐。唐代国家藏书的鼎盛期莫过于开元,当时藏书数量据《宋史》载:"为卷八万有奇。"①其中包括唐人所著之书近三万卷。但宋初时,散佚已达七万余卷以上。虽然如此,北宋平定吴(在荆南)、蜀(在西南)、南唐(在江南)、北汉等地割据政权后,获得了大量图籍,充实了三馆藏书。据《书籍》篇载,宋太祖乾德元年(963),"平荆南,尽收其图书以实三馆。三年平蜀,遣右拾遗孙逢吉往收其图籍,凡得书万三千卷"。再至太祖开宝八年(975)冬季,"平江南,明年春遣太子洗马吕龟祥就金陵籍其图书,得二万余卷,悉送史馆。自是群书渐备。两浙钱俶归朝,又收其书籍"②。从实际情况来看,这些割据政权的政府藏书,不论是数量还是质量均不逊于北宋旧藏。如《宋会要辑稿·崇儒》四之一五载:"伪国皆聚典籍,惟吴、蜀为多,而江左颇精,亦多修述。"尤其是南唐典籍,"多雠校精当,编帙全具,与诸国书不类"③。而宋太宗太平兴国四年(979)五月,北汉被北宋平定后,所藏图籍也尽归北宋馆阁,其数或与后周所藏相当。足见,宋初通过平定其他政权而继承的图籍,构成北宋馆阁藏书的主体部分,奠定了北宋发展馆阁藏书的基础。

其次,据残本《书籍》篇可知,北宋馆阁藏书的主要部分,源于民间所献典籍。宋初在征战的同时,朝廷悬赏以官爵重金,向民间广开献书之路,赏赐之优厚,历代无比。如以赐出身为例,所赏之高者可及进士,入于三班之列;如以赏钱帛为例,多者可给每卷千钱,总计数十万之上。而所收典籍之宏富,真可谓亘古未有。如《书籍》篇载,宋初最早下诏募书的时间是宋太祖乾德四年(966),而应诏献书者,为"三礼涉弼、三传彭干、学究朱载等"。所得之书,"合千二百二十八卷,诏分置书府,弼等并赐以科名"。朝廷并于当

---

①　《宋史》卷二百〇二《艺文一·经类》,中华书局,1985 年版,第 5032 页。

②　《麟台故事校证》,中华书局,2000 年版,第 251 页。

③　〔宋〕江少虞撰《事实类苑》卷三十,《文渊阁四库全书》影印本,台湾商务印书馆,1986 年版,第 874 册,第 262 页。

年闰八月，"诏史馆凡吏民有以书籍来献，当视其篇目馆中所无者收之，献书人送学士院试问吏理，堪任职官者具以名闻"。至宋太宗太平兴国九年(984)正月，朝廷又下诏曰：

> 国家宣明宪度，恢张政治，敦崇儒术，启迪化源，国典朝章，咸从振举，遗编坠简，当务询求；眷言经济，无以加此。宜令三馆以《开元四部书目》阅馆中所阙者，具列其名，于待漏院出榜告示中外，若臣僚之家有三馆阙者，许诣官进纳。及三百卷以上者，其进书人送学士院引验人材书札，试问公理，如堪任职官者与一子出身，亲儒墨者即与量才安排；如不及三百卷者，据卷帙多少优给金帛；如不愿纳官者，借本缮写毕，却以付之。①

此后，朝廷一再重申此诏，告示天下，郑重表明了悬赏官爵重金，向民间广开献书之路的本意是"国家崇乡儒学"。这实乃北宋一开始就推行的右文政策的反映。此举所致，自然是"四方书籍往往出焉"。尤其是太宗朝，访求图籍之意甚急，故效果也至为显著。如太宗曾多次"遣使于诸道，访募古书、奇画及先贤墨迹，小则偿以金帛，大则授之以官，数年之间，献图书于阙下者不可胜计，诸道又募得者数倍"。即便是民间所藏不愿进献的孤本，朝廷也派专人借本抄录而收藏于馆阁。长此以往，至太宗至道元年(995)时，已是国家"图书之盛，近代无比"。然而悬赏征书的活动远未就此停止，朝廷赏赐日厚，献书者日剧，遂致馆阁藏书日益丰富，朝廷对所献之书的要求也越来越高。太宗朝尚规定献书三百卷以上者可得官，至真宗朝，这一标准已上升到五百卷，并且需是皇家珍藏典籍的太清楼所缺之书。同时，朝廷为了访得更为精善的版本，对献书者的赏赐也随之提高，如真宗大中祥符八年(1015)五月，共有"献

---

① 《麟台故事》残本卷二中《书籍》。

书者十九人,悉赐出身及补三班,得一万八千七百五十四卷"。又如,在天禧元年(1017)八月,据提举校勘书籍所言:"学究刘溥、侯惟哲献太清楼无本书各及五百卷,请依前诏甄录。"至第二年五月,"长乐郡主献家藏书八百卷,赐钱三十万"。此后,尽管朝廷赏赐更高,可民间可献之书也更少。于是,在利益的驱使下,社会上产生了献书者造伪书的风气:或托故造伪书,或对古书巧立名目妄分卷帙等,不一而足,实际上产生负面影响。不过,宋王朝并没有因噎废食,而是在加强真伪检查的前提下,一如既往地向民间悬赏,广开献书之路。如天禧元年十二月,朝廷采纳王钦若之建言:"进纳书籍,元敕以五百卷为数,许与安排。后来进纳并多,书籍繁杂,续更以太清楼所少者五百卷为数,今并是旋为及伪立名目,妄分卷帙,多是近代人文字,难以分别。今欲具定起请条贯,精访书籍。"再至宋仁宗嘉祐五年(1060)八月壬申,朝廷又诏曰:

> 国家承五代之后,简编散落。建隆之初,三馆聚书仅才万卷。祖宗平定列国,先收图籍,亦尝分遣使人,屡下诏令,访募异本,补辑渐至。景祐中,尝诏儒臣校定篇目,讹谬重复,并从删去。朕听政之暇,无废览观,然以今秘府所藏比唐开元旧录,遗逸尚多。宜开购赏之科,以广献书之路。应中外士庶之家,并许上馆阁所阙书,每卷支绢壹匹,及五百卷,特与文资安排。①

北宋时,雕版印刷技术广泛运用于刻印各种书籍,与以前的写本、抄本相比,可以说是印刷技术的一次巨大飞跃,一次刻板可以印成百上千部书流传后世,这不但使宋代图书数量大大超过了前代,也促进了宋代藏书事业的繁荣和发展②。处在这种现实状况下,馆阁藏书逐渐完备,校勘工作得以展开,就更加需要"访遗书于天下,以补遗亡",以"访得众本,校正讹谬,遂为完书",从而"模本

---

① 以上引文出自《麟台故事》残本卷二中《书籍》。
② 《晁公武陈振孙评传》,南京大学出版社,2006年版,第78页。

而行之"。当然,国家进行如此大规模的文化举动,实质在于当时治国的基本方略为崇儒右文。况且太宗时馆阁图书之盛已是"近代无比",至真宗、仁宗时期,天下出现自中唐至五代以来难有的太平景象,于是盛世修典之举又成为一种时代的必然,正所谓"非时平无事安能及此也"①。然而在当时的历史条件下,盛世修典必须面对的问题主要体现在两个方面:一是与传承有关,既要继承自古以来的文化思想,保证统一性,又要承袭五代以来的作法,即"至五代,官始用墨版摹六经,诚欲一其文字使学者不惑"。二是与后果有关,即一次刻印成千上百部书籍流布后世,如不谨慎于初,必将贻害无穷。尤其刻印传统经典,更是如此。早在五代末宋初就对此已有了明确的认识。如残本《校雠》篇载:"至五代,官始用墨版摹印六经,诚欲一其文字,使学者不惑。至太宗朝,又摹印司马迁、班固、范晔诸史,与六经皆传,于是世之写本悉不用。然墨版讹驳,初不是正,而后学者更无他本可以刊验。"至于具体操作过程中的复杂性与难度,其实与现今一样,主要集中在不同历史时期形成的经典著述,其不同版本和注释之间存在着很大差异,该当如何处理的问题。如咸平年间(998—1003)真宗针对太宗时期校勘过的《史记》、《汉书》和《后汉书》,在与宰相探讨时明确指出:"太宗尚文史,而三史版本,如闻当时校勘官未能精详,尚有谬误,当再加刊正。"又如景德二年(1005)七月,负责再次校勘《汉书》和《后汉书》的驾部员外郎直秘阁刁衎上言:"《汉书》历代名贤竞为注释,是非互出,得失相参,至有章句不同,名氏交错。苟无依据,皆属阙疑。"而要解决此类疑难问题,采取的方法也只能是"博访群书,遍观诸本,傥非明白,安敢措辞!虽谢该通,粗无臆说"。于是每经过一次认真校勘,几乎都如同仁宗景祐二年(1035)那样处理:"改旧摹版以从新校。"②直到

---

① 《麟台故事》残本卷二中《书籍》。

② 《麟台故事校证》,中华书局,2000年版,第290页、第283—284页。

北宋灭亡前夕，不仅朝廷始终没有停止过向天下搜访遗籍，而且与之相应的馆阁校勘工作也一直被视为重中之重，几乎未曾中断过。特别是在徽宗宣和初，根据提举秘书省官的建议，宋廷"置补完御前书籍所于秘书省，稍访天下之书，以资校对。以侍从官十人为参详官，余官为校勘官，又进士以白衣充检阅者数人，及年，皆命以官"①。但可惜的是，徽宗倾力而举校勘之事，却因"靖康之难"的到来而告终。徽宗朝虽然没有给苦心经营长达一百六十余年的北宋馆阁典藏，画上完满的句号，但就北宋图籍收藏与整理的整体情况而言，当时仍可谓出现了前所未有的盛况。

再次，秘阁藏书乃当时北宋典藏之精华和极品。据残本《书籍》篇以及其他篇目所载，可见除将三馆整体迁入新建崇文院外，宋初的另一项重大举措是在崇文院内新建秘阁，珍藏"古书、奇画及先贤墨迹"，以及"御制御书"，供皇帝御览。宋初随着三馆藏书搜求渐至完备，端拱元年(988)五月，依宋太宗之意，在崇文院中堂增置了秘阁。当年建成后，太宗还亲自作《秘阁赞》，刻于碑阴，立于秘阁之中。三馆内复建此阁，"以藏奇书，总群经之博要"②，主要目的是专供皇帝平时观览，故秘阁实为皇帝个人的藏书之府。其中所藏典籍状况，据《书籍》载："端拱元年，诏分三馆之书万余卷别为书库，目曰'秘阁'。"这些首批藏于秘阁的书籍，自然都是从三馆中精选的历代珍藏。之后，太宗再次下诏，从史馆中分出"天文、占候、谶纬、方术等书五千一十二卷，并内出古画、墨迹百一十四轴，悉令藏于秘阁"。其中所精选的典藏，有："晋王羲之、献之、庾亮、萧子云、唐太宗、明皇、颜真卿、欧阳询、柳公权、怀素、怀仁墨迹，顾恺之画《维摩诘像》、韩干《马》、薛稷《鹤》、戴松《牛》及近代东丹王李赞华《千角鹿》、西川黄筌《白兔》，亦一时之妙也。"③毋庸置疑，诸

① 《麟台故事》残本卷二中《书籍》。
② 《麟台故事》残本卷一上《官联》。
③ 《麟台故事》辑本卷一《沿革》。

如此类历次收入秘阁的典籍,均为当时国家典藏中的稀世珍品,专供皇帝御览,一般文臣甚至连观赏的机会都没有。至于准予借出者,实属皇帝特许的殊恩,一般馆阁文士并无此权限。

此外,秘阁还陆续收藏了朝廷以重金高官为条件,从各地各级官吏以及其他私家典藏中寻访而来的珍贵图籍。如《书籍》篇载,至道元年(995)六月,太宗派遣"内品、监秘阁三馆书籍裴愈使江南、两浙诸州,寻访图书。如愿进纳入官,优给价值;如不愿进纳者,就所在差能书吏借本抄写,即时给还。仍赍御书石本所在分赐之"。仅这次裴愈从南方寻访书籍归朝时,"凡得古书六十余卷,名画四十五轴,古琴九,王羲之、贝灵该、怀素等墨迹共八本,藏于秘阁"①。又如上文提及的天禧二年(1018)五月,长乐郡主一家所献馆阁所缺书籍八百卷,亦藏于秘阁。应该说,秘阁所藏此类典籍,实为北宋馆阁典藏中价值最高的精华部分。

另外,秘阁最初还存有另一类珍藏——"御制御书"。据《书籍》篇载,其主要有两类:一是太宗本人的著作,如淳化元年(990)七月,"以御制《秘藏诠》十卷、《逍遥咏》十一卷、《秘藏诸杂赋》十卷②、《佛赋》一卷、《幽隐律诗》四卷、《怀感③一百韵诗》四卷、《怀感回文五七言》一卷,凡四十一卷藏于秘阁",后至咸平三年(1000)二

① 《麟台故事校证》,中华书局,2000年版,第257页。引文中"五千一十二",《续资治通鉴长编》作"五千一十",而《宋会要辑稿》《玉海》所载均与《麟台故事》残本卷二中《书籍》、辑本卷一《储藏》同,应是《长编》脱"二"字。

② 此载见《麟台故事》辑本卷一《储藏》,清四库馆臣所加按语云"原本脱此二句,今据《玉海》增入,方符四十一卷之数"。详见《文渊阁四库全书》影印本,台湾商务印书馆,1986年版,第595册,第309页。另据残本卷二中《书籍》,此载无脱文,可证辑本所脱之文确如馆臣所言,但是辑本此处"秘藏诸杂诗赋",残本作"秘藏诸杂赋"。详见《四部丛刊续编》本所收明影宋刊本《麟台故事》残本卷二中《书籍》。本书此处以残本所载为准。

③ "怀感",《麟台故事》辑本卷一《储藏》作"感怀",其后又有"《怀感回文五、七言》",而《玉海》卷二十八亦作"怀感",可知辑本此处确为倒文,当从残本作"怀感"。

月，真宗又"诏藏《太宗御览》三十卷于秘阁，仍录别本藏三馆"。二是太宗的书法类作品，如淳化三年至五年六月期间，秘阁曾先后藏太宗御草《千字文》一卷、《孝经》一本，并"命供奉官蓝敏正赏御草五轴藏秘阁，诏史馆修撰张泌与三馆、秘阁学士观焉"①。宋太宗建秘阁收藏"御制御书"之举，对后世影响极其深远，不仅为其后的宋代历朝皇帝所效法，后世亦不乏仿效者。《宋史》载："真宗晚年，以所著诗文示丁谓等曰：'朕听览之下，以翰墨自娱，虽不足垂范，亦平生游心于此也。'谓等请镂板宣布，共七百二十二卷，并作天章阁贮之。"清人赵翼据此认为："宋诸帝御集各建阁藏贮，自真宗始。"赵翼之说显然值得商榷，建阁贮藏御制御书当始于太宗。太宗在崇文院中新建秘阁，尽管其性质在诸多方面同于三馆而被称为第四馆，所藏之书也不只是太宗御书御制，但实际在很大程度上，秘阁就是太宗皇帝的御用藏书之所，建阁贮藏个人著述作品的目的应当是一开始就具备了。后来，随着秘阁与三馆的性质和功用越来接近，极有必要将御制御书与馆阁藏书分离，宋真宗开始，遂将秘阁所藏的太宗御制御书转归太清楼收藏。这实际上意味北宋以馆阁为核心的国家藏书制度开始形成，在一定程度上出现了帝王藏书或皇家藏书与国家藏书的分野。也正是在这一发展趋势下，才有了自宋真宗以来诸帝另外建阁贮藏前朝"御制御书"的举动，且阁名各不相同。即如赵翼曰："英宗建宝文阁，藏仁宗御集。神宗以英宗御书，亦附于内。哲宗建显谟阁，藏神宗御集。（元祐二年，已诏苏辙、刘攽等编次神宗御集，四年上之，先藏宝文阁，元符元年，另建显谟阁贮之。）徽宗建徽猷阁，藏哲宗御集。高宗建敷文阁，藏徽宗御集。孝宗建焕章阁，藏高宗御集。宁宗建华文阁，藏孝宗御集，又建宝谟阁，藏光宗御集。理宗建宝章阁，藏宁宗御集。

---

①　本段引文出自《麟台故事校证》，中华书局，2000 年版，第 262 页、第 255 页。

度宗建显文阁,藏理宗御集。"各类"御制御书"无论藏于秘阁,还是另建之阁,从经济和文化的角度看,"虽颇繁费,然亦足昭敬谨,且见诸帝文治之盛也"①。秘阁典藏逐渐成为北宋馆阁典藏中规格最高的部分。

总而言之,以《麟台故事》残本卷二中《书籍》篇的记载为主,结合《麟台故事》其他篇目的内容,兼以《续资治通鉴长编》、《宋会要辑稿》、《皇宋事实类苑》、《文献通考》、《宋史》等其他有关文献的零散记载,我们可以清晰地看到:北宋馆阁不仅具有收书、访书、购书、抄书、藏书、借书等政治职能,还担负着国家对图书的编目、整理、修纂、管理等职责。在各种文献中,《麟台故事》不但成书早于他书,而且围绕北宋国家藏书这一主题,所提供的资料也最为集中。《麟台故事》一书作为专门史的史料价值可想而知。

四、馆阁藏书校勘

随着北宋馆阁藏书逐渐丰富,整理前朝典籍,已是势在必行。校勘工作素来是古籍整理的重中之重,否则,即便是馆阁文士也不一定能够阅读,更不要说常人了。于是校勘工作成为馆阁文士的日常工作之一,在宋初三馆中已经开展。《麟台故事》残本卷二中《校雠》篇集中了有关材料,虽然还不够完整,时间跨度仅有北宋整个历史的四分之一,并且存在窜乱脱漏,但是,仍然可以窥见北宋馆阁文士整理馆阁典籍的概况。现即以《校雠》篇残存内容为主,发掘其史料价值。

(一)《麟台故事》残本《校雠》篇的现状

残本《校雠》篇所载,从宋太宗淳化五年(994)始,至宋仁宗景

① 〔清〕赵翼著,王树民校证《廿二史劄记校证(订补本)》卷二十四《宋史·宋诸帝御集皆建阁藏贮》,中华书局,1984年版,第521页。

祐三年(1036)结束,共计四十二年,馆阁校书二十次①。《麟台故事》中每一篇,一般按照时间先后顺序,通记一类事件前后情况。若据此来推断,《校雠》篇应属首残尾阙的残篇无疑。《宋会要辑稿》载:"宋朝三馆书直馆官校对太祖、太宗朝收诸伪②国图籍实馆阁,亦或召京朝官校对,皆题名卷末。"③可见校书活动从宋初接收诸国典籍时就已经开始。后来,随着朝廷向天下广开献书之路,馆阁藏书日益丰富,至景祐以后,校书活动更是愈加频繁,规模和范围也因雕版印刷的需求而愈来愈大。至宋徽宗时,国家典籍历经多方努力,"搜访补辑,至是为盛矣"④。在这近百年的岁月中,本应有更多值得记载的内容,可残本却在景祐三年后无端而终,除了残缺之外,确无其他道理可述。况且,《麟台故事》著者程俱自云:"昔三入秘书省,皆以簿技隶太史氏,颇记祖宗三馆故事与耳目所见闻。"⑤而略晚于程俱的宋人陈振孙亦评程俱"凡三入省,故其见闻为详"⑥。程俱前后供职于馆阁十四年之久,适值北宋馆阁藏书发展至全盛时期,有关馆阁校勘的所见所闻理应不少,但《麟台故事》本篇有关材料有限,所记只有四十二年的时间,仅占整个北宋历史的四分之一,因此只能断定,《麟台故事》原本此篇,在流传于世的过程中,确实是残缺了。今人张富祥在校证完此篇后,亦加按语:

----

①　数据据《麟台故事》残本卷二中《校雠》所载内容统计而得。另外本节此下所引原文未加以注明者,均出自《麟台故事》残本卷二中《校雠》,《四部丛刊续编》影印本,第10—15页。

②　"伪"原作"为",当为"伪"之讹,故乙正。

③　《宋会要辑稿·崇儒》四之一《勘书》,中华书局,1957年版,第55册,第2230页。

④　《宋史》卷二百〇二《艺文一·经类》,中华书局,1985年版,第5033页。

⑤　〔清〕耿文光撰《万卷精华楼藏书记》卷五十一《史部十三·职官类》"《麟台故事》五卷"条,中华书局,1993年版,第448页上。

⑥　《直斋书录解题》卷六《史部·职官类》"《麟台故事》五卷"条,上海古籍出版社,1987年版,第178页。

"本书此篇止于景祐三年十月，当有脱佚。《皇宋事实类苑》卷三一所引《蓬山志》之文，于景祐三年后尚有同类资料数条，内容不见于本书辑本及残本。"①可见本篇残缺应当相当严重。

另外，《校雠》篇还存在窜乱脱漏条目的现象。如景德四年（1007）朝廷对《文选》和《文苑英华》组织的校勘乃至印行之事，在《校雠》篇中仅记了一条一句："四年八月，选三馆秘阁直官、校理校勘《文苑英华》、李善《文选》，摹印颁行。"并且该条在残本中单独罗列，处于"大中祥符元年"条和"八年十二月"②之间。若仅以《校雠》篇这一条目为据，就会误认为这一时期《文苑英华》和《文选》一起刊行了。但诚如张富祥所云："本书此条不书年号，竟似大中祥符四年事，误，应与上条互换位置；且所载过简，似传抄有脱漏。"③张富祥认为该条应居于景德元年（1004）之后，即为景德四年之事。于是，《宋会要辑稿》在时间上正好与《校雠》篇这一记载相符合：

> 四年八月，诏三馆秘阁直馆、校理分校《文苑英华》、李善《文选》，摹印颁行。《文苑英华》以前所编次未精，遂令文臣择古贤文章重加编录，芟繁补缺，换易之，卷数如旧。又令工部侍郎张秉、给事中薛映、龙图阁待制戚纶、陈彭年校之。李善《文选》校勘毕，先令刻板，又命官覆勘。未几，宫城火，二书皆烬。至天圣中，监三馆书籍刘崇超上言："李善《文选》援引该赡，典故分明。欲集国子监官校定净本，送三馆雕印。"从之。天圣七年十一月，板成，又命直讲黄鉴、公孙觉校对焉。④

事实上，《宋会要辑稿》与《校雠》篇此载皆源于北宋旧本《会

①　《麟台故事校证》，中华书局，2000年版，第291页。

②　《麟台故事》残本卷二中《校雠》。"八年"，为大中祥符八年（1015）。

③　《麟台故事校证》，中华书局，2000年版，第286页。

④　《宋会要辑稿·崇儒》四之三至四之四《勘书》，中华书局，1957年版，第55册，第2231—2232页。

要》,对比前后两书的记载,可见《辑稿》较《校雠》篇更为详细,本可具有相互参证的价值。但是《辑稿》接下来的内容又相当含糊,甚至与《校雠》篇记载相冲突。《文苑英华》卷首《出版说明》曰:"'宫城火'一事发生在大中祥符八年,但是《会要》的记载含混不清,只说了《文选》刻版的事而没有提到《英华》。由于古人习惯上常把未经刊刻的稿本也称为'书',所以《英华》在北宋是否刻过,还是一个疑问。"①正是由于《辑稿》在此含糊不清,而《校雠》篇这一条存在着窜乱脱漏现象,所以学界迄今不能确证《文苑英华》是否在真宗时刊刻过。

(二)《校雠》篇所见北宋馆阁校勘特点及其价值

北宋馆阁的校勘工作,至迟在宋太宗初期就已经开始进行,而且有关制度完备,《麟台故事》残本卷二中《校雠》篇详细保存了从宋太宗淳化五年(994)至宋仁宗景祐三年(1036)之间,共计四十二年的有关情况,具有鲜明的专门史史料价值,现对此加以梳理,以总结北宋馆阁校书过程中的一些显著特点,述之于下。

其一,从这四十二年的记载可见,馆阁将前代正史的全面校雠作为工作的重中之重。对于宋前历代史籍,从《史记》到《汉书》和《后汉书》,从《三国志》到《晋书》,从《南北史》到《隋书》及《唐书》,馆阁无一不优选专职人员,"访得众本,校正讹谬,遂为完书,模本而行之"②。尤其是对司马迁、班固和范晔之书,更是一再精校精审。在宋太宗、真宗、仁宗朝,先后三次严格校勘《史记》、《汉书》与《后汉书》,而且注意听取来自非官方的校勘意见,对以往印行书籍的旧摹版不断修订,撰写出《覆校〈史记〉并刊误文字》五卷、《汉书刊误》三十卷等校勘成果。这三次校勘的有关情况,分述如下:

---

① 《文苑英华》卷首《出版说明》,中华书局,1966年版,第8页。
② 《麟台故事》残本卷二中《书籍》。

第一次是"淳化五年(994)七月,诏选官分校《史记》、前、后《汉书》"。其中参与校勘《史记》的成员有五人:杜镐,时任虞部员外郎、崇文院检讨兼秘阁校理;舒雅,时任屯田员外郎、秘阁校理;吴淑,时任都官员外郎、秘阁校理;潘慎,时任膳部郎中、直秘阁;朱昂,时任度支郎中、直秘阁。在本次校书过程中前四人为初校,朱昂为复校。参与校勘前后《汉书》的成员有四人:陈充,时任太常博士、直昭文馆;阮思道,时任国子博士、史馆检讨;赵安仁,时任著作佐郎、直集贤院;孙何,时任将作监丞、直史馆。这次校勘完毕,朝廷"遣内侍裴愈赍本就杭州镂版"。而后又"摹印司马迁、班固、范晔诸史,与六经皆传"①。可见,这是为了刊印而进行校勘。

第二次是咸平至景德年间(998—1007),宋真宗发现太宗时已经校勘过的《史记》、《汉书》、《后汉书》并不是十分精善,其中尚有谬误存在,必须再次加以刊正。于是诏令馆阁再次校勘《史记》、《汉书》、《后汉书》。其中先后参与覆校《史记》的成员共有五人,均为京朝官兼任馆阁官职的文士,即:陈尧佐,时任太常丞、直史馆;周起,时任著作郎、直史馆;孙仅,时任光禄寺丞、直集贤院;丁逊,时任光禄寺丞、直集贤院;任随,时任著作佐郎、直集贤院。这次《史记》校勘的整体主持工作,先由陈尧佐承担,不久,因其出知寿州,起任三司判官,朝廷又任用任随领其事。景德元年(1004)正月,《史记》校勘完毕,"任随等上《覆校〈史记〉并刊误文字》五卷,诏赐帛有差"②。而先后参与前后《汉书》覆校工作的成员共有四人,均为京朝官兼任馆阁官职的文士,即:刁衎,时任驾部员外郎、直秘阁;晁迥,时任右司谏、直史馆;丁逊,时任光禄寺丞、直集贤院;陈彭年,时任秘书丞、直史馆。在本次校书过程中,由于晁迥升任知制诰之故,朝廷又以陈彭年接替他的工作,直到景德二年(1005)七

---

① 以上二处引文据《麟台故事校证》,中华书局,2000年版,第281页、第70页。

② 《麟台故事》残本卷二中《校雠》。

月校完。刁衎等上言:"《汉书》历代名贤竟为注释,是非互出,得失相参,至有章句不同,名氏交错。苟无依据,皆属阙疑。其余则博访群书,遍①观诸本,倘非明白,安敢措辞?虽谢该通,粗无臆说,凡修改三百四十九签,正三千余字,录为六卷以进。"朝廷对此次校书者又予以不同的赏赐。显然,这次校勘是为了纠正之前校勘中存在的失误。

　　第三次是宋仁宗景祐元年(1034),翰林学士张观等校订《汉书》,并与《史记》、《后汉书》等一并用古本(秘阁所藏宋代以前用素纸传写的抄本)详细刊正,并下国子监颁行。据《校雠》篇载,此次校勘的背景,有观点认为:宋代以前的经史类典籍传世的都是抄本,虽然不同传本之间存在各种情况的讹、脱、衍、倒,但是彼此之间尚可相互参证和校读。至五代,"官始用墨版摹六经,诚欲一其文字,使学者不惑。至太宗朝,又摹印司马迁、班固、范晔诸史,与六经皆传,于是世之写本悉不用。然墨版讹驳,初不是正,而后学者更无他本可以刊验"。其实,这正是政府大批量雕版印行图籍中难以避免的问题。于是,时任秘书丞的余靖建议:"《前汉书》官本差舛,请行刊正。"故当时朝廷诏令余靖、张观、王洙等馆阁文士,"尽取秘阁古本对校"。第二年,校勘工作完成,参校者"乃上《汉书刊误》三十卷"(其中应包括本次校勘过程中发现的《汉书》和《后汉书》存在的全部问题),对《后汉书》"凡增五百一十二字,损一百四十三字,改正四百一十一字",且以这次新的校勘结果为准,修改了两《汉书》旧版。尽管如此,但其成果仍有不尽人意之处,两《汉书》仍然存在未被刊正的谬误,"而司马迁、范晔史尤多脱略,惜其后不复有古本可正其舛谬者云"。遂继续复校《史记》等史书。第二年所有校勘工作结束,朝廷对参与这次校勘活动的各位馆阁文士予

────────────

　　① "遍"原作"抡"。张富祥认为:"当系传抄之讹,今并据《会要》改正。"本书此处从之。详见《麟台故事校证》,2000年版,第284页。

以嘉奖："以校勘《史记》《汉书》官、秘书丞余靖为集贤校理,大理评事、国子监直讲王洙为史馆检讨,赐详定官、翰林学士张观,知制诰李淑,宋郊器币有差。"①可见,这次校勘仍旧是为了纠正此前校勘中存在的问题。

北宋朝廷不仅反复校勘《史记》《汉书》《后汉书》三部正史,还委任专人整理过其他前代正史。据《麟台故事》残本卷二中,这样的活动先后有两次:

第一次是在宋真宗咸平三年(1000)十月至五年,校勘了《三国志》《晋书》《唐书》。参与这次校勘的主要成员共有十六人,其中两人为皇帝身边的侍臣,十四人为京朝官兼任馆阁官职的馆阁文士。即:黄夷简,时任光禄少卿、直秘阁;钱惟演,时任太仆少卿、直秘阁;刘蒙叟,时任都官郎中、直史馆;杜镐,时任驾部员外郎、崇文院检讨、直秘阁校理;宋皋,时任太常丞、直集贤院;戚纶,时任著作佐郎、秘阁校理;董元亨,时任虞部员外郎、史馆检讨;刘锴,时任秘书丞、直史馆;许衮,时任兵部员外郎、直昭文馆;陈衮,时任刑部员外部、直昭文馆;安德裕,时任金部郎中、直昭文馆;勾②中正,时任屯田郎中、直昭文馆;范贻永,时任主客员外郎、直集贤院;王希逸,殿中丞、直史馆;刘承珪,时任宫苑使;刘崇超,时任内侍。本次校勘在具体操作过程中,依据不同文士各自的专长,实行专人专校专书的分工协作模式。其中《三国志》,起初是由黄夷简、钱惟演、刘蒙叟、杜镐、宋皋、戚纶六人初校,之后再由杜镐、戚纶、董元亨、刘锴四人进行一次详校,才算完成任务。其中的《晋书》,起初是由许衮、陈衮二人初校,之后同样再由"黄夷简续预焉,而镐、纶、锴详校如前",才算完成任务。其中的《唐书》(即今称《旧唐书》),因成书时间距宋代最近,故对该书的校勘,朝廷显得十分谨慎,不但在分

---

① 以上引文出自《麟台故事》残本卷二中《校雠》。
② "勾"原避讳作"句",此乙正。

工安排方面与两部正史有所区别，而且对整个校勘过程的监管也格外重视，不但安排安德裕、勾中正、范贻永、王希逸、董元亨、刘锴六人，共同进行专门校勘，而且同时委派皇帝身边的侍臣刘承珪、刘崇超二人，共同主领校勘《唐书》之事，这也是此前极为罕见的情况。直到一○○二年，三部史书校勘完毕，"送国子监镂版"。本次校勘史书成效显著，按惯例朝廷对所有参与校勘的"校勘官赐银帛有差"，尤其对功绩最为显著的刘锴"特赐绯鱼袋"，以示嘉奖。可见，这次是为了刊印而进行的校勘。

　　第二次是在二十余年后，馆阁又校勘了《南北史》、《隋书》两部史书。宋仁宗天圣二年（1024）六月，朝廷诏曰："右正言直史馆张观、太常博士集贤校理王质、晁宗悫、秘阁校理陈诂、光禄寺丞集贤校理李淑、馆阁校勘彭乘、国子监直讲公孙觉校勘《南北史》、《隋书》，及令左司郎中知制诰宋绶、吏部员外郎龙图阁待制刘烨提举之。"①从先后分工和操作程序来看，这也属于专人专校专书的情况，且校勘的目的也是为了刊印。

　　除以上所列《校雠》篇的载录情况外，另据《书籍》篇载，在宋仁宗时期，"帝既择士编校馆阁书籍，访遗书于天下，以补遗亡，又谓辅臣曰：'《宋》、《齐》、《梁》、《陈》、《后周》、《北齐》书，世罕有善本，未行之学官，可委编校官精加校勘。'自是访求众本，校正讹误，遂为完书，模本而行之"②。此次校勘《宋书》、《齐书》等宋前正史的活动，也是为了刊印，时在嘉祐五年（1060）八月以后。可惜《校雠》篇已残，记事时间下限为景祐三年（1036），因此今在其中已不得见有关记载。

　　其二，馆阁之校勘活动虽然长年不断，但对儒家经典的整理相对较少。

---

①　以上引文未注明者，出自《麟台故事》残本卷二中《校雠》。
②　《麟台故事》残本卷二中《书籍》。

在《校雠》篇所载的馆阁四十二年故事中，规模较大的儒家经典校勘活动共四次，其中三次校《尔雅》，两次校《孝经》和《论语》，一次校《周礼》、《仪礼》、《公羊》、《谷梁传》、《尚书》、《孟子》。而馆阁比较集中地整理儒家经典的时段，是在一〇〇一年至一〇〇九年，乃宋真宗时期，且每次各有侧重：

第一次是重校七经，重在疏义。据《校雠》篇所载，咸平四年（1001）九月，邢昺、杜镐、舒雅、李维、孙奭、李慕清、王焕、刘士玄、崔偓佺等九位朝臣联名上表建议："重校定《周礼》、《仪礼》、《公羊》、《谷梁传》、《孝经》、《论语》、《尔雅》七经疏义。"可见，朝臣建议此次校勘的重点，在于这七部儒家经典的疏义。朝廷从之，最终的校勘结果"凡一百六十五卷"，朝廷"命模印颁行"，并为了奖励参与本次校勘的臣僚，既"赐宴于国子监"，又"昺加中散大夫，镐等并迁秩"。

第二次是详定四经文字。据《校雠》篇所载，至景德二年（1005），由于前次杜镐和孙奭在奉诏校勘经书时，注疏出其中存在的一些文字谬误之类的缘故，遂在当年九月，朝廷再次"命侍讲学士邢昺、两制详定《尚书》、《论语》、《孝经》、《尔雅》错误文字"。

第三次是详细刊定国子监已刊行的《尔雅释文》中的舛误。即据《校雠》篇载，至大中祥符二年（1009），鉴于有人认为"以谓国学板本《尔雅释文》颇多舛误"，于是朝廷再次命杜镐、孙奭等"同详定之"。

第四次是刊定并颁行《孟子》。宋仁宗时期，《孟子》被列为十三经之一，于是刊定并颁行《孟子》成为必然。据《校雠》篇载，宋仁宗景祐元年（1034）九月，朝廷在诏令翰林学士张观等刊定前后《汉书》的同时，又令张观等刊定了《孟子》，并将校勘后的《孟子》一书"下国子监颁行"。

其三，馆阁对先秦诸子书的校勘，首先是《庄子》，其次是《列子》。

　　宋廷曾先后三次校勘过庄子的书,主要集中在宋真宗大中祥符年间(1008—1016)。先是大中祥符元年六月,由"崇文院检讨杜镐等校定《南华真经》,摹刻板本毕,赐辅臣人各一本"。后至二年二月,真宗又诏令孙奭与龙图阁待制杜镐等共同校定郭象所注《庄子》与陆德明所撰《庄子释文》,但在这次校勘过程中,由于校书者以为郭象《庄子》注本之《序》,并非郭象之文而去之,故至四年,朝廷"又命李宗谔、杨亿、陈彭年等雠校《庄子序》,模印而行之"。

　　对于《列子》,馆阁曾在景德至大中祥符年间先后校勘和刊印。先是景德年间(1004—1007),宋真宗朝谒诸陵时,路经列子之观,遂诏令给列子加"至德"之尊号,又命官校勘列子之书。大中祥符五年(1012)四月,《列子》校勘并刊刻完成,朝廷赐校勘官金帛有差,"崇文院上新印《列子冲虚至德真经》,诏赐亲王、辅臣人一本"①,可见真宗对列子及其书的尊崇。

　　其四,另外据《麟台故事》残本卷三下《修纂》篇载,馆阁文士曾编纂并一再校订过《九域图志》。先是大中祥符初年,为了仿照唐代《十道图》确定各地赋役数额,宋真宗曾先后命李宗谔、王曾等修纂天下图经。大中祥符六年(1013)《九域图》成,当年九月,权判吏部流内铨慎从吉对该书评价曰:"格式司用《十道图》较郡县上、赤、紧、望,以定俸给,法官亦如之定刑,而户口岁有登耗,未尝刊修,颇误程品。请差官取格式司、大理寺《十道图》及馆阁天下图经,校定新本,付逐司行用。"于是宋真宗诏令:"秘阁校理慎镛、邵焕、集贤校理晏殊校定,翰林学士王曾总领之。"这应是该书纂成之后的初次刊定。此后,朝廷每隔一段时间,根据各地实际情况的变化,稍加校订。但是到熙宁八年(1075),《九域图志》虽然屡经校补,但仍然出现如尚书都官员外郎刘师旦所言的情形:"今《九域图》涉六十余年,州县有废置,名号有改易,等第有升降,而所载古迹有出于俚

---

①　　以上引文未注明者,出自《麟台故事》残本卷二中《校雠》。

俗不经者。"因此,宋神宗命三馆秘阁再次修订该书,最后"又专命太常博士直集贤校理赵彦若、卫州获嘉县令馆阁校勘曾肇删定"①。而刊定该书的地点就在秘阁,朝廷未另外设置其他校书机构。后因赵彦若被免,故此次校勘、修订等的实际工作均由曾肇完成。该书虽然原称《九域图志》,但是旧本并不绘地形图,难以图称之,故经曾肇此次删定后的本子,被宋神宗更名为《九域志》。

由上可见,北宋馆阁对于前代典籍的校勘,重视行政治民的实际功效,尤其重视正经正史的校勘。但是从中也可发现一颇有意味的现象,即为了替朝廷笼络天下士人之心,为实现中兴愿望而努力,程俱每每大加载录赵宋皇家优待儒臣的种种具体恩泽,宣扬皇帝对文教治国的向往,而有意无意间削弱了对校勘工作情况的全面记载,对具体情况的详细描述,由此与他撰作《麟台故事》的基本出发点,即指导秘书省重建后的工作走上正轨,而有所偏离。

如宋真宗景德元年(1004),"三月丁酉,光禄少卿、直秘阁黄夷简等上校勘新写御书凡二万四千一百六十二卷,赐缯帛有差,校勘官、前大名府馆陶县尉刘筠等六人并授大理评事、秘阁校理"。

又如,大中祥符九年(1016)三月,由于预校《道藏》之故,朝廷"加王钦若检校太师,又加兵部郎中直史馆张复、祠部员外郎直集贤院祁暐阶勋,赐度支员外郎直集贤院钱易、太常博士秘阁校理慎镛绯鱼"。赏赐当日,宋真宗还与参与本次校勘的馆阁文士及所有从臣一道曲宴宫中,赏花、赋诗,以示庆贺,即"曲宴赏花于后苑,上作五言诗,从臣咸赋,因射于太清楼下"。

再如,宋仁宗景祐三年(1036)十月"乙丑,御崇政殿观三馆、秘阁新校两库子集书,凡万二千余卷。赐校勘官并管勾②使臣、写书吏器币有差。是日,赐辅臣、两制、馆阁官宴于崇文院"。

---

① 本段内引文出自《麟台故事》残本卷三下《修纂》。
② "勾"原避讳作"句",此乙正。

　　诸如此类有关赏赐的记载,不独每每见于《校雠》篇,在其余篇目中也是反复出现,并一再被强调。与其说这是记述馆阁整理典籍的活动,还不如说是在极力宣扬往昔赵宋皇家优遇儒臣的恩泽。如果把此类反复详尽记载皇恩浩荡的文字,与其他记载书籍校勘情况的文字进行对比,自然就会发现著者程俱的真正目的所在。例如该书仅存一条对馆臣校书不善而受到处罚之事的记载,非常典型。其曰:"天圣三年六月,诏馆阁校勘官太常少卿直昭文馆陈从易降直史馆,太常博士集贤校理聂冠卿、光禄寺丞集贤校理李昭遘并罢职,坐校勘太清楼书舛互故也。"①显然,宋仁宗对此事处罚的程度,与屡次校书之后对参与者加官晋爵赏金赐宴的奖励的程度相比,可见仁宗完全是从轻发落宽容大度的态度。这与程俱重视记述皇帝对儒士皇恩优渥有关。太清楼建于宋太宗太平兴国年间(976—984),居于崇政殿西北的后苑内,藏书的规模与数量几乎与馆阁相当,而且属于皇家藏书,一度藏有太宗皇帝创作的书画、诗赋等御制之作,也是太宗、真宗、仁宗皇帝时常与馆阁文士赋诗属对的雅集之所。可见太清楼当时的地位与规格之高,无以复加。当时朝廷崇儒重典,可正是负责校勘太清楼藏书的馆阁文士竟敢如此胆大妄为疏于职守,实属罪责难逃。可是从处理结果来看,陈从易仅仅是从直昭文馆降为直史馆,并未罢去京朝官太常少卿的品秩,也就是说不会因此影响俸禄。况且直昭文馆、直史馆、直集贤院、直秘阁被称作四直官,均属于较高等级的馆职,位遇和执掌并无实际的差距,只不过四馆排列的次序先后有别,从而导致了直史馆一职列于直昭文馆之下,处于直集贤院和直秘阁之上,故这一处罚只是令陈从易所任馆职的排序有所下降,等级却依旧如故。至于聂冠卿和李昭遘二人,之前在馆阁中任集贤校理,属于级别较低的准馆职,故所谓"并罢职",也不过是罢去其所任馆职,应当未

――――――――――

①　以上四段内引文出自《麟台故事》残本卷二中《校雠》。

罢去此二人的京朝官品秩，其俸禄同样也不会因此受影响。

　　北宋一贯实行崇儒右文的政策，而《麟台故事》的著者程俱又是在数代以儒业为尊的家世中成长起来的官吏。因此，从整个时代的需要到个人经历的因素，都决定了其著述，重在宣扬往日皇恩浩荡，主旨不离于中兴宋室。由此也造成《校雠》篇忽略记载长达四十余年里馆阁或其他部门对传统儒家经典之外书籍整理的情况，仅仅在《修纂》篇中，述及医书的编纂和校雠时记"嘉祐二年，置校正医书局编修院，以直集贤院、崇文院检讨掌禹锡、秘阁校理林亿、张洞、苏颂、太子中舍陈检并为校正医书官"一例，同篇述及兵书的编修与校订时仅载"六年三月，以大理寺丞郭固编校秘阁新藏兵书"①一例。然而，此二例都是在《修纂》篇中顺便提及的相关事例，并未在《校雠》篇中专门记载。不但所载事体记述不全，而且言语也过于简略，以至于后世很难据此详细了解这一时期内官方校勘过的医书和兵书之类典籍的情况。之所以出现这样的结果，除作者当时所见资料有限之外，确实与其著述立场所决定的本旨密切相关。

　　总之，《麟台故事》残本卷二中《校雠》篇属于残篇，目前仅存宋初四十二年的记载，时间仅为北宋的四分之一，所见确实十分有限，难以充分说明整个北宋时期馆阁整理书籍的有关情况；但好在该篇记载的内容相对集中，细节丰富，而且所载时代跨越宋太宗后期、整个真宗时期和仁宗后期，这也正是以北宋馆阁为核心的藏书制度确立后取得成就最为突出，并促成馆阁藏书制度进一步发展的重要时期，因此我们仍可得窥全豹之一斑。这也正是现今《麟台故事》残本有别于其他宋代史籍，能够体现其专门史独特价值的关键所在。

---

　　①　《麟台故事》残本卷三下《修纂》。

五、馆阁藏书修纂

《麟台故事》残本卷三下《修纂》篇，主要内容正是北宋馆阁利用丰富的国家典藏，纂修前代先贤文献，可称为这一方面的专史。北宋馆阁编修书籍是一项长年不断的工作，如仁宗景祐元年（1034）闰六月，朝廷已有明确的诏令，"命翰林学士张观、知制诰李淑、宋郊编排三馆秘阁书籍，仍命判馆阁盛度、章得象、石中立、李仲容覆视之。三年十月甲寅，以知制诰王举正看详编排三馆秘阁书籍。自是，常于内外制中选官充是职"①。不过，从整体情况来看，现存《修纂》篇首尾均有残缺。主要理由有以下两个方面：

其一，宋初太宗年间，正是馆阁纂修典籍最有成效的时期，然而从《麟台故事》残本卷三下《修纂》篇所载内容来看，开篇记时从"淳化七年九月"②起，但宋太宗所用淳化年号（990—994），只有五年而并无七年之说，故此载应误。该时间之下所系事件为三馆修纂《文苑英华》，显然这又是不合常理的情况：一则三馆纂修《文苑英华》始于太平兴国七年（982），而非淳化年间；二则作为《麟台故事》的编纂者程俱，没有理由不知道馆阁纂修《文苑英华》之前，早已开始纂修《太平广记》和《太平御览》两部巨著。即《太平广记》五百卷在太平兴国二年三月，由李昉等奉诏监修，至"三年八月表进"③，该书修纂工作已结束，此时距三馆开始纂修《文苑英华》已四年有余。同为李昉等奉敕修撰的大型类书《太平御览》一千卷，至太平兴国七年十月时，"也接近定稿，于是宋太宗下令从《御览》的

---

① 《麟台故事》残本卷二中《书籍》。
② 原作"淳化七年九月"，应误。据张富祥考证，此乃"太平兴国七年"之误。详见《麟台故事校证》，中华书局，2000年版，293—294页。本书从之。
③ 《钦定四库全书总目》卷一百四十二《子部五十二·小说家类三》"《太平广记》五百卷"条，中华书局，1997年版，第1882页。

纂修人员中抽调了李昉、宋白、徐铉等将近半数的人力……这就是篇帙达一千卷的《文苑英华》"①。总之，《太平广记》、《太平御览》、《文苑英华》三部书均为李昉等先后奉敕修纂，可是《麟台故事》残本《修纂》的开篇仅记《文苑英华》，肯定是不符合《麟台故事》诸篇的编纂体例，也没有其他理由说明程俱为何会仅载《文苑英华》而不载《太平广记》和《太平御览》，这只能有一个结果：残本《修纂》篇在传世的过程中，篇头已残，甚至有时间与事件不吻合的错乱。

其二，残本和辑本《修纂》篇均以太宗太平兴国七年（982）诏修《文苑英华》为记事之始，然而残本终篇于宋神宗熙宁三年（1070）十月诏编《武经要略》，辑本终篇于熙宁八年编成《九域志》而得神宗赐名。且不说清四库馆臣编排辑本《修纂》篇是否合乎原貌，仅以四库馆臣从《永乐大典》辑出的《麟台故事》，原本就有记载《九域志》编成而得神宗赐名的条目来看，残本《修纂》篇不只是前佚有关《太平广记》和《太平御览》这两部巨著的记载，而且还后佚《九域志》编纂结果的记载。而且宋神宗熙宁以后的时段，以及哲宗、徽宗、钦宗三朝近五十余年间，适值宋代政府图籍纂修的又一次兴盛期，也是馆阁编纂活动的又一个高峰时期，然而在《麟台故事》残本卷三下《修纂》篇中却并不见有关记载。尤其是到徽宗朝，作者程俱曾经盘桓馆阁达十四年之久，其书中理应有相当一部分作者本人"采撷见闻"的材料，或亲身经历的记载，但在本篇中无由得见。可见，残本《修纂》篇在传世的过程中，确实篇尾有所残缺，已是毫无疑问。

为了能够直观地以馆阁修纂书籍的诸多史实，展现北宋馆阁藏书的盛况，集中体现《修纂》篇的专史价值，本书以残本所存"残头缺尾"的《修纂》篇为主，并结合辑本的《修纂》篇，整理出了一份《〈麟台故事·修纂〉所载北宋馆阁修纂书籍一览表》。如下：

---

① 《文苑英华》卷首《出版说明》，中华书局，1966年版，第1页。

《麟台故事·修纂》所载北宋馆阁修纂书籍一览表

书名	卷帙	修纂时间	主要修撰者(以其在有关文献中述及的先后顺序排列)	备注
《文苑英华》	一千卷	太平兴国七年至雍熙三年(982—986)	李昉、扈蒙、徐铉、宋白、贾黄中、吕蒙正、李至、李穆、杨徽之、李范、杨砺、吴淑、吕文仲、胡汀、战贻庆、杜镐、舒雅等。	在编修过程中,因李昉、扈蒙、吕蒙正、李至、李穆、李范、杨砺、吴淑、吕文仲、胡汀、战贻庆、杜镐、舒雅等并改领他任,宋太宗续命苏易简、王祐、范杲、宋湜与宋白等共成之。
《续通典》	二百卷	咸平三年十月至四年九月(1000—1003)	宋白、李宗谔、舒雅、李维、石中立、王随、杜镐等。	之前,宋太宗命苏易简与三馆文学之士纂集,会易简等各莅他务而未终,至真宗时复诏成之,成后诏付秘阁,仍赐宴、器币以劳之。
《历代君臣事迹》	一千卷	景德二年九月至大中祥符六年(1005—1013)	王钦若、杨亿、钱惟演、杜镐、刁衎、李维、戚纶、王希逸、陈彭年、姜屿、宋贻序、陈越、刘承珪、刘崇超、陈从易、刘筠、查道、王曙、夏竦、孙奭等。	该书总三十一部,部有总序,一千一百〇四门,门有小序,又《目录》、《音义》各十卷(孙奭注撰《音义》)。上览久之,赐名《册府元龟》。正经、史外,又取《国语》、《战国策》、《韩诗外传》、《吕氏春秋》、《管》、《晏》、《韩》、《孟》、《淮南子》、《修文殿御览》。
《彤管懿范》	八十卷	即在编修《册府元龟》期间	王钦若、杨亿等。	由王钦若、杨亿等在编修《册府元龟》的过程中,辑录妇人事迹而成。

（续表）

书名	卷帙	修纂时间	主要修撰者（以其在有关文献中述及的先后顺序排列）	备注
《大中祥符封禅记》	五十卷	大中祥符元年（1008）十二月	由李宗谔、丁谓、戚纶、陈彭年等编录，送五使看详。	诏从刑部员外郎、直史馆、龙图阁待制陈彭年之请，以宋真宗年间天书降至上尊号以前之制敕、章表、仪注等为主体内容，由馆阁文臣集体编纂而成。
《九域图志》	卷帙不详	大中祥符初至六年（1013）九月	修撰者在《麟台故事》中所载有脱字而不详，书成后校定者有：慎镛、邵焕、晏殊，并由王曾总领三馆秘阁删定。	至熙宁八年（1075）六月，因刘师旦建言，宋神宗先诏三馆秘阁删定，后又专命赵彦若、曾肇删定。最终以旧书不绘地形，难以称图，更赐名曰《九域志》。
《御集》（初编）	一百五十卷	天禧四年（1020）夏	宰相寇准参详，参知政事李迪同参详。由杨亿、钱惟演、盛度①、薛暎、王曙、陈尧咨、刘筠、晏殊、宋绶、李行简等共同注释，直馆校理二十八人充检阅官。	准寻罢，丁谓、李迪②并充都参详，后又以冯拯、曹利用充，复命任中正、王曾、钱惟演同参详。注释官盛度、薛暎、王曙、陈尧咨相继外补，又以吕夷简、祖士衡、钱易、张士逊、李咨充。夷简寻知开封府，遂罢。绶使契丹，亿俄卒，刘筠出官也。若、杨亿等在编修《册府元龟》的过程中，辑录妇人事迹而成。

① 姚伯岳本正文作"虞"，夹注作"度"，张富祥本正文、夹注均作"度"。
② 姚伯岳本作"李拯"，张富祥本作"李迪"。

（续表）

书名	卷帙	修纂时间	主要修撰者（以其在有关文献中述及的先后顺序排列）	备注
《御集》	三百卷	天禧四年(1020)	钱惟演、王曾领之，成书三百卷。	由于中书、枢密院又向宋真宗请示重编《御集》，故从之。
《圣政记》	一百五十卷	编撰时间记载不详，应与上同。	编撰者记载不详，依据《麟台故事》确定行文，与上同。	编纂者依据至道、咸平后至大中祥符九年《时政记》、《起居注》、《日历》所载嘉言美事纂《圣政记》一百五十卷。
《国朝会要》	一百五十卷	天圣末至庆历四年（1044）四月	宋绶、章得象、王洙等。	天圣末《国史》成，始于修史院续纂《会要》。至庆历四年书成，以编修官、尚书工部员外郎、天章阁待制、史馆检讨王洙兼直龙图阁，赐三品服。
《新修崇文总目》	六十卷	景祐中至庆历元年（1041）十二月（成书）	张观、宋庠、王尧臣、聂冠卿、郭稹、吕公绰、王洙、刁约、欧阳修、杨仪、陈经、王从礼、裴滋、杨安显等。	景祐中，以馆阁所藏书亦有谬滥及不完之书，命官定其废，因仿《开元四部录》，著为《总目》而上之。书成后，宋仁宗对编修者均加官进阶及厚赐食邑有差。
《太平故事》	二十卷	庆历三年至庆历四年（1043—1044）	枢密副使富弼领之，王洙、余靖、欧阳修、孙甫等同编修。	因富弼言："请考祖宗故事可行者为书，置在二府，俾为模范，得以遵守。"上嘉其奏。该书凡九十六门，为二十卷。

（续表）

书名	卷帙	修纂时间	主要修撰者（以其在有关文献中述及的先后顺序排列）	备注
（新）《唐书》	二百五十卷	庆历五年五月至嘉祐五年七月（1045 至 1047）	曾公亮、赵师民、何中立、宋敏求、范镇、邵必、王畴、欧阳修、梅尧臣、宋郊、吕夏卿、刘义叟等。	书成后，宋仁宗对诸编纂者加官进阶，仍赐器币有差。如欧阳修为尚书礼部侍郎，宋祁为尚书左丞，范镇为吏部郎中，王畴为右司郎中等。
《经武要略》	卷帙不详	熙宁三年（1070）十月	馆阁校勘王存、顾临、秘书省著作佐郎钱长卿、大理寺丞刘奉世等同编。（记载无果而终）	兼删定《诸房例册》，仍令都副承旨管勾①。（《麟台故事》残本卷三下《修纂》篇即以此条此句终）

从上表可知：虽然《麟台故事》残本卷三下《修纂》已是首尾均有残缺之篇，甚至中间还存有讹舛错乱的现象，但现所存条目还是完全可以清晰地展现出北宋历朝馆阁纂修典籍的盛况，也能够十分明显地体现馆阁纂修的一些特点，同时也体现了《麟台故事》有关专门史的特殊价值。

六、馆阁吏的配置

馆阁官员、馆阁吏及胥吏的配置问题，与南宋秘书省复置后的建设直接相关，理应成为《麟台故事》写作的重点。目前《麟台故事》全文，对北宋充任馆阁馆职的官员有着较为全面的记载，但是对不同时期馆阁所配置的吏及胥吏的情况，有一定程度的缺失。而馆阁所配置的吏及胥吏的情况，也可藉以从另一个角度，观察北

---

①　"勾"原避讳作"句"，此乙正。

宋馆阁藏书制度发展变化的一些脉络。因此在此加以梳理，也可从侧面反映《麟台故事》有关藏书制度建制的史料价值。

(一)《官联》篇所载元丰改制前馆阁吏的配置及其史料价值

元丰改制前，昭文馆除了本书前文所举四个等级的馆职之外，还配备有相应的吏额数。如《麟台故事》辑本卷四《官联》篇，关于元丰改制前的材料仅存一条，曰："《国史》、《会要》：昭文馆孔目官一人，书库官一人，守当官三人，楷书五人。"共四种，计十人。史馆除了上文所举七个等级的馆职之外，也配备相应的吏额数。如辑本卷四《官联》篇曰："史馆孔目官一人，四库书直官一人，表奏官一人，书库官四人，守当官三人，楷书十三人，大中祥符中又置写日历楷书二人。"前后共七种，又从二十三人增至二十五人。集贤院除了上文所举六个等级的馆职之外，也配备相应的吏额数。如辑本卷四《官联》篇曰："集贤院，孔目官一人，表奏官一人，掌舍一人。"共三类，各一人，计三人。秘阁除了上文所举五个等级的馆职之外，也配备有相应的吏额数。如辑本卷四《官联》篇曰："秘阁典书三人，楷书七人，写御书十人，装裁匠十二人。"共四种，计三十二人。

除去重复的名称外，此条所记馆阁吏共十一种，龚延明《宋代官制辞典》曾对南宋时期的相应情况有全面载录。其有所解释的有九种：孔目官：吏名，隶秘书省，为都孔目官副手，位次于都孔目官，八品吏，由四库书直官递遣。书库官：吏名，隶秘书省，八品吏，位次于表奏官，由守当官递迁。守当官：吏名，隶秘书省，给绫纸，文书吏，位次于书库官，由正名楷书递迁。四库书直官：吏名，隶秘书省，为经库、史库、子库、集库四书库的吏人，八品吏，位次于孔目官，由书直官迁。表奏官：吏名，隶秘书省，八品吏，位次于书直官，由书库官迁。正名楷书：吏名，职掌书写，每日抄写定额二千字，冬季每日抄写一千五百字，由守阙楷书递迁。守阙楷书：吏名，职掌书写,每日抄写定额二千字,冬季每日抄写一千五百字,位次于正名楷书,由正系名楷书递迁。正系名楷书:吏名,职掌书写。每日抄写定额二千字,冬季每日抄写一千五百字,位次于守阙楷书,由守阙系名楷书递迁。守阙系名楷书:吏名,职掌书写,每日抄写定额二千字,冬季每日抄写一千五百字,位次于正系名楷书,由投名人充。此外,《宋代官制辞典》还载有《麟台故事》所不载的六种吏名:楷书、写日历楷书、掌舍、典书、写御书、装裁匠,但未加解释,已无从了解他们在馆阁中的具体选用和升迁。

再从配置类型而言,这些吏应当属于馆阁正常配置的吏额,他们和各级馆阁馆职一道,维持着馆阁的正常运转,发挥着馆阁的应有功能。当然,若有特殊任务,比如馆阁承担了朝廷的具体职事,还会根据任务的大小轻重,额外选拔和配置更多的人力,包括官、吏及雇用工匠。如前文所述荣王宫火灾后,在重建馆阁藏书的过程中,朝廷在大中祥符八年十月,"丙午,令吏部铨选幕职州、县官有文学者赴三馆秘阁校勘书籍"①,同时为了抄写书籍,又"募笔工二百人"②。这些选拔来的文臣和招募来的笔工,组成了一支庞大的文化队伍,均归馆阁调配差遣。其中有些笔工,可能因水平高而从此成为长期服务馆阁的吏及胥吏;同时,其中有些文臣在工作一定年限后,可能因成绩突出而迁转为馆职,当时已形成定制:"凡三年,改京朝官,亦有特命校勘者。京官校勘若三年,皆奏授校理。大理评事晁宗悫改官及校勘皆三年,遂令先转官,后又一年与校理。自是校勘官遂皆四年授校理,自宗悫始也。"③

显然,《宋代官制辞典》依据的材料主要是陈骙《南宋馆阁录》和《宋会要·职官》,针对的主要是南宋秘书省的吏名。本书以上所举《麟台故事》所载诸种吏名,均隶属于元丰改制前的馆阁,而不

---

① 《麟台故事》残本卷二中《校雠》。
② 《麟台故事》残本卷二中《书籍》。
③ 《麟台故事》残本卷二中《校雠》。

属于秘书省,与南宋的有关情形或许有所区别,而《宋代官制辞典》
所总结的情况,可提供一定参考。

(二)《官联》篇所载元丰改制后馆阁吏的配置及其史料价值

元丰改制后,北宋馆阁吏及胥吏配置情况多有变化,《麟台故
事》辑本卷四《官联》篇的有关材料,主要集中在宋徽宗崇宁年间
(1002—1006)和政和四年(1114)两个年份内。

其一,关于孔目官、书库官、头名守当官、四库书直官、表奏官
等五种类型馆阁吏及胥吏的配置情况。

辑本《官联》篇载:"崇宁中,以元丰法参立孔目官等品、从条。
昭文馆孔目官、书库官、头名守当官、史馆孔目官、四库书直官、表
奏官上二名,书库官、集贤院孔目官、书库官为流外从九品。"①但对
于这几种类型馆阁吏及胥吏的具体配备并不详明。而《宋代官制
辞典》主要依据陈骙《南宋馆阁录》的记载,对南宋秘书省配置的馆
阁吏,也列出五种:一是孔目官,吏名,隶秘书省,为都孔目官副手,
位次于都孔目官,八品吏,由四库书直官递遣。二是书库官,吏名,
隶秘书省,八品吏,位次于表奏官,由守当官递迁。三是四库书直
官,吏名,隶秘书省,为经库、史库、子库、集库四书库的吏人,八品
吏,位次于孔目官,由书直官迁。四是守当官或头名守当官,吏名,
级别较低,现所见文献均记载不明。五是表奏官,吏名,隶秘书省,
八品吏,位次于书直官,由书库官迁②。不过,《宋代官制辞典》所列
南宋馆阁吏,参照北宋元丰改制后的秘书省建制而成,故可作为
参考。

---

① 《麟台故事》辑本卷四《官联》。
② 《宋代官制辞典》所载,除四库书直官外,另有"书直官:吏名。隶秘书
省。八品吏。位次于四库书直官,由表奏官迁(《南宋馆阁录》卷十)"。故笔者
认为:"四库书直官"应特指"史馆书直官",因为整个北宋时期,无论是三馆迁
入崇文院,还是崇文院并入秘书省,史馆书籍一直都是被明确分为四库存藏。

　　其二,关于政和四年秘书省吏的禄格、员额及迁补法方面的材料,可分为两部分内容。具体如下:

　　第一部分主要侧重记载点检措置秘书省官以及按旧条参定吏额迁补之法:"投名人旧以三百五十人为额①,守阙系名五十人②,正系名五十人,并试补、迁补,并依旧法;守阙旧以二十五人为额,三馆各五人,秘阁十人,省五人为二十人,试中守阙人分探归三馆、秘阁。"这一奏请的目的,主要是为了增加秘书省所辖馆阁的吏额,进一步确定馆阁吏的迁补法。此下即以该书《官联》篇所载昭文馆、史馆、集贤院、秘阁各自所属"守阙"迁补出职为例,予以说明。

　　如《官联》篇所载昭文馆"守阙"迁补出职情况:

　　　　昭文馆守阙五人③,据所见阙分两头项迁补出职:一项补正名楷书,以五人为额,至头名及四年出选人,自补正名楷书至头名共及二十年出官;一项守当官三人递迁书库官,书库官一名递迁孔目官,孔目官一名旧法四年半出选人,自补守当官递迁至孔目官出职共及二十二年半,至是人减半年,为四年出选人,自补守当官至孔目官年满出职共二十年。

　　如《官联》篇所载史馆"守阙"迁补出职情况:

　　　　史馆守阙五人④,据所见阙分两头项迁补出职:一项补正名楷书,以十三人为额,至头名及一年半出选人,自补正名楷书至头名出官共及十九年半;一项补守当官,递迁转补,守当官三人递迁书库官,书库官四人递迁表奏官,表奏官一名递迁四库书直官,四库书直官一人递迁孔目官,孔目官一名旧法二

----

　　① 原注:遇守阙系名有阙,即试补;至是,以不系迁与请给,遂不限人数。
　　② 原注:遇正系名有阙,即补填,更不试,正系名五十人。此后又注:遇守阙有阙,即试补。
　　③ 原注:遇本馆正名楷书或守当官有阙,即迁补。
　　④ 原注:遇本馆正名楷书或守当官有阙,即迁补。

年满出选人,自补守当官递迁至孔目官出职共二十二年,今减作一年一十个月出选人,自补守当官至孔目官年满出职共二十年零两个月。

如《官联》篇所载集贤院"守阙"迁补出职情况:

> 集贤院守阙五人①,据所见阙分两项迁补出职:一项补正名楷书,以七人为额,至头名及二年十个月出选人,自补正名楷书至头名出官共及十九年零十个月;一项补守当官,递迁转补,守当官二人递迁书库官,书库官一名递迁孔目官,孔目官旧法五年半出选人,自补守当官递迁至孔目官出职共及二十二年,今减作五年出选人,自补守当官至孔目官年满出职共二十年。

如《官联》篇所载秘阁"守阙"迁补出职情况:

> 秘阁守阙旧以十人为额,今减作五人为额②,据所见阙分两项迁补出职:一项补正名楷书,旧法以七人为额,至头名及三年,今减作二年九个月出选人,自补正名楷书至头名年满出职共十九年零三个月;一项补典书,旧法以三人为额,至头名及七年出选人,自补典书至头名出官共二十一年,今添作五人为额,内迁一名充孔目官,递迁出职,典书四人递迁孔目官,孔目官一名今三年十个月出选人,自补典书至孔目官年满出职共十九年零两个月。
>
> 投名人并本省职掌楷书以上保引,保二人,引一人。非游手工作及犯刑、责、刺刲三路及凶恶之人,三馆、秘阁官试验书读《孟子》,书三百字不误十字、读三百字不差十字为合格。长、贰、丞、郎试覆,注籍收系,即宣降抽差,充禁中诸殿阁位手

---

① 原注:遇本院正名楷书或守当官有阙,即迁补。
② 原注:遇本阁正名楷书或典书有阙,即迁补。

分管干文字。掌笺奏之类者,须入仕及一年以上,无过犯,仍长、贰、丞、郎再试验读《毛诗》《老子》各三百字,不差十字,及书札真楷,乃遣。即试不合格,许执奏,虽奉特旨,亦奏知不行;若不再试及试不如格辄发遣者,官吏及被差人并徒二年,许人告,每名赏钱二百贯。其投名不如令者,以违御笔论,不知情减二等,许人告,每名赏钱二百贯。①

第二部分内容主要侧重记载点检措置秘书省官奏请朝廷增加秘书省的吏禄,其具体内容依据新旧禄格整理如下:

政和四年吏禄表

吏名	禄格	
	旧请	增禄
秘书省都孔目官	食料钱、大官局折食钱,除假故不定,约十四贯五百,春、冬衣绢各五匹,冬棉十五两。	增为料钱八贯五百,添给钱八贯五百,米、麦各一石五斗,春、冬衣绢各十匹,棉二十两。
史馆、昭文、集贤院孔目官	约十二贯五百至十贯,春衣绢一匹,葛布一匹,冬绢二匹,棉十两。	增为料钱、添给钱各七贯五百,米、麦各一石,春、冬衣绢各五匹,棉十五两。
史馆四库书直官	钱七贯五百,粮一石,折细色六斗,绢、葛、棉如三馆孔目官。	增为料钱、添给钱各五贯,米、麦各一石,春、冬衣绢各二匹,棉十两。
书直官	钱七贯,余如史馆四库书直官。	增为料钱、添给钱各四贯五百,余如史馆四库书直官。
表奏官	钱七贯,绢、葛、棉如书直官。	增为料钱、添给钱各四贯五百,米一石,春、冬衣绢各二匹,棉十两。
书库官	钱六贯五百。	增为料钱、添给钱各四贯,米、绢、棉如表奏官。

---

① 《麟台故事》辑本卷四《官联》。

（续表）

吏名	禄格	
	旧请	增禄
守当官	钱五贯七百。	增为料钱、添给钱各四贯，米一石，春、冬衣绢各一匹，棉十两。
守阙	钱三贯五百，初补正名楷书每月食料钱各二贯，共四贯。	补正名楷书及三年增支钱一贯，米二石，寻轮差应副祠祭祗应并抄写本省文字增钱三贯。
昭文馆、集贤院书库官	钱六贯五百，绢、葛、棉同史馆四库书直官。	增为料钱、添给钱各四贯，米一石，春、冬衣绢各二匹，棉十两。
秘阁典书	钱七贯五百，米二石，端午紫罗窄衫、绢襕，十月朔光色紫大绫、棉旋襕。	增为料钱、添给钱各五贯，米二石，春、冬衣绢各二匹，棉十两。
正名楷书并守阙	食料钱三贯五百。正名楷书并守阙同史馆正名楷书并守阙。	正名楷书请给自补充日支月钱五贯，米二石，端午紫平䌷衫，十月朔紫小绫棉旋襕，寻以轮差祠祭祗应并抄写本省文字每月添钱三贯。
史馆楷书	大中祥符二年十一月，令史馆别置楷书二人，专掌抄写日历。月给钱一贯五百，米二石，春、冬赐衣。	
秘阁孔目官	秘阁添置孔目官一名，请给比附三馆孔目官量增，仍支时服，月给料钱、添给钱各七贯五百，米二石，小麦一石，春、冬衣绢各五匹，棉十五两，端午紫罗窄衫、绢襕，十月朔光色紫大绫、棉旋襕。①	
厅子	食钱二贯。	
衣粮亲事官	食料钱一贯五百，粮一石五斗，准细色九斗，内粳米五斗四升，小麦三斗六升，春衣绢一匹，布一匹，冬衣绢二匹，布一匹，棉十两。	
承送	人各每月食料钱二贯八百文。	

————————

① 原文并未明确区分“旧请”，还是“请增”，故合二为一，归于一栏之内。

（续表）

吏名	禄格	
	旧请	增禄
秘书省巡宿、把门、洒扫兵士、内节级	秘书省看管、巡宿、把门、洒扫兵士二十人，内节级二人；后增十人，为三十人。帐设司及著作局各二人，工匠、院子等共十七人，并翰林司二人。每节人支钱三百五十。	
省大门差皇城司亲事官、节级	省大门差皇城司亲事官五人，节级一人；后增亲事官三人，节级一人，内二人识字，分两番把门搜检抄转出入文历、投下文字，照管洒熄火烛，掌管头刃。日支食钱，内识字亲事官日添食钱五十。	
什物银器库子	什物银器库子二人，依三馆库子见请则例，月粮二石，料钱三百，装著钱一贯，折食钱每日五十，素日二十五，仓法钱三贯五百；春衣绢一匹，布半匹，丝五两，冬衣绢二匹，布半匹，棉十五两；端午紫平紬衫一领，十月朔紫小绫棉旋襕一领，并大礼紫小绫棉旋襕一领，明堂紫紬衫一领，钱三贯。	

此上吏及胥吏名，除前面已解释者外，又见于龚延明《宋代官制辞典》的，有如下几种：都孔目官：吏名，隶秘书省，秘书省吏中序位最高者，八品吏，掌点检本省诸案行遣文字，由孔目官递遣。守当官：吏名，隶秘书省，给绫纸，文书吏，位次于书库官，由正名楷书递迁。投名人：吏名，遇守阙系名楷书缺人，即由投名人补，差充诸殿、阁位书写文字之类，书写吏人中最末等。库子：胥吏名，分掌本省诸书库及出借书籍、应奉御前与朝廷取书画古器、瑞物等事，系召募，经军头引见司刺面。守门亲事官：公吏名，轮班把守秘书省大门，检查书籍出入，一一予以登记，抄转出入文历，投下文字，照管省内洒熄火烛，掌管头刃等等。亲事官中有节级、长行（内须有文化者二名）等名目。厅从：公吏名，秘书省办公厅供使唤的吏胥、随从之类，如厅子、衣粮亲事官、承送等，总名厅从（《麟台故事》作"人从"）。厅子：公吏名，有秘书监厅子、秘书少监厅子、秘书丞厅

子、秘书厅子、著作郎厅子、秘书郎厅子、著作佐郎厅子、校书郎厅
子、正字厅子,各一人。衣粮亲事官:公吏名,秘书省官员随从人。
所谓"衣粮亲事官",是指除了享有厅子、承送一样的待遇外,另有
衣、粮的俸给,此非属服侍官长衣、粮。此外,官员身份不同,所占
从人编制不同。如秘书监衣粮亲事官为六人,少监四人,丞二人,
校书郎、正字则无。承送:公吏名,秘书省官员从人,位次于衣粮亲
事官。对这些吏名的解释,《宋代官制辞典》主要是以《麟台故事》
辑本卷四《官联》篇所载为据,其次是以《南宋馆阁录》和《宋会要》
记载为据。从《麟台故事》辑本卷四《官联》所载馆阁吏及胥吏的名
目,完全可以看出,北宋馆阁不但馆职等级分明、各有职事,而且其
所属诸吏也是各自分工细致,职责明确,以至于形成制度。

　　总之,《麟台故事》有关这方面的记载虽不是十分全面,但通过
分析和探讨该书保存至今的部分材料,依然可以看到:在北宋馆阁
发展的过程中,与北宋馆阁馆职相应的官吏配给制度已经相当成
熟。《麟台故事》确属现存最早且唯一一部专门记载北宋馆阁官吏
配置的著述,该书的专门史史料价值独特而又珍贵。

第三节　《麟台故事》校勘宋代文献的价值

　　由于《麟台故事》史料来源于南宋初秘书省典藏,所以保留了
许多北宋旧本《国史》、《实录》以及《会要》等较为原始的内容。后
来这些旧本史籍逐渐散佚,《麟台故事》遂成为补充、校证这些史籍
的不可多得的珍贵资料。《麟台故事》一书"所引会要之文,皆属原
始材料,多可据以参订今本《宋会要》。从这点上说,本书保存旧史
文的文献价值也是值得重视的,况且这部分史料在全书中占的份

量最重"①。尤其是这一点,早在南宋史官整理《宋会要》时就已经
有所体现。例如,《麟台故事》的六条材料,分为两个部分在《宋会
要辑稿》中以注文形式出现,有幸保存至今,就是最为有力的证明。
时至今日,《麟台故事》仍然是校正今本《宋会要辑稿》、《宋史》、《续
资治通鉴长编》等其他宋代史籍不可或缺的重要资料,其珍贵程度
实际上相当于第一手资料。

一、校勘《宋会要辑稿》的价值

　　《麟台故事》成书于南宋初年,当时北宋刚刚结束,凡所流传于
世的旧本《会要》、《实录》等资料,还未经后世深加处理过。而在
《麟台故事》成书之后纂成的《宋会要》,亦即现今传世的《宋会要辑
稿》的源头,所采用的史料,已经过南宋史官屡次加工润色过。例
如,在宋宁宗时,将作少监张从祖曾编纂《国朝会要总要》五百八十
卷,重新整理了从北宋太祖至南宋孝宗时十一朝的会要,以求"辞
简事备,势顺文贯"(《玉海》卷五十一)。又如,在宋理宗时,李心传
又据《国朝会要总要》进一步编纂增补,修成包括宋光宗和宁宗朝
会要在内的《十三朝会要》一书,并于蜀中刻版刊行。因此张富祥
认为:"现存《宋会要》资料,估计主要就是张、李之书的遗文,其删
润之迹尚可考见。"②《宋会要》于后世几经辗转流传至明代编入《永
乐大典》时,藏于文渊阁的宋官修旧本已是残本;又至清嘉庆年间,
徐松在《全唐文》馆借编修《全唐文》之便,从《永乐大典》中抄出《宋
会要》,纂成《宋会要辑稿》时,更非全文原貌。况且徐松辑稿几经
辗转流散聚合,才成为今所见《宋会要辑稿》。可见《麟台故事》所
载虽与南宋时期所见的《宋会要》同源,但要比今所见《宋会要辑

---

① 《麟台故事校证》卷首《前言》,中华书局,2000 年版,第 8 页。
② 《麟台故事校证》卷首《前言》,中华书局,2000 年版,第 8 页。

稿》原始得多,相比之下更具有第一手资料的价值。

另外,从我们前文所辑出的今见于《宋会要辑稿》的《麟台故事》六条材料来判断:在南宋时期,应该就已经出现过史馆中的史官在编修《宋会要》时,依据《麟台故事》所载内容来补充《宋会要》所缺史料的情况。

因此,《麟台故事》所载与今本《宋会要辑稿》同者,或为同一资料来源,可资以互证。至于《麟台故事》所载为今本《宋会要辑稿》所未见者,可补足其缺;与之相异者,又可校正其误。

如《麟台故事》辑本卷一《储藏》篇载:"淳化三年九月,幸新秘阁。帝登阁,观群书齐整,喜形于色,谓侍臣曰:'丧乱以来,经籍散失,周孔之教将坠于地。朕即位之后,多方收拾,抄写购募,今方及数万卷,千古治乱之道并在其中矣。'即召侍臣赐坐命酒,仍召三馆学士预坐。日晚还宫,顾昭宣使王继恩曰:'尔可召傅潜、戴兴,令至阁下,恣观书籍,给御酒与诸将饮宴。'潜等皆典禁兵,帝欲其知文儒之盛故也。"现今保存在《储藏》篇中的这些记载,除"喜形于色"一词,《宋会要辑稿·职官》一八之四八《秘阁》仅作"喜"字,又在"赐坐命酒"后多"三行"二字外,余者均同,无疑二者皆源于北宋旧本《会要》等资料,而个别字词的细微差异,正好反映出后世的整理情况和传世经历不同所致。

又如《储藏》篇所载淳化三年(992)九月"帝欲其知文儒之盛故也"一语之下,继载:"他日又诏侍臣曰:'尔来武人子孙颇有习儒学者,盖由人所好耳。'吕蒙正曰:'国家褒待文士,爵禄非轻,故人人自劝,乃圣化所及。'"而这些内容在《宋会要辑稿》中并不见载,故可补其所缺。再如,《麟台故事》残本卷二《书籍》篇载:"淳化元年七月,以御制《秘藏诠》十卷、《逍遥咏》十一卷、《秘藏诸杂诗赋》十卷、《佛赋》一卷、《幽隐律诗》四卷、《怀感一百韵诗》四卷、《怀感回文五七言》一卷,凡四十一卷,藏于秘阁。"而这件事《宋会要辑稿·职官》一八之四七《秘阁》仅记:"淳化元年七月,内降御草书诗十首、故实二纸,又出御制诗文,凡四十一卷,并藏于秘阁。"显然,《麟台故事》此载,既可补《宋会要辑稿》所记内容省略不详之处,又可校证其误载。

二、校勘宋代其他文献的价值

除《宋会要辑稿》之外,《麟台故事》也可补充其他宋代文献中不见载或所记不详的内容,甚至还可以校勘其他文献的误载,及后世学人递相传抄中产生的讹误。

如《麟台故事》辑本卷一《储藏》篇载:"咸平二年七月甲辰,幸国子监。"四库馆臣在其下加按语曰:"《续通鉴长编》作'七月甲寅',考此日之后又有癸丑,则甲寅乃甲辰之讹。"又如,辑本卷三《选任》篇载:"真宗咸平二年七月丙午,以兵部侍郎兼秘书监杨徽之、户部侍郎夏侯峤并守本官充翰林侍读学士,国子祭酒邢昺守本官充翰林侍讲学士,翰林侍读兵部员外郎吕文仲为工部郎中充翰林侍读学士。按故事,唐开元中置侍读,其后有翰林侍讲学士。"馆臣又在其下加按语:"《文献通考》云:'唐开元十三年置集贤院侍讲学士、侍读直学士。'又云:'学士讲读之官,皆始于唐开元之时,讲读隶集贤殿,故《通典》于集贤学士条下附载。'《旧唐书·职官志》云:'至德以后,翰林学士例置六人,内择年深德重者一人为承旨。'此云开元中置侍读,其后有翰林侍讲学士,著讲读官系翰林亦自唐始,可补《通考》及《职官志》所略。"①诸如此类例子,在《麟台故事》辑本的馆臣按语中屡见不鲜,足证该书的特殊校勘价值。

其实,《麟台故事》这一价值,早在清代前期就已经被学者们发现。四库馆臣辑出此书时,即在《麟台故事》提要中称:"所记皆宋

---

① 《麟台故事校证》,中华书局,2000年版,第109页。

初之事，典章文物，灿然可观。"①继而再举出实证云："如《东都事略·邢昺传》载由侍讲学士迁工部侍郎，不著加中散大夫；《宋绶传》载召试中书，不著迁大理评事；《宋史·韩琦传》载由通判淄州入直集贤院，不著为太常寺丞及太子中允；《王陶传》载为太子中允，不著编校昭文馆书籍，《孙洙传》亦不著尝为于潜令及编校秘阁书籍，而皆见于是书。……如此之类，凡百余条，皆足以考证异同，补缀疏漏，于掌故深为有裨。"而后黄丕烈为此书残本作跋云："是书为影宋旧抄，惜止三卷，盖未全本也。然实世间希有之书，与聚珍本不同，其中命篇叙次多异……书之可珍者在真本，此种是已，毋以不全忽之。"②总之，目前的《麟台故事》一书，不管辑本还是残本都非完本，但所载内容，不论是有关北宋中央政府的宏富典藏，还是针对馆阁文士优荣及制度沿革的专篇记载，都具有相当珍贵的史料与文献价值。因此，清代四库馆臣把该书与宋匪躬《馆阁录》、陈骙《中兴馆阁录》并称为"一代翰林故实"③之书，《麟台故事》是当之无愧的。

当然，《麟台故事》所载内容不可避免也还是存在着一些不尽如人意的地方，四库辑本馆臣所加的八十余条按语，即校正了其中不少记载的错失。如上文所引《储藏》篇，载"淳化三年九月"条中有"昭宣使王继恩"者，馆臣即在该条下加按语云："《续通鉴长编》：'上幸秘阁观书，赐从臣及直馆阁饮。既罢，又命皇城使王继恩召马步军都虞侯傅潜、殿前都指挥使戴兴等宴饮，纵观群书。上意欲使武臣知文儒之盛也。'李焘案云：'《职官志》、《会要》，淳化四年始置昭宣使，此时未也。继恩但为皇城使尔，《实录》并《职官志》皆

---

①　《钦定四库全书总目》卷七十九《史部三十五·职官类》"《麟台故事》五卷"条，中华书局，1997年版，第1060页。

②　《麟台故事校证》，中华书局，2000年版，第335页。

③　《钦定四库全书总目》卷七十九《史部三十五·职官类》"《麟台故事》五卷"条，中华书局，1997年版，第1060页。

误.'据彼则此书所云'昭宣使'亦误。"①又如《麟台故事》残本卷一
上《官联》所载"端拱二年八月",实为淳化元年之误,张富祥《麟台
故事校证》即据《宋会要》等予以改正.

<h1 style="text-align:center">第四节 《麟台故事》
的史料笔记价值与文学史价值</h1>

《麟台故事》的性质属于私人著述的职官类史籍,所载内容皆
为史实,并力求信实可靠而无虚构成分;所记人事皆为行实,并考
究真人真事而不刻意修饰。该书以史料记载见长而裁剪的当,且
其所载内容与所记人物,均与当时天下文士向往的馆阁有关,故现
今又以史料笔记称之,乃是比较恰当的,其特点和价值,正在于它
既是笔记也是史料。

先以笔记而论,其作为一种文体,随时记录有关材料,本无固
定的体式,甚至对所记内容也无具体限制。而"笔记"之"笔",即文
笔之分的"笔",意谓散记、随笔、琐记等。溯其渊源,可以上至汉代
甚至更早。然下至唐代时,笔记之作已多,而且出现了专以"笔记
小说"为名的佳作,这正如周勋初先生所谓:"唐人或将小说往杂史
方面靠,或将杂史往小说里面塞。但他们都还没有把谈学问的随
笔一类著作安排妥当。后代所以出现'笔记小说'一名,当是由于
此类困难难以解决而有此一说的。看来这一名词的覆盖面比较
大,既可以称《国史补》之类叙述史实的'杂史类'著作,也可称《杜

---

① 馆臣所引《续资治通鉴长编》之文,有个别字词与今中华书局标点本
的《续资治通鉴长编》略有差异,不知馆臣所据为何本,此处引自馆臣《麟台故
事》辑本中所加按语,未加改动。

阳杂编》之类侈陈怪异的'小说类'著作，也可称《资暇集》之类考订名物类随笔似的著作，也可称《酉阳杂俎》之类包罗万象类类书似的著作。"①再到宋代，乃笔记小说类大发展、大繁荣的时代。这是由于当时朝廷右文崇儒而士人尚好议论，一方面文士的社会地位整体提升，数量空前庞大，创作量更是十分壮观；另一方面除了诗文作为衡量所有传统文士立世守业、立身扬名的本事外，笔记作为当时的一种私人著述形式，一度被天下文士看得很重而普遍流行。可以说，宋代有名望的文士，几乎都有一种或数种笔记传世。之外，当时由于"雕版大量应用，活字版新发明，对书籍流传和保存起决定性作用"②，于是这一时期的各类笔记，不仅内容和印刷质量均为上乘，而且在数量和流布范围上也远非之前各代所能比及，入宋以后笔记之作不仅盛行于天下，而且还表现出"百花争艳"的特点，最终"无论在其数量还是质量上，都远远超越前代"③。尽管两宋三百余年间文人笔记的总量无法确切统计，但是，仅以当下已经先后整理出版的朱易安、傅璇琮、周常林、戴建国主编《全宋笔记》六编六十种的数量为例，就足以说明问题。何况这也不过是冰山之一角，而远非其全貌。

再以宋代史学而言，其较之于前代，显得更加昌盛，有许多著名学者，尤精于史笔，故宋代的笔记文以史料笔记一类为最发达。其主要特点在于著者对自己所处的时代，多就亲见和亲闻来记叙前朝或本朝的轶事与掌故，内容较为切实，且不乏第一手材料。例如较早用"笔记"两个字作书名者，始于北宋宋祁的《笔记》。它介于史学与文学之间，故从史学、文学两个角度讲，都有很高的价值。此风上承于唐，其下广泛波及后世，而《麟台故事》的著述在一定程度上正是受此影响，它具备史部职官类史书的特点，文学性并不是

---

① 周勋初著《唐人笔记小说考索》，江苏古籍出版社，1996年版，第20页。
② 柴德赓著《史籍举要》，北京出版社，2002年版，第174页。
③ 《中国笔记文史》，湖南大学出版社，2004年版，第277页。

很强,但作为私著的史料笔记,又属于宋代笔记小说的范畴,有着
一定的文学史料价值。正如清人李光廷为《麟台故事》所作跋的评
价:"特《职官志》所收既狭,诸家著述亦有得而遗。俱于绍兴复古
之初,身为少监,旧章尚存,足资编纂,故取为此书,多述宋初待士
恩荣,文采烂然,足备一朝词林掌故。"①

一、作为史料笔记的特点与价值

《麟台故事》作为史料笔记,在行文上所表现出的特点及价值,
主要有以下五个方面:

其一,作为史料笔记,《麟台故事》采用"分条列目"的编排形
式,不但有别于宋代其他笔记,而且还影响到后世典故类史籍、笔
记以及文集的编撰。

前文已述及《麟台故事》一书现已被笼统地列入《唐宋史料笔
记丛刊》和《全宋笔记》之中。其作为史料笔记的特点,自然是显而
易见的,可是其撰述体例的特点,又并非一般意义上的那种文体相
对自由、内容较为驳杂、不严格讲究撰著体例的史料类笔记,而是
集中记述一代一曹一司之旧事与历朝儆戒训诰之词的史料笔记。
因此,清代四库馆臣在《四库总目提要》中称:"乾隆九年重修翰林
院落成,圣驾临幸,赐宴赋诗,因命掌院学士鄂尔泰、张庭玉等纂辑
《词林典故》。乾隆十二年告成奏进,御制序文刊行。凡八门,一曰
临幸盛典、二曰官制、三曰职掌、四曰恩遇、五曰艺文、六曰仪式、七
曰廨署、八曰题名。……考翰林有志,自唐李肇始。洪遵辑而录
之,凡十一家,然皆杂记之类也。其分条列目,汇为一编者,自程俱
《麟台故事》始。"②

---

① 《麟台故事校证》,中华书局,2000年版,第351页。
② 《钦定四库全书总目》卷七十九《史部三十五·职官类》"《词林典故》
八卷"条,中华书局,1997年版,第1064页。

其二,《麟台故事》充分利用了传统史书编年体、纪传体的著述方法,发展了史料笔记小说类文献的编纂体例,成为此后故事类典籍的典范,对之后出现的纪事本末体史书的编纂,产生了一定的影响。

《麟台故事》在编纂体例方面有一很大的特色,即先将全书“分条列目”分为十二个篇目,以此为纲,在各个篇目中再以北宋朝一祖七宗年号为序,按年、月、日顺序用史实来说明重要历史事件,使人读后,能清晰了解北宋朝三馆、秘阁以及秘书省的机构建废沿革与典章制度。记事起于祖宗朝,终于宣和。事有因,言有本,所记之事,大都言明前因。一些材料不便于编年叙述的,则以“故事”的形式呈现。近人丁传靖《宋人轶事汇编》在故事类总目之下作说明曰:“故事,事无主名,不能以人系者,辑为故事、杂事两门,统朝野记之。常然者入故事,偶然者入杂事。”①《麟台故事》采用的实际上就是这种编纂体例,是把纪传体、编年体的著述方法在一部私著中做到有机结合的范例,其影响了后世史书编纂体例,对成书于淳熙元年(1174)之前的袁枢《通鉴纪事本末》,在体例上应有所启发。当然,程俱《麟台故事》所产生的最大最直接的影响,便是南宋人陈骙在任职秘书省少监时效法程俱,编撰出《南宋馆阁录》(又名《中兴馆阁录》)十卷,其后又有佚名续撰《续录》十卷,这无疑都是继承程俱所创体例的直接结果。也正因为程书与陈书之间存在如此直接的先后渊源关系,所以,在数百年后四库馆臣才可能依据同样是《永乐大典》中辑出的《南宋馆阁录》,将《麟台故事》散佚的内容编排成篇。

其三,《麟台故事》追述北宋与馆阁旧闻相关的“祖宗之法”,尤其涉及君臣言行以及馆阁馆职选任中较为敏感的问题,剪裁材料极为精审,既表现出明确的立场,又体现出处置事件极为妥帖的尺

①　丁传靖辑《宋人轶事汇编》卷二十,中华书局,1981年版,第263页。

度,即始终不离编纂主旨"中兴",而能够顺应时局发展之所需,更好地为当时社会现实服务,以下从三方面述之:

一则极力追述"祖宗之法",这也是与编纂主旨和时局所需密切相关的核心内容。如:"祖宗朝,三馆宿官或被夜召,故宿直惟谨。"① 又如:"三馆、秘阁官升迁、外补者,众必醵会置酒,集于僧舍以饯之;其外补者,或赋诗以赠其行。祖宗盛时,三馆之士出局,必相过从,或集合于名园僧舍,饮酒赋诗。"② 又如:"故刑部胡尚书尝云:'祖宗时,馆职暑月许开角门,于大庆殿廊纳凉。因石曼卿被酒扣殿求对,寻有约束,自后不复开矣。'"③ 又如:"祖宗时,有大典礼政事讲究因革,则三馆之士必令预议。如范仲淹《议职田状》,苏轼《议贡举》者即其事也。详议典礼,率令太常礼院与崇文院详定以闻,盖太常礼乐之司,崇文院简册之府,而又国史典章在焉。合群英之议,考古今之宜,则其施于政事典礼,必不诡于经理矣。熙宁中,轼任直史馆,尝召对,亲奉德音,以为:'凡在馆阁,皆当为朕深思治乱,指陈得失,无有所隐。然则承学之士,其有不思所以竭忠图报者乎?'"④ 又如:"祖宗时,馆职到馆一年理通判资序,三年理知州,已系通判者二年理知州,关升不用举主。"⑤ 又如:"祖宗朝,又有馆阁读书,或上书自陈,或英妙被选,或宰执子弟。"⑥ 诸如此类者,不一而足。绍兴元年九月程俱在秘书省任上完成并进献《麟台故

----

① 《麟台故事》辑本卷二《职掌》。

② 该条辑自《南宋馆阁录》"三馆秘书"条。详见《麟台故事校证》,中华书局,2000年版,第340页。

③ 《麟台故事》辑本卷五《恩荣》。

④ 《麟台故事》辑本卷三《选任》。

⑤ 《麟台故事》辑本卷四《官联》。"关升"原作"开升",《宋会要辑稿》第七十册《职官》一八之一〇、《续资治通鉴长编》卷四百三十所载,均作"关升",足见《麟台故事》辑本此处"开"应为"关"之讹,故乙正。又详见《麟台故事校证》,中华书局,2000年版,第175页。

⑥ 《麟台故事》残本卷一上《选任》。

事》,反反复复地追述祖宗之制,通过记述祖宗朝以来馆阁人员选拔、任用、迁转、恩荣等相关事宜,既为南宋秘书省重建与振兴寻求例证,也以充足的事实展现宋初以来历代帝王优遇天下文士之皇恩浩荡,理应得到天下人的衷心拥护。足见该书的著述,确实与南渡后高宗期盼光复祖宗基业、力图实现宋室"中兴"的愿望相吻合,具有很强的现实意义。然而,程俱对于"祖宗之法"的遵循,也并不是盲目照搬,而是自有一定的取舍标准。如对于"李若拙自陈丐迁"、"张去华乞与词臣较其文艺优劣"之类的故事,程俱明确表明态度:"此可谓误恩,非可以为永训也。"①显然,这对南宋初该如何更好地倡行祖宗遗训,具有十分重要的指导作用和积极意义。

　　二则采用剪影式的记述笔法,注意载录涉及馆阁馆职选任的君臣言行。如:

　　　　淳化五年四月,以吏部侍郎兼秘书监李至、翰林学士中书舍人张洎修《国史》,及右谏议大夫史馆修撰张泌、范杲同修太祖朝史。先是,上谓宰相曰:"文史才最难。尝观《太祖实录》,颇有漏略,至于天人合应,符命彰灼,岁月未久,人皆知之,矧朕当时目击其事。宜令至等重加缀缉。"苏易简对曰:"近代委学士扈蒙修史,蒙巽懦,逼于权势,多所回避,甚非直笔。"上曰:"史臣之职,固在善恶必书,无所隐讳。昔唐玄宗欲焚武后史,左右以为不可,欲后代闻之为鉴戒耳。"未几,至、泌并辞史职,以礼部侍郎宋白代之。是冬,洎等撰成《太祖纪》一卷,凡上所顾问及史官采撷之事,分为朱、墨书以别之。后洎迁职,史不就而止。上留心儒术,凡有著述成一家之言来上者,必待以优礼,赐服章器币以宠之,藏其书于馆阁。由是学者多自策励焉。②

---

① 《麟台故事校证》,中华书局,2000年版,第106页。
② 《麟台故事》残本卷三下《国史》。

如上,在具体的行文中有叙述有对话,既通过叙述,反映修纂《国史》《太祖实录》等当朝史籍的概况,又以宋太宗与苏易简君臣对话的方式,道出身在馆阁而承担修史重任的扈蒙,存在"逼于权势,多所回避,甚非直笔"的弊病。继而以太宗之以史为鉴的训诫,指明了修国史、实录的一些史馆史官,必须具备"善恶必书,无所隐讳"的史才与史德。显然,此处通过精心选材,用很委婉的方式借古喻今,劝谏高宗引以为戒,优遇文士,则国家中兴大计指日可待。

三则记载馆阁馆职选任中较为敏感的问题,具有极为妥帖的尺度。如:

> 至道二年九月,以都官郎中黄夷简直秘阁。夷简上言浙右人无预馆阁之职者,因自陈故吴越王僚佐,尝从王入朝。词甚恳激,上怜之,故有是命。先是,江南之士如徐铉、张洎之流,翱翔馆阁者多矣。①

整个宋代,由南北文士之间的比拼所引起的明争暗斗,始终没有停息过。先是北宋立国之初,除徐铉、张洎等为数很少的几位知名文臣来自江南之外,朝野内外所重用的文士,大多是中原人,这也与太祖、太宗时,一度曾经有意排挤和贬低江南文士,限制他们通过馆阁之途进入高层担任重要职务有关。直到后来,随着南北文人的差异逐渐缩小,才出现了南方文士黄夷简得任直秘阁的事例。再至后来,南方文士在科举考试中渐露峥嵘之势,进而发展成为馆阁中的中坚力量。然而,到了程俱撰写《麟台故事》之时,由于时势发生了天翻地覆的巨变,故在南宋王朝中任职的文士,以南方人为主。因此,在追述馆阁馆职的选任时,凡关涉南北地域问题,立即变得十分敏感,必须在编纂选材中持有极为精审的态度和明确的立场。程俱怀抱"中兴"理想,不失时机地利用所选史料告诫

---

① 《麟台故事》残本卷一上《选任》。

高宗："国家之患，在于论事者不敢尽情，当事者不敢任责，言有用否，事有成败，理固不齐。今言不合则见排于当时，事不谐则追咎于始议。故虽有智如陈平，不敢请金以行间；勇如相如，不敢全璧以抗秦；通财如刘晏，不敢言理财以赡军食。使人人不敢当事，不敢尽谋，则艰危之时，谁与图回而恢复乎？"①在选择材料编入著述时，程俱既要注意取材具有一定的针对性，又要避免提及南北文士之间的差异，做到取舍有度、干净利落、不偏不倚。如其选取文彦博之建言，述及张瓌、王安石、韩维、张耒、黄庭坚等得任馆职的具体情况，就十分明显地体现了这一特点。即曰：

> 景祐三年四月，宰臣文彦博言："直史馆张瓌十余年不磨勘，朝廷奖其退静，尝特迁两官，今自两浙转运使代还，差知颍州，亦未尝以资序自言。殿中丞王安石进士第四人及第，旧制一任还，进所业求试馆职，安石凡数任，并无所陈，朝廷特令召试，而亦辞以家贫亲老；且文馆之职，士人所欲，而安石恬然自守，未易多得。大理评事韩维尝预南省高荐，自后五六岁不出仕宦，好古嗜学，安于退静。并乞特赐甄擢。"诏赐张瓌三品服；召王安石赴阙，俟试毕，别取旨；韩维下学士院与试。然二人者卒不就试。至和二年，始以维为史馆检讨；嘉祐元年，瓌同修《起居注》；四年，安石直集贤院。……元祐中，张耒、黄庭坚（命不行）皆以著作佐郎，绍圣中邓洵武、吴伯举皆以校书郎，迁左右史，以兼国史院官故也。

文彦博向宋仁宗极力荐举张瓌、王安石、韩维，故"诏赐张瓌三品服；召王安石赴阙，俟试毕别取旨；韩维下学士院与试"。这应当符合本书前文所述试除之法的正常途径，可是王安石、韩维二人最

　　① 《宋史》卷四百四十五《文苑七·程俱》，中华书局，1985 年版，第13136—13137 页。"不敢全璧以抗秦"句下缺"善将如韩信，不敢言去关中而下三秦"。详见《麟台故事校证》，中华书局，2000 年版，第 347 页。

终并没有应诏就试馆职。直到至和二年（1055），"始以维为史馆检
讨。嘉祐元年，璪同修《起居注》。四年，安石直集贤院"。其中的
王安石属于南方人，"庆历二年（1042）中进士第四名"；韩维属于北
方人，"韩亿第五子，以恩荫入仕"①；二人均才华出众而又有宰臣荐
举，完全可以通过朝廷规定的试除之法提前进入馆阁；但因为个人
或"恬然自守"，或"安于退静"，并没有争先以试除之途得任馆职。
可见，通过此载可以较为全面集中地看到王、韩二人得任馆职的前
后原委，十分近似。只是相对而言，虽然王安石的那种"恬然自守"
而又耿直的性格，裁剪表现得特别成功，大有一种跃然纸上而足令
人可钦可敬的感觉，但是很难觉察到，此二人原本具有明显的进士
及第与恩荫入仕之间的差异，甚至还有更为隐秘的南北地域差异。

　　其四，对于文臣争任馆阁馆职的问题，处理得十分巧妙而得
当，严守著述的主旨和记载的真实，其中所蕴藏的良苦用心，可见
一斑。

　　随着北宋馆阁地位的日益提升和馆阁馆职位遇日加优越，朝
野文臣竞相争任馆阁馆职的问题日趋严峻，由此所暴露出来的各
种弊端也越来越明显。早在仁宗时，面对诸多大臣的恩请或荐举，
仁宗就已经发现问题并认识到"馆职当用文学之士名实相称者居
之。时大臣所举多浮薄之人，盖欲以立私恩尔，朕甚不取也"。及
至英宗时，已是"馆职渐至冗滥"②。再至神宗元丰改制之后，因馆
阁尽归秘书省中，故秘书省职官遂成为新的馆职。于是昔日竞相
争任三馆、秘阁馆职的目标转向了秘书省，尤其是秘书省监或少监
的人选竞争，一开始就表现得异常激烈。即曰：

---

　　① 　王安石（1021—1086），北宋抚州临川（今江西抚州）人；韩维（1017—
1098），北宋开封府雍丘（治今河南杞县）人，祖籍真定府灵寿（今河北）。详见杨
倩描主编《宋代人物辞典》，河北大学出版社，2015年版，第224页、第758页。
　　② 　《麟台故事》残本卷一上《选任》。

　　元丰官制行，始以龙图阁直学士判将作监王益柔为秘书监。明年出知蔡州，以司勋郎中叶均为秘书少监。不阅月，会李常为礼部侍郎，太常少卿孙觉有亲嫌，遂以觉为秘书少监，而均为太常少卿。明年，右谏议大夫赵彦若以越职言事，降为秘书监。然亦皆一时之选也。均，故翰林学士清臣之子，治平初以宰执荐，召试馆职入等。

　　从表面上看，此载只是十分简明扼要地将王益柔、叶均、李常、孙觉、赵彦若、叶清臣等任职的先后情况叙述得清清楚楚，令人一读就能明白元丰改制之后秘书监与少监任用情况的有关变化。然而，此载的背后所透露出的实质性问题，应是元丰改制后的秘书省职官选任，已不同于往昔，且在短时期内，经历了仅置监、仅置少监、监与少并置的复杂变化，任职者如同走马灯一样变换不停。最初秘书监为王益柔，他是以龙图阁直学士判将作监的身份充任，当时应不置少监；继之者是故翰林学士叶清臣之子叶均，任秘书少监，他任此职前具有十余年馆阁任职经历，时任司勋郎中，当时应不置监；很快则有时任太常少卿的孙觉，因回避亲嫌，与叶均的任职进行对调，此时仍旧不置监；此后又有时任右谏议大夫的赵彦若，他因越职言事被降为秘书监，此时应监、少并置。此载中"有亲嫌"三字，表明此时秘书省馆职的选拔与任用，已由过去的"试除"转变为朝廷直接任命，反映了这一阶段秘书省监与少监选任情况的急剧变化。至于其中的缘由，不言而喻，种种弊端，可想而知，当皆因文臣竞相争任所致。述及至此，作者程俱也只能点到为止，而且还巧妙地用"然亦皆一时之选也"这样的概括语，轻轻一笔带过，即用很模糊的表述，不露痕迹地表明了自己对这类现象的不屑态度与无奈情状。之所以如此处理，主要原因有两个：一是著者程俱著述的主旨在于追述"祖宗之法"、遵循祖宗之遗训而实现中兴，故不能深究细述此等事例而加大负面影响；二是刚刚复置的南宋秘书省，在很大程度上就是元丰改制后的北宋秘书省的翻版，而程俱作为秘书省复置后的首任少监（不置监），已经隐约看到朝野文臣如同昔日竟任此职的苗头，不得不借此暗示朝廷，引以为戒。由此可见程俱选材的谨慎程度，不只是逐一深思熟虑，而且始终按照著述主旨，将所选材料剪裁安排得十分合理而得当。当然作为史家，还注意到行文记载既不失其真，又前后照顾，自然流畅而无重复啰嗦。

第五，《麟台故事》以极小的篇幅，较为全面地记述事迹，行文言简意赅而又主旨清晰明了，显示出作者裁剪和组织材料的能力高超。

《麟台故事》记事也记人。其记事范围极为广泛，上文已有详细论述，此不赘述。而记人者，据笔者统计，其涉及的人名，除"胡旦条"所涉、除两宋之前的前代人物、除最高统治者这样的特殊人物这三类之外，总数仍近三百人。

其中有的人物虽然相当重要，且有关史书所记载之事也很丰富，但并不因此而长篇累牍加以记述，而是根据编撰主题的行文所需，仅选取一个典型事例，不蔓不枝，简明扼要。如对于范仲淹、苏轼，仅以追溯的方式记曰：

> 祖宗时有大典礼，政事讲究因革，则三馆之士必令预议。如范仲淹《议职田状》，苏轼《议贡举》者即其事也。详议典礼，率令太常礼院与崇文院详定以闻。盖太常礼乐缺之司，崇文院简册之府，而又国史典章在焉。合群英之议，考古今之宜，则其施于政事、典礼必不诡于经理矣。熙宁中，轼任直史馆，尝召对，亲奉德音，以为："凡在馆阁，皆当为朕深思治乱，指陈得失，无有所隐。然则承学之士，其有不思所以竭忠图报者乎？"①

---

① 《麟台故事》辑本卷三《选任》。

　　短短几句话，先点明典礼讲究因革，接着举例说明二人的著述以及缘由；然后是中间夹叙有关典礼故实，既突出崇文院作为简册之府在国家典章制度建设方面不可替代的作用，又从一个特定的角度表明"合群英之议，考古今之宜"的好处；最后再记述苏轼任直史馆时的建言，进而体现出当时的"馆阁在国家政治和典章制度方面的顾问职能"①。可见，从整体的结构安排到具体内容的叙述，都体现出要言不烦简洁明了的特点。

　　有的人物遍及多篇，不仅在同一篇目中屡屡出现，而且在不同篇目中也多次出现。如以王钦若为例，在《麟台故事》辑本和残本中，关于他的相互不重复的材料共计存有九条，略录如下。

　　残本卷二中《书籍》篇存两条，即曰：

　　　　八年夏……王钦若……钦若……判馆阁官不复关预。
　　　　天禧元年八月……王钦若……从之。

　　残本卷二中《校雠》篇存两条，即曰：

　　　　八年十二月……王钦若……以考其勤惰焉。
　　　　九年三月……王钦若……因射于太清楼下。

　　残本卷三下《修纂》篇存一条，即曰：

　　　　景德二年九月……王钦若……钦若……钦若……钦若……钦若……王钦若……钦若……钦若……钦若……王钦若……王钦若……王钦若……钦若……又命集贤校理晏殊同修。

　　残本卷三中《国史》篇存三条，即曰：

　　　　国初……王钦若……遂罢编纂。

---

　　① 李更著《宋代馆阁校勘研究》，凤凰出版传媒集团凤凰出版社，2006年版，第57页。

四年八月……王钦若、陈尧叟始请别撰焉。

九年八月……王钦若……亦不修《日历》。

辑本卷二《修纂》篇存一条,即曰:

景德四年八月己亥……王钦若……赐修书官器币有差。

再把《麟台故事》所载九条材料与《宋史》王钦若本传相关记载予以核对,可见其本传云:"景德初……修《册府元龟》,或褒赞所及,钦若自名表首以谢,即缪误有所遣问,戒书吏但云杨亿以下,其所为多此类也。岁中,改兵部,升大学士、知通进银台司兼门下封驳事……大中祥符初,为封禅经度制置使兼判兖州,为天书仪卫副使……封禅礼成,迁礼部尚书,命作《社首颂》,迁户部尚书。从祀汾阴,复为天书仪卫副使,迁吏部尚书。明年,为枢密使、检校太傅、同中书门下平章事……圣祖降,加检校太尉……所著书有《卤薄记》……钦若自以深达道教,多所建明,领校道书,凡增六百余卷。"①于是会立即发现:《修纂》篇所载详于《宋史》本传,可补其不足;《校雠》篇"九年三月"条与"加王钦若检校太师"有异,且时间与原因不一致,可资勘正其所载;其余七条均不见于《宋史》本传,故《麟台故事》可补其所缺。特别是在《修纂》篇"景德二年九月"条中,仅王钦若一人就出现了十三次,相关事件不但比《宋史》王钦若本传所载更为全面而详细得多,而且先后述及的人数多达二十余人。能够将如此人物众多而事件繁杂的材料,处理得结构紧密而层次分明、条分缕析而详略得当、主旨清晰又重点突出,足见作者裁剪和组织材料的能力确实高超。

此外,整部书采用史家平实的笔法,将作者本人的著述的主旨和所要表达的感情深藏于所选的史料当中。读者结合时代背景和

---

① 《宋史》卷二百八十三《列传第四十二·王钦若》,中华书局,1985年版,第9559—9564页。

作者为人处世的个性,经过反复体察和耐心品味,方可领会其著述
的良苦用心。

二、文学史史料价值

《麟台故事》现存的内容,只有原本的一半多一点,而其中叙及
的人物众多,可称得上《麟台故事》有别于其他同类书的一大特色。
经笔者详细统计,仅生活于北宋时期的文人者,即将近三百人,其
中除极个别属于顺便提及者外,其余几乎都是曾经任职于馆阁的
文臣。

(一)所载文人事迹举例

现将《麟台故事》所载杨亿的事迹,与《宋史》本传作一番比较,
以体现《麟台故事》的文学史史料价值。

> ……大中祥符九年,杨亿以秘书监判秘阁,兼秘书省事是
> 也。然议者以为,亿正为秘书监矣,不当更言判省阁,盖有司
> 之误也……供职本台,则行纠弹之职也。①
>
> 大中祥符四年九月,兼秘书监向敏中、判昭文馆晁迥、判
> 史馆杨亿、判集贤院李维上言,请圣集御制藏于馆阁。于是内
> 出杂文篇什,付敏中等各以类分。其继作即续附入。……向
> 敏中之请也。②
>
> 大中祥符元年六月,……已而,言者以谓国学版本《尔雅
> 释文》颇多舛误,又命镐、奭同详定之,至大中祥符四年,又命
> 李宗谔、杨亿、陈彭年等雠校《庄子序》,模印而行之……故有

---

① 《麟台故事》残本卷一上《官联》。
② 《麟台故事》残本卷二中《书籍》。

是命。①

景德二年九月,命刑部侍郎、资政殿学士王钦若,右司谏、知制诰杨亿修《历代君臣事迹》。钦若等奏,请以太仆少卿、直秘阁钱惟演,都官郎中、直秘阁、龙图阁待制杜镐,驾部员外郎、直秘阁刁衎,户部员外郎、直集贤院李维,右正言、秘阁校理、龙图阁待制戚纶,太常博士、直史馆王希逸,秘书丞、直史馆陈彭年、姜屿,太子右赞善大夫宋贻序,著作佐郎、直史馆陈越同编修。……明年,真宗幸崇文院,阅《新编君臣事迹》,王钦若、杨亿以其草数卷进呈,上览之,命亿指述起例、编附门目之意。上曰:"卿等编阅群书,用功至广,旧称《御览》《广记》,此书尤更不同。"亿曰:"《御览》止载故实,而无善恶之别;《广记》止是小说琐语,固与此书有异。"上因喻以著书难事,尤当尽心者。其编修次序有未允者,亲改正之,且曰:"朕编此书,欲著明历代君臣德美之事,为将来法。至于开卷览古,亦有资于学者。"……初命钦若、亿等编修,俄又取秘书丞陈从易、秘阁校理刘筠。及希逸卒,贻序贬官,又取直史馆查道、太常博士王曙,后复取直集贤院夏竦,又命职方员外郎孙奭注撰音义。凡九年,至大中祥符六年,成一千卷上之。……丙子,诏枢密使王钦若、翰林学士陈彭年、李维、龙图阁学士杜镐、知制诰钱惟演、龙图阁待制孙奭、查道,各赐一子官,以太常少卿杨亿为秘书监,依前分司西京刑部郎中、直秘阁刁衎为兵部郎中,祠部员外郎、直史馆姜屿为度支员外郎,秘书丞、直集贤院夏竦为左正言,依前充职殿中丞、秘阁校理刘筠为右正言、直史馆,并赐器币有差,赏编修之劳也。……二年十月,内出手札赐王钦若等,曰:"《君臣事迹》有门目不相应者,自今令钦若看讫,署名于卷首;杨亿看详讫,署名于卷末;初编再修官亦署

---

① 《麟台故事》残本卷二中《校雠》。

于后，其当否、增损悉书之。所采正经史外，惟取《国语》、《战
国策》、《韩诗外传》、《吕氏春秋》、《管》、《晏》、《韩》、《孟》、《淮
南子》、《修文殿御览》。又录妇人事迹为八十卷，赐名《彤管懿
范》。……命集贤校理晏殊同修。"①

　　天禧四年夏，翰林学士杨亿、钱惟演、盛度、枢密直学士薛
暎、王曙、龙图阁直学士陈尧咨、知制诰刘筠、晏殊、宋绶、待制
李行简请出《御集》，笺解其义。诏亿等并同注释，宰相寇准都
参详，参知政事李迪同参详（准寻罢，丁谓、李迪相，并充都参
详。后又以冯拯、曹利用充，复命参知政事任中正、王曾、枢密
副使钱惟演同参详。注释官盛度、薛暎、王曙、陈尧咨相继外
补，又以知制诰吕夷简、祖士衡、钱易、枢密直学士张士逊、翰
林学士李咨充。夷简寻知开封府，遂罢。绶使契丹，亿俄卒，
刘筠亦出官也），直馆校理二十八人充检阅官，成一百五十卷。

　　庆历元年十二月……（景祐中）庚寅，诏提举修《总目》官
资政殿学士尚书礼部郎中张观、右谏议大夫宋庠、翰林学士兼
龙图阁学士尚书兵部员外郎知制诰判集贤院王尧臣、翰林学
士兼侍读学士起复尚书兵部郎中知制诰判昭文馆聂冠卿、尚
书兵部员外郎知制诰郭稹，并加阶及食邑有差；编修官太常博
士直集贤院吕公绰为尚书工部员外郎，殿中丞天章阁侍讲史
馆检讨王洙为太常博士，馆阁校勘殿中丞习约、太子中允欧阳
修、秘书省著作佐郎杨仪、大理评事陈经，并为集贤校理；管勾
三馆秘阁内殿承制王从礼为供备库副使，入内东头供奉官裴
滋候御药院满日优与改官，高班杨安显为高品。张观、宋庠虽
在外，以尝典领，亦预之。②

　　淳化四年，曲宴苑中。馆阁读书、光禄寺丞杨亿以非馆职

① 　《麟台故事》残本卷三下《修纂》。
② 　此上两处引文出自《麟台故事》残本卷三下《修纂》。

不预,上特召赴宴,因除直集贤院。寻表乞归家迎母,赐钱十五万。

至道元年四月,……十月,翰林学士、秘书监、知制诰及三馆学士以上以新增琴、阮弦,各献歌、赋、颂,以美其事。上谓宰相曰:"近日朝廷文物甚盛,前代所不及矣。群臣所献歌颂,朕一一览之,校其工拙,惟李宗谔、赵安仁、杨亿词理精当,有老成之风,可召至中书奖谕。"又曰:"吴淑、安德裕、胡旦或词彩古雅,或学问优博,又其次也。"明日,以秘书丞李宗谔为太常博士,依前直昭文馆;著作佐郎赵安仁为太常丞,依前直集贤院;光禄寺丞直集贤院杨亿赐绯鱼袋,赏之也。

故事:三馆直馆、校理每遇差遣,许赴便殿告谢。天禧二年,秘书监知礼仪院判秘阁杨亿请依此例,从之。①

景德四年八月己亥,幸上清宫、大相国寺、还幸崇文院,观所编《君臣事迹》。王钦若、杨亿以草本进御,上偏览久之,又入四库阅视图籍,谓宰臣等曰:"著书难事。议者称先朝《实录》尚有漏略。"亿进曰:"史臣纪事诚合详备。臣预修《太宗实录》,凡事有依据,可载简册者,方得纪录。"上然之,赐修书官器币有差。②

杨亿,乃杨伟之兄,《宋史》有传,《麟台故事》除《官联》篇"秘书省"条、《恩荣》篇"淳化四年"条、《恩荣》篇"至道元年"条、《修纂》篇"景德四年"条这四条可略见于《宋史》本传外,其余五条均不见于《宋史》,可补其所缺。另外,《宋史》也有详于《麟台故事》之处。现分析如下:

据《麟台故事》载,杨亿先后参与编修《历代君臣事迹》(书成之后御赐名《册府元龟》)、《彤管懿范》、《圣政记》、《太宗实录》,校雠

---

①　此上三处引文出自《麟台故事》辑本卷五《恩荣》。

②　《麟台故事》辑本卷二《修纂》。

过《庄子序》,笺解过《御集》,但《宋史》本传仅记载其修纂过《册府元龟》。这是《麟台故事》详于《宋史》。

而据《麟台故事》之《恩荣》篇"故事"条载,天禧二年(1018),杨亿任秘书监、知礼仪院、判秘阁三职,而据《宋史》杨亿本传载,在大中祥符七年(1014),杨亿"病愈,起知汝州。会加上玉皇圣号,表求陪预,即代还,以为参详仪制副使,知礼仪院,判秘阁、太常寺。天禧二年冬,拜工部侍郎。明年,权同知贡举,坐考较差谬,降授秘书监"①。这是《宋史》详于《恩荣》篇,二者差异可相互参证。

又如据《麟台故事》辑本卷五《恩荣》篇的"淳化四年"条载,杨亿为"馆阁读书光禄寺臣"②,与《宋史》本传载"淳化中,诣阙献文,改太常寺奉礼郎,仍令读书秘阁"有异。而"馆阁读书"(或"读书馆阁")与"读书秘阁"③(或"秘阁读书""阅书于秘阁"),后世在一般情况下可以认为是一回事,但最早则应该称"读书秘阁"。因为当时在崇文院中新建秘阁不久,太宗又喜得少年英才杨亿,故几次考试之后,即授秘书省正字,特赐袍笏。至迟在淳化四年(993)之前,杨亿已经得任"读书秘阁"一职,这是以皇家异恩的方式特设此职,以优遇尚不满二十岁的英才杨亿。其后,三馆与秘阁在时人习惯上不加分辨地统称为"馆阁",于是早期的"读书秘阁"一职,也就出现了"馆阁读书"或"读书馆阁"之类的称谓。可见,应是先有"读书秘阁",后才逐渐不加分辨统称为"馆阁读书"。这是《宋史》较《麟台故事》精准之处。

总之,上文以北宋著名文学家杨亿事迹为例,将《麟台故事》所载与《宋史》杨亿本传的相关内容进行一番对比,可见《麟台故事》

---

① 《宋史》卷三百〇五《列传第六十四·杨亿》,中华书局,1985年版,第10083页。

② 《麟台故事校证》,中华书局,2000年版,第194页。

③ 《宋史》卷三百〇五《列传第六十四·杨亿》,中华书局,1985年版,第10079—10080页。

的文学史史料价值。《麟台故事》围绕馆阁选材,所记载的人均为馆阁文士,所记载的事均为馆阁事宜。而所谓馆阁事宜,既包括馆阁典籍的收藏、校勘、编纂等整理活动,也包括馆阁文士的试除、升迁、执事、曲宴、唱和、恩荣、禄廪等管理举措,还包括馆阁本身的沿革、居所、隶属等相关规制,一言以蔽之,这一切均与文化活动紧密相关。也就是说凡是与馆阁相关的人事,都是与当朝著名文士直接相关的事,也是《麟台故事》所要取材的事。因此,《宋史》人物传在这方面有所不载者,往往见载于《麟台故事》。

只是限于文章篇幅,不可能在此一一列举《麟台故事》中记载的近三百位馆阁文士的相关事迹,仅以杨亿为例,就足以让我们得窥全豹之一斑。其余人物,可详参本书后附录《〈麟台故事〉人物材料考索》。

(二)围绕崇儒重文展开的馆阁文学活动

任何文士的活动,都以其所处身的不同层次的社会文化为中心而展开,所包括的范围,也因文化自身的广泛性与复杂性而变得广泛与复杂。而且北宋馆阁文人这样一个特殊群体的活动,又与一般文士有着本质的差别,这是因为:

首先,馆阁文人的活动始终以馆阁机构为阵营、以馆阁藏书为基准,具有制度化的运作程序和既定的工作任务。

其次,馆阁文人的活动总是与当时的政治、文化、思想等密切结合,体现着朝廷的意志,起着号召天下的表率作用;

再次,馆阁文人的活动虽然以文学为主,但由于人员相对充足,俊才翔集,又倍受朝廷的大力支持,因此活动的内容丰富,波及面广,往往超出文学的范畴之外,产生较为深远的影响。

最后,馆阁文士间的唱和活动。

以上四点,既体现在馆阁整理藏书、编纂图籍的活动中,又反映在前文所述的北宋馆阁制度的建立、发展与完善中。因此,下文仅仅依据《麟台故事》所载的与文学有关的馆阁活动,在结合前文相关论述的基础上,分析其与文学史有关的史料价值。《麟台故事》所载与文学有关的馆阁活动,可归纳为以下四个方面:

第一,积聚图籍,校勘藏书,使国家藏书繁荣兴盛。

以《书籍》篇所载为主,观察北宋馆阁藏书的形成,可以清楚地看到,经历了"一祖八宗"一百六十多年的不懈努力,北宋馆阁藏书事业得到了长足的发展。最终在徽宗政和年间,出现了馆阁藏书的极盛局面,政和七年(1117)藏书总量总计五万五千九百二十三卷,达到了北宋国家藏书的最高纪录①。这个过程中,从国家行政的角度而言,当然是借助了馆阁文士的力量,把珍贵的典籍与优秀的文士结合在了一起,并进一步顺理成章使馆阁成为帝王的文化咨询机构,发挥了为皇家储备俊才的重要作用,既体现了北宋一贯奉行的崇儒尚文的国策,又影响了一个时代的文化特征的形成。

随着北宋馆阁藏书渐趋宏富,朝廷又组织开展了对历代典籍长年不断的整理活动,其承担者主要是馆阁文士。馆阁校勘活动以经部、史部书籍为中心,深受政府重视,馆阁文士始终参与其中,其成就也远远超越了之前各代。尤其是馆阁对藏书的校勘,已经形成系列制度,从而保证了藏书的质量②。加之北宋处在雕版印书大发展的时代,北宋馆阁依靠政府所组织的力量,对宋前典籍一而再地精审精校,其结果既有利于古籍的保存与传播,也促进了当时社会藏书业的兴盛,这在我国书籍发展史上应是功不可没。目前专门探讨两宋官府校勘状况的论著已出现了一些,如《宋代校勘学的发展》、《论两宋馆阁之校勘史书》、《宋代馆阁校勘研究》等。这些论著从各自不同的角度探讨了北宋政府组织校勘书籍的有关活动,当时的校勘活动,从活动类型来看,可分为"藏书校"、"刻

---

① 《晁公武陈振孙评传》,南京大学出版社,2006年版,第78页。
② 《晁公武陈振孙评传》,南京大学出版社,2006年版,第79页。

书校"、"学术校"①三个类型,尤其是馆阁官员结合自身的学术专长,或主动或被差遣从事校书工作,是北宋馆阁文士最为突出的学术性活动。从次数来看,北宋九朝校书之总次数近六十次,其中史部为十二次,约占五分之一,即北宋一百六十七年中,平均十四年校史书一次,且高度集中于宋真宗和仁宗两朝,特别是仁宗一朝的校书次数,超过了其余八朝的总和②。再如从校勘方法来看,当时馆阁的校勘实践中,对校、本校、他校、理校四种方法均已经得到了普遍应用,在具体的校勘考证中,也常常综合使用多种校勘方法来解决问题③,由此形成了一定的校勘程序和系统方法,也做出了显著的成就,产生了长远的影响。以《校雠》篇所载四十二年间的馆阁校勘活动为例,可见《麟台故事》对馆阁屡次整理书籍的称谓有"校勘"、"校定"、"校理"、"校雠"、"雠校"、"刊正"等,其中运用最多者为"校勘"一词。这虽与今天古典文献学专业术语"校勘",有着本质性的差别(当时"校勘"一词,本身还是对馆阁官职的一种称谓),但细考每次书籍进行整理活动的具体内容与目的,又可发现每次均汇集当时所能搜集到的各种版本与相关材料,反复比较异同,审定真伪,力求使典籍恢复本来面目。尤其是雕版印行的工作,促进了时人重视勘正文字。足见,北宋馆阁对所藏书籍的校勘工作,在很大程度上与现今的古籍整理工作相当,其历朝持续不断,自然对宋代以前典籍的保存和流传做出了巨大的贡献。另一方面,馆阁校勘中,由于清查、收藏和整理书籍的需要,促进了书目的编纂。北宋开国之初就着手编制国家藏书目录,有乾德六年

---

① 李更转引张富祥著《宋代校勘学的发展》,参见《宋代馆阁校勘研究》,凤凰出版传媒集团凤凰出版社,2006 年版,第 105 页。

② 汝企和著《论两宋馆阁之校勘史书》,刊于《史学史研究》2001 年第 1 期,第 61 页。

③ 《宋代馆阁校勘研究》,凤凰出版传媒集团凤凰出版社,2006 年版,第 162—163 页。

(968)编《史馆新定目录》,太平兴国九年(984)编《搜访书目》,以补充三馆藏书,景德四年(1007)又编《太清楼书目》,而景祐元年(1034)开始编纂的《崇文总目》最具影响①。尽管伴随馆阁校勘过程所形成的书目类著作,除《崇文总目》今有辑本传世外,其余已散佚,不见有传本行世,但在一定历史阶段内,此类成果对于推动古代目录学的发展,却起到了不可估量的作用。这种由中央政府所组织的校勘经籍的活动,与当时的雕版印刷技术结合起来,为古代文化的传承作出了不朽的功绩。但十分遗憾的是"靖康之难"(1126年)后,北宋旋即灭亡,国家的藏书机构——馆阁,一时名存实亡,政府在战火中根本无暇顾及所有馆阁典藏和文书档案,除极少部分被金国运走外,其余几乎散失殆尽。至此所有与馆阁藏书和校书相关的活动,在这一场浩劫中惨痛地告终。

宋代历朝重文治,主旨在于通过崇尚儒术的策略,达到以文化成天下的目的,从而维护宋王室的长治久安。于是,伴随着馆阁典藏日益宏富和以校雠为主的整理活动的展开,面对前人那么多的诗文、律赋、策论、公牍等作品,如何按照朝廷的主旨采择删定,分类编纂,重新加工转化成能服务于当时社会的文化成果,便越来越具有实际意义。或以此来展示宋王朝以武力平天下后,在文治方面的辉煌功业;或以此为各级政府官吏处理政务、参与文化活动提供参考;或为读书人考试作文提供足可依据的材料等。因此,早在宋太祖、太宗削平诸割据势力的统一战争中,就已经开始了馆阁的修纂工作。特别是名重后世的宋初的三部大类书,正是在这种情况下完成的。即:"既得诸国图籍,聚名士于朝,诏修三大书,曰《太平御览》,曰《册府元龟》,曰《文苑英华》。"②有关北宋馆阁文士参与修纂的活动,参考前文所列《〈麟台故事·修纂〉所载北宋馆阁修纂

---

① 《晁公武陈振孙评传》,南京大学出版社,2006年版,第79页。
② 据《麟台故事校证》,可见张富祥在校证文中所引《宋会要》附周必大《文苑英华跋》文,中华书局,2000年版,第49页。

书籍一览表》,可梳理出以下这些特征:

一是门类齐全,卷帙浩繁。按照学术性质而言,北宋馆阁编修的典籍,经、史、子、集之下诸多门类几乎无不兼及。以当时所编类书为例,《文苑英华》所收作品被分为赋、诗、歌行、杂文、中书制诰、翰林制诏、策问、策、判、表、笺、状、檄、露布、弹文、移文、启、书、疏、序、论、议、联珠、喻对、颂、赞、铭、箴、传、记、谥哀册文、谥议、诔、碑、志、墓表、行状、祭文等三十八个门类的文体①;《册府元龟》的门类情况更是庞大复杂,"总三十一部,部有总序,一千一百四门,门有小序,又《目录》、《音义》各十卷"②。据《〈麟台故事·修纂〉所载北宋馆阁修纂书籍一览表》所列明的十四部著作,可见当时的重心仍在于史部著作的编纂,如《续通典》、《九域图志》、《圣政记》、《新修崇文院总目》、《太平故事》、《新唐书》等。再以每一部著作的卷帙而言,又往往是数十卷,或数百卷,乃至上千卷。

二是参编人数众多,编修速度较快。北宋王朝充分发挥馆阁在国家文化建树中的特殊优势,不仅广集各种社会力量对政府所拥有的典籍进行全面整理,而且合理地组织了众多社会精英,参与到政府编修文化典籍的创造性活动中,迅速而有效地作出了卓越的成就。如《文苑英华》一千卷的编纂活动,开始于太平兴国七年(982)九月,宋太宗下令,从《御览》的纂修人员中抽调了李昉、宋白、徐铉等将近半数的人力,加上杨徽之等一共二十多人,重新编辑一部上继《文选》的总集,这就是篇帙达一千卷的《文苑英华》。全书上起萧梁,下迄晚唐五代,选录作家近二千二百人,作品近两万篇。③ 如此浩大的编修工程,只用了短短四年时间便完成了,这实数古今文化史上罕见的事例之一。

---

① 此所罗列三十八门类,出自《文苑英华》卷首《文苑英华总目》,中华书局,1966年版,第1—2页。

② 《麟台故事》残本卷三下《修纂》。

③ 《文苑英华》卷首《出版说明》,中华书局,1966年版,第1页。

　　三是凭借国家力量，组织进展有序，皇帝重视，赏赐优厚。北宋初期，《太平广记》《太平御览》《文苑英华》《册府元龟》等几部卷帙浩繁的大型类书，其编纂工作能够有序、快捷地顺利完成，这完全有赖于北宋王朝依靠国家政府的力量，广泛搜集天下典籍，并抽调当时社会上颇有名望的文学宿儒精校精审，进而有效地利用前人的优秀成果，修纂成册。毋庸置疑，如此辉煌的文化业绩，应当是古今以来凭借个人之力所难以企及的，在当时，也只有凭借皇权所掌控的国家力量，才能真正做到。这一点在上所列表的"备注"一项中已有反映：在修纂过程中朝廷对编修人员配备合理，对人员的去留调整、任免接替等把控有力，馆阁内部人员在具体工作中职责权限分明、分工要求明确、工作程序严格，皇帝时常在精神上和物质上对馆臣予以优厚的奖励。因此，"这几部大书的完成，为保存和整理古代文献，推动后世的学术发展，促进宋朝文化事业的向前推进起了巨大的作用。同时，也正说明了北宋图书事业的繁荣和兴盛"①。

　　四是产生了丰富的宋代官修藏书目录。北宋开国之初，一方面收编诸国之图籍，充实三馆和秘阁典藏；另一方面又向天下悬赏，广开献书之路。于是，随着馆阁典籍迅速增多，为清查和校勘藏书之需，馆阁遂从宋太祖、太宗起，就着手编制国家藏书目录。据目录学家汪辟疆《目录学研究》一书统计，宋代官修藏书目录达十五种之多。北宋开国之初，着手编制的国家目录有乾德六年（968）编《史馆新定目录》，太平兴国九年（984）编《搜访书目》，景德四年又编《太清楼书目》，再至景祐元年（1034）又编《崇文总目》。其中《崇文总目》最著名，这不仅是宋代第一部有解题的官修藏书目录，而且也是现存的北宋馆阁编纂的部头最大、收书最多、影响最为久远的目录。该书目上承唐代《开元群书四部录》，下启《四库

──────────
　　① 《晁公武陈振孙评传》，南京大学出版社，2006年版，第80页。

全书总目》,大部分内容虽早已遗佚,然就其残存者来看,足为后世
编制目录者所效法。这些国家藏书目的编定,都可以体现宋代官
方藏书的丰富和藏书事业的发达①。

尽管这些伴随着馆阁储藏、整理和编修书籍,所形成的官修书
目类著作,除《崇文总目》今有辑本传世外,其余已散佚,今不见传
本行世;但从现有文献记载来看,此类官修目录书在一定历史阶段
内对于推动古代目录学的发展,确实起到了不可估量的作用。尤
其是在这些政府编修活动中,馆阁文士积极参与并取得了丰硕的
成果,以此奠定了他们所处的时代在我国古代文化发展传承中的
地位,进而取得儒学在宋代的创新,形成了极具时代特征的宋学,
这正是宋代馆阁文士既能够很好地继承传统,又能够更好地发扬
光大的见证。

第二,帝王崇儒尚文,馆阁成为朝廷文化活动的中心。

自太宗始,"崇文院在禁中,实天子图书之府"②,遂成为典籍珍
藏的圣地,朝廷文化活动的中心,也成为天下士人心目中无比向往
的琼楼玉宇。于是"时人语曰'宁登瀛,不为卿;宁抱椠,不为
监'"③。正是在朝廷右文崇儒之风的影响下,三馆和秘阁文臣连同
崇文院在朝中的地位日益显赫尊贵,人们的心目中和习惯上逐渐
把馆阁与崇文院混同为一,不计其区别而称之。朝廷这种既注重
典籍与藏书制度建树,又尊崇文士的行为,促成了北宋前期引以为
自豪的"景德之制"。亦即发展至景德年间(1004—007),崇文院既
是汇聚天下各类图册和珍藏罕见传世典籍的处所,又是天下文学
英才伴君和高端学术交流的殿堂。

崇文院这一盛况的形成,始于宋太宗时期。在《麟台故事》辑
本卷五《恩荣》篇中,存有一个较为特别的记载,可以说明。即至道

---

① 《晁公武陈振孙评传》,南京大学出版社,2006年版,第79—80页。
② 《麟台故事》辑本卷五《恩荣》。
③ 《宋史》卷一百六十一《职官一》,中华书局,1985年版,第3768页。

元年(995)四月,太宗"敕御史台于三馆不得与京百司同例"。这显然是皇帝以敕令的方式明确规定:三馆不属于任何一个具体的国家行政部门,亦不具有行政职能,但其地位如同御史台一样,高于在京诸司,直属于皇帝之下。宋太宗并且开展馆阁臣僚参与的文化活动,如同年六月,"戊戌,上召史馆编修舒雅、杜镐、吴淑、吕文仲于便殿,人读古碑一篇。读毕,又令文仲再读,因赐章服,命为翰林侍读。翼日,再召文仲读《文选》,赐鞍勒马。又翼日,再召读《江海赋》,赐钱三十万,命于御书院与侍书王著夜直,以备顾问"。这不仅仅是馆阁文臣读一篇古碑,或者读一次《江海赋》,皇帝就对优异者予以优厚赏赐的简单问题,而是皇帝以此为契机,从馆阁中选拔文采优异者,设置翰林侍讲、侍读学士官阶,寓直于地处禁中的崇文院秘阁,朝夕伴君左右,以备随时顾问。尤其是学士官阶作为国家级的荣誉头衔,封赏给馆阁臣僚中资历深厚的文学硕儒,既加强了帝王与士人的联系,又提升了馆阁文官的特殊政治地位。

太宗此举果然不同凡响,朝野上下影响很大,诸馆阁臣僚更是称赞不已,在这一年十月,"翰林学士、秘书监、知制诰及三馆学士以上,以新增琴、阮弦,各献歌、赋、颂,以美其事"。太宗还面当宰相,对所献歌、赋、颂具体评价说:"近日朝廷文物甚盛,前代所不及矣。群臣所献歌颂,朕一一览之,校其工拙,惟李宗谔、赵安仁、杨亿词理精当,有老成之风,可召至中书奖谕。"接着又说:"吴淑、安德裕、胡旦或词彩古雅,或学问优博,又其次也。"这在当时显然提出了评判文学作品的具体标准:处于最高层面的是文词和文理均至精当,且个人的文章风格已定形——有老成之风;居于其下的层面是"或词彩古雅"、"或学问优博",但还没有形成自己的风格。太宗在如此评价后的第二日,又对以上优秀馆臣予以封赏,"以秘书丞李宗谔为太常博士,依前直昭文馆;著作佐郎赵安仁为太常丞,依前直集贤院；光禄寺丞直集贤院杨亿赐绯鱼袋，赏之也"。①

可见，通过这些具体的文化活动，馆阁文臣得到的不只是物质上的奖励，更多的还有精神上的鼓励和学术价值的首肯。也正因为当时有这样的君臣崇尚文化的风气，馆阁才能够既充分利用其丰富的藏书，又很好地组织优秀的人才，在太宗时期做出非凡的业绩。

再至后来，太宗开启的馆阁文化活动，又得到了真宗的进一步推动。如《麟台故事》载："真宗咸平二年七月丙午，以兵部侍郎兼秘书监杨徽之、户部侍郎夏侯峤并守本官充翰林侍读学士，国子祭酒邢昺守本官充翰林侍讲学士，翰林侍读兵部员外郎吕文仲为工部郎中充翰林侍读学士。按故事，唐开元中置侍读，其后有翰林侍讲学士。五代以来，四方多事，时君右武，不暇向学，故此职久废。太宗崇尚儒术，听政之暇，观书为乐，殆至宵分，手不释卷。由是命文仲为翰林侍读，寓直禁中，以备顾问，然名秩未崇。帝聪明稽古，奉承先志，首置此职，择耆儒旧学以充其选，班秩次翰林学士，禄赐如之。设直庐于秘阁，侍读更直，侍讲长上，日给尚食珍膳，夜则迭宿，令监馆阁书籍中使刘崇超日具当宿官名于内东门进入。自是多召对询访，或至中夕焉。"其实，这一做法，始于唐玄宗开元十三年(725)。四库馆臣引《文献通考》的记载，在《麟台故事》辑本《选任》篇本条记载中加按语云："'唐开元十三年置集贤院侍讲学士、侍读直学士。'又云：'学士讲读之官，皆始于唐开元之时，讲读隶集贤殿，故《通典》于集贤学士条下附载。'《旧唐书·职官志》云：'至德以后，翰林学士例置六人，内择年深德重者一人为承旨。'此云开元中置侍读，其后有翰林侍讲学士，著讲读官系翰林亦自唐始，可补《通考》及《职官志》所略。"②再至景德初，真宗又"置龙图阁学士、

---

① 以上两段内的引文出自《麟台故事校证》，中华书局，2000年版，第196—197页。

② 《麟台故事校证》，中华书局，2000年版，第109页。

直学士、待制、直阁,并寓直秘阁,每五日一员递宿。后置天章阁待制,亦寓直于秘阁,与龙图阁官递宿"①。这无疑表明,真宗依据唐故事,在太宗设置翰林侍讲、侍读学士官阶的基础上,进一步完善翰林侍读学士、翰林侍讲学士等的宿直制度。而文臣"寓直禁中,以备顾问"的处所,仍旧是崇文院中的秘阁。可见,秘阁既是与三馆同等重要的国家册府之一,又是馆阁文臣中直阁以上"递宿"崇文院的具体处所。这些轮流"递宿"的文臣,除本身带有馆职者之外,还有位居翰林学士院的诸阁学士、直学士、待制等,都是常常侍从于皇帝身边的当朝行政要员,大都曾在馆阁任职,不仅品位高,而且文才也是当世第一流。于是,长此以往,便出现了《麟台故事》所载的"景德之制":

> 景德中,图书寖广,大延天下英俊之士,乃益以内帑西库。二圣因数临幸,亲加劳问,递宿广内,有不时之召。人人力道术,究艺文,知天子尊礼甚勤,而名臣高位由此其选也。②

这一描述,本是宋仁宗天圣中(1023—1032),时任祠部员外郎、直集贤院的谢绛,在上书建议朝廷恢复"景德之制"时作的总结。可见,当时的崇文院,既是天下典籍的汇集之所,也是天下英才最理想的栖息之所;既是当世理所当然的权威资料中心,也是群儒坐而论道和著书立说的学术思想中心;既是皇帝施政顾问的最高文化机构,也是为国家培养和储备俊才的最佳部门。因此,成为后世文学硕儒,但凡论及入仕之时,顿生倾慕之情,常常津津乐道的佳话。

第三,馆阁文士的宴饮、赏花、赋诗活动。

宫廷赏花宴饮,历代有之。而与文学活动联系在一起,开始于南唐。宋太祖开宝六年"夏四月丁亥,召开封尹光义、天平军节度

---

① 《麟台故事》残本卷一上《官联》。
② 《麟台故事》辑本卷一《省舍》。

使石守信等赏花习射于苑中"①,这是对宋初赏花活动的最早记载。太宗时期,赏花赋诗属和活动才真正成为"故事"。如:

> 淳化初,诏自今游宴宣召直馆,其集贤秘阁校理并令预会。先是,帝宴近臣于后苑,三馆学士悉预。李宗谔任集贤校理,合门吏第令直馆赴会,宗谔献诗述其事,故有是诏。议者以为,直馆修撰、校理之职,名数虽异,职务略同。合门拒校理不得预宴,盖吏失之也。又请令京官得乘马入禁门,并为故事。宗谔诗云:"戴了宫花赋了诗,不容重见赭黄衣。无聊独出金门去,恰似当年下第归。"②

自此以后,但凡"奎文宸翰,必以宣示;新异之物,必以燕赏;制作必令歌颂。常与宰执、侍从等,而其从容文藻则又过之"。每逢燕赏都下令让朝臣以诗赋属和,尤其是直馆以上的馆阁馆职,不仅会被邀请参会,而且还必须奉命"为诗赋以献"③。这一要求对于前文所述的如天资聪颖、才华卓绝而又造诣深厚的杨亿、李宗谔之辈而言,确实是一种得以展现自我、获取名位的大好时机;然而对于资质愚钝而才能平庸者而言,则不能不说是一种难以忍受的折磨,因为总是要为此而冥思苦想、诚惶诚恐。

宫廷宴饮、赏花、赋诗之类的活动本身就具有特别浓厚的文人气息,而在宋初又与朝廷崇儒右文的政策合拍,自然而然就会有崇文院中新建秘阁落成之后,太宗皇帝一反常态连日盛宴馆阁文臣之事。史载:

> 淳化元年八月一日,李至召右仆射李昉、吏部尚书宋琪、左散骑常侍徐铉及翰林学士、诸曹侍郎、给事、谏议、舍人等诣

---

① 《宋史》卷三《本纪第三·太祖三》,中华书局,1985年版,第39页。
② 《麟台故事校证》,中华书局,2000年版,第199页。
③ 《麟台故事》辑本卷五《恩荣》。

阁观御书图籍。帝知之,即召内品裴愈就赐御筵,出书籍令纵观,尽醉而罢。二日,又召权御史中丞王化基及三馆学士纵观,赐宴如前。帝作赞赐之,宰臣李昉等请刻石阁下。李至上表,引唐秘书省有薛稷画鹤、郎余令画凤、贺知章草书,当时目为三绝;又引颜真卿请肃宗题放生池碑额及近时翰林学士承旨苏易简乞御书飞白书"玉堂之署"为比,愿赐新额,以光秘府。诏中书、枢密院、近臣观新阁,又赐上尊酒,大官供膳。是日,遣中使赍御飞白书"秘阁"二字以赐李至,李昉等相率诣便殿称谢。退就饮宴,三馆学士预焉。又赐御赞以美其事,李至上表谢,仍请以御制《赞》刻石秘阁。帝以重违其意,因赐诏曰:"近以延阁载新,万机多暇,聊书赞咏,以美成功。所纪徽猷,深虞漏略,出于乘兴,岂足多称。遽览封章,愿刊穹石,垂于不朽,良积厚颜。其《赞》并《序》,朕兼为亲书并篆额,以旌秘省。"①

其实,四库馆臣据宋释文莹《玉壶清话》所载此事,为这条材料加按语云,实情是八月一日并非李至主动召集或者邀请李昉、宋琪、徐铉等人,而是这些文臣在没有向皇帝请示的情况下,因酒后雅兴所至,便一哄而起,强烈要求专掌秘阁书籍的李至打开新建的秘阁,一观秘阁藏书。然而,李至是一个极为小心谨慎之人,深知秘阁实属帝王珍藏典籍之府,其重要性非同小可,于是在没有取得皇帝旨意的情况下,便一而再地推辞说:"扃钥诚某所掌,签函中冪,严秘难启,奈诸君非所职,窥不便。"李昉等三人笑着对李至说:"请无虑,主上文明,吾辈苟以观书得罪,不犹愈他咎乎?"②遂顺势强拉着李至开启秘阁之门,入观藏书。要知道,李昉时任右仆射、

---

① 《麟台故事校证》,中华书局,2000年版,第191页。
② 〔宋〕释文莹撰《玉壶清话》。收录于〔元〕陶宗仪撰《说郛》卷四十五下,《文渊阁四库全书》影印本,台湾商务印书馆,1986年版,第878册,第460页。

宋琪时任吏部尚书、徐铉时任左散骑常侍,均为当朝皇帝身边的重臣,而况三人乘着酒兴而来,如何能在一时之间让时任秘书监直秘阁的李至推脱得了?李至只好在万般无奈之下暗遣阁使将此事秘奏太宗,太宗闻知此事之后,非但不追究违规者的责任,反而借此契机,倡导朝廷崇文之意,故而才有了连日盛宴款待馆阁文士以及飞白御书秘阁匾额之类的佳话。《麟台故事》存留另一条与宋太宗御书秘阁匾额相关的记载,发生在宋仁宗天圣年间(1023—1032),可以作为上述宋初崇儒右文之举的佐证。时任祠部员外郎直集贤院的谢绛上书建言追述曰:"唐室丽正、史官之局,并在大明、华清宫内。太宗肇修三馆,更立秘阁于升龙门左,亲飞白题额,作赞刻石于阁下。"①又据成书晚于《麟台故事》,并深受其影响的陈骙《南宋馆阁录》记载,《麟台故事》中屡次提及的宋太宗与秘阁的逸闻基本属实,因此陈骙之书称:"太宗御制御书《秘阁赞》、《序》及飞白秘阁额碑本,流传人间。淳熙九年,知福州赵汝愚得飞白'秘阁'二字碑本于州治止戈堂,知宁国府陈骙得御制御书《赞》、《序》碑本于昭亭山,各送上本省,骙等复摹诸石,近已毕功。"可见,南宋赵汝愚得见太宗当年御书"秘阁"二字的碑刻本,并且南宋依据当时传世的太宗"御制御书《赞》、《序》"碑拓本重制秘阁刻石,证明了所传太宗嘉话的真实性,而且也证实了当初太宗借李昉等三人强入秘阁观书之机而连日盛宴馆阁文士的情况当为实事。

　　宋太宗、真宗、仁宗三朝,赏花、宴饮、赋诗属和活动经常举行。正如引文中所述,能够参加这样的活动是儒臣的荣耀,故《麟台故事》每每提及朝廷对文臣的优待,在不同的篇题下,均有或详或略的内容,记载这类盛大的宫廷活动,既宣扬赵宋王朝的浩荡皇恩,又标榜馆阁文臣的尊贵优荣。

　　如,《麟台故事》辑本卷五《恩荣》篇共辑有如下七条例子:

---

　　①　《麟台故事》辑本卷一《省舍》。

其一,太宗待三馆特厚。即曰:

> 太宗皇帝待遇三馆特厚。淳化二年,诏翰林学士苏易简,以上三体书石本遗吏部侍郎兼秘书监李至,左谏议大夫杨徽之及三馆学士凡二十五人,皆上表谢。明年,以新印《儒行篇》赐中书、枢密院、两制、三馆御史中丞、尚书丞、郎、给谏等,人各一轴。又尝内出御制《独飞天鹅》《大海求明珠》二棋势示三馆学士,皆不晓。上召中使裴愈授以指要。修撰范杲等相率上表称谢。自是,奎文宸翰,必以宣示;新异之物,必以燕赏;制作必令歌颂。常与宰执、侍从等,而其从容文藻则又过之。

其二,太宗以直集贤院这样较高级别的馆职为特殊待遇,礼遇非馆职的馆阁读书、光禄寺丞杨亿。即曰:

> 淳化四年,曲宴苑中。馆阁读书、光禄寺丞杨亿以非馆职不预,上特召赴宴,因除直集贤院。寻表乞归家迎母,赐钱十五万。

其三,太宗优遇舒雅、杜镐、吴淑、吕文仲、王著、李宗谔、赵安仁、杨亿、安德裕、胡旦除等馆阁文士。即曰:

> 至道元年四月,敕御史台于三馆不得与京百司同例。六月戊戌,上召史馆编修舒雅、杜镐、吴淑、吕文仲于便殿,人读古碑一篇。读毕,又令文仲再读,因赐章服,命为翰林侍读。翼日,再召文仲读《文选》,赐鞍勒马。又翼日,再召读《江海赋》,赐钱三十万。命于御书院与侍书王著夜直,以备顾问。十月,翰林学士、秘书监、知制诰及三馆学士以上,以新增琴、阮弦各献歌赋颂,以美其事。上谓宰相曰:"近日朝廷文物甚盛,前代所不及矣。群臣所献歌颂,朕一一览之,校其工拙,惟李宗谔、赵安仁、杨亿词理精当,有老成之风,可召至中书奖

谕。"又曰:"吴淑、安德裕、胡旦或词彩古雅,或学问优博,又其次也。"明日,以秘书丞李宗谔为太常博士,依前直昭文馆;著作佐郎赵安仁为太常丞,依前直集贤院;光禄寺丞直集贤院杨亿赐绯鱼袋,赏之也。

其四,真宗已将较为低级的馆阁校理以上的馆阁文士,纳入过去只有较高级别馆阁文士才有资格参加的宫廷宴饮的行列,以示皇家殊恩泽及所有馆阁馆职。即曰:

> 咸平元年三月壬申,赐及第进士孙仅等宴于琼林苑,学士、两制、尚书、侍郎、馆阁直官、校理皆预。后常以为故事。

其五,真宗依照惯例临幸秘阁阅书时,既赏赐馆阁馆职,又赏赐馆阁吏从,以示其对待馆阁人员特别优厚。即曰:

> 咸平五年七月,幸秘阁,阅群书,赐直馆、校理器帛有差。又赐书吏缗钱,因召从官射于后苑。

其六,真宗作《周易》诗三章,命群臣(主要是馆阁文士)属和,借以提高馆阁文士位遇,以示皇家异恩。即曰:

> 大中祥符七年六月庚辰,上作《周易》诗三章,命群臣属和。

其七,仁宗每当作歌诗,即命辅臣以及馆阁文士属和,出示后苑画作也如此,借此以示皇家异恩。即曰:

> 仁宗每著歌诗,间命辅臣、宗室、两制、馆阁官属继和。天圣四年四月乙卯,内出苑后《双头牡丹芍药花图》以示辅臣,仍令馆阁官为诗赋以献。

又如,《麟台故事》辑本卷一《储藏》篇辑有一条,记载太宗临幸崇文院中新建的秘阁观书时,特别宴赏三馆学士,即曰:

> 淳化三年九月,幸新秘阁。帝登阁,观群书齐整,喜形于

色,谓侍臣曰:"丧乱以来,经籍散失,周孔之教将坠于地。朕即位之后,多方收拾,抄写购募,今方及数万卷,千古治乱之道并在其中矣。"即召侍臣赐坐命酒,仍召三馆学士预坐。日晚还官,顾昭宣使王继恩曰:"尔可召傅潜、戴兴,令至阁下恣观书籍,给御酒与诸将饮宴。"潜等皆典禁兵,帝欲其知文儒之盛故也。他日,又诏侍臣曰:"尔来武人子孙颇有习儒学者,盖由人所好耳。"吕蒙正曰:"国家襄待文士,爵禄非轻,故人人自劝,乃圣化所及。"

再如,《麟台故事》残本卷二中《校雠》篇共存有如下两条:

其一,大中祥符九年(1016),真宗因馆阁校勘《道藏》的缘故,对参与其事的馆阁文士既加官晋爵,又曲宴赏花、赋诗于后苑,对馆阁文士极尽皇家殊恩。即口:

> 九年三月,加王钦若检校太师,又加兵部郎中直史馆张复、祠部员外郎直集贤院祁暐阶勋,赐度支员外郎直集贤院钱易、太常博士秘阁校理慎镛绯鱼,皆预校《道藏》故也。是日,曲晏赏花于后苑,上作五言诗,从臣咸赋,因射于太清楼下。

其二,仁宗厚赐、宴赏参与校书的馆阁文士。即:

> 景祐三年乙丑,御崇政殿,观三馆秘阁新校两库子集书凡万二千余卷,赐校勘官并管勾使臣、写书吏器币有差。是日,赐辅臣、两制、馆阁官宴于崇文院。

通过以上材料,可知北宋宫廷的这种赏花宴饮赋诗活动,应当是一种在朝中经常举行的集体性活动,也是当时文学创作与宴饮、赏花等相结合的高层次、高规格的文化活动。在这类活动中,诸多俗套的繁文缛节往往被取消,一般除了尊重年长者之外,注重文才,并不以官品之高低为尊卑。因此,文士们可以尽兴展现自己的才华,无需顾及太多。如《麟台故事》辑本卷五《恩荣》篇,载有宋代馆阁文士一直沿用的唐代以来的饮酒故事,可从侧面反映这一事实：

> 唐张说为集贤院大学士，尝宴集贤院。故事，官尊者先饮，说曰："吾闻儒以道相高，不以官阀为先后。先帝时修史十九人，长孙无忌以元舅，每宴不肯先举爵。长安中预修《珠英》，当时学士亦不以品秩为限。"于是引觞同饮，时服其有体。至今馆职序坐，犹以年齿为差，亦燕公流风之所及欤！①

于是，此类活动长期举行所产生的影响，主要体现在两个方面：一是朝廷所倾力推行的崇儒右文的政策得以实现，整个社会普遍尊崇文人的风尚逐渐形成，长久以来武臣动辄飞扬跋扈的态势被彻底改变，国家长治久安的稳定局面开始出现；二是帝王崇尚文化，群臣积极参与应制诗的制作，既达到宋初统一文臣思想和消除南北文人之间差异的目的，又促进了晚唐至五代以来，由于南北分裂所导致的不同地域文化之间的融合。不过，从宋初文学发展的实际情况来看，此类应制之作的主旨均不外乎歌功颂德、粉饰太平，并无实际内容可述，尤其是因为严重缺乏与时代发展相一致的创新精神，所以也不可能会创造出值得后世称道的显著成就。因此，此举最终不但不能遏制唐末以来"祖尚四六，专务华靡"②的不良文风，反而还起到推波助澜的作用。

第四，是馆阁文士间相互唱和的文学活动。

馆阁中的优异文人结成一个特殊的群体，并不断有后进者加入，于是，除了上文所述的官方活动外，个人之间也存在着各类文学活动，促成了宋初诗文创作风气的转变及宋学的形成，以下分而述之：

---

① 《麟台故事校证》，中华书局，2000 年版，第 203 页。又见《南宋馆阁录 续录》，中华书局，1998 年版，第 70—71 页。

② 漆侠著《欧阳修在宋学形成中的先锋作用》，收录于《宋史研究论丛》第四辑，河北大学出版社，2001 年版，第 1 页。

一方面是馆阁文士间的唱和活动对宋诗的影响。

《中兴馆阁录》保存下来一条《麟台故事》的记载,曰:"三馆、秘阁官升迁、外补者,众必醵会置酒,集于僧舍以饯之;其外补者,或赋诗以赠其行。祖宗盛时,三馆之士出局,必先过从,或集于名园、僧舍,饮酒赋诗。"①在当时奉命应制的创作背景下,文士间已形成联章酬唱相互赓和的习惯,唱和活动成为馆阁文士升迁、外补时,私下常常举行的常规性活动,但又因参与者、参与情境等的不同,而形成一些文学团体与流派,对宋诗特色的形成,影响较为显著。

例如,宋诗的创作最初出现了学习白居易的风气,这一派的代表人物有李昉、王禹偁等,均为宋初馆阁中的显赫人物,该派奉行乐天知命,安享太平的宗旨,与宋初鼓励重臣多置田产妻妾的享乐生活观念和朝廷盛行的黄老思想有关。之后又出现以寇准为中心的一派,普遍学习晚唐体,然而此派中大多数人的身份是隐士或出家人,并非馆阁文士,因此在当时虽有一定的声名,但终究非社会主流而影响有限,加之创作成就甚微,故不久即被当世人遗忘了。

又如,在宋真宗年间出现的西昆派,是以杨亿、刘筠、钱惟演、任随、李宗谔等馆阁文士为主,相互唱和而形成的派别,此派兴起迅速而盛极一时,所创作的作品又是在馆阁中编纂《册府元龟》之余创作的,后被杨亿收编为《西昆酬唱集》,故该派所作诗被称为西昆体。该派代表人物均为当时馆阁中任职的文臣,地位清贵而又精熟典籍,才华出众而又学识渊博,创作诗风崇尚晚唐李商隐,诗作好用典故,词藻务求华丽,句式讲究对仗工整,形式极尽宏大的排场,正好适应了真宗朝政治趋于稳定、经济相对繁荣以及文化上已脱离晚唐五代以来衰败景象的现实,实质上与应制诗趋于同调。该派在创作过程中相对没有明确的限制,其出现顺应时势之所需,

---

① 《麟台故事校证》,中华书局,2000年版,第340页。又见《南宋馆阁录 续录》,中华书局,1998年版,第69页。引文中的"名园",在张富祥二书中有差异,前者作"名园",后者作"名区",本书从前者。

而且又有一个相对固定的优秀创作群体,所以最终取得显著的成效,产生的影响也较为深广,遂成为当时诗坛的主流,正所谓:"《西昆酬唱集》的问世,标志着南文北进过程中消极被动的第一阶段基本完成,展示才学注重辞藻的文人酬唱,已经取代奉和应制的斗凑作法,成为文坛风气的主流。"①关于其影响和地位:"西昆体作为宋代出现的第一个诗歌流派或诗歌思潮,它革五代旧习,体现了当时诗歌的风会所趋,是宋诗形成发展的第一步。"②再至后来,宋诗历经不断的承袭与变革,发展成为风格迥异于唐诗的另一座中国文学史上的高峰,其中起主要作用的仍旧是馆阁中的文士,而且他们做出的成就也最为卓著。其中重要人物,有欧阳修、王安石、苏轼、苏辙、曾巩、黄庭坚等人,均是曾经久历馆阁的著名文士,也是名垂后世的伟大诗人。

另一方面是馆阁文人间的相互唱和活动对北宋文风的影响。

馆阁文士的文风,实际上正是当时社会崇尚的流行文风,其间举足轻重的代表性人物,既影响着一代之优秀群体不断发展进步的方向,又对整个社会的创作风气,起到模范表率的作用。在北宋时期,产生于馆阁的这类优秀人物,如从少年英才中选拔出来并提前进入馆阁的晏殊、宋绶,最终成为北宋著名的文学家和政治家,故当时有"真宗得此二人,盖天下之英也"之说③。又如最早开创宋代文风的欧阳修,更是如此,他不仅是著名的政治家,而且是在文学、史学、金石学等方面多有开创性成就的复合型学者。他们在北宋初文风的巨大变革以及宋学的形成中率先挺进,确实起到了先锋模范的作用,成为一代文坛领袖。因此,著名的宋史学家漆侠认

① 张兴武著《宋初文坛的冲突与对话》,刊于《文学遗产》2004 年第 3 期,第 77—78 页。

② 秦寰明著《西昆体的盛衰与宋初诗风的演进》,刊于《南京师大学报》,1989 年第 1 期,第 60 页。

③ 《麟台故事》残本卷一上《选任》。

为："为了变革文风，欧阳修自己努力写作，还大力奖勉、提掖后进。曾巩、王安石、苏洵、轼辙父子等，都受到欧阳修的鼓励和赞誉，苏轼苏辙兄弟则是通过欧阳修主考科举时中举的。欧阳修以及曾巩等五人，加上唐代的韩愈、柳宗元谓之唐宋八大家，宋则占其六。这说明了，正是通过文风的巨大变革，才涌现出有重大成就的人才。"①略晚于欧阳修的苏轼，述及欧阳修的文学贡献时，就特别强调其言行所体现出的人格力量，在改变这一时代的士风和文风过程中所起作用之深巨②。至南宋时，叶适在其《习学记言》卷四十七中论述北宋文风演变时，也是以欧阳修为先，其历数与欧阳修一道奋力行进者，无一不是曾任职于馆阁的优异文士："初，欧阳氏以文起，从之者虽众，而尹洙、李觏、王令等人，各自名家。其后王氏优众，而文学大坏矣。独黄庭坚、秦观、张耒、晁补之始终苏氏，陈师道出于曾而客于苏，苏氏极力援此数人者，以为可及古人。世或未能尽信，然聚群作而验之，自欧、曾、王、苏外，非无文人，而其卓然可以名家者，不过此数人而已。"足见，北宋馆阁文士为了改变晚唐五代以来的虚饰浮华的文风，在欧阳修的引领之下相继不断地接过韩、柳所倡导的古文运动大旗，发起了一浪接一浪的冲击，直至北宋中期，宋代文风基本形成，文学思想也趋于成熟，于是从馆阁中涌现出了一批如苏、黄这样的文学代表性人物，为其所在的时代立下了坚实的丰碑。正所谓："当宋代文学思想发展到以苏、黄为代表的一批才华横溢，诗、书、画、无所不通，儒、释、道、佛及百家杂说无所不晓的作家出现于文坛的成熟阶段后，它宏通广博的文化意识，它超越前人而独自树立的创新精神，它寻求内在超越的发展理路，就清楚地在文学创作和理论批评的各个方面凸现了出来。"③

---

① 《欧阳修在宋学形成中的先锋作用》，收录于《宋史研究论丛》第四辑，河北大学出版社，2001年版，第7页。

② 张毅著《宋代文学思想史》，中华书局，1995年版，第6页。

③ 《宋代文学思想史》，中华书局，1995年版，第7页。

　　而在凭借馆阁之设切实推行崇儒右文之策的持久影响下,不同于唐诗的宋诗风貌形式,而后文风转变,革新的要求不断加深扩大,最终催生出后世所谓的宋学。其根本虽在于传统儒学,但比前代更具入世精神。正所谓:"作为复兴儒学的产物,经世之学是宋学的主脑。"①其代表人物既是饱读诗书、学识渊博、才华横溢的"承学之士",也是以道德高标、文章相尚、能为当政者"指陈得失"、能为朝廷"深思治乱"、能为国家"竭忠图报者"②。此辈往往会经由馆阁之途进入政治核心圈层,成为当时社会上既能够积极参政议政的社会主体,也能够进行文学创作和学术研究的最具先进性的代表。"即大都是集官僚、文士、学者三位于一身的复合型人才,其知识结构一般比唐人淹博融贯,格局宏大"③。由此更进一步生发的影响力则十分深广。

(三)《麟台故事》载录文学活动的价值及影响

　　《麟台故事》所载北宋馆阁文士的文学活动,是最能切实体现文士生活和文人创作的史料,其价值不同寻常。

　　首先,北宋设阁以藏书的根本出发点,是为国家培养、储备人才和统一文化思想。即充分发挥馆阁的特殊作用,把天下优秀读书人与国家典藏牢牢地结合在一起,既可以为朝廷培养和储备文化素质较高的经世才俊,又可以藉此消减唐五代以来南北文化发展中的地域差异,并对宋初国家统一后,所需的文化思想的统一产生重大影响。

　　其次,朝廷特别重视馆阁制度的建设,一再尊崇馆阁馆职地位,其根本的目的就是利用馆阁活动,切实体现国家的右文政策,最终彻底扭转宋前武臣一旦拥兵自重则飞扬跋扈、进而威慑朝廷

---

①　沈松勤著《北宋文人与党争》(增订本),人民出版社,1998年版,第2页。
②　《麟台故事校证》,中华书局,2000年版,第144页。
③　王水照著《宋代文学通论》,河南大学出版社,1997年版,第27页。

造成分裂政权的惯势,重塑崇尚儒家礼义文化的世风。为了达成这一目的,北宋凭借馆阁之设而崇儒重典、优遇文士,与整个北宋国运相始终,大致经历了三馆时的承袭与初创期、三馆迁入崇文院后至新建秘阁的确立期、馆阁在崇文院时的发展与兴盛期、元丰改制后馆阁在秘书省时的调整、发展至完善期四个阶段。显然,其中每一个阶段的建树与成就,都与北宋中央政府极力推行文治的基本国策息息相关。也正是在这样一个馆阁制度从初创、建立、发展到完善的过程中,馆阁典藏日益丰富,馆阁文士因朝廷之重视而地位和待遇日渐优越。如《麟台故事》载,文臣一经选入馆阁兼任馆职,则是"进擢之异,待遇之渥,资任之优,选除之遴,简书之略,盖不与他司等也"。至于利用馆阁之设为朝廷培养和储备优秀人才、以备皇帝顾问和任使的功效,早在宋初就已经显现了出来:"祖宗以来,馆阁之职所以养人才,备任使,一时名公卿皆由此途出。"①元丰改制之后,馆阁及其职事虽归于秘书省,但朝廷尊重文士的态度一如既往,以至于改制后初次出任秘书监的人选,乃是已为"资望极俊"而侍从皇帝左右的文学名士王胜之:"元丰正名,既罢馆职……初除龙图阁学士王胜之为秘书监,时寄禄官已正议大夫,盖金陵欲重此选,胜之雅有文学故也。"②总之,获得馆职的文士不只是赢得了自身优越的社会政治地位,更为关键的在于:此辈人物确实具备十分深厚的文化修养,彼此之间总是以传统儒家的义与利为原则而相与为伍,构成了足可以引导社会风气的核心力量,成为引领社会风尚转变的佼佼者,切实担负起了创新时代文化的历史使命,也创造出了属于那个时代的不朽文化业绩。例如前文所列后世称道的李昉、王禹偁、寇准、杨亿、刘筠、钱惟演、任随、李宗谔、欧阳修、范仲淹、王安石、苏轼、黄庭坚、曾巩等人物,无一不是历经

---

① 此上分别据《麟台故事校证》,中华书局,2000年版,第7页、第218页。
② 〔宋〕章如愚编《群书考索后集》卷十《官职门·秘书》,《文渊阁四库全书》影印本,台湾商务印书馆,1986年版,第937册,第132页。

馆阁之途的文士,所创业绩均不同程度地影响着那个时代文化、思潮、政局、世风等的转变。

再次,时君好文,礼遇文士,宋太宗"崇尚儒术,听政之暇,观书为乐,殆之宵分,手不释卷"①、宋真宗"稽古好文"②,往往驰神游心于翰墨,故多有"复兴经籍"③、"崇儒论道"④之举。考其用意,在于以文化成天下,最终长治久安。因此,终北宋之世,馆阁之设异于常司,馆阁文臣异于常僚,出现了"馆阁洵为仕宦之初阶,文臣之渊薮,词臣则为宰辅之先路,馆职、词臣堪称名副其实的知识精英阶层,文学之高选"⑤的情况。于是,最为直接的影响是两宋诸多公卿名相出身馆阁,勤于儒业,为当时传统文化的传承与发展做出了不朽的功绩,亦成为后世称道的文学大家。

最后,获取馆职已是当时天下士人的最高理想。由于馆阁人员选拔和任用的主流是试除,且主要对象是进士及第者,故对于中下层读书人而言,在科场上博得功名已不再是终极的目的,要想此生有所作为,还需力争进入馆阁。于是,馆阁人员的选拔与任用方法,就成了一根无形的魔棒,指挥着宋朝科举制度的变革。朝廷推行右文政策,"试贤良方正等科,皆于秘阁试论六道"。"试论"的场所起初定在崇文院中号称天子书府的秘阁,甚至为了更加明确地显示如何尊崇文士,朝廷还在"试贤良方正等科"的当日,勉强令武举人"亦试于秘阁"。至宋神宗熙宁八年(1075)时,由于社会上的崇儒之风早已盛行,武举人的社会地位和处境日渐下降,不仅不被世人所重视,而且连朝廷也做出"始诏武举人罢秘阁试,令止就贡院别试听"的决定。很显然,此事绝非表面上的文士与武举人的考

---

① 《麟台故事》辑本卷三《选任》。
② 《续资治通鉴长编》卷七十四《真宗》,中华书局,1992 年版,第 1694 页。
③ 《麟台故事》残本卷一上《官联》。
④ 《麟台故事》辑本卷三《选任》。
⑤ 《北宋馆阁翰苑与诗坛研究》,中华书局,2005 年版,第 1 页。

试场地发生了变化那么简单,而是实际上表明:武举人确实自始至终就不被朝廷所重视,起初还能够勉强与文士同在秘阁就试,是因为此辈还有那么一点儿陪衬文士的作用,到后来,不仅这点陪衬作用起不到了,而且还可能会起反作用,因此根本没必要安排其到秘阁就试。文士与武举人在经历最高级别的考试之后,仕途升迁已为殊途,特别是在进士试之后,参加馆职试除,几乎与武臣无关。同时,朝廷每次举行科举考试之时,为了表现对文士的重视,必会差遣内外制官和选派馆职同时做主考官,如"在景祐元年以翰林侍读学士李仲容、知制诰宋郊、天章阁待制孙祖德、直集贤院王举正,宝元元年以御史中丞晏殊、翰林学士丁度、宋郊、直史馆高若讷考试是也"①。随着试除馆职的考试内容以策、论为主,进士试内容也逐渐受影响,从宋初沿袭唐代以来重诗、赋,而逐渐转向仁宗之后并重诗、赋与论、策,再至宋英宗时,一度只注重经世致用的论、策。这种从上层开始,试除馆职时对考试内容做出的根本性改变,对于进士试的影响十分深广,最终导致北宋科举考试发生了三次较大的改革。正如陈植锷认为:"北宋时期的科举考试方法,比较重要的改革有三次。第一次是仁宗天圣年间的兼以策论升降天下士;第二次是仁宗庆历年间的进士重策论和诸科重大义;第三次是神宗熙宁年间的罢诗赋、墨义,专考策论和大义。这三次改革,正好在宋学发展史上划分了由传统儒学复兴导致义理之学开创、再由义理之学进到性理之学这样两个不同的阶段。"再结合前文所述试除馆职内容的具体变化,不难发现:只要朝廷试除馆职的内容有所变化,之后的科举考试的内容也就紧随之向同一方向转变。所以陈植锷先生又对科举考试的这三次改革作出总结说:"总的趋势大抵可以用两句话加以概括,即重议论先于声律,以义理代替记诵。每次改革均贯穿了这一基本精神,而下一次总比上一次更加深入,

---

① 该段中此上引文,出自《麟台故事》残本卷一上《选任》。

对宋学的推进也就更加有力。"①其实,这里所谓每次"改革均贯穿了这一精神"的源头,就在于试除馆职所贯穿的精神。即在不同时期内,北宋进士试的实际内容紧跟试除馆职内容的变化而变化。于是,北宋尊崇馆阁以右文、优遇馆臣以尚儒的做法,引导着面向整个社会的科举考试的发展变化方向,故其所产生的影响十分广泛,并且所发挥出来的作用和功效,远非之前的唐代可以比及。因此,邓广铭先生认为:"科举制度在两宋期内所发挥出来的进步作用,所收取到的社会效益,都是远非唐代之所可比拟的。"②

总之,北宋馆阁之所以有着与历朝所不同的特征,关键就在于馆阁人员的选用上。北宋馆阁建立、发展以至完善,均因人而设,从而引导了文化思潮的发展方向,致使社会价值观念发生改变。北宋馆阁文人的活动,所产生的影响深远,《宋史》对此已做了较为全面的总结:"自古创业垂统之君,即其一时之好尚,而一代之规模,可以豫知矣。艺祖革命,首用文吏而夺武臣之权,宋之尚文,端本乎此。太宗、真宗其在藩邸,已有好学之名,作其即位,弥文日增。自时厥后,子孙相承,上之为人君者,无不典学;下之为人臣者,自宰相以至令录,无不擢科,海内文士彬彬辈出焉。国初,杨亿、刘筠犹袭唐人声律之体,柳开、穆修志欲变古而力弗逮。庐陵欧阳修出,以古文倡,临川王安石、眉山苏轼、南丰曾巩起而和之,宋文日趋于古矣。南渡文气不及东都,岂不足以观世变欤!"③

① 陈植锷著《北宋文化史述论》,中国社会科学出版社,1992年版,第79页。
② 邓广铭著《宋代文化的高度发展和宋王朝的文化政策》,刊于《历史研究》1990年第1期,第65页。
③ 《宋史》卷四百三十九《文苑一》,中华书局,1985年版,第12997—12998页。

结　语

　　本书通过对《麟台故事》的著者生平、成书背景、流传情况、版本系统、著述体例、记载内容、文献价值等方面的剖析和论述，探讨北宋馆阁制度的兴建，对国家文化事业的全面发展所起的推动作用，进而揭示重典尚文与国家长治久安的深层关联。尽管《麟台故事》原本早已散佚，现所存辑本和残本篇幅最多仅有原本之半，但是通过本书较为系统的论述，仍旧可以一窥有关北宋馆阁典藏制度以及文化活动的丰富内容。特别是在同类史籍的记载中，其成书较早，保存了许多较为原始的北宋旧史史料，既是现今校勘宋代史籍不可多得的重要参考文献，也是探讨北宋馆阁情况的第一手资料，所以其价值弥足珍贵。同时，由于著者程俱自身学术造诣深厚，且长期处身馆阁之中，因此《麟台故事》在北宋史料笔记中，具有独特的学术地位。这又具体表现为以下两个方面：

　　其一，在宋代以记叙前朝或本朝的轶事与掌故为特征的笔记中，《麟台故事》堪称内容完备、体例趋于成熟的标志。

　　记载典章制度的史料笔记类著述在唐朝已经出现，至宋初，朝中优异文士，多有前代旧臣，他们洞晓唐五代典章，熟知前朝故事，故很早就开始撰著以记叙前朝或本朝的轶事与掌故为内容的史料笔记。如郑文宝《南唐近事》、钱易《南部新书》、张泊《贾氏谈录》等，正是这类笔记中较有名气的作品。至"仁宗以后，笔记作者日

众,始偏重于辑录当代轶事、朝廷故实"①。北宋文士中记载史实见
闻的笔记之风盛行,涌现出了一些著名大家及力作。如司马光的
《涑水纪闻》,载录自宋太祖到宋神宗时的故事,且以有关国家大事
要政的叙述为多,一般皆详其始末,颇具纪传体史书的特点。又
如,王辟之的《渑水燕谈录》,也是北宋史料笔记中较好的作品,所
记内容以哲宗绍圣之前的政务类杂事为主,并按类分十七门,取材
范围比较广泛,所载北宋的轶闻,有颇多可采者。诸如此类的著述
不断出现,对于南宋初程俱撰述《麟台故事》有很大的影响,甚至有
直接的渊源关系。因为在唐开元间韦述已作《记注》,至宋元祐间
宋匪躬又作《皇宋馆阁录》十五卷,共分八门,记载了北宋自太平兴
国至元祐间的馆阁史实;再至宋崇宁中,秘书少监罗琦《蓬山志》五
卷,共分十五门,多记当时馆阁近事。所以,《麟台故事》成书后,南
宋著名的史学家李焘便指出:"宋、程皆祖韦氏,而程氏《故事》并国
初,它则多缺,盖未知其有宋《录》也。"②显然,张富祥谓程俱不知宋
氏之书,这是不大可能的③。相反,事实上正是在这样直接的影响
下,程俱根据当时朝廷复置秘书省后的实际需要,撰成《麟台故事》
五卷,分为十二篇(即十二个专题),不论是分类编排内容的合理性
还是篇章结构呈现出的体例的完备性,均达到相当的高度,标志着
这一类著述的成熟。

　　其二,《麟台故事》在史部职官类笔记中的地位。

　　《麟台故事》最早被收入《郡斋读书志》史部职官类中时,晁公
武把它与《唐六典》、《中台志》、《翰林杂志》、《翰林志》、《翰林盛
事》、《翰林续志》、《金坡遗事》、《御史台记》、《嘉祐御史台记》、《新
御史台记》、《御史台弹奏格》、《史馆故事》、《集贤注记》、《南宫故

---

　　① 刘叶秋著《古典小说笔记论丛》,南开大学出版社,1985年版,第183页。

　　② 《南宋馆阁录》卷首《原序》(李焘撰),参见《南宋馆阁录　续录》,中华
书局,1998年版,第5页。今见李氏之文有脱文,详见本书前注。

　　③ 《麟台故事校证》卷首《前言》,中华书局,2000年版,第6页。

事》、《陈氏宰相拜罢录》、《陈氏枢府拜罢录》、《执政拜罢录》、《百官公卿表》、《中书备对》、《掖垣丛志》、《掖垣续志》、《辅弼名对》、《将作营造法式》等二十三部唐宋时人的著述视为同列，就是因为《麟台故事》的学术性质与此类著述相近。该书比之宋代其他笔记，价值主要在职官史上，有着不可替代的地位。这一点，完全可以从其与同类性质的史籍所载具体内容的对比中体现出来。

例如，与著名的职官类史书《唐六典》相比，《麟台故事》选材始终围绕着北宋三馆、秘阁和秘书省的设置以及官吏的选任、恩遇等主题展开，且在收集、选材、编排的过程中始终紧紧围绕不同的主题，将每一类相关的材料都分别按照馆阁制度各方面本身的创立、发展与完善之序，纵向排比，最终形成十二个篇目，即以十二个相对独立的专题分门别类地述其原委，内容详实而一以贯之，结构严谨而详略得当，条理清晰而主旨明确。尽管《麟台故事》整体上所记载的内容和范围比《唐六典》狭窄得多，时间上也仅仅限于北宋九朝，但所撰述的每一个门类，都是一个首尾呼应、有始有终、相对完备的专题，体例颇具纪传体史书的精髓。后来原本散佚了，四库馆臣从《永乐大典》中辑出八十余条材料，按其条例编排成帙，而成为二次成书的四库辑本，"其书多记宋初之事，典章文物，灿然可观"①。直到后来影宋残本出现，学界学人据此指责四库馆臣多有材料归属的失当之处。其实，这一指责也正好从另一个角度说明：《麟台故事》中的一条材料所记之事，本身具有多面性，从不同的角度审视之，其结果肯定会不一样。也就是说，程俱当初按照馆阁文士选任的角度所撰《选任》篇的取材，从另一个角度看，往往也难免有一些有关《恩荣》、《官联》、《执掌》等篇的成分在内；所撰《修纂》篇的材料，同样也会有一些有关《书籍》、《校雠》、《国史》等篇的成

---

① 《钦定四库全书总目》卷七十九《史部三十五·职官类》"《麟台故事》五卷"条，中华书局，1997年版，第1060页。

分在内;所撰《沿革》篇中同样也会有一些关于《省舍》、《储藏》、《禄廪》等篇的成分在内。反之亦然。有鉴于此,清代四库馆臣在不见原本的情况下,将所见某一篇的某一材料,错归于其他篇目之中,自然也是在所难免的事情。事实上,这也足以说明:《麟台故事》原书的编纂,并非材料的简单排列,而是在程俱的精心设计与编排之下,才显得选材精当,组织有序,从词采到所记之事,多有粲然可观之处,而无重复错杂之嫌。然而,相比之下《唐六典》在这方面可就逊色多了,初由唐玄宗手书理典、教典、礼典、政典、刑典、事典六条,"令以类相从,撰录以进"[①]。于是从中舍人陆坚起,中经毋煚、余敛、张说、张九龄等,终至李林甫,都是以职官或者各部为序,如三师、三公、尚书省等,以此类推,直至逐级罗列已尽,然后逐一引经据典地注解其品秩、执掌、员额、沿革、禄廪、恩荣、掌故等事项,最后形成了正文与注文两个部分相互关联的一部著述。很显然,成于众手的此类典志体史书虽内容丰富而便于查阅,但不同条目之下的注文内容常有重复错讹、繁琐紊乱的情况,且各条之间往往因没有必然的联系性而头绪众多,加之缺乏严谨而明确的著述要旨和统一标准,最终结果不便阅读,自然也是情理中之事。这正如与程俱同时代而略晚的宋人晁公武所谓:"《唐六典》三十卷。右唐玄宗撰,李林甫、张说等注。以三公、三师、三省、九寺、五监、十二卫等,列其职司官佐,叙其秩品,以拟《周礼》。虽不能悉行于世,而诸司遵用,殆将过半。观《唐会要》,请事者往往援据以为实。韦述以为书虽成而竟不行,过矣。然识者谓自唐虞至周有六官而无寺监,自秦迄陈有寺监而无六官,独此书兼之,故官皆复重也。"[②]清代四库馆臣在《唐六典》的提要中又称:"盖自唐、虞至周,有六官而无

---

①　〔唐〕李林甫等撰,陈仲夫点校《唐六典》卷首《唐六典简介》,中华书局,1992年版,第1页。

②　《郡斋读书志校证》卷七《史部·职官类》"《唐六典》三十卷"条,上海古籍出版社,1990年版,第309页。

寺监,自秦迄陈,有寺监而无六官。独此书兼之,故官多重复,今考是书,如林甫注中以诸州祥瑞预立条格,以待奏报之类,诚为可噱。"①

又如南宋同样记载馆阁掌故的《玉堂杂记》,与之相比,《麟台故事》分纲列目,条理清晰,而晚出于《麟台故事》的《玉堂杂记》则不然,没有明显的编排顺序,内容往往杂乱冗繁。再从材料来源看,《麟台故事》多取材于旧本《会要》、《实录》、《国史》等史书,兼以程俱在馆阁十余年中所见所闻之轶事。从撰作主旨与用意来看,《麟台故事》侧重记载北宋帝王优待文士的恩荣与举措,主旨是为当时重建的秘书省进入正常运转的轨道提供可以参照和借鉴的旧例掌故。深层的用意在于:向朝廷表明礼贤下士、重用人才,关系国家的长治久安,暗示高宗皇帝要借鉴祖宗的成功经验——凭借馆阁建置来招纳、安置和储育天下文士,为实现中兴而笼络天下文士之心,凝聚天下文士之力。以至于几百年后,乾隆皇帝得见该书的《永乐大典》辑本,大加赞赏,认为清廷文馆的建置即应当参照该书所载。然而《玉堂杂记》则正好缺乏这一点,周必大取钱惟演的《金坡遗事》、李焘的《续通鉴长编》、司马光的《日记》、史进的《古诗三十韵》所载相关材料,又以自己在朝为官的见闻,汇集编纂成此书。其中所载文林掌故、逸闻趣事、帝王恩遇倒是不少,但终究远离正典,缺乏关乎家国安危的宏旨大义,显得有点稀松平常。因此后世学人讥其"多述私恩,罕言典制,则去此书(《麟台故事》)远矣"②。

再如重点记述北宋前期太祖、太宗、真宗、仁宗诸朝史事的《国老谈苑》,与之相比,《麟台故事》往往颇具史家笔法,不但能够做到

---

① 《钦定四库全书总目》卷七十九《史部三十五·职官类》"《唐六典》三十卷"条,中华书局,1997年版,第1059页。

② 参见《麟台故事校证》卷后附《李光廷跋》,中华书局,2000年版,第351页。

是非曲直一应秉笔直书,扬善隐恶标举春秋大义,而且还有相当明确的选材标准和著述主旨。尤其耐人寻味的是,依据现存材料,程俱所选有关王安石在馆阁的记载较多,且均为极具正面意义的内容。然而对于同样曾在馆阁任职,又有宏伟巨著《资治通鉴》传世的司马光,却不见有一字述及,难道是该书流传过程中残缺近半所致?如果恰巧如此,则更为奇怪的是因何偏偏缺失了与司马光相关的内容?尽管我们至少自清代以来就已无法得见该书全貌,但仍可以推断:程俱原本对有关司马光的材料即所选有限,甚至确实就是没有选。后世都十分明晓熙宁以来王安石与司马光的关系,且自北宋后期至灭亡以来的很长一段时间,对司马光评价较高者占主流,而对王安石批评者较多,甚至十分严厉,几乎将亡宋之罪尽归于王安石。然而仅从该书现存的材料来看,程俱的做法与后世这一主流相左,尤其难能可贵的,是程俱并没有选择史书中所载抨击王安石的内容,足见其气度与雅量的确不凡。至于王君玉《国老谈苑》,所载亦有信实可据者,但以传统史家笔法观之,则相去甚远,确实如清四库馆臣所称,有"抑扬过情"之弊①。况且以所记时段而言,《国老谈苑》主要记载宋太祖、太宗、真宗三朝,而《麟台故事》则相对侧重于宋太宗、真宗、仁宗三朝,后三朝更加重视文化建设而多有崇儒尚文之举,故由此正可彰显其著述宏旨:国家注重典籍的收藏与整理、提升文士的地位与待遇,不仅有利于文化事业的繁荣昌盛,而且关乎着长治久安的国家大计。

　　总之,《麟台故事》一书虽非完本,但保存了许多有关北宋政府充实典藏、优遇馆阁文士及馆阁制度沿革方面的记载,具有珍贵的史料与文献价值。因此,该书被清代四库馆臣与宋匪躬《馆阁

---

①　《钦定四库全书总目》卷一百四十一《子部五十一·小说家类二》"《国老谈苑》一卷"条,中华书局,1997年版,第1856页。

录》、陈骙《中兴馆阁录》等并称为"一代翰林故实"①，应属当之无愧。所载诚可鉴之，则往圣绝学可继，文化伟业可兴，天地之心、生民之道可立而太平盛世开启。

---

① 《钦定四库全书总目》卷七十九《史部三十五·职官类》"《麟台故事》五卷"条，中华书局，1997 年版，第 1060 页。

附录一　程俱行状①

　　曾祖伯照，故赠光禄卿。祖母扶风郡太君鲁氏，彭城郡太君钱氏②。

　　祖迪，故任尚书都官郎中致仕。祖母仁和县君江氏，仙居县君

---

　　①　原题名曰：《宋故左中奉大夫徽猷阁待制新安县开国伯食邑九百户致仕赠左通奉大夫程公俱行状》，由程俱同时人程瑀撰。起初，附于乾道六年（1170）吴兴官解所刊刻的《北山小集》之后，一并刊行。该刻本传至清代，被黄丕烈购得，遂据以传抄一部，张金吾又据黄氏抄本影写一部，张蓉镜再据张金吾影写本继续影写一部，后张元济据张蓉镜影写本影印收入《四部丛刊续编》本。故而今见于《四部丛刊续编》收录《北山小集》影印本之后。详见《四部丛刊续编》影印本，上海书店出版社，1985年版，第62册。本书此下简称"续编本"。又《程俱行状》附在《北山小集》之后，则今又见于《全宋文》卷三千八百八十七，上海辞书出版社、安徽教育出版社，2006年版，第177册，第371—375页。另外，《程俱行状》收入〔明〕程敏政编《新安文献志》卷四十九（详见《文渊阁四库全书》影印本，台湾商务印书馆，1986年版，第1376册，第559—563页。本书此下简称"四库本"），但四库全书《北山集》（即《北山小集》）文末并未收。本书主要参考以收入《麟台故事校证》附录的《程俱行状》（详见中华书局，2000年版，第343—348页）。编者按：程俱在《宋史》有传，据本书前文论述可知，确属《程俱行状》之节录本，但多有删改之处。程俱行状与本传均能够流传至今，且并行于世，实为不易。为了便于比较参考，将二者并附于此，行状即为本书附录一，本传即为本书附录二。
　　②　此处四库本作"扶风郡"、"彭城郡"，续编本作"扶风"、"彭城"。本书从四库本。

慎氏，天水县君余氏①。

父天民，故任②瀛州防御推官、信州贵溪县丞、赠左宣奉大夫。母太硕人邓氏。

公讳俱，字致道，衢州开化人。程氏实高阳之裔。周成王时，伯符封国于程，休父为宣王司马，后因以国为姓。春秋时，婴以立赵孤显。六国时，邈为秦狱吏③，易大小篆为隶书。汉有不识，魏有昱，号名将。晋元帝即位，命元谭④为新安太守，百姓悦之，代还，遮道请留，不得去，诏从其请，比卒，赐其子孙田宅于新安之歙县，遂居黄墩。迁开化北原者，公十世祖也。

公之曾祖光禄君，乐恺平易，重然诺，喜施与，乡里称为长者。祖父都官君，始以儒奋，擢进士第，治剧邑有德于民，唐质肃介为江东转运副使日特加赏遇，以为不任威刑而人不犯，虽古循吏无以加也。父宣奉君，为儿时，日诵数千言，成童作文，握笔立就，未冠举进士，试南宫为第一，廷试中甲科，益博观典籍，研绎奥义，常进所撰诗、书、论，得相州、饶州州学教授，寻为⑤瀛州防御推官、贵溪县

---

① 此处四库本为"仙居县君慎氏"，续编本为"仙居县君余氏，天水县君（名御）氏"，二本应均为误。现据《全宋文》为"仙居县君余氏，天水县君慎氏"。又据《麟台故事校证》为"仙居县君慎氏，天水县君余氏"。二者必有一为误，本书此处姑且从《麟台故事校证》。

② 四库本"故"字之后无"任"字，续编本作"故任"，应为四库本脱"任"字，故本书从续编本。

③ 四库本作"狱吏"，续编本作"狱史"，续编本"史"应为"吏"之讹，故本书从四库本。

④ 四库本作"谭"，续编本作"禫"，续编本"禫"应为"谭"之讹，故本书从四库本。详可参见本书第一章第一节的页下注。

⑤ 四库本此处作"迁"，续编本作"寻为"，二本文意均可通，但不知何者为原文原意，或何者在传抄中产生衍误，故存疑。此据续编本所收《北山小集》卷尾存有清人方若蘅跋语，认为续编本所收《北山小集》"据宋本传写，不特校对尽善，且字法欧、虞，深得宋椠本遗意"。又有清人黄丕烈、钱大昕、张金吾等亦同其识，故本书此处从续编本。

丞摄令事,阖邑欣赖,召试太学博士而卒。

公时方年九岁,哭泣哀毁,见者咨叹。终丧,从母氏寓外家。母性严,公左右承意,得其欢心,外祖尚书邓公左丞润甫深奇之。后其家人缘左丞意,奏补公假承务郎,绍圣四年授苏州吴江县主簿。时徽宗即位,肆赦放免秋苗,本县复行催理,吏持文书通签,公即申县请准赦蠲放,而转运司牒准省符讲求遗利,公申状谓:“财用之在天下,譬之众川之水,潴之万顷之陂,决漏既多,干涸可待,乃欲崎岖回远、引线脉之流以益之,不如塞其陂之决漏而已。今诸路之赋入,则众川是也;万顷之陂,则总计是也;决漏如江河,则无艺之费是也;崎岖回远、引线脉之流以益之,则讲求遗利是也。凡无艺之费一切罢之,则息民裕国之政具在,守而勿失,可以有余。”见者惊叹,亦或指以为狂。任满,辟差舒州太湖茶场,以上书论时政罢归。时执政者方力持绍述之说以售其私,凡持正论者斥以为邪,虽被摈废,人更以为荣焉。

大观初,监常州市易务,八宝恩迁补通仕郎。政和元年,改宣德郎,差知泗州临淮县事。三年,召赴审察,以前上书报罢,寻主管兖州岱岳观。七年,差通判延安府,以侍亲非便,辞改通判镇江府,俄除编修国朝会要所检阅文字。八年,兼道史检讨。宣和二年,转承议郎,赐五品服。明年,除将作监丞。时论谓公以儒术世其家,今艺学绩文之[1]士鲜出其右,近臣亦推公长于撰著,于是以闻,徽宗即迁秘书省著作佐郎,赐上舍出身。三年[2],除礼部员外郎。驾幸秘书省,特旨召观书阁下,因赐御笔书画,迁朝奉郎。五年,丁母

---

　　①　四库本“文士”之间无“之”字,致使此处语意不明;续编本作“文之士”,语意明确。此处应当为四库本脱“之”字,故本书从续编本。

　　②　即宣和三年(1121),但其前有“明年”,明年之前又有“宣和二年”,可见,其间当有错乱之嫌。而况前文以《宋史》所载为据,已考证出程俱得赐上舍出身是在宣和二年。可见,此处“明年”之前的“宣和二年”应为“宣和元年”之误。

忧；七年，复除礼部员外郎。以病告老，不俟报而归，坐谪①。

　　岁余，今上登极，转朝请郎。建炎三年，复为著作佐郎。再迁礼部员外郎，除太常少卿，卧家力辞，章四上，遂以直秘阁知秀州。会车驾临幸，有旨赐对，公奏事讫，即启陈济大业，致中兴之说，言极剀切。有曰："陛下盛德日新，政事日举，赏罚施置，仰有以当天意，俯有以合人心，则赵氏安而社稷固。苟惟不然，则天之所以眷佑者将恐替，人之所以欣戴者将恐离，如是则社稷危而天下乱，其间盖不容发。"上欣然纳之。及虏骑②南渡，既据临安，遣兵破崇德、海盐，公厉兵守御方力，已降省劄，令公迁避，复被旨管押钱帛，由海道趋行在。始出华亭，宣抚使留公有旨，趣使津发，因航海至永嘉。既朝见，以病乞归乡听命，时建炎四年三月也。冬，复召赴行在。

　　绍兴改元，始置秘书省，即以公为秘书少监。九月，除中书舍人，仍兼侍讲。二年，罢职，提举江州太平观。四年，差知漳州，以病辞，改提举台州崇道观。五年，复集英殿修撰。六年，除徽猷阁待制。九年，除提举万寿观，充实录院修撰③。先是，公得风痹之疾，朝廷知公步趋拜跪良难，特缘兵火之后，简册散逸，谓公雅精史学，持心平实，欲使免朝参，坐局充职。其意甚厚，而公以疾力辞，乃差提举亳州明道宫，累官至朝议大夫。三遇明堂郊祀，恩封新安县开国伯，食邑九佰户。十四年六月，疾稍寖，乞致仕，转左中奉大夫。壬辰，卒于寝，享年六十有七。遗表闻，赠左通奉大夫。

　　公初娶新昌石氏，赠令人。再娶同郡江氏，封令人。男一人，曰行敏，右承务郎监潭州南岳庙。女三人，孟以病在室，仲嫁右承

――――――――――

　　①　四库本作"坐谪"，续编本作"坐责"。据本书前文考订，当时程俱确实因"不俟报而归"，遂被罢官，故本书从四库本。

　　②　四库本作"金师"，续编本作"虏骑"，四库本应为清四库馆臣所改而致，故本书从续编本。

　　③　四库本此处脱"六年"至"修撰"二十二字，故据续编本补之。

务郎提点坑冶铸钱司检踏官赵伯旸，季嫁右迪功郎监潭州南岳庙江振卿。

公天资端方诚直，言动不妄，思虑精切，志趣高远。加以该洽深邃之学，典雅闳奥之文，自其幼年未仕，人推为有父风。稍任州县，即能遇事引义，慷慨论列利害。及缘上书坐谴，湮阨连年，饥寒转迫，气益坚刚，而自信愈笃，学业大成，伟然有公辅①之望。然不能以辞色假人，颇亦寡徒少侣，訾笑随之。而与之深交者，率名卿才大夫，或其丈人行。久之，名实益孚，其再佐著作、三为郎仪曹，朝廷盖欲用之矣。晚登掖垣，侍经席，凡命令之下，竭思毕虑，有不安于心者，率明白反覆言之。其进讲若故事，必考古验今，曲致规鉴，未尝有所观望畏避。大抵务合人情，当事机，守祖宗之法度，遵先圣之训诰，非持甚高难行之论，以苟邀名取誉也。每忧外难未夷，寝食不置，章奏数上。如所谓："国家之患，在于论事者不敢尽情，当事者不敢任责。言有用否，事有成败，理固不齐。今言不合则见排于当时，事不谐则追咎于始议，故虽有智如陈平，不敢请金以行间；勇如相如，不敢全璧以抗秦；善将如韩信，不敢言去关中而下三秦②；通财③如刘晏，不敢言理财以赡军食。"此有志祖宗之制，谓"近年禁庭宫邸，与夫宗室贵戚之家，其享富贵之奉，极骄奢侈丽之欲，皆自古所无有。然其卒也，流离狼狈，亦自古所无之。苦此皆不知惜福、畏罪、仁民、爱物之道，故其报如此其酷也④。而怀利

---

①　辅，四库本作"輔"。续编本作"转"，应为"辅"之讹，故改之。

②　四库本、续编本此处言论缺"善将"句而语气不完整，另据《程俱行状》节录而成的《宋史》程俱本传，亦缺载此句，故据四库本《北山集》卷四十《缴苏易转行横行奏状》增补。

③　财，四库本作"財"。续编本作"才"，应为"财"之讹，故改之。

④　四库本、续编本此处言论缺"苦此"至"酷也"句而语意不明，故据《北山小集》卷三十九《状劄五·劄子（十二月十一日上）》增补。

封己之人,习熟闻见,至今犹以侈大为当然,以啬俭①为削弱,此不可以不变也"。又论:"武臣转官,皆自武功大夫转入横行,寖以冗滥,顿失祖宗之法②。得者既众,则官益以轻,使人人皆怀欲得之心,无有纪极,在于厉士劝功之时,其为弊害为尤大。""祖宗之法,文臣自将作监主簿至尚书左仆射,武臣自三班奉职至节度使,即是以次迁转之官。而武臣自阁门副使至内客省使为横行,不系磨勘迁转之列。既不系磨勘,即非皇城使所得转入之官,其除授皆颁特旨,故元丰肇新官制之时,以承务郎至特进为寄禄官,以易监主簿至仆射之名,而武臣独依旧,不以寄禄官易之,盖有深意也。政和间改武官称为郎、大夫,遂并横行易之,而为转官之等级。此皆当时有司不习典故,不思祖宗之深旨,率意改更,以开侥幸之门,大抵如此③,故流弊日深。""且文臣之所谓庶官者,转不得过中大夫,而武臣乃得过皇城使,此何理也?""自改使为大夫以来,常调之官,下至皂隶,转为横行者,不可胜数,其敝极矣④。夫官职⑤轻重在朝廷

---

① 啬俭,四库本作"俭啬"。续编本作"啬俭",又据《北山小集》卷三十九《状剳五·剳子(十二月十一日上)》作"啬俭",故从之。

② 四库本、续编本均在"横行"与"得者"句之间语意不完整,故据四库本《北山集》卷四十《缴苏易转行横行奏状》增补。

③ 四库本、续编本此处均脱"大抵如此"一句,故据四库本《北山集》卷四十《缴苏易转行横行奏状》增补。

④ "自改使为大夫以来,常调之官,下至皂隶,转为横行者,不可胜数,其敝极矣"句虽为程俱原文,但已经过程瑀节略和删改。即据《北山集》卷四十《缴苏易转行横行奏状》的原文曰:"自改使为大夫以来,经靖康建炎覆沛之后,常调之官,下至皂、使、仆、厮之余,转而为横行者,不可胜数,而运战之物不以功之高下一例转入者,又不可胜数也。自古名器不慎,官职太轻,变易旧章,紊乱体制,未有如十余年以来者也。今横行之官,无虑数百千员,其敝可谓极矣。"详见《文渊阁四库全书》影印本,台湾商务印书馆,1986年版,第1130册,第395页。

⑤ 四库本此处衍"之"字,另据续编本、四库本《北山集》卷四十《缴苏易转行横行奏状》均无此"之"字,故从之。

所以用之而已。朝廷爱重官职,不妄与人,则官职重;若轻以与人,得者冗滥,则官职轻。官职轻,则得者不以为恩,未得者常怀觖望。"他人莫能言也。顾任职未几而罢,罢未几而病,病卒不可复起,此有识之士所以深为天下惜也。

公平生著述,不可胜纪,已抱病犹不辍。然忧深虑危,时时芟削焚弃。今所存者,《北山小集》四十卷、《麟台故事》五卷、《默说》三卷,余无传焉。其孤卜以九月辛酉葬于开化县北山之原,属瑀状公行实,将求铭于巨儒硕学,以图不朽。谨考核叙如右。

绍兴十四年九月□日,龙图阁学士左中奉大夫提举江州太平观鄱阳县开国子食邑五百户赐紫金鱼袋程瑀状。①

----

①　此《行状》又见载于《麟台故事校证》卷尾附录二,故多有参照。又张富祥先生在其后加按语曰:"《行状》中所引程俱言论,均系摘要,其原文今俱见于程俱《北山集》中。其'善将如韩信'云云一句,《行状》消去不书,词气欠完,故今从《北山集》补录之。《宋史》本传据《行状》载录,亦不存此句。又,《四库全书》所收《新安文献志》亦载此《行状》,有错字及清人改字。"诚如是,且今按张先生思路所补"苦此"至"酷也"句,亦同此,故不赘述。另据《麟台故事校证》载此行状之末落款有"金紫雨袋",然据《北山小集》之《四部丛刊续编》本、《新安文献志》四库本此处均作"紫金鱼袋"。

附录二 《宋史》程俱传①

　　程俱字致道,衢州开化人。以外祖尚书左丞邓润甫恩,补苏州吴江主簿,监舒州太湖茶场,坐上书论事罢归。起知泗州临淮县,累迁将作监丞,近臣以撰述荐,迁著作佐郎。宣和二年,进颂,赐上舍出身,除礼部郎,以病告老,不俟报而归。

　　建炎中,为太常少卿,知秀州。会车驾临幸,赐对。俱言:"陛下德日新,政日举,赏罚施置,仰当天意,俯合人心,则赵氏安而社稷固;不然,则宗社危而天下乱,其间盖不容发。"高宗嘉纳之。金兵南渡,据临安,遣兵破崇德、海盐,驰檄谕降。俱率官属弃城保华亭,留兵马都监守城,朝廷命俱部金帛赴行在,既至,以病乞归。

　　绍兴初,始置秘书省,召俱为少监。奏修日历,秘书长贰得预修纂,自俱始。时庶事草创,百司文书例从省记,俱摭三馆旧闻,比次为书,名曰《麟台故事》上之。擢中书舍人兼侍讲。俱论:"国家之患,在于论事者不敢尽情,当事者不敢任责,言有用否,事有成败,理固不齐。今言不合则见排于当时,事不谐则追咎于始议。故虽有智如陈平,不敢请金以行间;勇如相如,不敢全璧以抗秦;通财如刘晏,不敢言理财以赡军食。使人人不敢当事,不敢尽谋,则艰危之时,谁与图回而恢复乎?"

　　武功大夫苏易转横行,俱论:"祖宗之法,文臣自将作监主簿至

---

　　① 详见《宋史》卷四百四十五《文苑七》。

尚书左仆射，武臣自三班奉职至节度使，此以次迁转之官也。武臣自閤门副使至内客省使为横行，不系磨勘迁转之列，其除授皆颁特旨。故元丰之制，以承务郎至特进为寄禄官，易监主簿至仆射之名；武臣独不以寄禄官易之者，盖有深意也。政和间，改武臣官称为郎、大夫，遂并横行易之为转官等级，盖当时有司不习典故，以开侥幸之门。自改使为大夫以来，常调之官，下至皂隶，转为横行者，不可胜数。且文臣所谓庶官者，转不得过中大夫，而武臣乃得过皇城使，此何理也！夫官职轻重在朝廷，朝廷爱重官职，不妄与人，则官职重；反是则轻，轻则得者不以为恩，未得者常怀觖望，此安危治乱所关也。"

徐俯为谏议大夫，俱缴还，以为："俯虽才俊气豪，所历尚浅，以前任省郎，遽除谏议，自元丰更制以来，未之有也。昔唐元稹为荆南判司，忽命从中出，召为省郎，便知制诰，遂喧朝听，时谓监军崔潭峻之所引也。近闻外传，俯与中官唱和，有'鱼须'之句，号为警策。臣恐外人以此为疑，仰累圣德。陛下诚知俯，姑以所应得者命之。"不报。后二日，言者论俱前弃秀州城，罢为提举江州太平观。久之，除徽猷阁待制。

俱晚病风痹，秦桧荐俱领史事，除提举万寿观、实录院修撰，使免朝参，俱力辞不至。卒，年六十七。俱在掖垣，命令下有不安于心者，必反覆言之，不少畏避。其为文典雅闳奥，为世所称。

附录三 《麟台故事》人物材料考索

(一)人物编排凡例

1.为了减少所列《麟台故事》所涉及的人物材料编排过程中四库辑本与影宋残本之间篇目与内容的不必要重复,故此编排是以收入《四部丛刊》的清代陆心源《麟台故事》校补本为底本,参校四库辑本、影宋残本以及今人著述成果。

2.所列材料以姚伯岳标点本篇目为准,并参考张富祥校证本和黄宝华整理本,故下文所列材料为节略条目,只出现篇目、简洁人物信息及其考所信息。

3.所列人物材料的采用双重排序法:一是人物姓名前标以阿拉伯数字,该阿拉伯数字是以陆心源《麟台故事》校补本为底本的篇目中该人物出现的先后顺序;二是所有人物姓氏以音序排列,是为了读者查找之便。如"19.安德裕"条,则"19",表示为安德裕在陆心源《麟台故事》校补本中出现的第19位人物;"A",则是安姓的首字母。

(二)考索材料编排

A

19.安德裕
《选任》:秘阁既具官属……安德裕……备三馆之职。

《选任》：故事……安德裕……国史院官故也。

《校雠》：咸平三年十月……安德裕……疏其谬误故也。

《恩荣》：至道元年四月……安德裕……赐绯鱼袋赏之也。

按：《宋史》有传（卷四百四十，第 13036—13037 页）。《选任》、《恩荣》所记三条内容，均较详于《宋史》安德裕本传所载，故既可补其不足，又可互相参证。而《校雠》条校勘《唐书》的相关记载，并不见载于《宋史》安德裕本传，故可补其所缺。

113.安焘

《选任》：故事……安焘……国史院官故也。

按：《宋史》有传（卷三百二十八，第 10564—10568 页）。云："用欧阳修荐，为秘阁校理、判吏部南曹，荆湖北路转运判官、提点刑狱兼常平、农田水利、差役事。……修起居注。"但《选任》所载安焘为集贤校理同修起居注等事体与之有异，故以《选任》所载为据勘正之。

B

118.毕仲衍

《选任》：故事……毕仲衍……仲衍……国史院官故也。

按：毕士安之曾孙，《宋史》毕士安本传后有附传（卷二百八十一，第 9522—9523 页）。《选任》所载毕仲衍以秘阁校理除左史一事，并不见载于《宋史》毕仲衍本传，故可补其所缺。

278.毕士安

《国史》：景德二年……毕士安……亦尝修日历。

按：毕仲衍之曾祖，《宋史》有传（卷二百八十一，第 9517—9522 页）。《国史》所载内容，均见于《宋史》毕士安本传，故二者可相互参证。

C

11.蔡抗

《官联》：嘉祐四年正月……蔡抗……盖校书之比也。

《选任》:武宁军节度使兼侍中夏竦……蔡抗……安石直集贤院。

《书籍》:景祐元年闰六月……蔡抗……记于院之西壁。

按:《宋史》有传(卷四百二十,第 12577—12578 页)。《官联》、《选任》、《书籍》所记三条内容,均不见载于《宋史》蔡抗本传,故可补本传缺载蔡抗曾任秘书丞、秘阁校理,馆阁编定书籍、修《崇文总目》等内容。

12.陈襄

《官联》:嘉祐四年正月……陈襄……盖校书之比也。

《书籍》:景祐元年闰六月……陈襄……记于院之西壁。

按:《宋史》有传(卷三百二十一,第 10419—10421 页)。《官联》、《书籍》所记曾任馆阁编定书籍、修《崇文总目》事宜等,均不见载于《宋史》陈襄本传,故补其所缺。

14.陈绎

《官联》:嘉祐四年正月……陈绎……盖校书之比也。

《书籍》:景祐元年闰六月……陈绎……记于院之西壁。

按:《宋史》有传(卷三百二十九,第 10614 页)。《官联》、《书籍》所记两条内容,均不见载于《宋史》陈绎本传,故可补其所缺。

37.陈彭年

《选任》:庆历五年…………陈彭年……召试入等者除之。

《书籍》:三年二月……陈彭年……又命三司使丁谓及李宗谔搜补遗阙。

《书籍》:八年夏,荣王宫火……陈彭年……彭年……彭年……彭年……彭年……彭年……判馆阁官不复关预。

《校雠》:咸平中……陈彭年……赐衍等器币有差。

《校雠》:大中祥符元年六月……陈彭年……故有是命。

《校雠》:八年十二月……陈彭年……彭年……以考其勤惰焉。

《修纂》:景德二年九月……陈彭年……陈彭年……又命集贤

校理晏殊同修。

《修纂》:十二月……陈彭年……彭年……送五使看详。

《省舍》:大中祥符八年……陈彭年……彭年……遂以旧地还内藏。

按:《宋史》有传(卷二百八十七,第 9661—9666 页)。除《修纂》"景德二年九月"条内容,略见于《宋史》本传之外,其八条内容余均不见载,故可补其所缺略。

52.程琳

《选任》:武宁军节度使兼侍中夏竦……程琳……安石直集贤院。

按:《宋史》有传(卷二百八十八,第 9673—9677 页)。《选任》所载内容与《宋史》程琳本传互见,故二者可相互参证。

56.陈升之

《选任》:武宁军节度使兼侍中夏竦……陈升之……安石直集贤院。

按:《宋史》有传(卷三百一十二,第 10236—10238 页)。《选任》所载内容与《宋史》陈升之本传略同,故二者可相互参证。

81.蔡延庆

《选任》:嘉祐三年……蔡延庆……则试策一道而已。

按:《宋史》有传(卷四百七十一,第 13702—13705 页)。清四库馆臣在该条之下加按语:"《宋史》蔡延庆本传,未尝为度支员外郎,初为提点东京、陕西刑狱为集贤校理。与此书有异。"故《选任》所载内容,既可补其所缺,有可纠其谬误。

115.蔡襄

《选任》:故事……蔡襄……国史院官故也。

按:《宋史》有传(卷三百一十九,第 10397—10401 页)。《选任》所载内容,详见于《宋史》蔡襄本传,故可补其缺略。

117.常秩

《选任》:故事……常秩……国史院官故也。

按:《宋史》有传(卷三百二十九,第 10595—10596 页)。《选任》所载内容与《宋史》常秩本传互见,故二者可相互参证。

149.晁迥

《书籍》:大中祥符四年九月……晁迥……向敏中之请也。

《校雠》:咸平中……晁迥……赐衍等器币有差。

《校雠》:八年十二月……晁迥……迥……以考其勤惰焉。

按:晁宗悫之父。《宋史》有传(卷三百〇五,第 10085—10087 页)。《书籍》、《校雠》所载内容,均不见载于《宋史》晁迥本传,特别是《宋史》既不见载其任直昭文馆,又不见载其复校前后《汉书》版本等相关事宜,故可补其所缺。

157.长乐郡主

《书籍》:二年五月,长乐郡主……以书藏秘阁。

按:《书籍》所载"长乐郡主"之事,不可详考。因为《宋史》并无"长乐郡主"传。另据《长编》(卷一百一十三,第 2642 页)"明道二年"条十一月载:"燕国大长公主女长乐郡主高氏为仁寿公主……制下,议者皆以为非,寻亦罢之。"鉴于文献记载之不足,故据此实难确定二者所载是否为一人。故《书籍》所载"长乐郡主"之事,或可补史籍之所缺,或可相互参证。

168.陈充

《校雠》:淳化五年七月……陈充……赍本就杭州镂版。

《校雠》:咸平三年十月……陈衮①……疏其谬误故也。

按:《宋史》有传(卷四百四十一,第 13039—13040 页)。本传载历任太常博士、直昭文馆、刑部员外郎,但不见载陈充校前后《汉书》、《晋书》等,故《校雠》所载内容,可补其本传所缺。

---

① 黄宝华整理《麟台故事(残本)》、张富祥校证《麟台故事校证》此处均依据《宋会要·崇儒》四改为"陈充";但影宋残本与姚本均为"陈衮"。本书依据前者,将陈衮事迹并入陈充名下。

187.崔偓佺

《校雠》:咸平三年十月……崔偓佺……疏其谬误故也。

按:《宋史》有传(卷四百三十一,第 12823 页)。《校雠》所载内容,并不见载于《宋史》崔偓佺本传,故可补其所缺。

188.陈尧佐

《校雠》:咸平中……陈尧佐……尧佐……赐衍器币有差。

按:陈尧叟之弟、陈尧咨之兄,王举正妻之父,《宋史》有传(卷二百八十四,第 9581—9584 页)。《校雠》所记内容,并不见载于《宋史》陈尧佐本传,故可补其所缺。

194.晁宗悫

《校雠》:八年十二月……晁宗悫……宗悫……以考其勤惰焉。

《校雠》:天圣二年六月……晁宗悫……龙图阁待制刘烨提举之。

按:晁迥之子,《宋史》有传(卷三百〇五,第 10087—10088页),附于其父晁迥传之后。《校雠》所记内容,并不见载于《宋史》晁宗悫本传,故可补其所缺。

196.陈知微

《校雠》:八年十二月……陈知微……以考其勤惰焉。

按:《宋史》有传(卷三百〇七,第 10135—10136 页)。《校雠》所记内容,并不见载于《宋史》陈知微本传,故可补其所缺。

204.陈诂

《校雠》:天圣二年六月……陈诂……龙图阁待制刘烨提举之。

按:《宋史》无传。故《校雠》所载内容,可补其所缺。

207.陈从易

《校雠》:天圣三年六月……陈从易……坐校勘太清楼书舛互故也。

《修纂》:景德二年九月……陈从易……又命集贤校理晏殊同修。

　　按:《宋史》有传(卷三百,第 9978—9979 页)。《校雠》、《修纂》所载内容,均见于《宋史》陈从易本传,然互有详略之异,故二者既可相互参证,又可互补缺略。

　　228.陈越

　　《修纂》:景德二年九月……陈越……陈越……又命集贤校理晏殊同修。

　　按:《宋史》有传(卷四百四十一,第 13066—13067 页)。《修纂》所载与《宋史》陈越本传同,故二者可相互参证。

　　235.陈尧咨

　　《修纂》:天禧四年夏……陈尧咨……陈尧咨……《圣政记》一百五十卷。

　　按:陈尧叟、陈尧佐之弟,《宋史》有传(卷二百八十四,第 9588—9589 页)。《修纂》所载陈尧咨相关事体,均详于《宋史》陈尧咨本传,故可补其缺略。

　　238.曹利用

　　《修纂》:天禧四年夏……曹利用……《圣政记》一百五十卷。

　　按:《宋史》有传(卷二百九十,第 9705—9708 页)。《修纂》所载内容,并不见载于《宋史》曹利用本传,故可补其所缺。

　　249.陈经

　　《修纂》:庆历元年十二月……陈经……亦预之。

　　按:《宋史》无传,《修纂》所载内容可补其所缺。

　　265.陈检

　　《修纂》:嘉祐二年……陈检并为校正医书官。

　　按:《宋史》无传,《修纂》所载内容可补其所缺。

　　271.陈尧叟

　　《国史》:国初……陈尧叟……遂罢编纂。

　　《国史》:四年八月…………陈尧叟始请别撰焉。

　　按:陈尧佐、陈尧咨之兄,《宋史》有传(卷二百八十四,第

9584—9588 页)。《国史》所记两条内容,均不见载于《宋史》陈尧叟本传,故可补其所缺。

291.程俱

《恩荣》:政和中……俱……幸太学。

按:邓润甫之外孙,《麟台故事》撰者。《宋史》有传(卷四百四十五,第 13136—13138 页)。又可参见上文附录二。另外,《恩荣》载"宣和四年三月二日幸秘书省,迁转支赐如故事,秘书少监、提举所管勾文字官仍赐章服"等事体虽与《宋史》所载相近,但此载实出于程俱所撰,故应当以《恩荣》所载内容为据勘正之。

D

6.杜镐

《官联》:端拱元年初置秘阁……杜镐……与龙图阁官递宿。

《选任》:秘阁初建……杜镐……端拱元年也。

《选任》:故事……杜镐……镐……国史院官故也。

《书籍》:三年二月……杜镐……又命三司使丁谓及李宗谔搜补遗阙。

《校雠》:淳化五年七月……杜镐……赍本就杭州镂版。

《校雠》:咸平三年十月……杜镐……镐……镐……镐……杜镐……谬误故也。

《校雠》:大中祥符元年六月……杜镐……杜镐……镐……故有是命。

《修纂》:太平兴国七年[①]……杜镐……杜镐……凡一千卷。

《修纂》:咸平三年十月……杜镐……至是复诏成之。

《修纂》:景德二年九月……杜镐……杜镐……又命集贤校理

---

① "太平兴国七年",残本原作"淳化七年"为误,故改之。此后同此条者,不再注明。

晏殊同修。

《恩荣》：至道元年四月……杜镐……杨亿赐绯鱼袋赏之也。

按：《宋史》有传（卷二百九十六，第 9876—9877 页）。《官联》"端拱元年"条、《选任》"秘阁初建"和"故事"条、《修纂》"景德二年"条，这四条可略见载于《宋史》杜镐本传，但存有个别差异，即本传中杜镐未尝为史馆检讨和左赞善大夫。其余《麟台故事》所载七条内容均不见载，特别是杜镐曾参与校订《周礼》、《仪礼》、《公羊》、《谷梁传》、《孝经》、《论语》、《尔雅》七经疏义，详定《尚书》、《论语》、《孝经》、《尔雅》错误文字，校订《南华真经》、《庄子释文》、《尔雅释文》，编纂《文苑英华》、《续通典》，这些事迹在《宋史》本传均不见载。故《麟台故事》此上所列诸篇所载内容，既可补《宋史》杜镐本传之缺略，又可以此为据勘正之。

31.丁度

《选任》：旧制……丁度……令止就贡院别试所。

按：《宋史》有传（卷二百九十二，第 9761—9765 页）。《选任》所记之事，并不见载于《宋史》丁度本传，故可补其所缺。

116.邓润甫

《选任》：故事……邓润甫……国史院官故也。

按：程俱之外祖父，《宋史》有传（卷三百四十三，第 10911—10912 页）。《选任》所载与《宋史》邓润甫本传同，故可相参证。

123.邓洵武

《选任》：故事……邓洵武……国史院官故也。

按：邓绾之子，《宋史》有传，附于邓绾本传之后有附传（卷三百二十九，第 10599—10601 页）。即云："绍圣中，哲宗召对，为秘书省正字、校书郎、国史院编修官……徽宗初，改秘书少监，既而用蔡京荐，复史职。"但与《选任》所载"绍圣中，以校书郎迁左右史，以兼国史院官故也"有异，故二者可相互参证。

146.丁谓

《书籍》:三年二月……丁谓及李宗谔搜补遗阙。

《修纂》:十二月……丁谓……送五使看详。

《修纂》:天禧四年夏……丁谓……《圣政记》一百五十卷。

《补遗修纂》:大中祥符元年十一月……丁谓……馆阁官分撰。

按:《宋史》有传(卷二百八十三,第 9566—9571 页)。今见《书籍》、《修纂》、《补遗修纂》所记四条内容,均不见载于《宋史》丁谓本传,故可补其所缺。又《书籍》所载咸平四年(1001)十月丁谓为三司使,而《宋史》本传载:"景德四年……明年(1008),召为右谏议大夫、权三司使"。二者此项所载有异,故可相互参证。

248.刁约

《修纂》:庆历元年十二月……刁约……亦预之。

按:刁衎之孙,《宋史》无传,《修纂》所载内容可补其所缺。另据《宋史》刁衎传(卷四百四十一,第 13051—13054 页)后附一句:"子湛、湜、渭,皆登进士第。湛,刑部郎中;湜,屯田员外;渭,太常博士。湛子绛、约,天圣中并进士及第。"故《修纂》所载内容,可补其所缺。

176.董元亨

《校雠》:咸平三年十月……董元亨……董元亨……疏其谬误故也。

按:《宋史》有传(卷四百四十六,第 13153 页)。《校雠》所载内容,并不见载于《宋史》董元亨本传,故可补其所缺。

191.丁逊

《校雠》:咸平中……丁逊……丁逊……赐衎等器币有差。

按:《宋史》无传,《校雠》所载内容,可补其所缺。

193.刁衎

《校雠》:咸平中……刁衎……衎……衎等器币有差。

《修纂》:景德二年九月……刁衎……刁衎……又命集贤校理

晏殊同修。

　　按：刁约之祖父。《宋史》有传（卷四百四十一，第 13051—
13054 页）。《校雠》所载内容，并不见载于《宋史》刁衎本传，故可补
其所缺；《修纂》所载内容，略见于《宋史》刁衎本传，故可补其所略。

　　286.戴兴

　　《储藏》：淳化三年九月幸新秘阁……戴兴……乃圣化所及。

　　按：《宋史》有传（卷二百七十九，第 9475—9476 页）。《储藏》
所记内容，并不见载于《宋史》戴兴本传，故可补其所缺。

F

　　69.傅卞

　　《选任》：嘉祐三年……傅卞……则试策一道而已。

　　按：《宋史》无传，《选任》所载内容，可补其所缺。另据《续资治
通鉴长编》（卷一百八十九，第 4570 页）载："卞，莒人。"

　　97.丰稷

　　《选任》：五年六月……丰稷……稷……亦清选也。

　　按：《宋史》有传（卷三百二十一，第 10423—10426 页）。《选
任》所记之事，较详于《宋史》丰稷本传所载，故可补其缺略。

　　105.范祖禹

　　《选任》：元丰七年……范祖禹……祖禹……盖荟选如此。

　　按：范镇之从孙、吕公著之婿，《宋史》有传（卷三百三十七，第
10794—10800 页），附于范镇本传之后。据其所云："进士甲科。
从司马光编修《资治通鉴》，在洛十五年，不事进取。书成，光荐为
秘书省正字。……哲宗立，擢右正言。吕公著执政，祖禹以婿嫌
辞，改祠部员外郎，又辞。除著作佐郎、修《神宗实录》检讨，迁著
作郎兼侍讲。"两相堪比，《选任》所载事体，虽均见载于《宋史》范
祖禹本传，但《选任》诸多之处，均详于范祖禹本传所载，故可补其
缺略。

179.范贻永

《校雠》:咸平三年十月……范贻永……疏其谬误故也。

按:《宋史》无传,《校雠》所载内容,可补其所缺。

199.冯元

《校雠》:八年十二月……冯元……以考其勤惰焉。

按:《宋史》无传,《校雠》所载内容,可补其所缺。

223.范杲

《修纂》:太平兴国七年……范杲……凡一千卷。

《国史》:淳化五年四月……范杲……由是学者多自策励焉。

《国史》:景德二年……范杲……亦尝修日历。

《恩荣》:太宗皇帝待遇三馆特厚……范杲……而其从容文藻则又过之。

按:范质之子,《宋史》有传(卷二百四十九,第 8797—8799页)。附于其父范质传之后。《修纂》、《恩荣》不见载于《宋史》范杲本传,故可补其所缺。《国史》所载两条内容,均略见于《宋史》范质本传,故二者可相互参证。

237.冯拯

《修纂》:天禧四年夏……冯拯……《圣政记》一百五十卷。

按:《宋史》有传(卷二百八十五,第 9608—9611 页)。《修纂》所载内容,并不见载于《宋史》冯拯本传,故可补其所缺。

253.富弼

《修纂》:三年八月……富弼……弼……仍赐器币有差。

按:晏殊之婿。《宋史》有传(卷三百一十三,第 10249—10258页)。《修纂》所记之事,并不见载于《宋史》富弼本传,故可补其所缺。

257.范镇

《修纂》:三年八月……范镇……范镇……仍赐器币有差。

按:范祖禹之叔祖父,《宋史》有传(卷三百三十七,第 10783—

10790页)。《修纂》所记之事,并不见载于《宋史》范镇本传,故可补其所缺。

285.傅潜

《储藏》:淳化三年九月幸新秘阁……傅潜……潜……乃圣化所及。

按:《宋史》有传(卷二百七十九,第9473—9474页)。《储藏》所载内容为《宋史》傅潜本传所无,故可补其所缺。

293.范仲淹

《补遗选任》:祖宗时,有大典礼……范仲淹……其有不思所以竭忠图报者乎?

按:《宋史》有传(卷三百一十四,第10267—10276页)。《补遗选任》所载内容为《宋史》范仲淹本传所无,故可补其所缺。

G

32.高若讷

《选任》:旧制……高若讷……令止就贡院别试所。

按:《宋史》有传(卷二百八十八,第9684—9686页)。《选任》所记之事,并不见载于《宋史》高若讷本传,故可补其所缺。

45.郭稹

《选任》:庆历五年……郭稹……召试入等者除之。

《修纂》:庆历元年十二月……郭稹……亦预之。

按:《宋史》有传(卷三百〇一,第9998—9999页)。《选任》所载此事详于《宋史》郭稹本传,故可补其所略。《修纂》所载内容,并不见载于《宋史》郭稹本传,故可补其所缺。

205.公孙觉

《校雠》:天圣二年六月……公孙觉……龙图阁待制刘烨提举之。

按:《宋史》无传,故《校雠》所载内容,可补其所缺。

266.郭固

《修纂》:六年三月……郭固编校秘阁新藏兵书。

按:《宋史》无传,故《修纂》所载内容,可补其所缺。

267.顾临

《修纂》:熙宁三年十月……顾临……仍令都副承旨管勾。

按:《宋史》有传(卷三百四十四,第 10939—10940 页)。所载与《宋史》顾临本传略同,故二者可相互参证。

281.高绅

《国史》:九年八月……高绅……绅……绅……亦不修日历。

按:《宋史》无传,《国史》所载内容,可补其所缺。

H

8.和濛①

《官联》:端拱元年初置秘阁……和濛……与龙图阁官递宿。

《选任》:秘阁既具官属……和濛……备三馆之职。

《选任》:故事……和濛……国史院官故也。

按:和岘之弟,《宋史》有传(卷四百三十九,第 13014—13015 页),即附其兄和岘本传之后。《官联》、《选任》所载三条内容均与《宋史》所载略同,故二者可相互参证。

33.黄夷简

《选任》:至道二年九月……黄夷简……翱翔馆阁者多矣。

《校雠》:咸平三年十月……黄夷简……黄夷简……疏其谬误故也。

《校雠》:景德元年三月丁酉……黄夷简……秘阁校理。

按:《宋史》有传(卷四百四十一,第 13042—13044 页)。《选任》所载内容与《宋史》黄夷简本传略同,故二者可相互参证。《校

---

① 濛,辑本作“巚”,残本作“濛”。本书此处依从残本。

雔》所载两条内容,均未见载于《宋史》黄夷简本传,故可补其所缺。

46.韩琦

《选任》:庆历五年……韩琦……召试入等者除之。

《选任》:嘉祐三年……韩琦……琦……琦……则试策一道而已。

《书籍》:景祐元年闰六月……韩琦等刻石记于院之西壁。

按:《宋史》有传(卷三百一十二,第 10221—10230 页)。《麟台故事》辑本卷三《选任》"庆历五年"条,有清四库馆臣加在该条之下的按语,曰:"琦本传:琦由通判淄州入直集贤院。不著为太常丞,亦未尝为太子中允。当以此书补其所缺。"之外,此上《选任》、《书籍》所载两条内容,亦不见载于《宋史》韩琦本传,故亦可补其所缺。

62.韩维

《选任》:武宁军节度使兼侍中夏竦……韩维……维……安石直集贤院。

按:《宋史》有传(卷三百一十五,第 10305—10309 页)。《选任》所载内容虽略见于《宋史》韩维本传,但本传中并不见载韩维曾任大理评等事,故可补其所缺。

89.胡宗愈

《选任》:嘉祐三年……胡宗愈……则试策一道而已。

按:《宋史》有传(卷三百一十八,第 10370—10371 页),有云:"神宗立,以为集贤校理。"又据《宋会要辑稿》载:"(治平四年闰三月)二十八日,学士院试著作佐郎胡宗愈、太常丞张公裕、殿中臣李常、屯田员外郎刘攽、著作郎王存诗赋入等,诏宗愈充集贤校理,公裕、常并充馆阁校理,攽、存并充馆阁校勘。宗愈等皆以先朝得旨召试故也。"①但据《选任》篇内容排列顺序判断,胡宗愈任集贤校理

① 《宋会要辑稿·选举》三一之三六,中华书局,1957 年版,第 119 册,第 4741 页。

应在治平四年(1067)之前,即在英宗朝。若以《宋史》、《辑稿》所载为据,则治平四年正月英宗已驾崩,神宗当月就即位,未改元,即闰三月已在神宗朝。可见,由于《麟台故事》所载不明晰,恐有误。

114.黄履

《选任》:故事……黄履……国史院官故也。

按:《宋史》有传(卷三百二十八,第 10572—10574 页)。清四库馆臣在该条之下加按语曰:"《宋史》黄履本传,为馆阁校勘,同修起居注,与此书所云集贤校理有异。"故《选任》所载内容为据,可勘正《宋史》黄履本传所载之误。

122.黄庭坚

《选任》:故事……黄庭坚……国史院官故也。

按:《宋史》有传(卷四百四十四,第 13109—13111 页)。《选任》所记内容,并不见载于《宋史》黄庭坚本传,故可补其所缺。

212.扈蒙

《修纂》:太平兴国七年……扈蒙……扈蒙……凡一千卷。

《国史》:淳化五年四月……扈蒙……由是学者多自策励焉。

按:《宋史》有传(卷二百六十九,第 9239—9240 页)。《修纂》、《国史》所载内容,均不见载于《宋史》扈蒙本传,故可补其所缺。

219.胡汀

《修纂》:太平兴国七年……胡汀……胡汀……凡一千卷。

按:《宋史》无传,《修纂》所载内容,可补其所缺。

256.何中立

《修纂》:三年八月……何中立……仍赐器币有差。

按:《宋史》有传(卷三百〇二,第 10029—10030 页)。《宋史》何中立本传载其任殿中丞、集贤校理时未见有任编修《唐书》官一事,故《修纂》所载内容,可补其所缺。

272.胡旦

《国史》:国初……胡旦……旦……遂罢编纂。

《恩荣》:至道元年四月……胡旦……赐绯鱼袋赏之也。

按:《宋史》有传(卷四百三十二,第 12827—12830 页)。《国史》、《恩荣》所载内容,均不见载于《宋史》胡旦本传,故可补其所缺。另外,《国史》所载胡旦条内容,所涉及有名姓的人物如:光济、陈国长公主、德昭、杜审琼、李毅、范质、韩通、慕容延钊、张光翰、李处耘、何继筠、吴延祚、赵上交、窦仪、张锡、吕余庆、杨重熊、李昊、张琼、李筠、卢多逊、王处讷、王昭素、高保融、丁璿、李景、李晖、萧濉等,还有顺便述及没有举出姓名而仅以类从计数者,前后总数达 166 人,可详考之,此从略。

290.胡尚书

《恩荣》:故刑部胡尚书……自后不复开矣。

按:故今人张富祥《麟台故事校证》中确定为胡交修,恐不可确。胡交修乃胡宗愈之从子,在《宋史》有传(卷三百七十八,第 11676—11679 页)。故据《宋史》胡交修本传所云:"六年(应为绍兴三年),召为给事中、刑部侍郎、翰林学士、知制诰兼侍读。久之,迁刑部尚书。"此处胡交修为"刑部胡尚书"之时,是绍兴三年,而程俱《麟台故事》成书于绍兴元年七月,即成书早于胡交修任"刑部尚书"近三年,故此处"故刑部胡尚书"若指胡交修,理应不确。《恩荣》所载"故刑部胡尚书"应是南宋以前任过此职的胡氏,究竟为何人,尚存疑,待考之。

J

20.句中正

《选任》:秘阁既具官属……句中正……备三馆之职。

《选任》:故事……句中正……国史院官故也。

《校雠》:咸平三年十月……句中正……疏其谬误故也。

按:《宋史》有传(卷四百四十一,第 13049—13050 页)。《选任》两条内容,较详于《宋史》句中正本传,故既可补其不足,又可互相参证。《校雠》所记校勘《唐书》事体,并不见载于《宋史》句中正本传,故可补其所缺。

54.季仲昌(有作"李仲倡"者)

《选任》:武宁军节度使兼侍中夏竦……季仲昌……安石直集贤院。

按:《宋史》无传,《选任》所载内容可补其所缺。另有作"李仲倡"者,由于清陆心源本为姚伯岳标点本的底本,姚本所校原注文中也作"李仲倡"。《四部丛刊续编》本同是张富祥校证本和黄宝华整理本的底本,张本、黄本又同以四库辑本为参校本,故张本和黄本皆作"李仲倡"。本书此处依旧遵从影宋残本,作"季仲昌",故不再对"季仲昌"与"李仲倡"予以考辨。

213.贾黄中

《修纂》:太平兴国七年……贾黄中……凡一千卷。

按:《宋史》有传(卷二百六十五,第9160—9163页)。《修纂》所载内容,并不见载于《宋史》贾黄中本传,故可补其所缺。

226.姜屿

《修纂》:景德二年九月……姜屿……姜屿……又命集贤校理晏殊同修。

按:《宋史》无传,《修纂》所载内容可补其所缺。

K

241.寇准

《修纂》:天禧四年夏……寇准……准……《圣政记》一百五十卷。

《国史》:景德二年……寇准……亦尝修日历。

《补遗选任》:咸平中……寇准……除著作郎直史馆。

按:《宋史》有传(卷二百八十一,第9527—9534页)。《国史》所载内容略见于《宋史》寇准本传,故可相互参证。《修纂》、《补遗选任》所记之事,均不见载于《宋史》寇准本传,故可补其所缺。

273.孔维

《国史》:国初……孔维……遂罢编纂。

按:《宋史》有传(卷四百三十一,第 12809—12812 页)。《国史》所记之事,并不见载于《宋史》孔维本传,故可补其所缺。

L

3.李至

《官联》:秘书省……淳化中,李至……则行纠弹之职也。

《官联》:端拱二年八月,李至……其秘书省依旧属京百司。

《官联》:端拱元年初置秘阁,……李至……与龙图阁官递宿。

《选任》:秘阁初建,李至……端拱元年也。

《书籍》:淳化三年十月……李至……李至……张泌与三馆秘阁学士观焉。

《修纂》:太平兴国七年……李至……李至……凡一千卷。

《国史》:淳化五年四月……李至……至等……至……由是学者多自策励焉。

《恩荣》:太宗皇帝待遇三馆特厚……李至……而其从容文藻则又过之。

《恩荣》:淳化元年八月一日,李至……李至……李至……李至……以旌秘省。

《恩荣》:至道元年正月……李至……赐绯鱼袋赏之也。

按:《宋史》有传(卷二百六十六,第 9175—9178 页)。除《书籍》"淳化三年十月"条、《官联》"端拱元年"条所载内容,可略见载于《宋史》李至本传,二者可相互参证之外,其余八条内容,均不见载于《宋史》李至本传,故可补其所缺。

15.林希

《官联》:崇宁以后……林希……固论者惜其罢之无渐,而处之无术也。

《选任》：秘书省建初……林希……盖史官难其人如此。

按：《宋史》有传（卷三百四十三，第 10913—10914 页）。《官联》、《选任》所记内容，均不见载于《宋史》林希本传，故可补其本传所缺林希曾任检阅文字、奉仪郎和参与编修《国朝会要》、详定《九域图志》等内容。

17.吕祐之

《选任》：秘阁既具官属……吕祐之……祐之……备三馆之职。

《选任》：故事……吕祐之……吕祐之……国史院官故也。

按：《宋史》有传（卷二百九十六，第 9873—9874 页）。《选任》所记两条内容，均详于《宋史》吕祐之本传所载，故可补其缺略。

21.李若拙

《选任》：祖宗朝，馆职多以试除……李若拙……若拙……后为名臣。

按：《宋史》有传（卷三百〇七，第 10133—10134 页）。《选任》所记事体不仅特详于《宋史》李若拙本传，而且本传诸事多有所缺，故可补其缺略。

26.李仲容

《选任》：旧制……李仲容……令止就贡院别试所。

《书籍》：景祐元年闰六月……李仲容……记于院之西壁。

按：李涛之孙，李承休之子，《宋史》有传（卷二百六十二，第 9759—9761 页），附于《宋史》李涛传后。《选任》所载事体，较详于《宋史》李仲容本传，故既可补其所略，又可二者互相参证。《书籍》所记李仲容判馆阁等事，并不见载于《宋史》本传，故可补其所缺。

55.李师锡

《选任》：武宁军节度使兼侍中夏竦……李师锡……安石直集贤院。

按：《宋史》无传，故《选任》所载内容可补其所缺。

57.刘沆

《选任》:武宁军节度使兼侍中夏竦……刘沆……沆……安石直集贤院。

按:刘瑾之父,《宋史》有传(卷二百八十五,第 9605—9608 页)。《选任》所载内容与《宋史》刘沆本传略同,故二者可相互参证。

58.刘瑾

《选任》:武宁军节度使兼侍中夏竦……瑾……安石直集贤院。

按:刘沆之子,《宋史》有传(卷三百三十三,第 10703 页)。即云:"刘瑾,字元忠,吉州人,沆之子也。第进士,为馆阁校勘。"但《选任》所载刘瑾除馆阁校勘,是因其父刘沆监护温成皇后园陵之功,"固辞恩赉,而为其子请之,嘉祐二年(1057),遂除秘阁校勘"。足见,二者所载存有异,故以《选任》所载内容为据勘正之。

72.吕惠卿

《选任》:嘉祐三年……吕惠卿……则试策一道而已。

按:《宋史》有传(卷四百七十一,第 13705—13709 页)。《宋史》吕惠卿本传所载内容详于《选任》,故二者可相互参证。

73.梁焘

《选任》:嘉祐三年……梁焘……则试策一道而已。

按:《宋史》有传(卷三百四十二,第 10887—10891 页)。《选任》所载内容与《宋史》梁焘本传互见,但各有详略,故二者可相互参证。

76.吕公著

《选任》:嘉祐三年……吕公著……则试策一道而已。

按:吕夷简之第三子,范祖禹之岳父,《宋史》有传(卷三百三十六,第 10772—10777 页)。《选任》所记之事,并不见载于《宋史》吕公著本传,故可补其所缺。

84.刘攽

《选任》:嘉祐三年……刘攽……刘攽……则试策一道而已。

按：刘奉世之叔父，《宋史》有传（卷三百一十九，第 10387—10388 页）。清四库馆臣在该条下加按语曰："《宋史》刘攽本传：始为国子监直讲，欧阳修、赵概荐试馆职，御史中丞王陶有凤憾，率侍御史苏寀共排之，攽官已员外郎，才得馆阁校勘。与此书由太常博士为馆阁校勘有异。"故以《选任》所载内容为据勘正之。

88.李常

《选任》：嘉祐三年……李常……李常……则试策一道而已。

《选任》：元丰官制行……李常……召试馆职入等。

按：《宋史》有传（卷三百四十四，第 10929—10931 页）。清四库馆臣在《选任》所载"嘉祐"条之下加按语曰："《宋史》李常本传：以宣州观察推官荐为秘阁校理。与此书所云大理寺丞有异。"故以《选任》所载内容为据勘正之。又《选任》所载"元丰"条内容，并不见载于《宋史》李常本传，故可补其所缺。

108.吕溱

《选任》：故事……吕溱……国史院官故也。

按：《宋史》有传（卷三百二十，第 10401—10402 页）。《选任》所载内容与《宋史》吕溱本传互见，故二者可相互参证。

109.李绚

《选任》：故事……李绚……国史院官故也。

按：《宋史》有传（卷三百〇二，第 10027—10029 页）。《选任》所载之事，略见于《宋史》李绚本传，故可补其所略。

129.吕龟祥

《书籍》：建隆初……吕龟祥……又收其书籍。

按：吕龟图之弟，吕蒙正之叔父，吕蒙亨之子，吕夷简之叔祖父，《宋史》无传。故《书籍》所载内容可补其所缺。又据《宋史》吕蒙正传（卷二百六十五，第 9145—9149 页）中附记曰："龟图弟龟祥，殿中丞，知寿州。"又在《宋史》吕夷简传（卷三百一十一，第 10206—10215 页）载："祖龟祥知寿州，子孙遂为寿州人。"由此二载，方可更加明确《书籍》所记吕氏之间的亲族关系。

131.李怀节

《书籍》：淳化三年十月……李怀节……张泌与三馆秘阁学士观焉。

按：《宋史》无传，《麟台故事》所载内容可补其所缺。

132.蓝敏正

《书籍》：淳化三年十月……蓝敏正……张泌与三馆秘阁学士观焉。

按：《宋史》无传，《麟台故事》所载内容可补其所缺。

136.吕端

《书籍》：至道二年六月……吕端等相率诣便殿称谢。

《国史》：至道三年……吕端……吕端……端……李沆继成焉。

按：《宋史》有传（卷二百八十一，第 9513—9517 页）。《书籍》所记之事，并不见载于《宋史》吕端本传，故可补其所缺。《国史》所载内容与于《宋史》吕端本传略同，故二者可相互参证。

138.刘筠

《书籍》：闰三月……刘筠……安能及此也。

《校雠》：景德元年三月丁酉……刘筠……秘阁校理。

《修纂》：景德二年九月……刘筠……刘筠……刘筠……又命集贤校理晏殊同修。

《修纂》：天禧四年夏……刘筠……刘筠……《圣政记》一百五十卷。

按：《宋史》有传（卷三百〇五，第 10088—10089 页）。《修纂》"天禧"条所记之事，并不见载于《宋史》刘筠本传，故可补其所缺。《书籍》、《校雠》及《修纂》"景德"条所载内容，均略见载于《宋史》刘筠本传，故二者可相互参证。

147.李宗谔

《书籍》：三年二月……李宗谔搜补遗阙。

《校雠》:大中祥符元年六月……李宗谔……故有是命。

《修纂》:咸平三年十月……李宗谔……至是复诏成之。

《修纂》:十二月……李宗谔……送五使看详。

《国史》:是月……李宗谔掌起居舍人事。

《恩荣》:淳化初……李宗谔……宗谔……宗谔……恰似当年下第归。

《恩荣》:至道元年四月……李宗谔……李宗谔……绯鱼袋赏之也。

按:李昉之子,《宋史》有传(卷二百六十五,第 9140—9143页),附于《宋史》李昉传之后。《书籍》、《校雠》与《恩荣》"至道元年"条所载内容,均不见载于《宋史》本传,故可补其所缺。《修纂》两条、《恩荣》"淳化初"条内容,均略见载于《宋史》本传,故既可补其所略,又可二者相互参证。

150.李维

《书籍》:大中祥符四年九月……李维……向敏中之请也。

《校雠》:咸平三年十月……李维……疏其谬误故也。

《校雠》:八年十二月……李维……以考其勤惰焉。

《修纂》:咸平三年十月……李维……至是复诏成之。

《修纂》:景德二年九月……李维……李维……又命集贤校理晏殊同修。

《国史》:乾兴元年十一月……李维……遂以命之。

按:李沆之弟,《宋史》有传(卷二百八十二,第 9541—9542页)。附于其兄李沆本传后。《书籍》、《国史》所载内容,均不见载于《宋史》李维本传,故可补其所缺;《校雠》、《修纂》所载内容,均详于《宋史》李维本传,故可补其所略。

151.李虚己

《书籍》:大中祥符四年九月……李虚己……向敏中之请也。

按:《宋史》有传(卷三百,第 9973—9975页)。《书籍》所载不见载于《宋史》李虚己本传,故可补其所缺。

153.刘崇超

《书籍》:八年夏……刘崇超……崇超,判馆阁官不复关预。

《校雠》:咸平三年十月……刘崇超……疏其谬误故也。

《修纂》:景德二年九月……刘崇超……又命集贤校理晏殊同修。

《补遗选任》:真宗咸平二年七月丙午……刘崇超……或至中夕焉。

按:《宋史》无传,《麟台故事》所载内容可补其所缺。

154.李迪(今人有称作"李拯"者)

《书籍》:八年夏……李迪……判馆阁官不复关预。

《修纂》:天禧四年夏……李迪……《圣政记》一百五十卷。

按:《宋史》有传(卷三百一十,第10171—10175页)。《麟台故事》所记之事,并不见载于《宋史》李迪本传,故可补其所缺。另外,据《麟台故事》残本卷三下《修纂》篇,该条中存有作者程俱所加的双行小字夹注曰:"准寻罢,丁谓、李迪相并充都参详……亦出官也。"(见商务印书馆影印《四部丛刊续编》本1934年版,第6—7页);辑本卷二《修纂》篇,该条与残本所载有异,尤其是不见程俱原注,但所有出现的"李迪",均无作"李拯"的情况(见《文渊阁四库全书》影印本,台湾商务印书馆,1986年版,第595册,第313页);再以清人陆心源所作辑本补残本所得《麟台故事》卷三《修纂》篇为据,该条中保留的程俱原注中的"李迪",却作"李拯"(见台湾新文丰出版公司1986年版《丛书集成新编》本,第371页)。由于陆氏本为姚伯岳标点本的底本,故姚本所校原注文中也作"李拯"。又因《四部丛刊续编》本同是张富祥校证本和黄宝华整理本的底本,四库辑本又同为张本、黄本的参校本,故张本和黄本皆作"李迪"。本书此处依旧遵从《四库全书》本和《四部丛刊续编》本,作"李迪",而况《宋史》中也不见有李拯传,故不再对"李拯"与"李迪"详作考辨。

155.刘溥

《书籍》:天禧元年八月……刘溥……从之。

按:《宋史》无传,《书籍》所载内容可补其所缺。

159.李淑

《书籍》:景祐元年闰六月……李淑……记于院之西壁。

《校雠》:天圣二年六月……李淑……龙图阁待制刘烨提举之。

《校雠》:景祐元年九月……李淑、宋郊器币有差。

《修纂》:明道二年正月……李淑……从之。

《国史》:乾兴元年十一月……李淑……遂以命之。

《国史》:嘉祐四年九月……李淑……从之。

按:李若榖之子,《宋史》有传(卷二百九十一,第9740—9741页)。附于《宋史》李若榖传之后。《书籍》、《校雠》、《修纂》、《国史》所载六条内容,均不见载于《宋史》李淑本传,故可补其所缺。

162.李仲容

《书籍》:景祐元年闰六月……李仲容……记于院之西壁。

按:《宋史》有传(卷二百六十二,第9063—9064页)。附于其父李涛传后。但所《宋史》载:"仲容字仪父,举进士甲科,除大理评事、知三原县。累擢监察御史,为殿试进士考官。真宗问题义,对称旨,诏试中书,擢左司谏、直史馆。天圣中,以起居郎为知制诰,累迁右谏议大夫。在西掖八年,次当补学士,而不为宰相张士逊所喜,罢为给事中、集贤院学士、判史馆、司农寺,复知制诰。及石中立、张观补学士,始以为翰林侍读学士。久之,兼龙图阁学士,至户部侍郎卒。"特别是《书籍》所载李仲容"判馆阁"等事,《宋史》作"判史馆"。此处应以《宋史》所载为准,可证《书籍》所载李仲容馆阁之职确有不明晰之失误。

175.刘蒙叟

《校雠》:咸平三年十月……刘蒙叟……疏其谬误故也。

《补遗官联》:咸平五年八月……刘蒙叟……故有是拜。

按：刘熙古之子，《宋史》有传（卷二百六十三，第 9101—9102 页），附于其父刘熙古传之后。《校雠》所载内容，并不见载于《宋史》刘蒙叟本传，故可补其所缺。另《补遗官联》所载内容，较详于《宋史》刘蒙叟本传，故可补其略。

177.刘锴

《校雠》：咸平三年十月……刘锴……锴……刘锴……锴……疏其谬误故也。

按：刘蟠之子，《宋史》有传（卷二百七十六，第 9388 页）。附于其父刘蟠传之后。即载："子锴，初以父荫为大理评事，咸平二年，擢进士第。尝献《幸太学颂》。真宗中夜观书，得锴颂，颇嘉赏之，出以示辅臣，且言锴幼孤，能自立，召试，命直史馆。累迁至户部郎中、盐铁副使。"此载与《校雠》所载内容有异，且《校雠》较为详实，故二者可以相互参证。

181.刘承珪（疑为"刘承规"）

《校雠》：咸平三年十月……刘承珪……疏其谬误故也。

《修纂》：景德二年九月……刘承珪……刘承珪……又命集贤校理晏殊同修。

《储藏》：咸平二年七月甲辰……刘承珪……职掌缗钱。

按：刘承珪，《宋史》无传。又"刘承珪"者，恐作"刘承规"，疑为同一人，且《宋史》有传（卷四百六十六，第 13608 页）。但《校雠》、《修纂》、《储藏》所载之事，均不见载于《宋史》刘承规本传，故若是同一人，则可补其所缺。

184.李慕清

《校雠》：咸平三年十月……李慕清……疏其谬误故也。

按：《宋史》无传，《麟台故事》所载内容可补其所缺。

186.刘士玄

《校雠》：咸平三年十月……刘士玄……疏其谬误故也。

按：《宋史》无传，《麟台故事》所载内容可补其所缺。

206.刘烨

《校雠》:天圣二年六月……龙图阁待制刘烨提举之。

按:《宋史》有传(卷二百六十二,第9074—9075页)。《校雠》所载内容,并不见载于《宋史》刘烨本传,故可补其所缺。

209.李昭遘

《校雠》:天圣三年六月……李昭遘……坐校勘太清楼书舛互故也。

按:李昉之孙,《宋史》有传(卷二百六十五,第9144—9145页),附于李昉传后。《校雠》所载内容,并不见载于《宋史》李昭遘本传,故可补其所缺。

211.李昉

《修纂》:太平兴国七年……李昉……李昉……凡一千卷。

《国史》:国初……李昉……遂罢编纂。

《恩荣》:淳化元年八月一日……李昉……李昉……李昉……并篆额以旌秘省。

按:李宗谔之父,《宋史》有传(卷二百六十五,第9135—9140页)。《国史》所载内容,均见载于《宋史》李昉本传,故二者可相互参证。《修纂》、《恩荣》所载内容,均不见载于《宋史》李昉本传,故可补其所缺。

214.吕蒙正

《修纂》:太平兴国七年……吕蒙正……吕蒙正……凡一千卷。

《国史》:景德二年……吕蒙正……亦尝修日历。

《储藏》:淳化三年九月……吕蒙正……乃圣化所及。

按:吕龟图之子,吕龟祥之侄,吕夷简之叔,《宋史》有传(卷二百六十五,第9145—9149页)。《国史》所载内容,略见载于《宋史》吕蒙正本传,故可补其所略。《修纂》、《储藏》所记之事,均不见载于《宋史》吕蒙正本传,故可补其所缺。

215.李穆

《修纂》:太平兴国七年……李穆……李穆……凡一千卷。

按:《宋史》有传(卷二百六十三,第 9105—9107 页)。据《宋史》李穆本传载,其任司封员外郎之时,并不见载有修《文苑英华》一事,故可补其所缺。

216.李范

《修纂》:太平兴国七年……李范……李范……凡一千卷。

按:《宋史》无传,《修纂》所载内容可补其所缺。

218.吕文仲

《修纂》:太平兴国七年……吕文仲……吕文仲……凡一千卷。

《恩荣》:至道元年四月……吕文仲……文仲……文仲……赐绯鱼袋赏之也。

《补遗选任》:真宗咸平二年七月丙午……吕文仲……文仲……或至中夕焉。

按:《宋史》有传(卷二百九十六,第 9870—9872 页)。《修纂》所载之事,略详于《宋史》本传,故可补其所缺。《恩荣》、《补遗选任》所载内容与《宋史》吕文仲本传有异。《宋史》本传云:"太平兴国中,上每御便殿观古碑刻,辄召文仲与舒雅、杜镐、吴淑读之。尝令文仲读《文选》,继又令读《江海赋》,皆有赐赏。以本官充翰林侍读,寓直御书院,与侍书王著宿……咸平三年,拜工部郎中,充翰林侍读学士。"而《恩荣》、《补遗选任》分别记作"至道元年六月戊戌"、"真宗咸平二年七月丙午",二者所载时间有差异,故可以此为据勘正之。

232.刘师旦

《修纂》:六年九月……刘师旦……更赐名曰《九域志》。

按:《宋史》无传,《麟台故事》所载内容可补其所缺。

236.李行简

《修纂》:天禧四年夏……李行简……《圣政记》一百五十卷。

按:《宋史》有传(卷三百〇一,第 9991—9992 页)。《修纂》所载内容,并不见载于《宋史》李行简本传,故可补其所缺。

240.吕夷简

《修纂》:天禧四年夏……吕夷简……夷简……《圣政记》一百五十卷。

《修纂》:明道二年正月……吕夷简……吕夷简……夷简……从之。

按:吕龟图之孙,吕蒙亨之子,吕公绰、吕公弼、吕公著之父。《宋史》有传(卷三百一十一,第10206—10210页)。《修纂》所载两条内容,均详于《宋史》吕夷简本传,故可补其所缺略。

243.李咨

《修纂》:天禧四年夏……李咨……《圣政记》一百五十卷。

按:《宋史》有传(卷二百九十二,第9753—9755页)。《修纂》所载内容,并不见载于《宋史》李咨本传,故可补其所缺。

245.吕公弼

《修纂》:明道二年正月……公弼……从之。

按:吕夷简之次子,《宋史》有传(卷三百一十一,第10212—10214页),附于其父本传之后。《修纂》所载内容详于《宋史》吕公弼本传,故可补其缺略。

247.吕公绰

《修纂》:庆历元年十二月……吕公绰……亦预之。

按:吕夷简之长子,《宋史》有传(卷三百一十一,第10210—10212页),附于其父本传之后。《修纂》所载内容详于《宋史》本传,故可补其缺略。

262.刘义叟

《修纂》:三年八月……刘义叟……仍赐器币有差。

按:《宋史》有传(卷四百三十二,第12838页)。《修纂》所载内容与《宋史》刘义叟本传略同,故二者可相互参证。

260.吕夏卿

《修纂》:三年八月……吕夏卿……吕夏卿……仍赐器币有差。

按:《宋史》有传(卷三百三十一,10658—10659页)。《修纂》所载内容与《宋史》吕夏卿本传略同,故二者可相互参证。

263.林亿

《修纂》:嘉祐二年……林亿……并为校正医书官。

按:《宋史》无传,故《修纂》所载内容可补其所缺。

269.刘奉世

《修纂》:熙宁三年十月……刘奉世……仍令都副承旨管勾。

按:刘敞之侄,《宋史》有传(卷三百一十九,第10388—10390页)。《修纂》所记之事,并不见载于《宋史》刘奉世本传,故可补其所缺

274.李觉

《国史》:国初……李觉……觉……遂罢编纂。

按:《宋史》无传,故《国史》所载内容可补其所缺。

275.梁周翰

《国史》:是月……梁周翰……李宗谔掌起居舍人事。

按:《宋史》有传(卷四百三十九,第13000—13005页)。《国史》所载内容见载于《宋史》梁周翰本传,故二者可相互参证。

277.李沆

《国史》:至道三年……李沆继成焉。

按:李维之兄,《宋史》有传(卷二百八十二,第9537—9541页)。《国史》所载内容,并不见载于《宋史》李沆本传,故可补其所缺。

M

50.马直方

《选任》:庆历五年……马直方……召试入等者除之。

按:《宋史》无传,故《选任》所载内容可补其所缺。

198.麻温其

《校雠》:八年十二月……麻温其……以考其勤惰焉。

按:《宋史》无传,《校雠》所载内容可补其所缺。

261.梅尧臣

《修纂》:三年八月……梅尧臣……仍赐器币有差。

按:《宋史》有传(卷四百四十三,第 13091—13092 页)。《修纂》所载内容与《宋史》梅尧臣本传略同,故二者可相互参证。

N

143.聂震

《书籍》:闰三月……聂震……安能及此也。

按:《宋史》无传,《书籍》所载内容可补其所缺。

208.聂冠卿

《校雠》:天圣三年六月……聂冠卿……坐校勘太清楼书舛互故也。

《修纂》:庆历元年十二月……聂冠卿……亦预之。

按:《宋史》有传(卷二百九十四,第 9819—9821 页)。《校雠》、《修纂》两条内容,均略见载于《宋史》聂冠卿本传,故二者可相互参证。

O

77.欧阳修

《选任》:嘉祐三年……欧阳修……修……则试策一道而已。

《书籍》:宝元二年……欧阳修……然不果行。

《修纂》:庆历元年十二月……欧阳修……亦预之。

《修纂》:三年八月……欧阳修……欧阳修……修……欧阳修……仍赐器币有差。

《国史》:嘉祐四年九月……欧阳修……从之。

按:《宋史》有传(卷三百一十九,第 10375—10381 页)。除《修纂》所载编修《唐书》事体,可略见载于《宋史》欧阳修本传,可互相参证之外,其余《选任》、《书籍》、《修纂》、《国史》所载内容,均不见载于《宋史》欧阳修本传,故可补其所缺。

P

102.潘良贵

《选任》:五年六月……潘良贵……亦清选也。

按:《宋史》有传(卷三百七十六,第11633—11635页)。《选任》所记"为著作"等事,并不见载于《宋史》潘良贵本传,故可补其所缺。

111.彭乘

《选任》:故事……彭乘……国史院官故也。

《校雠》:天圣二年六月……彭乘……龙图阁待制刘烨提举之。

按:《宋史》有传(卷三百二十八,第9899—9900页)。《选任》、《校雠》所载之事,均见载于《宋史》彭乘本传,但各有详略,故二者可相互参证。

112.蒲宗孟

《选任》:故事……蒲宗孟……国史院官故也。

按:《宋史》有传(卷三百二十,第10570—10572页)。《选任》所载与《宋史》蒲宗孟本传互见,故二者可互相参证。

127.彭干

《书籍》:建隆初……彭干……又收其书籍。

按:《宋史》无传,《书籍》所载内容可补其所缺。

135.裴愈

《书籍》:至道元年六月……裴愈……近代无比。

《校雠》:淳化五年七月……裴愈,赍本就杭州镂版。

《恩荣》:太宗皇帝待遇三馆特厚……裴愈……而其从容文藻则又过之。

《恩荣》:淳化元年八月一日……裴愈……并篆额以旌秘省。

按:《宋史》无传,《书籍》、《校雠》、《恩荣》所载诸事,可补其所缺。

167.潘慎修

《校雠》:淳化五年七月……潘慎修……赍本就杭州镂版。

《补遗官联》:咸平五年八月……潘慎修……故有是拜。

《补遗·中兴馆阁录·故实》:故事……潘谨修[①]……略可见也。

按:《宋史》有传(卷二百九十六,第 9874—9875 页)。《校雠》、《补遗官联》、《补遗·中兴馆阁录·故实》所载诸条内容,均不见载于《宋史》潘慎修本传,故可补其所缺。又《宋史》潘慎修本传云:"煜卒,改太常博士。历膳部、仓部、考功三员外……淳化中,秘书监李至荐之,命以本官知直秘阁。……累迁仓部、考功二部郎中。咸平中……擢为右谏议大夫、翰林侍读学士。"则其所载与《麟台故事》此上三篇所记"膳部郎中直秘阁"、"度支判官仓部郎中直秘阁潘慎修为考功郎中"等有异,故可此为据勘正之。

251.裴滋

《修纂》:庆历元年十二月……裴滋……亦预之。

按:《宋史》无传,《修纂》所载内容可补其所缺。

Q

66.齐廓

《选任》:嘉祐三年……齐廓……则试策一道而已。

按:《宋史》有传(卷三百〇一,第 10005 页)。《选任》所载内容,略见于《宋史》齐廓本传,故二者可互相参证。

106.戚纶

《选任》:故事……戚纶……国史院官故也。

---

① 本名慎修。《玉堂杂记》以避宋孝宗讳改"慎"为"谨"。又见张富祥《麟台故事校证》,中华书局,2000 年版,第 339 页。

《校雠》:咸平三年十月……戚纶……纶……纶……疏其谬误故也。

《修纂》:景德二年九月……戚纶……戚纶……又命集贤校理晏殊同修。

《修纂》:十二月……戚纶……送五使看详。

《补遗修纂》:大中祥符元年十一月……戚纶……馆阁官分撰。

按:《宋史》有传(卷三百〇六,第 10104—10107 页)。《选任》所载内容可见于《宋史》戚纶本传,故二者可参相互参证。《修纂》两条内容,均详于《宋史》戚纶本传,故可补其所略。又《修纂》"十二月"条记作"《大中祥符封禅记》",与《宋史》戚纶本传记作"《东封祥瑞封禅记》"有异,故可以《修纂》所载内容为据勘正之。

107.钱延年

《选任》:故事……钱延年……国史院官故也。

按:《宋史》无传,《选任》所载内容可补其所缺。

130.钱俶

《书籍》:建隆初……钱俶……又收其书籍。

按:钱惟演之父,《宋史》有传(卷四百八十,第 13897—13909 页)。《书籍》所记之事,并不见载于《宋史》钱俶本传,故可补其所缺。

174.钱惟演

《校雠》:咸平三年十月……钱惟演……疏其谬误故也。

《校雠》:八年十二月……钱惟演……以考其勤惰焉。

《修纂》:景德二年九月……钱惟演……惟演……钱惟演……又命集贤校理晏殊同修。

《修纂》:天禧四年夏……钱惟演……钱惟演……钱惟演……一百五十卷。

按:《宋史》有传(卷三百一十七,第 10340—10342 页)。《校雠》两条记载和《修纂》"景德二年九月"条记载,均可略见于《宋史》

钱惟演本传,故二者可相互参证。《修纂》"天禧四年夏"条记载,并不见载于《宋史》钱惟演本传,故可补其缺。

201.祁暐

《校雠》:九年三月……祁暐……因射于太清楼下。

按:《宋史》有传(卷四百五十六,第13398页)。即载:"祁暐字坦之,莱州胶水人。淳化三年进士,历度支员外郎、直集贤院。天禧中,出知潍州,母卒,葬于州城之南。暐既解官,就坟侧构小室,号泣守护,蔬食,经六冬,堕足二指。有白乌白兔驯扰坟侧,州人异之,以状闻。有诏旌美,赐帛三十匹、粟三十石,令长吏每月存问。"即《宋史》所载祁暐之事虽较详,但《校雠》所载祁暐之事,并不见载于《宋史》祁暐本传,故可补其所缺。

202.钱易

《校雠》:九年三月……钱易……因射于太清楼下。

《修纂》:景德二年九月……钱易……又命集贤校理晏殊同修。

《修纂》:天禧四年夏……钱易……《圣政记》一百五十卷。

按:钱惟演之子,《宋史》有传(卷三百一十七,第10343—10345页),附于其父钱惟演传之后。《修纂》"景德二年"条记载,略见于《宋史》钱易本传,《修纂》"天禧四年夏"条和《校雠》记载,并不见载于《宋史》钱惟演本传,故《校雠》、《修纂》逐条所载之事,均可补其本传缺略。

268.钱长卿

《修纂》:熙宁三年十月……钱长卿……仍令都副承旨管勾。

按:《宋史》无传,《修纂》所载内容可补其所缺。

276.钱若水

《国史》:至道三年……钱若水……李沆继成焉。

《储藏》:咸平二年七月甲辰……钱若水……职掌缗钱。

按:《宋史》有传(卷二百六十六,第9165—9171页)。《国史》所载内容,略见于《宋史》钱若水本传,故二者可相互参证。《储藏》

所载内容,并不见载于《宋史》钱若水本传,故可补其所缺。

R

169.阮思道

《校雠》:淳化五年七月……阮思道……赍本就杭州镂版。

按:《宋史》无传,《校雠》所载内容可补其所缺。

192.任随

《校雠》:咸平中……任随……任随……赐衎等器币有差。

按:《宋史》无传,《校雠》所载内容可补其所缺。

239.任中正

《修纂》:天禧四年夏……任中正……《圣政记》一百五十卷。

按:《宋史》有传(卷二百八十八,第9669—9670页)。《修纂》所载内容,并不见载于《宋史》任中正本传,故可补其所缺。

S

2.宋白

《官联》:秘书省,……至道中,宋白……则行纠弹之职也。

《修纂》:太平兴国七年,宋白,……宋白等……凡一千卷。

《修纂》:咸平三年十月,……宋白……修《续通典》……至是复诏成之。

《国史》:淳化五年四月……宋白……由是学者多自策励焉。

《补遗官联》:咸平六年十月辛酉……宋白……不得以诸色优劳减选。

按:《宋史》有传(卷四百三十九,第12998—13000页)。其中云:"雍熙中,召白与李昉集诸文士纂《文苑英华》一千卷。"《修纂》所载内容与之有异,故二者可相互参证。特别是《修纂》载宋白奉敕参与编修《文苑英华》的时间是在太平兴国七年,而《麟台故事》影宋残本原作"淳化七年",姚本、张本、黄本均据四库辑本和《宋会要》乙正。另外,《宋史》宋白本传,略载《官联》"秘书省"条内容,但不见载《修纂》"咸平三年十月"条和《补遗官联》"咸平六年"条内容,故《麟台故事》所载内容,既可二者相互参证,又可补其所缺。

5.**宋泌**

《官联》:端拱元年初置秘阁……宋泌……与龙图阁官递宿。

《选任》:秘阁初建……宋泌……端拱元年也。

按:宋湜之兄,《宋史》无传,仅在《宋史》宋湜本传(卷二百八十七,第9646页)曰:"湜兄泌,太平兴国二年进士,至起居郎、直史馆、越王府记室参军。"显然,此载与《麟台故事》所载关联不大,故《官联》、《选任》所载内容可补其所缺。

13、**苏颂**

《官联》:嘉祐四年正月……苏颂……盖校书之比也。

《书籍》:景祐元年闰六月……苏颂……记于院之西壁。

《修纂》:嘉祐二年……苏颂……并为校正医书官。

按:《宋史》有传(卷三百四十,第10859—10868页)。《麟台故事》所记三条内容,并不见载于《宋史》苏颂本传,故可补其本传无苏颂曾任校正医书官、修《崇文总目》等内容。

23.**孙冕**

《选任》:祖、宗朝,馆职多以试除……孙冕……后为名臣。

《补遗官联》:咸平五年八月……孙冕……故有是拜。

按:《宋史》无传,《麟台故事》所载内容可补其所缺。

25.**盛度**

《选任》:旧制……盛度……度……令止就贡院别试所。

《选任》:庆历五年,……盛度……召试入等者除之。

《选任》:武宁军节度使兼侍中夏竦……盛度……安石直集贤院。

《书籍》:景祐元年闰六月……盛度……记于院之西壁。

《校雠》:八年十二月……盛度……以考其勤惰焉。

《修纂》：天禧四年夏……盛度……盛度……一百五十卷。

按：《宋史》有传（卷二百九十二，第 9759—9761 页）。除《修纂》"天禧四年"条所记，略见于《宋史》盛度本传外，其余《选任》、《书籍》、《校雠》所载五条内容，均不见载于《宋史》盛度本传，故可补其所缺。

27.宋郊（今人称其有作"宋庠"者）

《选任》：旧制……宋郊……宋郊……令止就贡院别试所。

《书籍》：景祐元年闰六月……宋郊……记于院之西壁。

《校雠》：景祐元年九月，……宋郊器币有差。

按：称作"宋郊"者，《宋史》无传，《麟台故事》所载可补其所缺。这是因为，《麟台故事》所载三条内容中，均作"宋郊"。但在残本卷二《书籍》篇所载宋郊，存有异议。故张富祥《麟台故事校证》曰："此处所载编排官知制诰宋郊（即宋庠，其初名郊，后改庠），《长编》卷一一四及《玉海》卷五二均作宋祁。然据《宋史》卷二八四庠及祁本传：庠景祐中为翰林学士知制诰，宝元中加右谏议大夫为参知政事；祁则于庆历元年庠初罢参知政事时出知寿州，徙陈州，代还时知制诰。且庆历元年《崇文总目》修成之际，推恩人中亦有宋庠而无宋祁。疑当从本书，以作宋郊为是，《皇宋事实类苑》卷三一引《蓬山志》亦作宋郊。并参辑本卷二之一一四及其校证。"张富祥此疑及其校证当属有理有据，而姚伯岳、黄宝华二先生均未对该条所载"宋郊"提出考疑。因此，本书在此以遵从原文献所载为据，将《麟台故事》诸篇中所见载的宋郊和宋庠，列为两人，分别考辨。恐有所失误，以示区别。果真若为一人，则前后合一；若为两人，则当分之。

28.宋祁

《选任》：庆历五年…… 明道元年…… 宋祁…… 召试人等者除之。

《修纂》：（嘉祐）三年八月……宋祁……仍赐器币有差。

按：宋庠之弟，《宋史》有传（卷二百八十四，第 9593—9599 页）。《选任》所载内容，并不见载于《宋史》宋祁本传，故可补其所缺。又《修纂》所载内容与《宋史》宋祁本传略同，故二者可相互参证。

29.孙祖德

《选任》：旧制……孙祖德……令止就贡院别试所。

按：《宋史》有传（卷二百九十九，第 9928 页）。《选任》所记之事，并不见载于《宋史》孙祖德本传，故可补其所缺。

38.宋绶

《选任》：庆历五年，……宋绶……绶①……召试入等者除之。

《书籍》：三年二月……宋绶……又命三司使丁谓及李宗谔搜补遗阙。

《校雠》：八年十二月，……宋绶……以考其勤惰焉。

《校雠》：天圣二年六月……宋绶……龙图阁待制刘烨提举之。

《修纂》：景德二年九月……宋绶……又命集贤校理晏殊同修。

《修纂》：天禧四年夏……宋绶……绶……一百五十卷。

《修纂》：天圣末……宋绶……赐三品服。

《国史》：乾兴元年十一月……宋绶……遂以命之。

按：宋皋之子，宋敏求之父，《宋史》有传（卷二百九十一，第 9732—9736 页）。除《选任》所记之事，略见载于《宋史》宋绶本传外，上所列《书籍》、《校雠》、《修纂》、《国史》逐条内容，均不见载于《宋史》宋绶本传，故可补其所缺。

39.宋皋

《选任》：庆历五年……皋……召试入等者除之。

《校雠》：咸平三年十月……宋皋……疏其谬误故也。

---

① 《宋史》本传载："初，徽之卒，遗奏补太常寺太祝。"《麟台故事·选任》载："后翰林侍读学士杨徽之卒，以遗恩官其外孙宋绶为太常寺太祝。"二者略有不同。

按:宋绶之父,宋敏求之祖父,《宋史》无传,仅在《宋史》宋绶本传中附一语曰:"父皋,尚书度支员外郎、直集贤院。"故《选任》、《校雠》所载事体,并不见载于《宋史》,故可补其所缺。

41.邵焕(有作"邢焕"者)

《选任》:庆历五年……邵焕……召试入等者除之。

《修纂》:六年九月……邵焕……更赐名曰《九域志》。

按:称作"邵焕"者,《宋史》无传,故《选任》、《修纂》所载内容可补其所缺。但邵焕今有被误称"邢焕"者,如《宋代官制辞典》"馆阁读书"条云:"馆阁学生,先是,真宗咸平二年(999)六月许以十二岁神童邢焕于秘阁读书(《长编》卷四十四)。"[1]不知此云"邢焕"者,所据何本。中华书局标点本《续资治通鉴长编》云:"令秘书省正字邵焕于秘阁读书,从其请也。"[2]又据《宋会要辑稿》亦云:"(咸平二)六月十二日,秘书省正字邵焕于秘阁读书,从焕自请也。"[3]另外,《麟台故事》辑本卷三《选任》篇和残本卷一下《选任》,该条所载均作"邵焕"。而今人姚伯岳《麟台故事》标点本、张富祥《麟台故事校证》本、黄宝华《麟台故事》整理本均未对此提出异议,作"邵焕"。故存疑,待考之。

47.石延年

《选任》:庆历五年……石延年……召试入等者除之。

《恩荣》:故刑部胡尚书尝云……石曼卿……自后不复开矣。

按:《宋史》有传(卷四百四十二,第 13070—13071 页)。云:"石延年,字曼卿,先世幽州人……为大理评事、馆阁校勘,历光禄、大理寺丞,上书章献太后,请还政天子。……久之,为秘阁校理,迁

---

① 《宋代官制辞典》,中华书局,1997 年版,第 153 页。

② 《续资治通鉴长编》卷四十四"真宗咸平二年六月"条,中华书局,1992年版,第 951 页。

③ 《宋会要辑稿·选举》三三之二,中华书局,1957 年版,第 120 册,第4756 页。

太子中允,同判登闻鼓院。"即《宋史》石延年本传所载其任馆职,与《选任》所载并无出入,但四库馆臣在《麟台故事》辑本卷三《选任》篇"庆历五年"条下加按语曰:"《宋史》本传,延年为大理评事、馆阁校勘。与此书所云校理互异。"今不知所据何本。另《恩荣》所载内容,并不见载于《宋史》石延年本传,故可补其所缺。

49.盛申甫

《选任》:庆历五年……盛申甫……申甫……召试入等者除之。

《选任》:武宁军节度使兼侍中夏竦……申甫……安石直集贤院。

按:盛度之子,《宋史》无传,仅在《宋史》盛度本传中附有一句曰:"子申甫,终尚书兵部郎中、集贤校理,尝为福建转运使,颇以修洁称。"故《选任》所载内容,可补《宋史》盛度本传之所缺。

70.孙洙

《选任》:嘉祐三年……孙洙……洙……洙……则试策一道而已。

《选任》:故事……孙洙……国史院官故也。

按:《宋史》有传(卷三百二十一,第 10422—10423 页)。《选任》"嘉祐"条所载之下,有清四库馆臣所加按语,曰:"孙洙本传,亦不著为于潜令及编校秘阁书籍。当以此书补其所缺。"馆臣所言不虚,故可补其所缺。另《选任》"故事"条所载内容,略见于《宋史》孙洙本传,故二者又可相互参证。

74.沈括

《选任》:嘉祐三年……沈括……则试策一道而已。

按:《宋史》有传(卷三百三十一,第 10653—10657 页)。《选任》所载内容详于《宋史》沈括本传,故可补其缺略。

95.孙觉

《选任》:元丰官制行……孙觉……觉……召试馆职入等。

按:《宋史》有传(卷三百四十四,第 10925—10928 页)。《选任》所载内容,较详于《宋史》孙觉本传,故可补其缺略。

139.慎镛

《书籍》:闰三月……慎镛……安能及此也。

《校雠》:九年三月……慎镛……因射于太清楼下。

《修纂》:六年九月……慎镛……更赐名曰《九域志》。

按:慎知礼之孙,慎从吉之子,钱俶之外孙,钱惟演之外甥,《宋史》有传,附于慎知礼本传之后(卷二百七十七,第 9447 页)。但其附传仅曰:"子镛,金部度支员外郎、秘阁校理。锴,太常博士。"《书籍》、《校雠》、《修纂》所记诸条内容,均不见载于《宋史》慎知礼本传,以及后附慎镛传,故可补其所缺。

140.沈京

《书籍》:闰三月……沈京……安能及此也。

按:《宋史》无传,《书籍》所载内容可补其所缺。

125.孙逢吉

《书籍》:建隆初,……孙逢吉……又收其书籍。

按:《宋史》无传。目前《宋史》所见孙逢吉本传(卷四百〇四,第 12225—12226 页),所载并非其人。因为《宋史》云:"孙逢吉,字从之,吉州龙泉人也。隆兴元年(1163)进士第,授郴州司户。乾道七年(1171),太常黄钧荐于丞相虞允文、梁克家,将处以学官,逢吉竟就常德教授以归。"可见,《宋史》所载孙逢吉出现在南宋《麟台故事》成书之后,而《书籍》所载孙逢吉之事,发生在建隆初(960),可知宋代至少有两个孙逢吉。即处在北宋初的孙逢吉,则在《宋史》中无传;而生活在南宋的孙逢吉,则在《宋史》有传。故《书籍》所载内容,当可补《宋史》所缺。

126.涉弼

《书籍》:建隆初……涉弼……又收其书籍。

按:《宋史》无传,《书籍》所载内容可补其所缺。

161.石中立

《书籍》：景祐元年闰六月……石中立……记于院之西壁。

《修纂》：咸平三年十月……石中立……至是复诏成之。

《国史》：九年八月……石中立……亦不修日历。

按：石熙载之子，《宋史》有传（卷二百六十三，第9104—9105页），附于其父石熙载传后。除《国史》所载略见于《宋史》石中立本传，二者可相互参证外，《书籍》、《修纂》所载诸条内容，均不见载于《宋史》石中立本传，故可补其所缺。又石中立所任馆职，《麟台故事》记为"判馆阁"，而《宋史》记为"判秘阁"，应以《宋史》所载内容为据勘正之。

164.宋敏求

《书籍》：宝元二年……宋敏求……然不果行。

《修纂》：三年八月……宋敏求……宋敏求……仍赐器币有差。

按：宋皋之孙，宋绶之子，《宋史》有传（卷二百九十一，第9736—9738页），附于宋绶本传之后。《书籍》所载内容，并不见载于《宋史》宋敏求本传，故可补其所缺。《修纂》所载内容，略见于《宋史》宋敏求本传，故二者可相互参证。

165.舒雅

《校雠》：淳化五年七月……舒雅……赍本就杭州镂版。

《校雠》：咸平三年十月……舒雅……疏其谬误故也。

《修纂》：太平兴国七年……舒雅……舒雅……凡一千卷。

《修纂》：咸平三年十月……舒雅……至是复诏成之。

《恩荣》：至道元年四月……舒雅……赐绯鱼袋赏之也。

按：《宋史》有传（卷四百四十一，第13041页）。但以上《校雠》、《修纂》、《恩荣》逐条内容，均不见载《宋史》舒雅本传，故可补其所缺。

173.孙何

《校雠》：淳化五年七月……孙何……赍本就杭州镂版。

按:孙仅之兄,《宋史》有传(卷三百〇六,第 10097—10100 页)。《校雠》所载内容,并不见载于《宋史》孙何本传,故可补其所缺。

183.孙奭

《校雠》:咸平三年十月……孙奭……孙奭……疏其谬误故也。

《校雠》:大中祥符元年六月……孙奭……奭……奭……故有是命。

《修纂》:景德二年九月……孙奭……孙奭……又命集贤校理晏殊同修。

《国史》:四年八月……孙奭……始请别撰焉。

按:《宋史》有传(卷四百三十一,第 12801—12808 页)。《校雠》所载两条内容,均见载于《宋史》孙奭本传,故二者可相互参证。又《修纂》、《国史》所载内容,均不见载于《宋史》孙奭本传,故可补其所缺。

190.孙仅

《校雠》:咸平中……孙仅……赐衿等器币有差。

《恩荣》:咸平元年三月壬申……孙仅……后常以为故事。

按:孙何之弟,《宋史》有传(卷三百〇六,第 10100—10101 页),附于其兄孙何传之后。《校雠》所载内容,并不见载于《宋史》孙仅本传,故可补其所缺。又《恩荣》载:"咸平元年三月壬申,赐及第进士孙仅等宴于琼林苑,学士、两制、尚书、侍郎、馆阁直官、校理皆预。后常以为故事。"《宋史》本传云:"咸平元年,进士甲科,兄弟连冠贡籍,时人荣之。"两者有差异,应当以《恩荣》所载内容为据勘正之。

221.苏易简

《修纂》:太平兴国七年……苏易简……凡一千卷。

《修纂》:咸平三年十月……苏易简……至是复诏成之。

《国史》:淳化五年四月……苏易简……由是学者多自策励焉。

《恩荣》:太宗皇帝待遇三馆特厚……苏易简……而其从容文

藻则又过之。

《恩荣》：淳化元年八月一日……苏易简……并篆额以旌秘省。

《补遗·中兴馆阁录·故实》：故事……苏易简……略可见也。

按：《宋史》有传（卷二百六十六，第 9171—9173 页）。此上《麟台故事》诸篇所载六条内容，均不见载于《宋史》苏易简本传，故可补其所缺。

224.宋湜

《修纂》：太平兴国七年……宋湜……凡一千卷。

《国史》：景德二年……宋湜……亦尝修日历。

按：《宋史》有传（卷二百八十七，第 9645—9646 页）。《修纂》所载宋湜编修《文苑英华》事宜，并不见载于《宋史》宋湜本传，故可补其所缺。《国史》"景德二年"条载："淳化四年，翰林学士宋湜止带修国史，亦尝修日历。"而《宋史》宋湜本传载："至道元年，为翰林学士，知审官院、三班。又兼修国史、判昭文史馆事，加兵部郎中。"二者所载有异，应当以《国史》所载内容为据勘正之。

227.宋贻序

《修纂》：景德二年九月……宋贻序……贻序……又命集贤校理晏殊同修。

按：宋琪之子，《宋史》无传，《修纂》所载内容可补其所缺。另据《宋史》宋琪本传曰："至道二年春……九月被病，令其子贻序秉笔，授辞作《多幸老民叙》，大抵谓《洪范》五福，人所难全，而己兼有之，实天幸也。……起复贻序为右赞善大夫，贻麻为大理评事，贻广童子出身。贻序上表乞终丧制，从之。天禧初，录其孙宗谅试秘书郎。……贻序尝预修《册府元龟》，笔札遒劲。未几，坐事左迁复州副使，起为殿中丞卒。"可见，宋贻序之部分行实，只是在其父本传中顺便略有所述及，《修纂》所记之事，并不见载，故可补其所缺。

231.慎从吉

《修纂》：六年九月……慎从吉……更赐名曰《九域志》。

按:慎知礼之子,慎镛之父,钱俶之婿,《宋史》有传,附于慎知礼本传之后(卷二百七十七,第9445—9447页)。《修纂》所记不见载于《宋史》慎知礼本传及后附慎从吉传,故可补其所缺。

246.宋庠

《修纂》:庆历元年十二月……宋庠……宋庠……亦预之。

按:宋祁之兄,《宋史》有传(卷二百八十四,第9590—9593页)。《修纂》所载内容与《宋史》略同,故二者可相互参证。

254.孙甫

《修纂》:三年八月……孙甫……仍赐器币有差。

按:《宋史》有传(卷二百九十五,第9838—9842页)。《宋史》孙甫本传虽载其任太常博士、秘阁校理等事,但未见载其修《太平故事》一事,故《修纂》所载内容,可补其所缺。

258.邵必

《修纂》:三年八月……邵必……仍赐器币有差。

按:《宋史》有传(卷三百一十七,第10337—10338页),附于邵亢传之后。《修纂》所记之事,并不见载于《宋史》邵必本传,故可补其所缺

287.宋琪

《恩荣》:淳化元年八月一日……宋琪……并篆额以旌秘省。

按:宋贻序之父,《宋史》有传(卷二百六十四,第9121—9131页)。《恩荣》所载内容,并不见载于《宋史》宋琪本传,故可补其所缺。

294.苏轼

《补遗选任》:祖宗时有大典礼……苏轼……轼……竭忠图报者乎?

按:《宋史》有传(卷三百三十八,第10801—10818页)。《宋史》苏轼本传只记其有"直史馆"之馆职,其余相关事体均不见载,故可补其所缺。

T

7.田锡

《官联》：端拱元年初置秘阁……田锡……与龙图阁官递宿。

按：《宋史》有传（卷二百九十三，第9787—9792页）。《官联》所载内容，略可见载于《宋史》田锡本传，但二者所载共同事体有差异。即《宋史》载："今谏官不闻廷争，给事中不闻封驳，左右史不闻升陛轩、记言动，岂圣朝美事乎？又御史不敢弹奏，中书舍人未尝访以政事，集贤院虽有书籍而无职官，秘书省虽有职官而无图籍。臣愿陛下择才任人，使各司其局，苟职业修举，则威仪自严。此大体之二也。"这是田锡在太平兴国三年，上疏献"朝廷大体者四"中之二。而《官联》仅曰："太平兴国中，左拾遗田锡上疏，以为今三馆之中，有集贤院书籍而无集贤院职官，虽有秘书省职官而无秘书省图籍。"故二者可相互参证。

W

10.王琪

《官联》：崇文院于三馆……王琪……以殊故也。

按：王珪之从兄，《宋史》有传，附于其从弟王珪传后。《官联》所记内容，并不见载于《宋史》王琪本传及王珪传，故可补其所缺。

16.王黼

《官联》：崇宁以后……王黼……黼……故论者惜其罢之无渐，而处之无术也。

按：《宋史》有传（卷四百七十，第13681—13684页）。《官联》所记之事，并不见载于《宋史》王黼本传，故可补其所缺。

24.王禹偁

《选任》：祖、宗朝，馆职多以试除……王禹偁……后为名臣。

按：《宋史》有传（卷三百九十三，第9793—9800页）。《选任》

所记内容,为《宋史》王禹偁本传所不见载,故可补其所缺。

30.王举正

《选任》:旧制……王举正……令止就贡院别试所。

《书籍》:景祐元年闰六月……王举正……记于院之西壁。

《国史》:乾兴元年十一月……王举正……遂以命之。

按:王化基之子,《宋史》有传(卷二百六十六,第9186页)。《麟台故事》所记三条内容,均不见载于《宋史》王举正本传,故可补其所缺。

36.王尧臣

《选任》:庆历五年……王尧臣……召试入等者除之。

《修纂》:庆历元年十二月……王尧臣等……王尧臣……亦预之。

按:王嗣宗之子,《宋史》有传(卷二百九十二,第9772—9776页)。《选任》、《修纂》所记之事,均不见载于《宋史》王尧臣本传,故可补其所缺。

59.文彦博

《选任》:武宁军节度使兼侍中夏竦……文彦博……安石直集贤院。

按:《宋史》有传(卷三百一十三,第10258—10264页)。《选任》所载内容,较详于《宋史》文彦博本传,故可补其所缺略。

61.王安石

《选任》:武宁军节度使兼侍中夏竦……王安石……安石直集贤院。

《选任》:故事……王安石……国史院官故也。

按:王安礼之兄,《宋史》有传(卷三百二十七,第10541—10553页)。《选任》所载两条内容,均与《宋史》王安石本传互见,故二者可相互参证。

68.王陶

《选任》:嘉祐三年……王陶……则试策一道而已。

按:《宋史》有传(卷三百二十九,第 10610—10612 页)。清四库馆臣在本条之下加按语曰:"《宋史》王陶本传,陶为太子中允时,不著编校昭文馆书籍。"故《选任》所载内容,可补《宋史》王陶本传所缺。

85.王汾

《选任》:嘉祐三年……王汾……则试策一道而已。

按:王禹偁之曾孙,《宋史》无传,仅在《宋史》王禹偁本传后附一句曰:"曾孙汾举进士甲科,仕至工部侍郎,入元祐党籍。"故《选任》此条内容较为《宋史》详实,可补其所缺略。

91.王存

《选任》:嘉祐三年……王存……王存……则试策一道而已。

《修纂》:熙宁三年十月……王存……仍令都副承旨管勾。

《国史》:元丰二年八月九日甲辰……王存……然卒不果行。

《国史》:八月甲寅……王存……故有是诏。

按:《宋史》有传(卷三百四十一,第 10871—10874 页)。《选任》和《国史》所载内容,均详于《宋史》王存本传,故可补其缺略。又《修纂》所载内容,并不见载于《宋史》王存本传,故可补其所缺。

93.王珪

《选任》:嘉祐三年……王珪……则试策一道而已。

按:王琪之从弟,《宋史》有传(卷三百一十二,第 10241—10245 页)。《选任》所记之事,并不见载于《宋史》王珪本传,故可补其所缺。又《宋史》(卷三百二十五)另有《王珪传》,所载:"王珪,开封人也。少拳勇,善骑射,能用铁杵、铁鞭。"显然,此王珪并非本书所载王珪,实乃二人同名同姓。

94.王益柔

《选任》:元丰官制行……王益柔……召试馆职人等。

按:王曙之子,《宋史》有传(卷二百八十六,第 9634—9636 页)。附于其父王曙传之后。《选任》所载内容,并不见载于《宋史》

王曙本传及所附王益柔传，故可补其所缺。

92.吴申

《选任》：嘉祐三年……吴申……则试策一道而已。

按：《宋史》无传，《选任》所载内容可补其所缺。

98.王沩之

《选任》：五年六月……王沩之……亦清选也。

按：张商英之婿，《宋史》无传，《选任》所载内容可补其所缺。

101.吴执中

《选任》：五年六月……吴执中……亦清选也。

按：《宋史》有传（卷三百五十六，第 11204—11205 页）。曾楙之岳父，但《宋史》不见载其与曾楙的翁婿关系，故《选任》所载内容可补其所缺。

104.王仲修

《选任》：五年六月，……王仲修……盖吝选如此。

按：《宋史》无传，《选任》所载内容可补其所缺。

119.王安礼

《选任》：故事……王安礼……国史院官故也。

按：王安石之弟，《宋史》王安石本传后有附传（卷三百二十七，第 10553—10557 页）。云："安石当国，辞，以为著作佐郎、崇文院校书。他日得见，命之坐，有司言八品官无赐坐者，特命之。迁直集贤院，出知润州、湖州，召为开封府判官。尝偕尹奏事，既退，独留访以天下事，帝甚乡纳。直舍人院、同修起居注。"但据《选任》载："王安礼以校勘迁直集贤院。"可见，二者所载有异，故可相互参证。

120.王震

《选任》：故事……王震……震……国史院官故也。

按：《宋史》有传（卷三百二十，第 10406—10407 页）。《选任》所载内容与《宋史》王震本传互见，故二者可相互参证。

121.张耒

《选任》:故事……张耒……国史院官故也。

按:《宋史》有传(卷四百四十四,第13113—13115页)。《选任》所记之事,均见载于《宋史》张耒本传,故二者可相互参证。

124.吴伯举

《选任》:故事……吴伯举……国史院官故也。

按:《宋史》无传,《选任》所载内容可补其所缺。

144.王昱

《书籍》:闰三月……王昱……安能及此也。

按:《宋史》无传,《书籍》所载内容可补其所缺。

145.王溥

《书籍》:闰三月……王溥……安能及此也。

按:《宋史》有传(卷二百四十九,第8799—8802页)。《书籍》所载内容,并不见载于《宋史》王溥本传,故可补其所缺。

152.王钦若

《书籍》:八年夏……王钦若……钦若……判馆阁官不复关预。

《书籍》:天禧元年八月……王钦若……从之。

《校雠》:八年十二月……王钦若……以考其勤惰焉。

《校雠》:九年三月……王钦若……因射于太清楼下。

《修纂》:景德二年九月……王钦若……钦若……钦若……钦若……钦若……王钦若……钦若……钦若……钦若……王钦若……王钦若……王钦若……钦若……又命集贤校理晏殊同修。

《国史》:国初……王钦若……遂罢编纂。

《国史》:四年八月……王钦若、陈尧叟始请别撰焉。

《国史》:九年八月……王钦若……亦不修日历。

《补遗修纂》:景德四年八月己亥……王钦若……赐修书官器币有差。

按:《宋史》有传(卷二百八十三,第9559—9564页)。《宋史》

本传云："景德初，……修《册府元龟》，或褒赞所及，钦若自名表首以谢，即缪误有所谴问，戒书吏但云杨亿以下，其所为多此类也。岁中，改兵部，升大学士、知通进银台司兼门下封驳事。……大中祥符初，为封禅经度制置使兼判兖州，为天书仪卫副使。……封禅礼成，迁礼部尚书，命作《社首颂》，迁户部尚书。从祀汾阴，复为天书仪卫副使，迁吏部尚书。明年，为枢密使、检校太傅、同中书门下平章事。……圣祖降，加检校太尉。……所著书有《卤簿记》、《彤管懿范》……钦若自以深达道教，多所建明，领校道书，凡增六百余卷。"相比之下，《修纂》所载内容详于《宋史》王钦若本传，故可补其缺略。又《校雠》"九年三月"条载王钦若"加检校太师"，则与《宋史》王钦若本传有异，且时间与原因也不一致，故以《校雠》所载内容为据勘正之。之外，此处《麟台故事》诸篇所载其余内容，均不见载于《宋史》王钦若本传，故可补其所缺。

163.吴及

《书籍》：景祐元年闰六月……吴及……记于院之西壁。

按：《宋史》有传（卷三百〇二，第 10022—10025 页）。即本传云："嘉祐三年，始擢秘阁校理，逾月，改右正言"。而《书籍》又载："嘉祐四年正月，右正言、秘阁校理吴及。"显然，二者所载虽为同一人之事，但不是同一事体，或各有侧重，故《书籍》所载既可补其所缺，又可二者互相参证。

166.吴淑

《校雠》：淳化五年七月……吴淑……赍本就杭州镂版。

《修纂》：太平兴国七年……吴淑……吴淑……凡一千卷。

《恩荣》：至道元年四月……吴淑……吴淑……杨亿赐绯鱼袋赏之也。

按：《宋史》有传（卷四百四十一，第 13040—13041 页）。《校雠》所载吴淑校《史记》等事，并不见载于《宋史》吴淑本传，尤其《宋史》仅载："始置秘阁，以本官充校理。"故《校雠》所载内容可补其所缺。《修纂》、《恩荣》所载内容，均略见载于本传，故可相互参证。

180. 王希逸

《校雠》：咸平三年十月……王希逸……疏其谬误故也。

《修纂》：景德二年九月……王希逸……希逸……又命集贤校理晏殊同修。

按：《宋史》有传（卷二百六十八，第9233页），附于其父王显传之后。即载："子希逸字仲庄，以荫补供奉官。好学，尤熟唐史，聚书万余卷。换秩授朝奉大夫、太子中允。咸平初，改殿中丞、直史馆，预修《册府元龟》，加祠部员外郎，卒。"据此未见《校雠》所载王希逸修《唐书》事宜，故可补其所缺。

185. 王焕

《校雠》：咸平三年十月……王焕……疏其谬误故也。

按：《宋史》无传，故《校雠》所载内容可补其所缺。

195. 王曾

《校雠》：八年十二月……王曾……以考其勤惰焉。

《修纂》：六年九月……王曾……更赐名曰《九域志》。

《修纂》：天禧四年夏……王曾……王曾……《圣政记》一百五十卷。

《补遗选任》：咸平中，王曾……除著作郎、直史馆。

按：《宋史》有传（卷三百一十，第10182—10186页）。除《补遗选任》所载内容外，《校雠》、《修纂》逐条内容，均不见载于《宋史》王曾本传，故可补其所缺。

203. 王质

《校雠》：天圣二年六月……王质……龙图阁待制刘烨提举之。

按：《宋史》列传中王质有两人，且各自有传。前者王质（卷二百六十九，第9244—9245页）附于王祐传后，本传云："质字子野。少谨厚淳约，力学问，师事杨亿，亿叹以为英妙。伯父旦见其所为文，嗟赏之。以荫补太常寺奉礼郎。后献文召试，赐进士及第，被荐为馆阁校勘,改集贤校理,累迁尚书祠部员外郎。"后者王质(卷三百九十五,第 12055—12056 页)本传云:"王质,字景文……中绍兴三十年进士第,用大臣言,召试馆职,不就。……淳熙十五年卒。"今考《校雠》所记王质,当为前者,且所载内容《宋史》王质本传不见载,故可补其所缺。

210.王洙

《校雠》:景祐元年九月……王洙……王洙……宋郊器币有差。

《修纂》:天圣末……王洙……赐三品服。

《修纂》:庆历元年十二月……王洙……亦预之。

《修纂》:三年八月……王洙……仍赐器币有差。

按:《宋史》有传(卷二百九十四,第 9814—9816 页)。《校雠》和《修纂》"天圣末"、"庆历元年"三条记载内容,均见载于《宋史》王洙本传,故二者可相互参证。又《修纂》"三年八月"条记载内容,并不见载于《宋史》王洙本传,故可补其所缺。

222.王祐

《修纂》:太平兴国七年……王祐……凡一千卷。

按:王旦之父。《宋史》有传(卷二百六十九,第 9242—9243 页)。《修纂》所载内容,并不见载于《宋史》王祐本传,故可补其所缺。

225.王随

《修纂》:咸平三年十月……王随……至是复诏成之。

按:《宋史》有传(卷三百一十一,第 10202—10204 页)。《修纂》所载内容,并不见载于《宋史》王随本传,故可补其所缺。

230.王曙

《修纂》:景德二年九月……王曙……又命集贤校理晏殊同修。

《修纂》:天禧四年夏……王曙……王曙……《圣政记》一百五十卷。

按:王益柔之父,《宋史》有传(卷二百八十六,第 9632—9633

页)。《修纂》所记两条内容,均不见载于《宋史》王曙本传,故可补其所缺。

250.王从礼

《修纂》:庆历元年十二月……王从礼……亦预之。

按:《宋史》无传,《修纂》所载内容可补其所缺。

259.王畴

《修纂》:三年八月……王畴……王畴……仍赐器币有差。

按:《宋史》有传(卷二百九十一,第 9746—9749 页),附于王博文传后。《宋史》王畴传云:"用贾昌朝荐,改编修《唐书》。仁宗猎近郊,畴引十事以谏。皇祐中,手诏禁贵戚近习私谒者,畴献《圣政惟公颂》。召试,直秘阁,为开封府推官。"则与《修纂》所载"皇祐三年五月,以职方员外郎、编修《唐书》王畴为直秘阁"有异,故以《修纂》所载内容为据勘正之。

270.王嗣宗

《国史》:国初……王嗣宗……遂罢编纂。

按:王尧臣之父,《宋史》有传(卷二百八十七,第 9647—9652 页)。《国史》所载内容见载于《宋史》王嗣宗本传,故二者可相互参证。

279.王旦

《国史》:景德二年……王旦……旦……亦尝修日历。

按:王祐之子,《宋史》有传(卷二百八十二,第 9542—9553 页)。《国史》所载内容,略见载于《宋史》王旦本传,故二者可相互参证。

284.王继恩

《储藏》:淳化三年九月,幸新秘阁……王继恩……乃圣化所及。

按:《宋史》有传(卷四百六十六,第 13602—13605 页)。《宋史》王继恩本传云:"淳化初,赐甲第一区。五年,加昭宣使,勾当皇

城司。"《储藏》所载内容与《宋史》有异，故以《储藏》所载内容为据
勘正之。

288.王化基

《恩荣》：淳化元年八月一日……王化基……并篆额以旌秘省。

按：王举正之父，《宋史》有传（卷二百六十六，第9183—9186
页）。《恩荣》所载内容，并不见载于《宋史》王化基本传，故可补其
所缺。

289.王著

《恩荣》：至道元年四月……王著……杨亿赐绯鱼袋赏之也。

按：《宋史》列传中王著有两人，且各自有传。前者，《宋史》本
传（卷二百六十九，第9240—9241页）云："王著，字成象，单州单父
人。性豁达，无城府。幼能属文，汉乾祐中，举进士。……显德三
年，充翰林学士。……开宝二年冬，暴卒，年四十二。"可知此王著
卒于969年。后者，《宋史》本传（卷二百九十六，第9872—9873页）
云："王著，字知微，文仲（吕文仲）同时人。自言唐相石泉公方庆之
后，世家京兆渭南。……太平兴国六年，召见，赐绯，加著作佐郎、
翰林侍读与侍讲，更直于御书院。……端拱初，加殿中侍御史。二
年，与文仲同赐金紫。明年，卒，特加赗赐，录其子嗣复为奉礼郎。"
按照《宋史》所载"端拱初"之后紧接"二年"，再接"明年"，则可推断
彼王著卒于990年。但是，《恩荣》所载王著之事，发生在至道元年
（995）六月。即此时距前者卒，约二十六年；距后者卒，约五年。另
据《宋史》吕文仲本传云："太平兴国中，上每御便殿观古碑刻，辄召
文仲与舒雅、杜镐、吴淑读之。尝令文仲读《文选》，继又令读《江海
赋》，皆有赐赍。以本官充翰林侍读，寓直御书院，与侍书王著更
宿。"从事件上可证《恩荣》所记王著应为后者，然而在具体时间上
又相互抵牾。故以《恩荣》所载王著之事为据，可勘正《宋史》之
误载。

X

1.薛居正

《官联》:史馆……薛居正……余官为检讨。

按:《宋史》有传(卷二百六十四,第9109—9111页)。据《宋史》薛居正本传载:"开宝中,居正与沈伦并为相。"并未述及"监修国史"等事,故《官联》所载内容可补其所缺。

34.徐铉

《选任》:至道二年九月……徐铉……翱翔馆阁者多矣。

《修纂》:太平兴国七年……徐铉……凡一千卷。

《恩荣》:淳化元年八月一日……徐铉……并篆额以旌秘省。

按:《宋史》有传(卷四百四十一,第13044—13049页)。《选任》、《修纂》、《恩荣》所载三条内容,均不见载于《宋史》徐铉本传,故可补其所缺。

51.夏竦

《选任》:武宁军节度使兼侍中夏竦……安石直集贤院。

《修纂》:景德二年九月……夏竦……夏竦……又命集贤校理晏殊同修。

《修纂》:明道二年正月……夏竦……夏竦……从之。

按:《宋史》有传(卷二百八十三,第9571—9577页)。《选任》、《修纂》所载三条内容,均不见载于《宋史》夏竦本传,故可补其所缺。

75.邢恕

《选任》:嘉祐三年……邢恕……恕……则试策一道而已。

《选任》:元丰五年六月……邢恕……邢恕……盖吝选如此。

《国史》:七年六月乙卯……邢恕……比废编修院归史馆。

按:《宋史》有传(卷四百七十一,第13702—13705页)。《选任》所载两条内容,均见载于《宋史》邢恕本传,故二者可相互参证。

又《国史》所记之事，并不见载于《宋史》邢恕本传，故可补其所缺。

86.夏倚

《选任》：嘉祐三年……夏倚……夏倚……倚……则试策一道而已。

按：《宋史》无传，《选任》所载内容可补其所缺。

134.谢泌

《书籍》：直史馆谢泌……泌……泌……三百卷以上量材录用。

按：《宋史》有传（卷三百〇六，第10093—10097页）。《书籍》所记之事，则与《宋史》谢泌本传载略同，故二者可相互参证。

148.向敏中

《书籍》：大中祥符四年九月……向敏中……敏中……向敏中之请也。

按：《宋史》有传（卷二百八十二，第9553—9557页）。《书籍》所载内容，并不见载于《宋史》向敏中本传，故可补其所缺。

178.许衮

《校雠》：咸平三年十月……许衮……疏其谬误故也。

按：《宋史》无传，《校雠》所载内容可补其所缺。

182.邢昺

《校雠》：咸平三年十月……邢昺……昺……邢昺……疏其谬误故也。

《补遗选任》：真宗咸平二年七月丙午……邢昺……或至中夕焉。

按：《宋史》有传（卷四百三十一，第12797—12801页）。《校雠》、《补遗选任》所载两条内容，并不见载于《宋史》邢昺本传，故可补其所缺。

197.徐奭

《校雠》：八年十二月……徐奭……以考其勤惰焉。

按：《宋史》无传，《校雠》所载内容可补其所缺。

234.薛暎

《修纂》：天禧四年夏……薛暎……薛暎……《圣政记》一百五十卷。

按：若作"薛映"，则《宋史》有传（卷三百〇五，第 10089—10091 页）。据查《宋史》不见载有"薛暎"者。但《修纂》所载内容，并不见载于《宋史》薛映传，若薛映与薛暎为同一个人，则可补其所缺。

283.谢绛

《省舍》：天圣中……谢绛……从之。

按：《宋史》有传（卷二百九十五，第 9842—9847 页）。《省舍》所载内容与《宋史》谢绛本传同，故二者可相互参证。

292.夏侯峤

《补遗选任》：真宗咸平二年七月丙午……夏侯峤……或至中夕焉。

按：《宋史》有传（卷二百八十二，第 9757—9758 页）。《补遗选任》所载内容与《宋史》较为相近，故二者可相互参证。

Y

4.杨亿

《官联》：秘书省……杨亿……亿……则行纠弹之职也。

《书籍》：大中祥符四年九月……杨亿……向敏中之请也。

《校雠》：大中祥符元年六月……杨亿……故有是命。

《修纂》：景德二年九月……杨亿……亿……亿……杨亿……杨亿……又命集贤校理晏殊同修。

《修纂》：天禧四年夏，翰林学士杨亿……亿……亿……《圣政记》一百五十卷。

《恩荣》：淳化四年……杨亿……赐钱十五万。

《恩荣》：至道元年四月……杨亿……杨亿赐绯鱼袋赏之也。

《恩荣》：故事：三馆直馆……杨亿请依此（例）。从之。

《补遗修纂》：景德四年八月己亥……杨亿……亿……赐修书官器币有差。

按：杨伟之兄，《宋史》有传（卷三百〇五，第 10079—10084 页）。除《官联》"秘书省"条、《恩荣》"淳化四年"条、《恩荣》"至道元年"条、《补遗修纂》"景德四年"条可略见载于杨亿本传外，其余五条均不见载，可补其所缺省。特别指出两项：一是《恩荣》"故事"条载，在天禧二年（1018），杨亿时任秘书监、知礼仪院、判秘阁三职，而《宋史》杨亿本传载："（大中祥符）七年，病愈，起知汝州。会加上玉皇圣号，表求陪预，即代还，以为参详仪制副使，知礼仪院，判秘阁、太常寺。天禧二年冬，拜工部侍郎。明年，权同知贡举，坐考较差谬，降授秘书监。"因《宋史》详于《恩荣》所载，且二者存有差异，故可相互参证。二是据《麟台故事》载，杨亿先后参与编修过《历代君臣事迹》（即书成之后赐御名《册府元龟》）、《彤管懿范》、《圣政记》、《太宗实录》，校雠过《庄子序》，笺解过《御集》，但《宋史》本传仅记载其修纂过《册府元龟》。又《恩荣》"淳化四年"条载杨亿为"馆阁读书"，与《宋史》本传载"淳化中，诣阙献文，改太常寺奉礼郎，仍令读书秘阁"有异。故《麟台故事》内容可补其本传所缺略。

9.晏殊

《官联》：崇文院于三馆……晏殊知南京……以殊故也。

《选任》：旧制……晏殊……令止就贡院别试所。

《选任》：庆历五年……晏殊……召试入等者除之。

《书籍》：三年二月……晏殊……又命三司使丁谓及李宗谔搜补遗阙。

《校雠》：八年十二月…………晏殊……以考其勤惰焉。

《修纂》：景德二年九月……晏殊同修。

《修纂》：六年九月……晏殊……更赐名曰《九域志》。

《修纂》：天禧四年夏……晏殊……一百五十卷。

按：《宋史》有传（卷三百一十一，第 10195—10198 页）。仅有

《选任》"庆历五年"条见载于《宋史》晏殊本传,但《选任》所载较详。其余七条均不见载于本传,特别是曾校订《九域图志》(后赐名曰《九域志》)、笺解《御集》等事,均可补其本传所缺略。

40.杨徽之

《选任》:庆历五年……杨徽之……召试入等者除之。

《修纂》:太平兴国七年……杨徽之……杨徽之……凡一千卷。

《储藏》:咸平二年七月甲辰……杨徽之……职掌缗钱。

《恩荣》:太宗皇帝待遇三馆特厚……杨徽之……而其从容文藻则又过之。

《补遗选任》:真宗咸平二年七月丙午……杨徽之……或至中夕焉。

按:宋绶之外祖父,杨亿、杨伟之叔祖父,《宋史》有传(卷二百九十六,第9866—9869页)。《选任》、《修纂》、《补遗选任》所载均略见于杨徽之本传,而《储藏》、《恩荣》所载内容,则《宋史》不见载,故可补其所缺。

44.杨伟

《选任》:庆历五年……杨伟……召试入等者除之。

按:杨亿之弟,《宋史》卷三百〇五《杨亿传》后有附传(第10084页)。《选任》所载内容与其杨伟本传中略同。但《宋史》所载此事无年月,故可补其所缺略。

78.杨仪

《修纂》:庆历元年十二月……杨仪……亦预之。

按:《宋史》无传,《修纂》所载内容可补其所缺。

82.叶均

《选任》:嘉祐三年……叶均……则试策一道而已。

《选任》:元丰官制行……叶均……均……均……召试馆职入等。

按:叶清臣之子,《宋史》无传。《宋史》叶清臣本传后仅附"子均，为集贤校理"一语。《选任》所载两条内容，《宋史》均不见载，故可补其所缺。

83.叶清臣

《选任》：元丰官制行……清臣……召试馆职人等。

按：叶均之父，《宋史》有传（卷二百九十五，第 9849—9855 页）。《选任》所载内容，并不见载于《宋史》叶清臣本传，故可补其所缺。

103.叶祖洽

《选任》：五年六月，叶祖洽……祖洽……盖咨选如此。

按：《宋史》有传（卷三百五十四，第 11167—11168 页）。《选任》所载内容与《宋史》叶祖洽本传互见，故二者可相互参证。

110.余靖

《选任》：故事……余靖……国史院官故也。

《校雠》：景祐元年九月……余靖……靖……余靖……宋郊器币有差。

《修纂》：三年八月……余靖……仍赐器币有差。

按：《宋史》有传（卷三百二十，第 10407—10411 页）。《选任》、《校雠》所载内容，均比《宋史》余靖本传详实，故可补其缺略。又《修纂》所记之事，并不见载于《宋史》余靖本传，故可补其所缺。

156.俟惟哲（另有作"侯惟哲"者）

《书籍》：天禧元年八月，……俟惟哲……从之。

按：俟惟哲《宋史》无传，故《书籍》所载内容可补其所缺。另据《四部丛刊续编》本所收《麟台故事残本》作"侯惟哲"，张富祥《麟台故事》校证本、黄宝华《麟台故事（残本）》整理本均据之，作"侯惟哲"。但"侯惟哲"在《宋史》中亦无传，故《书籍》所载内容亦可补其所缺。

170.尹少连

《校雠》：淳化五年七月……尹少连……赍本就杭州镂版。

按:《宋史》无传,《校雠》所载内容可补其所缺。

217.杨砺

《修纂》:太平兴国七年……杨砺……凡一千卷。

按:《宋史》有传(卷二百八十七,第 9643—9644 页)。《修纂》所载内容,并不见载于《宋史》杨砺本传,故可补其所缺。

252.杨安显

《修纂》:庆历元年十二月……杨安显……亦预之。

按:《宋史》无传,《修纂》所载内容可补其所缺。

Z

18.赵昂

《选任》:秘阁既具官属……赵昂……备三馆之职。

《选任》:故事……赵昂……国史院官故也。

按:《宋史》无传。但据《宋史·吕祐之传》(卷二百九十六,第9873 页)曰:"淳化初,判户部勾院,会分备三馆职,以祐之与赵昂、安德裕并直昭文馆。"即《宋史·吕祐之传》所载之事,则与《选任》"故事"条略同,故二者可互相参证。又《选任》"秘阁"条内容,并不见载于《宋史》,故可补赵昂在《宋史》无传之缺憾。

22.张去华

《选任》:祖、宗朝,馆职多以试除,……张去华……后为名臣。

按:《宋史》有传(卷三百〇六,第 10107—10110 页)。《选任》所记之事,较略于《宋史》张去华本传,故二者可互相参证。

35.张洎

《选任》:至道二年九月……张洎……翱翔馆阁者多矣。

《国史》:淳化五年四月……张洎……洎……洎……由是学者多自策励焉。

按:张瓖之祖父,《宋史》有传(卷二百六十七,第 9208—9215页)。《选任》、《国史》所载内容,均见于《宋史》张洎本传,故二者可相互参证。

42.张士逊

《选任》:庆历五年……张士逊……召试入等者除之。

《选任》:武宁军节度使兼侍中夏竦……士逊……安石直集贤院。

《修纂》:天禧四年夏……张士逊……一百五十卷。

按:张友直之父,《宋史》有传(卷三百一十一,第 10216—10219页)。《选任》、《修纂》逐条所载内容,并不见载于《宋史》张士逊本传,故可补其所缺。

43.张友直

《选任》:庆历五年……友直……召试入等者除之。

《选任》:武宁军节度使兼侍中夏竦……友直……安石直集贤院。

按:张士逊之子,在《宋史》张士逊本传后有附传。《选任》所载二条内容,均详于《宋史》张友直本传,故可补其所略。

48.赵宗道

《选任》:庆历五年……赵宗道……召试入等者除之。

按:《宋史》无传,《选任》所载内容可补其所缺。

53.张硕

《选任》:武宁军节度使兼侍中夏竦……张硕……硕……安石直集贤院。

按:《宋史》无传,《选任》所载内容可补其所缺。

60.张璪

《选任》:武宁军节度使兼侍中夏竦……张璪……张璪……璪……安石直集贤院。

按:张洎之孙,《宋史》有传(卷三百三十,第 10625—10626页)。《选任》所载内容与《宋史》张璪本传互见,故二者可相互参证。

63.张子宪

《选任》:嘉祐三年……张子宪……张子宪……则试策一道而已。

按:《宋史》无传,《选任》所载内容可补其所缺。另据《宋史》赵良规本传载:"初与张宪、掌禹锡、齐廓、张子思并为太常少卿兼馆职,当进谏议大夫,而执政靳之,止迁卿。故事,卿不兼职,故皆罢。未几,皆还之。"而《选任》篇载:"嘉祐三年(1058),以光禄卿张子宪、赵良规、掌禹锡、齐廓、张子思并直秘阁。先是,张子宪等皆为太常少卿,直秘阁当迁谏议大夫,而中书以为谏议大夫不可多除,故并迁正卿。而故事,大卿监无带馆职者,至是特为请而还之。"可见,二者事体略同,但前者为张宪,后者为张子宪。应是《宋史》所载张宪为误,故本书依据原文,未作改动,仍作"张子宪"列出。

64.赵良规

《选任》:嘉祐三年……赵良规……则试策一道而已。

《选任》:故事……赵良规……国史院官故也。

按:赵安仁之子,《宋史》赵安仁传后有良规附传(卷二百八十七,第9659—9660页)。《选任》所载内容,则与《宋史》赵良规本传略同,可二者可相互参证。

65.掌禹锡

《选任》:嘉祐三年……掌禹锡……则试策一道而已。

《修纂》:嘉祐二年……掌禹锡……并为校正医书官。

按:《宋史》有传(卷二百九十四,第9807—9808页)。除《宋史》掌禹锡本传不见载其曾任校正医书官外,《选任》、《修纂》所载其余内容,均略见于《宋史》掌禹锡本传,故二者既可相互参证,又可据《修纂》所载内容补其所缺。

67.张子思

《选任》:嘉祐三年……张子思……则试策一道而已。

《选任》:故事……张子思……国史院官故也。

按:《宋史》无传,《选任》所载内容可补其所缺。可参见上文"张子宪"条。

71.曾巩

《选任》:嘉祐三年……曾巩……则试策一道而已。

《选任》:故事……曾巩……国史院官故也。

按:《宋史》有传(卷三百一十九,第10390—10395页)。《选任》所载内容,则与《宋史》曾巩本传互见,故二者可相参证。

79.赵概

《选任》:嘉祐三年……赵概……概……则试策一道而已。

按:《宋史》有传(卷三百一十八,第10364—10366页)。《选任》所记之事,并不见载于《宋史》赵概本传,故可补其所缺。

80.曾公亮

《选任》:嘉祐三年……曾公亮……公亮……则试策一道而已。

《修纂》:三年八月……曾公亮……仍赐器币有差。

按:《宋史》有传(卷三百一十二,第10232—10234页)。《选任》、《修纂》所记之事,并不见载于《宋史》曾公亮本传,故可补其所缺。

87.张公裕

《选任》:嘉祐三年……张公裕……张公裕……则试策一道而已。

按:《宋史》无传。另据《宋史》张说本传(卷四百七十,第13692页)载:"父公裕,省吏也。为和州防御使,建炎初有军功。"但《选任》所记张公裕之事当在宋英宗治平年间,相距在六十年以上,恐非同一人。故存疑,待考之。

90.章惇

《选任》:嘉祐三年……章惇……章惇……惇……则试策一道而已。

按:《宋史》有传(卷四百七十一,第13709—13714页)。清四库馆臣在此条之下加按语,曰:"《宋史》章惇本传:未尝为雄武军节度推官,始以商洛令召试馆职。与此书有异。"应以《选任》所载内容为据,勘正《宋史》所载。

96.赵彦若

《选任》:嘉祐三年……王陶……则试策一道而已。

《选任》:元丰官制行……赵彦若……以宰执荐召试馆职人等。

《选任》:故事……赵彦若……以兼国史院官故也。

《修纂》:六年九月……赵彦若……彦若……更赐名曰《九域志》。

按:赵师民之子,《宋史》无传,仅在《宋史》赵师民本传后附一句:"子彦若,试中书舍人。"《选任》、《修纂》所载内容,《宋史》并不见载,故可补其所缺。

99.张商英

《选任》:五年六月……张商英……亦清选也。

按:王沇之之岳父,《宋史》有传(卷三百五十一,第11095—11098页)。云:"商英尝荐舒亶可用,至是,亶知谏院,商英以婿王沇之所业示之,亶缴奏,以为事涉干请,责监赤岸盐税。"《选任》所载事体,则与之有异,故二者可相互参证。

100.曾槩

《选任》:五年六月……曾槩……亦清选也。

按:吴执中之婿,《宋史》无传,《选任》所载内容可补其所缺。

128.朱载

《书籍》:建隆初……朱载……又收其书籍。

按:《宋史》无传,《书籍》所载内容可补其所缺。

133.张泌

《书籍》:淳化三年十月……张泌与三馆秘阁学士观焉。

《国史》:淳化五年四月……张泌……泌……由是学者多自策励焉。

《国史》：是月……张泌……直昭文馆李宗谔掌起居舍人事。

按：《宋史》无传，《书籍》、《国史》所载诸条内容，均可补其所缺。另据《宋史》张洎本传云："俄奉诏与李至、范杲、张佖同修国史，又判史馆。"《宋史》梁周瀚本传又云："淳化五年，张佖建议复置左右史之职，乃命周翰与李宗谔分领之。周翰兼起居郎。"考《国史》所载两条"张佖"均作"张泌"，但所记事体与《宋史》相同，显然，二者必有一误。张泌和张佖本为二人，诸多史籍记述中多有混淆。此外，有关"张佖"与"张泌"的考辨，可参见李更《张佖〈汉书刊误〉小识》一文中《张佖其人》①。

137.朱昂

《书籍》：咸平二年三月……朱昂……余并督还。

《校雠》：淳化五年七月……朱昂……赍本就杭州镂版。

《恩荣》：至道元年正月……朱昂……从之。

按：《宋史》有传（卷四百三十九，第13005—13009页）。《校雠》所记朱昂校《史记》、曾任度支郎中等事体，并不见载于《宋史》朱昂本传，故可补其所缺。又《书籍》所载朱昂所任之职均同，但不见其具体的言论，故又可补其缺略。尤其是《恩荣》所载朱昂，据张富祥《麟台故事校证》按："此条文字见于《宋会要·职官》一八之四九，惟'职居'二字，《会要》作'忝官'。又朱昂之名，本书原作'昇'，今据《会要》改正。《宋史》卷四三九朱昂本传：'端拱二年，以本官直秘阁，久之出知复州，召还，再直秘阁。'"本书亦据此改"昇"为昂，但据中华书局标点本《宋史》云："端拱二年，以本官直秘阁，赐金紫。久之，出知复州，表求谢事，不许。迁水部郎中，复请老，召还，再直秘阁，寻兼越王府记室参军。"显然，这又与张先生所据《宋史》朱昂本传所载内容有出入，故存疑，待考之。

① 李更著《张佖〈汉书刊误〉小识》，刊于北京大学中国古文献研究中心编《北京大学中国古文献研究中心集刊》第五辑，北京大学出版社，2005年版，第153—168页。

141.张正符

《书籍》：闰三月……张正符……正符……安能及此也。

按：《宋史》无传，《书籍》所载内容可补其所缺。

142.张遵

《书籍》：闰三月……张遵……安能及此也。

按：《宋史》无传，《书籍》所载内容可补其所缺。

158.张观

《书籍》：景祐元年闰六月……张观……记于院之西壁。

《校雠》：天圣二年六月……张观……提举之。

《校雠》：景祐元年九月……张观……张观……宋郊器币有差。

《修纂》：庆历元年十二月……张观……张观……亦预之。

按：《宋史》列传中称张观者，有两人，且各自有传。前者（卷二百七十六，第9400—9403页）传云："张观，字仲宾，常州毗陵人。在江南登进士第。归宋，为彭原主簿。太平兴国初，移兴元府掾，复举进士不第，调鸡泽主簿。再求试，特授忠武掌书记，就改观察判官。上请复刺史及不遣武德卒诣外州侦事，颇称旨，召拜监察御史，充桂阳监使。献所业文，赐进士及第。……卒于桂州，年五十三。"后者（卷二百九十二，第9765—9766页），亦有传云："张观，字思正，绛州绛县人……秘书省秘书郎。仁宗即位，迁太常丞，擢右正言、直史馆，为三司度支判官，同修起居注，改右司谏、知制诰、判登闻检院，出知杭州。还判国子监，权发遣开封府事，进为翰林学士、知审官院，累迁左司郎中，以给事中权御史中丞。"经笔者细加考辨之后，认为：《书籍》、《校雠》、《修纂》所载诸条内容，虽均不见载于《宋史》前、后两张观本传，但相比较而言，诸条内容所具行实基本与后者张观相合，故本书确定其为后者。因此，诸条内容可补其所缺。

160.章得象

《书籍》：景祐元年闰六月……章得象……记于院之西壁。

《修纂》：天圣末……章得象……赐三品服。

按：《宋史》有传（卷三百一十一，第 10204—10205 页）。《书籍》、《修纂》所载内容，均不见载于《宋史》章得象本传，故可补其所缺。

171.赵况

《校雠》：淳化五年七月……赵况……赍本就杭州镂版。

按：《宋史》无传，《校雠》所载内容可补其所缺。

172.赵安仁

《校雠》：淳化五年七月……赵安仁……赍本就杭州镂版。

《恩荣》：至道元年四月…………赵安仁……赵安仁……赐绯鱼袋赏之也。

按：赵良规之父，《宋史》有传（卷二百八十七，第 9655—9659 页）。《校雠》所载赵安仁校《前汉书》和《后汉书》等事，并不见载于《宋史》赵安仁本传，故可补其所缺。又《恩荣》所载内容，则见载于《宋史》赵安仁本传，故二者又可相互参证。

189.周起

《校雠》：咸平中……周起……赐衍等器币有差。

按：《宋史》有传（卷二百八十八，第 9672—9673 页）。《宋史》周起本传载其任著作郎、直史馆时，未见其有复校《史记》等事宜，故《校雠》所载内容可补其所缺。

200.张复

《校雠》：九年三月……张复……因射于太清楼下。

按：《宋史》无传，《校雠》所载内容可补其所缺。

220.战贻庆

《修纂》：太平兴国七年……战贻庆……战贻庆……凡一千卷。

按：《宋史》无传，《修纂》所载内容可补其所缺。

229.查道

《修纂》：景德二年九月……查道……查道……又命集贤校理

晏殊同修。

按:《宋史》有传(卷二百九十六,第 9877—9880 页)。传云:
"大中祥符元年,归直史馆,迁刑部员外郎,预修《册府元龟》。三
年,进秩兵部,为龙图阁待制……天禧……二年五月,卒,讣闻,真
宗轸惜之。诏其子奉礼郎循之乘传往治丧事,迁大理评事,赋禄终
制。"此载与《修纂》所云"上览久之,赐名《册府元龟》……丙子,诏
枢密使王钦若、翰林学士陈彭年、李维、龙图阁学士杜镐、知制诰钱
惟演、龙图阁待制孙奭、查道,各赐一子官"之间,各有侧重,故二者
既可互相补其所缺,又可彼此参证。

233.曾肇

《修纂》:六年九月……曾肇……更赐名曰《九域志》。

按:曾巩之弟,《宋史》有传(卷三百一十九,第 10392—10395
页),附于其兄曾巩传之后。《修纂》所记内容,并不见载于《宋史》
曾肇本传,故可补其所缺。

242.祖士衡

《修纂》:天禧四年夏……祖士衡……《圣政记》一百五十卷。

《国史》:乾兴元年十一月……祖士衡……遂以命之。

按:《宋史》有传(卷二百九十九,第 9931 页)。《修纂》、《国史》
所载内容,均略见于《宋史》本传,故二者可相互参证。

244.郑戬

《修纂》:明道二年正月……郑戬……从之。

按:《宋史》有传(卷二百九十二,第 9766—9768 页)。《修纂》
所载内容,则略见于《宋史》本传,故二者可相互参证。

255.赵师民

《修纂》:三年八月……赵师民……仍赐器币有差。

按:赵彦若之父,《宋史》有传(卷二百九十四,第 9823—9825
页)。《修纂》所载编修《唐书》等事,并不见载于《宋史》赵师民本
传,仅见载者为其任宗正丞、崇文院检讨、天章阁侍讲等职,故可补

其所缺。

264.张洞

《修纂》：嘉祐二年……张洞……并为校正医书官。

按：《宋史》无传，《修纂》所载内容可补其所缺。

280.赵邻几

《国史》：景德二年……赵邻几……亦尝修日历。

按：《宋史》有传（卷四百三十九，第 13009—13010 页）。《国史》所载内容，并不见于《宋史》赵邻几本传，故可补其所缺。

参考文献

（一）古代文献

〔唐〕杜佑撰《通典》，浙江古籍出版社，2000 年版。

〔唐〕李林甫等撰，陈仲夫点校《唐六典》，中华书局，1992 年版。

〔唐〕魏征等撰《隋书》，中华书局，1973 年版。

〔五代·后晋〕刘昫等撰《旧唐书》，中华书局，1975 年版。

〔宋〕《宋大诏令集》，中华书局，1962 年版。

〔宋〕程俱撰《北山集》（亦名《北山小集》），《文渊阁四库全书》影印本，台湾商务印书馆，1986 年版。

〔宋〕程俱撰，姚伯岳校点《宋麟台故事》（《十万卷楼丛书》本），收录于徐雁、王燕均主编《中国历史藏书论著读本》，四川大学出版社，1990 年版。

〔宋〕程俱撰，张富祥校证《麟台故事校证》（辑本、残本），中华书局，2000 年版。

〔宋〕程俱撰，黄宝华整理《麟台故事》（辑本、残本），收录于朱易安、傅璇琮、周常林、戴建国主编《全宋笔记》（第二编，第九册），大象出版社，2006 年版。

〔宋〕程俱撰《北山小集》，收录于四川大学古籍研究所编《宋集珍本丛刊》（第四册），线装书局，2004 年版。

〔宋〕晁公武撰,孙猛校证《郡斋读书志校证》,上海世纪出版股份有
　　限公司上海古籍出版社,2011 年版。

〔宋〕陈骙撰、佚名撰,张富祥点校《南宋馆阁录 续录》,中华书局,
　　1998 年版。

〔宋〕陈振孙撰,徐小蛮、顾美华点校《直斋书录解题》,上海古籍出
　　版社,1987 年版。

〔宋〕洪迈撰,孔凡礼整理《容斋随笔》、《容斋续笔》,收录于朱易安、
　　傅璇琮、周常林、戴建国主编《全宋笔记》(第五编,第五册),大
　　象出版社,2012 年版。

〔宋〕宏遵撰《翰苑群书》,《文渊阁四库全书》影印本,台湾商务印书
　　馆,1986 年版。

〔宋〕李昉等撰《太平广记》,中华书局,1961 年版。

〔宋〕李昉等撰《文苑英华》,中华书局,1966 年版。

〔宋〕李焘撰《续资治通鉴长编》,中华书局,1979 年版。

〔宋〕李心传撰,徐规校点《建炎以来朝野杂记》,中华书局,2000
　　年版。

〔宋〕李攸撰《宋朝事实》,中华书局出版发行《丛书集成初编》本,
　　1985 年版。

〔宋〕陆游撰,李昌宪整理《老学庵笔记》,朱易安、傅璇琮、周常林、
　　戴建国主编《全宋笔记》(第五编,第八册),大象出版社,2012
　　年版。

〔宋〕彭百川撰《太平治迹统类》,台湾成文出版社,1966 年版。

〔宋〕钱若水等撰,范学辉等校注《宋太宗皇帝实录校注》,中华书
　　局,2012 年版。

〔宋〕沈括撰,胡静宜整理《梦溪笔谈》,收录于朱易安、傅璇琮、周常
　　林、戴建国主编《全宋笔记》(第二编,第三册),大象出版社,
　　2006 年版。

〔宋〕宋敏求撰《唐大诏令集》,商务印书馆,1984 年版。

〔宋〕欧阳修、宋祁撰《新唐书》，中华书局，1975 年版。

〔宋〕欧阳修撰《新五代史》，中华书局，1975 年版。

〔宋〕欧阳修撰，李伟国校点《归田录》，中华书局，1981 年版。

〔宋〕王溥撰《唐会要》，《丛书集成初编》本，中华书局，1985 年版。

〔宋〕王溥撰《五代会要》，《丛书集成初编》本，中华书局，1985 年版。

〔宋〕王应麟撰《玉海》，《文渊阁四库全书》影印本，台湾商务印书馆，1986 年版。

〔宋〕薛居正等撰《旧五代史》，中华书局，1976 年版。

〔宋〕尤袤撰《遂初堂书目》，《丛书集成初编》本，商务印书馆，1935 年版。

〔宋〕周必大撰，李昌宪整理《淳熙玉堂杂记》，朱易安、傅璇琮、周常林、戴建国主编《全宋笔记》（第五编，第八册），大象出版社，2012 年版。

〔宋末元初〕马端临撰，裴汝诚点校《文献通考》，中华书局，2011 年版。

〔元〕脱脱等撰《宋史》，中华书局，1985 年版。

〔明〕程敏政撰《新安文献志》，《文渊阁四库全书》影印本，台湾商务印书馆，1986 年版。

〔明〕叶盛撰《菉竹堂书目》，《丛书集成初编》本，商务印书馆，1935 年版。

〔明末清初〕钱谦益撰，〔清〕陈景云注《绛云楼书目》，王云五主编《丛书集成初编》本，商务印书馆，1935 年版。

〔清〕黄本骥撰，中华书局上海编辑所整理《历代职官表》，世纪出版集团上海古籍出版社，2005 年版。

〔清〕纪昀、陆锡熊、孙士毅等总纂，《四库全书》研究所整理《钦定四库全书总目》，中华书局，1997 年版。

〔清〕嵇曾筠、李卫、沈翼机等撰《雍正浙江通志》，收录于凤凰出版社编《中国地方志集成》，凤凰出版传媒集团凤凰出版社（原江苏古籍出版社),2010 年版。

〔清〕李铭翰撰,张兴武、杨晓斌、郝润华等校点《续通鉴纪事本末》,
　　甘肃人民出版,2005 年版。

〔清〕徐松辑《宋会要辑稿》,前北平图书馆影印本,中华书局,1957
　　年版。

〔清〕永瑢撰《钦定历代职官表》,《文渊阁四库全书》影印本,台湾商
　　务印书馆,1986 年版。

〔清〕章学诚撰,叶长青注《文史通义注》,华东师范大学出版社,
　　2012 年版。

〔清〕庄仲方撰《南宋文苑》,收录于任继愈主编《中华传世文选》,吉
　　林人民出版社,1999 年版。

(二)近人论著

陈元锋著《北宋馆阁翰苑与诗坛研究》,中华书局,2005 年版。

陈植锷著《北宋文化史述论》,中国社会科学出版社,1992 年版。

丁传靖辑《宋人轶事汇编》,中华书局,2003 年版。

杜泽逊撰《文献学概要》,中华书局,2001 年版。

龚延明编著《宋代官制辞典》,中华书局,1997 年版。

郝润华、武秀成著《晁公武陈振孙评传》,南京大学出版社,2006
　　年版。

洪湛侯《中国文献学新编》,杭州大学出版社,1994 年版。

蒋述卓等编《宋代文艺理论集成》,中国社会科学出版社,2000
　　年版。

李更著《宋代馆阁校勘研究》,凤凰出版传媒集团凤凰出版社,2006
　　年版。

李清凌著《史学理论与方法》,甘肃民族出版社,1993 年版。

苗书梅著《宋代官员选任和管理制度》,河南大学出版社,1996

年版。

瞿冕良编著《中国古籍版刻辞典》，齐鲁书社，1999年版。

司马朝军著《〈四库全书总目〉编纂考》，武汉大学出版社，2005年版。

谭其骧主编《中国历史地图集》，中国地图出版社，1982年版。

杨武泉著《〈四库全书总目〉辨误》，上海古籍出版社，1991年版。

周勋初著《唐人笔记小说考索》，江苏古籍出版社，1996年版。

周勋初主编《宋人轶事汇编》，上海世纪出版股份有限公司、上海古籍出版社，2014年版。

郑宪春著《中国笔记文史》，湖南大学出版社，2004年版。

张毅著《宋代文学思想史》，中华书局，1995年版。

（三）期刊论文

邓广铭著《宋代文化的高度发展与宋王朝的文化政策》，《历史研究》1990年第1期。

李婷著《略论宋代馆阁藏书的基本来源》，《江苏图书馆学报》1997年第2期。

李婷著《谈谈宋代馆阁藏书的诏求之道》，《津图学刊》1998年第2期。

李欣、王兆鹏著《程俱年谱》（上），《中国韵文学刊》2006年第2期。

李欣、王兆鹏著《程俱年谱》（下），《中国韵文学刊》2006年第3期。

罗玉梅、王照年著《程俱生平考》，《龙岩学院学报》（哲社版）2011年第6期。

漆侠著《宋代在我国历史上的地位》，《文史知识》1985年第2期。

王照年、罗玉梅著《〈麟台故事〉载北宋馆阁藏书的整理》，《甘肃联合大学学报》（社科版），2007年第6期。

王照年、罗玉梅著《论〈麟台故事〉载北宋馆阁藏书的形成》，《山东图书馆学刊》2009 年第 6 期。

王照年著《程俱及其〈麟台故事〉考论》,《历史文献研究》(总第 28
　　辑),华东师范大学出版社,2009 年版。

王照年著《〈永乐大典〉载现存〈麟台故事〉材料的勘正》,《漳州师范
　　学院学报》(哲社版)2011 年第 1 期。

王照年著《北宋馆阁文士选任的"试除"之法探析——以〈麟台故
　　事〉残本〈选任〉所载为主》,《东南学术》2011 年第 6 期。

王照年、罗玉梅著《论北宋国家藏书制度建立的标志》,《东南学术》
　　2013 年第 6 期。

王照年著《现存〈文苑英华〉所载〈麟台故事〉刊刻年限考》,《图书馆
　　建设》2016 年第 6 期。

张富祥著《程俱〈麟台故事〉考略》,《山东师范大学学报》(社科版)
　　1993 年第 5 期。

朱瑞熙著《重新认识宋代的历史地位》,《河北学刊》2006 年第 5 期。

后　记

　　贾岛《剑客》有云:"十年磨一剑,霜刃未曾试。"

　　从二○○六年初准备开题,到二○○八年六月顺利完成博士毕业论文答辩,再到今天能够比较放心地将定稿提交中华书局出版,整整十年过去了。

　　在这十年的磨砺当中,我深知自己很愚钝,要取得一点点成功,就必须得付出比常人更多的努力和坚持。同时我也明白,没有师友的无私援助和亲人的鼎力支持,仅凭我个人有限的才能是做不到的。因此,我要对曾经通过各种途径和方式帮助过我的所有人由衷地道一声:谢谢!

　　首先,应该感谢我的恩师郝润华教授,在我博士毕业后长达九年的时间里,先生始终关心着我的毕业论文修改问题,不但逐字逐句地通改,而且对行文结构的合理安排也多次提出建议。特别是在论文反复修改至二○一四年十月,恩师又邀请南京大学武秀成教授、严杰教授、厦门大学胡旭教授、中华书局马婧博士、闽南师范大学萧庆伟教授、黄金明教授、林大志教授、曾天德教授、王建红教授、杨艳华副教授、张艳辉副教授等当今学界专家学者,集会于闽南师范大学文学院,对拙作进行全面论证和评审,而后又敦促我依据各位专家学者提出的评审意见,进行更为深细的修改。感谢恩师,也感谢诸位专家学者,正是因为有了这些宝贵的意见和建议,又历经一年多的打磨,拙著才得以最终胜利完工。

时至今日，在即将出版之际，弟子又斗胆恳请恩师赐序而幸得应允，感激之情，发自内心，实难形于言表。同时也感谢论文指导组的霍旭东先生、赵逵夫先生、陈晓龙先生、伏俊琏先生、尹占华先生，对我求学期间的悉心指导与教诲；感谢论文评阅与答辩组主席赵生群教授和方向东教授，对拙著的修改提出了合理的建议；感谢至今还未曾谋面的本书责任编辑罗华彤先生，为拙著最终得以出版，进行了反复的审核、校对和修订，付出了辛勤的劳动，做了大量的工作。

其次，应该感谢我的亲友和家人，在这漫长而又艰辛的论文修改过程中，是你们在精神上不断鼓励我，在物质上鼎力支持我，力争尽最大的可能解除我的后顾之忧，让我能够安于此道而心无旁骛。尤其是我的爱人罗玉梅老师，十年如一日，既要在单位上做好本职工作，又要在家里料理好家务和管理好孩子们。除此之外，还要抽空帮我收集材料、校正书稿和处理一些难以避免的闲杂事务。难怪有些熟知我的亲友无不羡慕地开玩笑说："罗老师简直就是你的私人秘书和助手，你所做的这一切根本就离不开她！"如今回头驻足想一想，实情果真如此，都是因为我而让爱人一而再地备受辛苦和煎熬。而我此时也唯有报以最真诚的谢意。

最后，还要感谢我指导的研究生孙东东、冯莉玫、陈晖贤、储清照、罗婧、刘冲、伍红霞、李怿青、范智奇、邱雪艳、刘蕴琼、郭茜、张夏薇、耿卓琳、蔡丽星、桑哈帅、冯尧、万冬枚、梁心玉、朱艺蓉、张丽、赖瑛瑛、李文慧、李海娟、陈集泓、程霄玮等同学，还有宋巧燕教授的弟子赵再同学和我的女儿王霖俊同学，曾在我修改论文的不同阶段帮我勘正错别字、修改病句和核对材料。尤其是这些年当中，感谢上苍安排他们和我一道经历着磨炼，能够和他们共同学习和成长，是我最大的幸福和快乐，在此一并致谢。

总之，为了回报诸位的无私援助和鼎力支持，我还会一如既往地继续努力和坚持，再苦再累也无怨无悔。

　　屈子《离骚》有云:"路漫漫其修远兮　吾将上下而求索。"

二〇一七年七月于闽南师范大学文学院

王照年